KB247858

뉴욕타임스 죽이기

뉴욕타임스 죽이기

뉴욕타임스 죽이기

현실적 악의

Actual Malice
Civil Rights and Freedom of the Press in New York Times v. Sullivan

서맨사 바바스 지음

김수지 · 김상유 옮김

푸른길

이 책의 원제는 '현실적 악의: 뉴욕타임스 대 설리번 사건에서 민권과 언론의 자유Actual Malice: Civil Rights and Freedom of the Press in New York Times v. Sullivan'이다. 미국 연방대법원은 뉴욕타임스 대 설리번 판결에서 수정헌법 제1조와 명예훼손법의 관계에 대한 새로운 해석을 제시하여, 고위 공직자가 언론사를 상대로 명예훼손을 이유로 한 손해배상을 청구할 때에는 언론사의 '현실적 악의'를 입증하도록 했다. 뉴욕타임스 대 설리번 판결은 수정헌법 제1조 역사에서 기념비적인 판결이다. 국내에서도 여러 논문과 교과서들에서 소개되었다. 이 책은 바로 그 뉴욕타임스 대 설리번 사건의 전기biography이다. 저자 서맨사 바바스Samantha Barbas는 아이오와 대학교 법학 교수이며 미디어법 역사의 전문가로, 이 책에서는 뉴욕타임스의 창립부터 시작하여 설리번 판결의 영향을 받은 다른 판결들에 이르기까지 뉴욕타임스 대 설리번 사건의 '역사'를 집대성하고 있다.

우리는 이 책의 제목을 '뉴욕타임스 죽이기'로 의역했다. 이 책의 원제를 직역한 '현실적 악의'라는 제목은 우리나라 독자들의 눈길을 끌기는 어려울 것이라는 우려 때문이었다. 반면에 '뉴욕타임스 죽이기'라는 의역은 조금 더 눈길을 끌 뿐만 아니라 시의성도 있다고 생각했다.

시카고를 방문했던 2023년 여름 드폴 대학교 서점에서 이 책을 우연히 발견했다. 트럼프 호텔 인근 시카고트리뷴 건물 구내 카페에 앉아 한국에 돌아가면 이 책을 한번 번역해 보자는 이야기를 농담처럼 나누었던 그때만 해도, 미국의 대통령은 바이든이었고 도널드 트럼프의 재선은 농담 같은 이야기였다. 우리가 이 책의 번역을 끝낸 2025년 현재 트럼프는 미국의 대통령이다. 트럼프는 뉴욕타임스뿐만 아니라 ABC, CNN을 비롯한 레거시 미디어legacy media들을 상대로 고액의 손해배상 청구 소송을 전방위적으로 진행하고 있다. 트럼프의 레거시 미디어 죽이기 프로젝트에서 걸림돌이 되는 눈엣가시 같은 리딩 케이스가 바로 뉴욕타임스 대 설리번 케이스이다. 저자도 서문에서 언급하는 것처럼, 뉴욕타임스 대 설리번 케이스에 관한 비판 여론도 다시금 수면 위로 올라오고 있다. 어느 때보다도 보수화되어 있는 미국 연방대법원에서 뉴욕타임스 대 설리번 케이스를 다시 한 번 뒤집지 않으리라고 누구도 장담할 수 없다. 어쩌면 이 책이 출판되어 독자들의 손에 들어갔을 때쯤에는 뉴욕타임스 대 설리번 판결조차도 구법이 되어 있을지 모를 일이다.

한편으로는 '뉴욕타임스 죽이기'라는 의역에 대해 아쉬움도 남는다. 이 책의 훌륭함은 뉴욕타임스 대 설리번 케이스의 법리를 소개하는 것보다도, 그 법리를 만들어 낸 1960년대 미국의 민권운동사에 주목하고 이를 충분히 조명한다는 점에 있다. 독자가 이 책을 읽고 설리번 판결의 초안을 쓴 윌리엄 브레넌 대법관이나 얼 워런 대법원장, 뉴욕타임스의 변호사인 허버트 웩슬러나 루이스 러브, 몽고메리의 공공업무위원 L. B. 설리번과 그의 변호사 나흐만 같은 백인들의 이름만 기억한다면, 이 책을 제대로 읽지 않은 것이다. 뉴욕타임스와 함께 이 케이스의 공동 피고였던 랠프 애버내시, 솔로몬 세이, 조지프 라워리, 프레드 셔틀스워스 목사들을 비롯한 수많은 민권운동의 영웅들이야말로 역사의 주연이며 이 책의 주인공이다. 마틴 루서 킹 주니어가 이 케이스의 관계자가 아니었다면, 이 케이스의 결론 자체가 어떻게 달라졌을지도 알 수 없는 일이다. 저자도 강조하듯이, 이 책은 단순히 언론의 자유에 관한 책이 아니다. 이 책은 민권운동에 관한 책이기도 하다.

이 책의 이러한 가치를 이해하고 번역의 기회를 주었을 뿐 아니라 긴 시간 기다려 주신 푸른길 출판사 조도희 이사님에게 감사한다. 또한 오랜 시간 정성을 다해 책을 만들어 주신 편집자 고소영 선생님께 깊이 감사드린다. 이 책의 번역 및 국내 출판을 허락해 주신 서맨사 바바스 교수에게도 감사를 전한다.

차례

들어가며

    뉴욕타임스와 미국 언론*, 민권운동**의 운명이 기로에 놓여 있었다. 1960년 앨라배마주 몽고메리에서는 지역 식당에서 인종분리에 저항하는 활동가들이 당국의 박해와 자경단의 공격을 받았다. '마틴 루서 킹과 남부의 자유를 위한 투쟁수호위원회Committee to Defend Martin Luther King and the Struggle for Freedom in the South'라는 민권 단체가 이 폭력 사태에 대한 앨라배마 공직자들의 역할을 폭로하는 광고를 뉴욕타임스에 게재하자, 이들은 뉴욕타임스 그리고 마틴 루서 킹 주니어의 남부기독교지도자회의Southern Christian Leadership Conference, SCLC 지도자 목사 4명에게 명예훼손 소송들***

이 책에서 역주는 *로 표기했다.

* 'press', 'media outlet'은 '언론'으로 옮기는 것을 원칙으로 했다. 'freedom of speech', 'freedom of expression'을 '표현의 자유'로, 'freedom of press'를 '언론의 자유'로 옮기는 것을 원칙으로 했다.

** 'civil rights'를 '민권'으로, 'civil rights movement'를 '민권운동'으로 옮겼다.

*** 'libel'을 '명예훼손'으로, 'libel law'를 '명예훼손법'으로, 'libel suit'를 '명예훼손 소송'으로 옮겼다.

로 보복을 가했다. 4명의 목사들은 문제의 광고를 지지했다고 알려져 있었다. 이때 제기된 명예훼손 소송들 중 하나는 몽고메리 경찰을 감독하는 공공업무위원Public Affair Commissioner* L. B. 설리번L. B. Sullivan이 제기한 것이었다.

인종분리주의에 찬성하는 공직자들은 비판자들을 상대로 명예훼손법을 무기화할 방법을 찾아냈다. 명예훼손법은 허위이고 명예훼손적인 진술로 인해 자신의 명예가 손상되었다고 주장하는 사람들이 금전적 손해배상을 청구할 수 있도록 한다. 설리번이 뉴욕타임스와 목사들을 고소했을 당시 대부분의 주에서 명예훼손법은 엄격했다. 명예훼손적 진술은 그 허위성이 추정되었고, 진술의 진실성을 '그 모든 세부 사항에서' 증명하는 것만이 유일한 항변이었다. 수정헌법 제1조의 보호는 당시의 명예훼손법에 적용되지 않았다.[1]

오늘날의 기준에서 L. B. 설리번의 주장은 허위로 간주될 것이다. 당시 설리번은 몽고메리에서 민권 시위대에 폭력을 행사했다고 알려졌기에 공공업무위원으로서의 명예가 오히려 높아졌음에도 불구하고, 경찰 폭력의 혐의로 인해 자신의 명예가 훼손되었다고 주장했다. 광고 문구 중 일부가 부정확하기는 했다. 하지만 너무 사소한 실수여서, 이로 인해 광고 전반의 의미가 바뀌지는 않았다. 그럼에도 불구하고 백인으로만 구성된 배심원단은 앨라배마주의 엄격한 명예훼손법에 근거하여 설리번에게 배상금 50만 달

---

* L. B. 설리번의 직책을 '경찰국장'으로 번역하는 경우가 많으나, 그의 업무는 경찰과 소방 등 몽고메리시의 위기 대응 관련 업무를 포괄했으며, 권한 역시 공공안전위원Public Safety Commissioner, 공공사업위원Public Work Commissioner과 함께 몽고메리시를 이끄는 3명의 위원 중 하나로 한국의 경찰국장과 맞지 않는다. 이에 이 책에서는 장주영 변호사님의 『미국수정헌법 제1조와 표현의 자유 판결』의 번역을 따라 Public Affair Commissioner를 공공업무위원이라 번역한다.

러를 지급하도록 평결*했는데, 이는 당시 주 역사를 통틀어 가장 큰 명예훼손 배상금 평결이었을 뿐만 아니라 오늘날의 기준으로도 어마어마한 수준이었다.

설리번의 소송은 인종분리주의자인 남부 공직자들이 북부 언론사를 상대로 제기한 일련의 명예훼손 소송 중 하나로, 북부 언론사를 협박하고 민권운동에 관한 보도를 막으려는 지역 차원의 대규모 복수였다. 미국의 대표적 신문인 뉴욕타임스는 민권운동과 관련한 동정적인 보도와 통합에 대한 노골적인 지지로 인해 남부에서는 경멸의 대상이었다. 언론에 대한 인종분리주의자들의 '명예훼손 공격libel attack'은 매우 효과적이었다. 다른 앨라배마 공직자들도 문제의 광고와 민권 보도와 관련하여 뉴욕타임스를 상대로 소송을 제기했다. 1961년 말, 뉴욕타임스는 잠재적으로 600만 달러가 넘는 명예훼손 판결들에 맞닥뜨리며 파산 위험에 처했다. 뉴욕타임스는 더 이상의 명예훼손 문제를 피하기 위해 기자들을 앨라배마에서 철수시켰다. 1964년까지 CBS와 AP통신 등 언론사들은 인종분리주의 공직자들이 제기한 명예훼손 사건들에서 2억 8,800만 달러 이상의 손해배상액에 직면해 있었다.[2]

뉴욕타임스와 민권운동 지도자들은 미국 연방대법원에 상고했다. 윌리엄 브레넌William Brennan 대법관의 의견으로 연방대법원은 설리번 사건의 평결을 파기하고 각 주의 명예훼손법을 수정헌법 제1조의 제한 아래에 두어 언론이 민권운동에 관해 자유롭게 보도할 수 있도록 했다. 연방대법원은 시민들이 그들의 지도자들을 비판할 권리가 수정헌법 제1조의 "핵심적 의

---

* 'verdict'는 배심원단의 평결을 의미하며, '판결'이 아니라 '평결'로 옮기는 것을 원칙으로 했다.

미central meaning"이며, 표현의 자유는 민주사회의 기초라고 만장일치로 선언했다. 브레넌 대법관은 공적 문제들에 관한 "제약받지 않으며, 강건하고, 개방된uninhibited, robust, wide-open" 논의에 국가는 헌신하며, 여기에는 "정부와 공직자에 대한 격렬하고, 신랄하며, 때로는 불쾌할 정도로 날카로운 공격이 포함될 수 있다."라고 썼다.[3]

뉴욕타임스 대 설리번 판결은 미국 헌법의 가장 위대한 판결로 널리 알려져 있으며, "역사상 가장 중요한 표현의 자유 판결 중 하나"이자 가장 많이 인용되는 대법원 판결 중 하나이다.[4] 설리번 판결은 언론이 파괴적인 명예훼손 소송들에 대한 두려움 없이 공직자의 활동을 보도하고 정부에 책임을 물을 수 있는 자유를 보장했다. 설리번 판결은 공적 담론의 자유와 강건함에 크게 기여했다. 판결 50주년을 맞아 뉴욕타임스 편집위원회는 이 판결이 "미국의 명예훼손법을 즉각적으로 변화시켰을" 뿐만 아니라, "미국 역사상 가장 명료하고 강력한 언론 자유의 옹호"로 역할하고 있다고 평가했다.[5] 이제 이 이정표적 사건의 역사를 다루고자 한다.

뉴욕타임스 대 설리번 규칙 아래에서 공직자는 명예훼손적 진술이 허위이며 "현실적 악의actual malice"*를 수반한다는 사실, 즉 언론사가 허위임을 알면서도 또는 "무모할 정도로 허위 여부를 무시하며reckless disregard of whether it was false or not" 진술을 했다는 사실을 증명해야 한다. '현실적 악의' 요건이 매우 높은 기준을 설정해 둔 까닭에 공직자들이 자신의 공무수

---

* 'actual malice'는 '현실적 악의'로 옮기는 것을 원칙으로 했다. 'formal'을 '형식적', 'actual'을 '실질적'으로 번역하는 것이 일반적이지만, 국내 법률 문헌의 다수는 'actual malice'를 '현실적 악의'로 번역하고 있다.

행에 관한 진술을 상대로 명예훼손 소송에서 승소하기란 매우 어렵다. 이러한 보호가 없으면, 뉴욕타임스가 그랬던 것처럼, 명예훼손법이 언론을 '위축'시킬 것이라고 법원은 우려했다. 허술한 보호 장치는 발화자로 하여금 명예훼손으로 소송을 당해 책임을 지게 될까 봐 비판적인 논평들, 심지어는 진실한 발언도 주저하게 만들 것이었다. 브레넌은 표현의 자유가 "살아남기 위해서는" "숨 쉴 공간breathing space"이 있어야 한다고 썼다.[6] 설리번 판결의 '후손'으로 알려진 후속 판결들은 공적 인물에 대해 평하는 발화자에게까지 헌법적 보호를 확대했는데, 이때 '공인'*이란 자발적으로 공적 논쟁에 참여했거나 또는 그러한 논쟁에 휘말린 모든 사람으로 광범위하게 정의되었다.[7] 설리번 판결은 공적 사안에 관해 발언할 수 있는 시민의 권리를 보호하고, 공직자와 권력자들이 명예훼손법을 비판과 반대를 억압하기 위한 검열의 한 형태로 사용하는 것을 방지해 왔다.

수년간 비평가들이 지적한 것처럼, 설리번 표준은 이상적이지 않다. 우선, 이 기준은 허위 진술을 보호한다. 설리번 판결에 따르면, 발화자가 진실을 "무모하게 무시recklessly disregard"하지 않은 한, 부주의로 인해 사실을 잘못 전달했더라도 무고한 사람들은 그로 인한 피해를 수인해야 한다. 설리번 판결에 따르면, 기자는 탐사를 하지 않는 것이 더 낫다. 조사하면 할수록 기사의 진실성에 의문을 제기하는 사실을 발견할 가능성이 높아져, 현실적 악의를 가지고 행동한 데 대한 책임을 질 가능성이 높아지기 때문이다. 오늘날 클릭 한 번으로 유해한 허위가 온라인에 퍼지고, 평판은 순식간에 무너질 수 있다. 소셜 미디어에 대한 우리의 불쾌한 경험은 제약받지 않고 강

---

* 'public figure'는 "공적 인물" 또는 '공인'으로 옮겼다. 'public affair'는 '공적 사안'으로, 'public issues'는 '공적 문제'로 옮기는 것을 원칙으로 했다.

건한 담론의 미덕에 대한 의구심을 불러일으켰다. 점점 더 많은 비평가들이 설리번 판결의 무효화 또는 수정을 요구하며 '뉴욕타임스 대 설리번 판결이 잘못된 것인가?'라는, 한때 이단과도 같았을 질문을 제기하고 있다.[8]

설리번 판결을 무효화하라는 최근 요구의 배후에는 정치도 있다. 도널드 트럼프는 후보자이자 대통령으로서 설리번 판결을 없애겠다는 의지를 표명했고(아마도 언론계의 진보적 정적들을 고소하기 쉽도록 하기 위해서였을 것이다), 마치 설리번 판결이 존재하지 않는 것처럼 언론을 상대로 한 명예훼손 소송을 연이어 제기했으나 실패했다.[9] 트럼프의 공격은 설리번 판결에 대한 더 많은 비판으로 이어졌다. 2021년 3월 미국 컬럼비아 특별구 순회항소법원의 보수적인 판사인 로런스 실버먼Laurence Silberman은 현실적 악의 규칙*이 "헌법의 문언, 역사 또는 구조와 관련이 없다"고 주장한 미국 연방대법원 클래런스 토머스Clarence Thomas 대법관과 비슷한 의견을 담은 반대 의견을 제출하여 이 규칙을 폐기해야 한다고 주장했다.[10] 2021년 7월 클래런스 토머스 대법관과 닐 고서치Neil Gorsuch 대법관은 명예훼손 사건을 심리하지 않기로 한 연방대법원의 결정에 대해 별도의 반대 의견서를 제출하며, 설리번 판결과 연관 판례들이 재검토되어야 하고 어쩌면 무효화되어야 한다는 의견을 제시했다.[11] 이 글을 쓰는 현재, 뉴욕타임스 대 설리번 판결이 제공하는 헌법적 보호는 위태로운 상태일지 모른다.

이 책은 법률 문헌에서 광범위하게 논의되어 온 설리번 규칙의 장점에 관한 기술적인 토론은 다루지 않는다. 설리번 판결의 역사를 서술함으로써,

---

* 'rule'은 '규칙'으로 옮기는 것을 원칙으로 했다. 예를 들어, 'the actual malice rule'은 '현실적 악의 규칙', 'the Sullivan rule'은 '설리번 규칙'으로 옮겼다.

나는 이 사건에 대한 학계 및 대중의 토론과 관련된 몇 가지 요점을 전하려 한다.

뉴욕타임스 대 설리번 사건은 주로 수정헌법 제1조에 관한 사건으로 법리, 역사, 학계에서 기억되고 있다. 그러나 이 판결은 표현과 언론의 자유에 관한 것만큼이나 민권과 민권운동에 관한 것이기도 했다.

워런 법정*은 인종적 정의를 위한 남부에서의 투쟁이 수정헌법 제1조에 대한 보장과 강력한 집행에 달려 있다는 사실을 잘 알고 있었다. 민권운동을 지원하기 위해 연방대법원은 표현의 자유 법리에 혁명을 일으킨 판결문을 작성했다. 뉴욕타임스와 그 직원들, 마틴 루서 킹 주니어 목사, 남부기독교지도자회의의 기록을 토대로 이루어진 이 작업은 1960년대 민권을 위한 성전과 이에 대한 반발을 보여 주며, 표현의 자유의 의미와 관련된 미국 역사상 가장 중요한 해석이다.[12]

설리번 판결은 수정헌법 제1조의 원칙들에 따른 것이지만, 동시에 이례적인 사실관계들이 좌우한 판결이기도 하다. 연방대법원은 인종분리주의자들의 '명예훼손 공격'을 되돌려 놓기로 결심했다. 이 사건의 극단적인 상황은 수백만 달러의 손해배상에 직면한 뉴욕타임스와 민권운동 지도자들을 곤경에서 구출하기 위해 신중히 일련의 규칙을 만들어 냈다. 일각에서는 이 사건의 특이한 상황들이 원고의 명예가 훼손된 보다 전형적인 명예훼손 사건에서처럼, 표현의 자유와 명예 사이의 이익형량에 대한 미묘한 고려를 할 수 있는 이상적인 기회를 법원에 제공하지 못했다고 주장한다. 이러한 이유로 설리번 판결은 현대 명예훼손법의 기초로서 결함이 있을 수 있다는

---

* 얼 워런Earl Warren 대법관이 대법원장으로 있었던 기간으로, 1953년부터 1969년까지를 뜻한다.

주장이 제기된다.[13]

그러나 설리번 사건의 극적인 서사는 표현을 보호하는 설리번 판결 규칙들의 필요성을 강조한다. 설리번 판결 이전에도 존재했던 명예훼손법은 공직자에게 책임을 묻고 당대 중요 사안들을 공중에게 알리는 신문의 역할을 위태롭게 했다. 명예훼손법은 표현의 자유를 통해 사회 변화를 만들어 내려는 시민들에게 '위축 효과chilling effect'를 가져왔다. 설리번 사건에 대한 연방대법원의 판결은 표현의 자유가 민주주의의 핵심이라는 사실을 용기 있게 절실히 강조한 것으로, 그 규칙과 헌법적 비전은 사회정의와 진정한 공적 토론을 위해 여전히 필요하다.

제1장

인쇄에 걸맞은 모든 뉴스

1960년 뉴욕타임스만큼 명성과 권위를 자랑하는 미국 신문은 없었다. 뉴욕타임스는 미국에서 가장 영향력 있는 '기록적인 신문'으로, 철저한 보도, 책임과 신뢰의 아우라로 유명했다.[1] 평일 발행 부수가 약 65만 부로 미국 내 신문 중 세 번째로 많았으며, 1만 2,041개 도시와 마을에서 판매되어 전국 일간지에 가장 가까웠다.[2]

사진보다는 주로 텍스트를 활용하다 보니 '회색 여인'으로 불렸던 뉴욕타임스는 가장 읽기 쉽거나, 가장 잘 쓰였거나, 가장 잘 편집된 신문은 아니었지만, 다른 어떤 언론사보다 더 많은 뉴스를 전달했고 더 많은 언론상을 수상했다. 미국의 대통령도 뉴욕타임스를 읽었고, 교황도 뉴욕타임스를 읽었으며(국제판), 워싱턴과 전 세계 수천 명의 공직자들도 뉴욕타임스를 읽었다. 뉴욕타임스는 전 세계 신문사 중 직원 수가 가장 많았는데, 워싱턴 뉴스 본부와 외신 직원 수에서도 가장 큰 규모를 갖추고 있었다.[3] 저널리스트인 게이 탤리스Gay Talese는 뉴욕타임스가 매일 아침 "수천 명의 독자들이 현실로 받아들이는 삶의 관점을 제시했다."라고 평했다. 수천 명의 미국인에게 "뉴욕타임스는 성경이었다."[4]

뉴욕타임스는 1896년 채터누가 출신의 서른여덟 살의 발행인 아돌프 옥스Adolph Ochs가 신문사를 매입하기 위해 북부로 건너가면서 시작되었다. 이목구비가 날카롭고 자신감이 넘쳤던 옥스는 1845년 바이에른에서 테네시주로 이주하여 행상인으로 살아온 독일 태생 유대인의 아들이었다. 열일곱 살에 채터누가의 한 신문사에서 '인쇄소의 악마'라고도 불리던 인쇄 견습공*으로 일하기 시작한 그는, 스무 살에 채터누가타임스Chattanooga Times를 인수하고 이후 18년 동안 이 신문을 수익성 있는 신문으로 이끌었다.[5]

옥스는 뉴욕타임스를 인수하려 했다. 1851년 헨리 자비스 레이먼드Henry Jarvis Raymond라는 젊은 정치인이 창간한 뉴욕타임스는 초기에는 번창했었다. 1870년대에는 보스 트위드Boss Tweed와 그의 뉴욕 정치 머신political machine의 부패를 폭로하여 호평을 받았다.** 1884년 뉴욕타임스는 공화당에 대한 이전까지의 지지를 포기하고 그로버 클리블랜드Grover Cleveland를 대통령으로 지지했다. 이로 인해 공화당을 지지하는 독자와 광고주들이 뉴욕타임스를 떠나 버렸다.[6] 1896년에 뉴욕타임스의 발행 부수는 그 세가 약해져 9,000부에 불과했고 하루 1,000달러의 손실을 보고 있었다. 현대의 한 비평가는 이를 "미국의 신문 중 가장 그림 같은 폐허"라고 묘사했다.[7] 옥스

---

* 인쇄소의 견습공들은 잉크로 손이 까맣게 물들고, 금속활자가 마모되면 뜨거운 요로에서 녹여 다시 주조하는 등의 업무를 맡았다. 인쇄소의 악마printer's devil는 견습공들의 이런 모습이 '악마' 와 같다고 하여 붙은 별명이다.

** 일명 '보스 트위드'라 불린 윌리엄 매기어 트위드William Magear Tweed와 그가 이끌던 정치 머신 태머니홀Tammany Hall은 당시 뉴욕시의 요직과 직원 임명에 관여하는 등 부정부패를 일삼았다. 정치 머신이란 사적 조직의 리더들이 조직원에게 이권을 나누어 주고 이에 대한 대가로 표를 획득하여 정치력을 유지하는 세력을 뜻한다.

　　　　　　　　　　　　　　　　　　　　뉴욕타임스 죽이기

는 그로버 클리블랜드 대통령의 추천서(그는 단순히 대통령에게 편지를 보내 요청함으로써 추천서를 받을 수 있었다)와 함께 뉴욕타임스 인수에 7만 5,000달러를 제시했다.[8]

옥스는 뉴욕타임스에 변화를 가져왔다. 그는 신문 가격을 2센트에서 1페니로 인하하여 1년 만에 발행 부수를 세 배로 늘렸다. 뉴욕 엘리트층에게 어필하기 위해 그는 "모든 정당, 종파, 이해관계와 무관하며, 어떠한 두려움이나 호의도 없이" "모든 뉴스를 간결하고 매력적인 형태로" 제시하는 객관성과 불편부당성의 모델인 "품위 있고, 당당하며, 독립적인decent, dignified, and independent" 신문을 운영하겠다고 선언했다. 1896년에 도입된 "인쇄에 걸맞은 모든 뉴스All the News That's Fit to Print"라는 슬로건은 퓰리처의 뉴욕월드New York World, 허스트의 뉴욕저널New York Journal과 같은 자극적이고 당파적이며 선정적인 '황색'신문에 대한 한 방이었다. 옥스는 "아침 리넨 식탁보를 더럽히지 않는 신문"을 원했고, 뉴욕타임스에는 만화도, 끔찍한 살인 사건도, 비명을 지르는 헤드라인도 없기를 바랐다. "아침 식탁을 더럽히지 않습니다"가 이들의 초기 슬로건이었다.[9]

헤드라인은 신중했다. 논평은 단조롭고 건전했다. 사진도 거의 없었다. 정확하고 철저히 보도된 속보가 뉴욕타임스의 강점이었다. 이 신문은 금융 뉴스, 주식 시장, 부동산 시장, 법정 소송 등을 다루기 시작했다. 1914년 뉴욕타임스는 타이타닉호의 침몰을 최초로 보도하며 신문의 역사를 새로 썼다. 1918년 뉴욕타임스는 베르사유 조약의 전문(8만 3,300단어)을 게재한 세계에서 유일한 신문이었다. 이 신문은 제1차 세계대전의 모든 상황을 상세히 보도했으며, 완전하고 정확한 보도로 명성을 굳혔다. 뉴스와 관련된 일이라면 비용을 절감하지 않았고, 이익을 다시 신문에 투자하는 것이 옥스

리더십의 상징이 되었다.[10] 정치적으로 뉴욕타임스는 정부와 자본주의의 성장을 지지하는 온건한 입장을 취했다. 뉴욕타임스는 제도권 신문이 되었다. 옥스는 가난을 딛고 자수성가하기 위해 열심히 노력했고, 수준에서 벗어난 견해로 그의 제국을 위태롭게 하고 싶지 않았다.[11]

1935년 옥스가 사망하자 뉴욕타임스의 경영권은 마흔네 살의 사위인 아서 헤이스 설즈버거Arthur Hays Sulzberger에게 남겨졌다. 설즈버거는 옥스와는 매우 달랐다. 어려운 환경에서 자수성가한 옥스와 달리, 설즈버거는 섬유 수입으로 큰돈을 번 부유하고 사회적으로 저명한 유대인 집안에서 사랑받으며 자랐다. 그는 엘리트 학교인 호러스맨 스쿨과 컬럼비아 대학교에 다녔고, 좋은 것들을 탐닉할 수 있는 기회를 누렸다. 컬럼비아 대학교 재학 중 설즈버거는 아돌프 옥스의 외동딸인 이피진 옥스Iphigene Ochs를 만났다. 1917년 설즈버거가 그녀와 결혼했을 때, 그는 뉴욕타임스 입사 요청을 받았다. 1918년 재무부 차장으로 시작하여 1919년에는 부사장이 되었다. 훌륭한 신문의 발행인이 되는 방법을 묻는 질문에, 그는 이렇게 대답했다. "열심히 일하고, 절대 시계를 보지 말고, 정문 현관의 손잡이를 닦으세요. 그리고 사장님의 딸과 결혼하세요."[12]

설즈버거는 종합적이고 책임감 있는 저널리즘이라는 옥스의 사명을 이어 가겠다고 맹세했다. 동시에 그는 신문의 범위와 영향력을 넓혀 나갔다. 복잡성이 증대되는 세계에 대한 해석의 필요를 인지하고, '뉴스 분석news analysis'이라는 뉴스 칼럼을 선보였다. 뉴스 칼럼은 밝고, 명료하며, 간결하게 작성되었다. 이는 신문에 도시적이고 세련된 새로운 개성을 더했다. 그는 더 많은 사진을 더 크게 인쇄했고, 신문의 레이아웃도 매력적으로 바꾸었다. 전문적인 주제를 다루는 뉴스의 수도 늘렸다.[13] 제2차 세계대전 중에는 뉴욕타임스를 미국 전역에서 유명한 신문으로 만든 매우 중대한 결정을 내렸다. 설즈버거는 광고를 급격히 제한했고, 최대한의 지면을 뉴스에 할애했다. 뉴욕타임스의 진지함은 타의 추종을 불허했다.[14]

옥스는 당파성이 강한 저널리즘의 시대에 뉴스와 의견opinion을 분리했지만, 설즈버거는 의견이 뉴스의 객관성을 침해한다고 생각하지 않았다. 그에게 있어 독립적인 신문은 대중에게 '책임 있는 의견'을 제공할 의무가 있었다.[15] 설즈버거의 재임 기간 동안 사설은 외교 정책의 주요 이슈에 대해 강한 우려를 표명했다. 1938년에는 미국의 전쟁 개입을 지지하는 사설을 실었다. 옥스 치하의 뉴욕타임스는 스스로의 정치적 입장을 "독립적이며 민주적independently democratic"이라고 묘사했었다. 설즈버거는 '민주적'이라는 표현을 삭제했다. 설즈버거가 리더로 있는 동안 뉴욕타임스는 공화당 후보를 네 번, 민주당 후보를 세 번 지지했다. 설즈버거는 자신의 개인적인 견해를 신문에 반영하지 않는다는 방침을 갖고 있었고, 사설의 의견은 설즈버거가 아닌 편집위원회에서 비롯되었다. 이러한 정책 때문에 사설란에 관여할 수 없었던 설즈버거는 편집자에게 편지를 썼는데, 이 편지는 '에이체스A. Aitchess'*라는 필명으로 게재되었다.[16]

설즈버거는 잘생겼고, 옷을 잘 입었으며, 세련된 라이프스타일과 뉴욕타임스의 유명세는 그의 인상을 더욱 화려하게 했다. 잘 다듬어진 체격에 직각 어깨를 가졌던 그는 마치 키가 크고 지배하는 듯한 인상을 주었지만, 실제 그의 키는 평균 정도였다. 설즈버거는 신문사의 일상 업무를 골똘히 고

---

* 에이체스는 아서 헤이스 설즈버거Arthur Hays Sulzberger의 약자인 AHS를 빠르게 발음한 것과 같은 소리가 난다. 설즈버거는 에이체스라는 필명으로 장난스러운 짧은 편지를 여럿 보냈고, 편집위원회는 이를 지면에 실어 버렸다.

민했다. 그는 금장 모서리의 작은 검은색 패드를 앞주머니에 넣고 다니며 헤드라인과 기사, 또는 뉴욕타임스를 팔지 않는 가판대에 대한 관찰을 메모했다.[17] 그는 그가 '파란 쪽지'라고 부른 파란색 종이에 인쇄한 메모를 매일 보냈다. 편집자들은 질문, 비판, 기사 아이디어로 가득 찬 이 메모를 매년 수백 통씩 받았다.[18] 뉴욕 어퍼이스트사이드에 있는 3층짜리 브라운스톤 집 침대에서 설즈버거는 매일 아침마다 신문을 읽으며 독특한 의식을 거행했다. 적갈색과 남색의 가운을 입은 그는 귀중한 1면 페이지와 사설 페이지부터 찢어 베개 위에 올려 두었다. 그는 가장 중요하지 않은 페이지부터 먼저 읽고, 그런 다음 가장 좋아하는 페이지를 읽으면서, 빨간 연필로 오류와 수정 사항을 표시했다.[19]

뉴욕타임스는 가족 제국이었지만, 설즈버거는 뉴욕타임스를 "공적 신뢰"라고 묘사했다. 그는 말했다. "우리는 대중에게 고양이가 어느 방향으로 뛰어오르는지 알린다. 대중이 고양이를 돌볼 것이다."[20]

1960년 뉴욕타임스는 브로드웨이 웨스트 43번가 229번지에 있는 거대한 건물에 입주했다. 프랑스의 성 샤토를 닮은 고딕 양식의 14층짜리 회색 석조 건물은 43번가부터 44번가까지 도시 한 블록 전체에 걸쳐 뻗어 있었다. 뉴욕 시어터 디스트릭트 한가운데에 뉴스 공장이 있었다.[21]

47명의 해외 특파원, 10개의 국내 지국, 158명의 뉴욕시 기자, 400명의 국내 특파원, 그리고 여러 유선통신사로부터 매일 100만여 단어가 이 건물로 흘러 들어왔다. 여전히 부피가 크기는 했지만 편집자들은 이를 일간판의 경우 평균 14만 5,000단어, 일요판은 45만 단어로 추려 냈다. 뉴욕타임스는 미국에서 가장 뚱뚱하고 두꺼운 신문이었다. 한 시골 지역에서 배달 중이던

　　　　　　　　　　　　　　　　　　　　　뉴욕타임스 죽이기

비행기에서 낙하한 뉴욕타임스 일요판 한 부에 소가 맞아 죽은 사고도 있었다.[22]

매일 4,000여 명의 직원이 회전문을 통과하면 대리석 로비에서 발행인 아서 헤이스 설즈버거가 고른, "매일이 새로운 시작입니다. … 매일 아침 세상은 새롭게 시작됩니다Every day is a fresh beginning … every morn the world is made anew."라는 감성적인 문구가 그들을 맞이했다.[23] "두려움도 호의도 없이 공정하게 뉴스를 전합니다To Give the News Impartially, Without Fear or Favor."라는 슬로건이 건물 곳곳에 걸려 있었다.[24] 건물의 심장부는 3층 뉴스룸이었는데, 한 블록 길이의 동굴 같은 공간으로 너무 넓어서 편집장이 마이크를 사용해 직원들을 호출해야 할 정도였다. 매일 아침 300명의 직원이 회색 금속 책상 뒤에 줄지어 앉았다.[25] 뉴스가 들어오면, 타자기에 입력되고 흑연 연필로 편집된 후 보라색 잉크가 묻은 등사기를 소용돌이치며 통과했다. 수동 타자기의 스타카토 타건 소리가 너무 커서 각 타이피스트 주변에 프라이버시 거품이 생기는 것 같았다.[26]

매일 오후 4시가 되면 타자기 두드리는 소리가 멈추고, 복사본이 공압 실린더에 담겨 튜브를 통해 4층에 있는 식자실로 보내져 페이지 형태로 만들어지는 수작업이 이루어졌다. 몇 시간 후, 페이지의 틀은 활송 장치를 타고 지하 인쇄실로 옮겨져 인쇄판 주조에 쓰였다. "시작하자"며 명령이 떨어지면 인쇄기가 예열되기 시작했고, 지하에서 15층 건물이 흔들릴 정도의 힘과 속도로 신문 용지가 인쇄기를 통과했다.[27] 완성된 신문은 하역장에서 라과디아 공항의 대기 중이던 비행기로 옮겨지거나 트럭에 실려 시내와 외진 교외의 신문 가판대에 쌓였다.[28]

뉴욕타임스는 기자, 관리자, 회계사, 타이피스트, 편집자, 원고 교정원, 팩트체커들의 부대가 만들어 낸 산물이었다. 데스크 직원, 비평가, 뉴스 보조원, 조판사, 트럭 운전사, 인쇄공, 배달원 등 수많은 사람들이 일했다. 변호사들도 무대 뒤에서 조용하고 화려하지 않게 힘썼다.

1960년대 중반까지만 해도 뉴욕타임스에는 법무 부서가 없었는데, 신문사의 운영 범위를 고려하면 다소 놀라운 일이었다. 옥스 재임 시절부터 뉴욕타임스는 외부 소규모 로펌에 법률 자문을 맡겨 왔다. 뉴욕의 대표적인 유대인 로펌 중 하나인 쿡, 네이선, 리먼Cook, Nathan, and Lehman의 앨프리드 쿡Alfred Cook은 1896년 뉴욕타임스를 인수했을 때 옥스를 대리했고, 1940년대까지 신문사의 고문으로 남았다. 당시 유대인은 주류 로펌에 받아들여지지 않았고, 사실상 분리되어 그들만의 법률 사무를 수행했다.[29]

1930년대에 쿡 로펌의 변호사이자 쿡의 사위였던 루이스 러브Louis Loeb가 뉴욕타임스의 법무를 담당하기 시작했다. 러브는 모든 경영진이 그를 알 만큼 신문사에서 존경받는 인물이 되었다. 러브는 종종 사설을 써 달라는 요청을 받을 만큼 뉴욕타임스에서 중요한 목소리를 냈다. 1948년부터 1968년까지 러브는 뉴욕타임스의 법률고문으로 재직했다. 그의 말을 빌리자면, 그는 "뉴욕타임스에 특화된 사람"이었다.[30]

러브는 키가 182cm 정도에 몸무게는 90kg이 조금 넘었다. 그는 육체적으로 위풍당당했지만 무서워 보이지는 않았다. 사교적이고 상냥하며 화술이 좋았던 러브는 사회자, 특히 그가 수년간 이끌었던 명망 높은 뉴욕변호사협회New York Bar Association의 사회자로 인기 있었다. 러브는 옷깃에 진주 스틱핀이 달린 밝은 색상의 줄무늬 정장을 화려하게 차려 입었다. 평생 백색증을 앓아 온 탓에 그의 흰머리는 윤기가 났고 피부는 반투명했다. 눈 근육이 매우 약해 평생 두꺼운 검은색 뿔테 안경을 썼기에, 그는 멀리 있는 것을 보기 어려워하고 약간 혼란스러운 표정을 지었다.[31]

설즈버거와 마찬가지로 러브도 독일계 유대인 이민자로 구성된 부유한 집안 출신이었다. 러브의 아버지는 앨라배마에서 건어물 행상으로 시작하여 버밍햄 백화점을 창업했다. 러브가 어렸을 때 가족은 뉴욕으로 이주했고, 그는 필립스 엑서터, 예일 대학교, 컬럼비아 로스쿨 등 좋은 학교에 다녔다. 예일 대학교 4학년 때 러브는 연극 「탬벌레인 대왕Tamburlaine the Great」의 주연 배역을 맡아 단 한 번의 공연으로 400줄이 넘는 무운시를 완벽히 구사해 배우로서 명성을 얻었다.[32]

로스쿨 졸업 후 러브는 쿡, 네이선, 리먼에서 일했다. 곧 그는 쿡의 딸인 재닛Janet과 결혼했다. 오래 지나지 않아 러브는 뉴욕타임스의 법률 문제를 다루는 업무를 맡게 되었다. 뉴욕타임스와 마찬가지로, 뉴욕타임스의 법률 대리 업무 또한 사위에게 물려준 가족 사업이었다.[33] 러브는 설즈버거와 가까워져 1930년대 미국신문조합American Newspaper Guild과의 어려운 협상을 함께했다. 러브는 공산당의 강한 영향력 아래에 있던 미국신문조합이 뉴욕타임스 편집진을 장악해서는 안 된다는 설즈버거의 입장을 지지했다.[34] 러브는 경영진과 노조 협상가들 모두로부터 높은 평가를 받았다. 그는 마치 판사처럼 공정하고 침착한 성품을 갖고 있었던 탓에, 그의 의뢰인들은 그가 정말 자신들 편에 서 있는 것이 맞는지 묻고 싶어질 지경이었다.[35]

1940년 설즈버거는 러브에게 뉴욕타임스의 법률고문으로서 더 정규적으로 일할 의향이 있는지 물었다. 러브는 설즈버거에게 매일 반나절씩 뉴욕타임스 사무실로 출근하겠다고 제안했다. 그는 쿡 로펌과의 파트너십을 유지하기로 했다. 1941년까지 그는 일과 중 4시간은 뉴욕타임스에서, 4시간은 로펌 사무실에서 일했다. 1947년 쿡이 은퇴하자 러브는 다른 로펌을 찾아야 했다. 예일 대학교 동창이 그에게 로드데이앤드로드Lord Day & Lord에 입사할 것을 권유했다. 제안에 동의한 후 러브는 설즈버거를 찾아갔는데, 설즈버거는 하나의 로펌이 연속성 있게 뉴욕타임스의 법률대리를 맡아야 하는데 쿡이 은퇴하면 어떻게 될지 걱정하던 터였다. 설즈버거는 뉴욕타임스가 러브를 따라 로드데이앤드로드로 로펌을 바꾸기로 결정했다. 러브는 이 결정을 두고 "내 전문직 경력에서 가장 스릴 있었던 일 중 하나"라고 말했다.[36]

1845년에 설립된 로드데이앤드로드는 뉴욕에서 가장 오래되고 권위 있는 로펌 중 하나였다. 이 로펌은 상류층을 상대로 하는 '운송업' 및 '해군성의 집'으로 알려졌는데, 이는 해운 회사와 부유한 개인 고객을 대리한다는 의미였다. 브로드웨이 25번지에 위치한 이 로펌은 19세기 분위기가 물씬 풍겼다. 사무실에는 사냥용 말이나 거대한 배를 그린 그림, 또는 남북전쟁 제복을 입고 귀 아래에서부터 길게 구레나룻을 기른 파트너들의 사진이 걸려 있었다. 1950년대까지만 해도 이 사무실은 답답하고 단정한 상류 엘리트 직장의 전형이었다.[37] 아이젠하워 대통령 밑에서 법무부 장관을 지낸 허버트 브라우넬Herbert Brownell은 이 로펌에서 가장 저명한 구성원이었다. 놀랍지도 않게 로드데이앤드로드는 정치와 법률 전략 모두에서 보수적이었다. 1971년 뉴욕타임스가 '펜타곤 페이퍼'를 폭로하기로 결정하면서 갈라지기 전까지 로드데이앤드로드는 뉴욕타임스를 대리했다. 아서 헤이스 설즈버거의 아들이자 1963년부터 1992년까지 뉴욕타임스의 발행인이었던 아서 옥스 설즈버거Arthur Ochs Sulzberger는 로드데이앤드로드를 "고객사 중 큐나드라인Cunard Line이 있을 정도로 탄탄한 회사"*라고 회고한 바 있다.

"타이타닉호의 침몰에 트라우마가 생겼는지는 알 수 없지만, 확실히 그들은 신중했다."[38]

러브는 대부분의 근무일에 그의 사무실과 비서가 있는 뉴욕타임스 건물에 와서 수석 편집자, 매니저들과 정기적으로 대화를 나누었다. 처음 업무를 시작했을 때 그의 사무실은 14층에 있었다. 그가 사용한 책상은 옥스가 처음 뉴욕타임스를 시작했을 때 사용하던 책상이었다. 이후 그는 편집위원회 근처 10층으로 자리를 옮겼다. 로어 브로드웨이에 있는 러브의 사무실과 뉴욕타임스 임원실은 두 개의 전화교환기를 우회하여 개인 전화선으로 연결되었다.[39]

러브의 업무는 주로 뉴욕타임스의 비즈니스 활동을 중심으로 이루어졌다. 러브는 고용계약서, 종이 및 잉크 계약서를 작성하고, 건물 임대와 광고 계약을 협상했다. 명예훼손 소송은 그의 업무 중 극히 일부에 불과했다. 흔히 추정되는 것과 달리, 1960년 이전에는 명예훼손이 뉴욕타임스에 주요한 법적 쟁점이 아니었다. 러브는 약 2만 5,000달러의 배상 판결을 받은 한 건을 제외하고는, 로드데이앤드로드가 뉴욕타임스를 대리한 수년간 명예훼손 소송에서 1달러 이상을 지불한 적이 없다고 자랑했다.[40]

명예훼손libel은 허위이고 명예훼손적 진술defamatory statements로부터 개인의 명예reputation를 보호하는 민사상의 청구원인civil cause of action이다. 명예훼손적 진술은 개인의 명예를 심각하게 저하시키는 것으로, 한 사람을 "증오, 수치, 악평, 모욕, 양심, 멸시, 조롱, 혐오, 배척, 비하 또는 불명예에

---

* 큐나드라인은 영국의 해운 회사로, 오랫동안 영국의 국책 해운사였다. 현재는 크루즈 전문기업인 카니발 코퍼레이션의 자회사이다.

노출시킴으로써 신뢰와 우호에 토대를 둔 사회 상호작용을 박탈"하는 것이다.[41] 이는 "[한 사람의] 직업이나 거래에 해를 끼치거나 [그리고] 이웃에게 외면당하거나 기피당하도록 만드는 행위"이다.[42] 권위 있는 주석서인 『제2차 불법행위법 리스테이트먼트the Second Restatement of Torts』에 따르면*, "타인의 명예를 해쳐 공동체에서 그의 지위를 손상시키거나 제3자가 그와의 교류 또는 거래를 기피하도록 만드는 경우 해당 커뮤니케이션은 명예를 훼손하는 것이다."라고 명시되어 있다.[43] 역사적으로 명예훼손은 도덕적 측면이 있었다. 범죄를 저질렀거나, 직업적으로 무능하거나, 성적으로 문란하거나, 성병과 같은 '역겨운 질병'을 앓고 있다는 비난은 그 자체로 명예훼손으로 간주되었기 때문에, 원고는 왜 그러한 비난이 자신의 명예를 해치는지에 대한 증거를 제시할 필요가 없었다.[44]

명예훼손법의 역사는 오래되었다. 명예훼손은 중세 시대에 왕실 법정이 부와 권력을 가진 사람들 사이의 언쟁에 개입했던 시기로 거슬러 올라간다. 왕실 거물들의 명예를 둘러싼 분쟁은 종종 폭력으로 이어졌기 때문에, 명예훼손에 대한 형사처벌을 신설한 것은 평화가 깨지는 것을 막기 위한 한 방법이었다.[45] 1600년경 민사소송이 점차 보편화되면서 명예훼손 불법행위가 생겨났다. 금전적 손해배상을 구제 수단으로 하는 민사소송은 개인 간 명예훼손을 다루는 가장 선호되는 방법이 되었다. 민사 및 형사 명예훼손법 모두 영국의 다른 보통법과 함께 미국으로 이식되었다. 형사상 명예훼손죄는 미국에서 드물게 적용되었고, 20세기에 이르러서는 거의 사용되지 않게

---

* 미국의 법률 시스템은 판례법을 위주로 이루어지며, 각 주마다 독립적인 법역을 이루므로 법률이 복잡하고 불확실해지기 쉽다. 이러한 문제를 해결하기 위해 유력 판사, 변호사, 법학자들로 구성된 미국법률협회American Law Institute, ALI는 각 분야 판례법상의 일반 원칙을 조문의 형식으로 체계화한 평석서restatement를 발표한다.

되었다.[46] 반면에 명예훼손 불법행위는 일반적으로 사용되었다(뉴욕타임스 대 설리번 사건은 민사 명예훼손 사건이었다).

　고풍스럽고 복잡한 전문용어로 인해 명예훼손은 과거에도 그랬고 지금도 가장 복잡한 법 영역 중 하나이다. 명예훼손은 "사소하고 무익한 구별들로 뒤엉킨", "보통법에만 존재하고 다른 문명 세계 어디에서도 찾아볼 수 없는 낡은 유물들의 영묘"라고 묘사되어 왔다.[47] 1964년 이전에는 명예훼손으로 소송을 제기한 사람이 문제의 진술이 허위임을 증명할 필요가 없었다. 진술의 허위성이 추정되었기 때문이다. 허위성 추정*은 어떤 진술이 진실이든 거짓이든 개인의 명예에 해를 끼치면 상관없다는 오래된 영국식 관념을 반영한 것이었다. 원고는 문제의 진술이 자신의 명예를 해칠 가능성이 있다는 사실만 입증하면, 명예의 실질적 손상을 입증할 필요가 없었다. 명예훼손은 엄격 책임원칙**에 따라 발행인의 의도나 발행 당시 내심의 상태와 무관하게 발행인에게 진술에 대한 책임이 있다고 판단한다. 부주의한 실수 또는 선의로 저지른 실수라 할지라도 나쁜 의도 또는 악의***를 가지고 저지른 오류 못지않게 신문사가 책임을 져야 한다. 언론사가 스스로를 방어할 수 있는 유일한 방법은 해당 진술이 '특권'으로 분류되어, 법적으로 정당화되거나 용인될 수 있는 몇 가지 좁은 범주의 진술 중 하나에 속한다는 것을 증명하거나, 더 일반적으로는 '모든 세부 사항에서' 해당 진술이 진실임을 증명하는 것이었다. 진실****은 명예훼손에 대한 완벽한 항변이었지만, 현실적으로 설령 진술이 실제로 진실이라고 하더라도, '모든 세부 사항에

---

* 'the presumption of falsity'는 '허위성 추정'으로 옮기는 것을 원칙으로 했다.
** 'the rule of strict liability'는 '엄격책임원칙'으로 옮겼다.
*** 원문의 'ill will'을 '나쁜 의도', 'malice'를 '악의'로 옮겼다.
**** 'fact'는 '사실'로, 'truth'는 '진실 또는 '진실성'으로 옮겼다.

서’ 진술이 진실임을 입증하는 것은 어려웠다.[48]

이처럼 엄격한 법률은 명예에 부여된 높은 가치를 반영한 것이었다. 법에서 명예는 "한 사람이 그가 알려진 장소에서 공중에 의해 받는 평가"로 정의된다.[49] 명예는 종종 "정직하고 명예로운 행동과 올바른 생활로 천천히 쌓아 올린" 개인의 노력에 의해 생성되는 일종의 재산으로 간주되었다.[50] 사업가와 전문가에게 명예는 경력과 상업적 성공에 필수적이었다. 역사적으로 여성의 순결에 대한 명예는 결혼 가능성을 결정했다. 명예는 "친구를 사귀고 … 자금을 모으고 … 후원과 지지를 이끌어 내고 … 부와 영광과 행복으로 가는 확실하고 쉬운 길을 열어 준다."라고 일컬어졌다.[51] 또한 명예는 종종 한 사람의 가장 소중한 소유물, 즉 "가장 큰 자부심"이자 "가장 소중한 보물"로도 묘사되었다. 개인은 자신의 노동의 열매를 소유하는 것처럼, 자신의 명예를 '소유'하는 것으로 여겨졌다. 명예의 손상은 "신체적 부상보다 훨씬 더 큰 고통과 불행"을 초래했다. 사람으로부터 그의 명예를 빼앗는 것은 "개인뿐만 아니라 공동체에 대한 범죄"이며, "이를 처벌하는 것은 공동체의 의무"였다.[52]

대부분의 주요 신문사와 마찬가지로, 뉴욕타임스도 명예훼손 소송을 방지하고 이기기 위한 정교한 시스템을 갖추고 있었다. 이 시스템은 잘 훈련되고 고액의 보수를 받는 변호사를 보유한, 자금이 풍부한 기업으로서 신문사가 가진 장점을 중심으로 구성되었다. 뉴욕타임스는 재정적·법률적 힘을 이용해 명예훼손 소송의 원고들을 위협하고, 좌절시키고, 지치게 하여 그들이 청구를 포기하도록 설득했다.

매년 수십 명이 명예훼손 소송을 제기하겠다며 협박하는 분노의 편지를 뉴욕타임스에 보냈다. 때때로 이러한 주장은 타당했다. 보도가 정말 허위였던 것이다. 하지만 대부분의 위협은 근거 없는 단순한 괴롭힘에 불과했다. 어떤 사람들은 명예훼손 청구를 하는 것을 불쾌한 진술에 대한 그들의 분노를 표출하는 수단으로 생각했다. 뉴욕타임스의 한 변호사에 따르면, 10건 중 9건은 소송을 제기하는 것 자체가 "안전밸브로 압력을 분출시키는 것"과 같았고, 사건은 결코 재판으로 이어지지 않았다.[53]

뉴욕타임스가 이러한 위협을 받았을 때 변호사들은 표준화된 절차를 따랐다. 먼저, 그들은 법적 책임이나 오류를 부인하는 단호한 답변을 보냈다. 편지는 이러했다. "비록 뉴욕타임스는 문제가 제기된 칼럼의 그 어떤 오류라도 바로잡을 준비가 항상 되어 있지만, 귀하가 불만을 제기한 기사는 진실하고 정확하며 공정한 보도였고 … 뉴스로서 선의로 게재되었음을 저희 변호사들이 알려 주었으므로, 귀하의 변호사의 의견을 기다리는 것 외에 저희가 할 수 있는 일이 없음을 알려 드립니다."[54] 원고가 철회 또는 정정을 요구하면, 뉴욕타임스는 최초에 제기되었던 혐의가 정정과 함께 다시 실리게 될 것이고, 이로써 원고가 또다시 스캔들을 겪어야 할 것이라고 경고했다. 변호인들은 고집을 부리는 민원 제기자들에게 물러서라고 설득했다. 명예훼손 혐의가 공식적이거나 공적인 청문회에 근거한 경우, 변호사들은 해당 보도는 특권이 부여되어 있으며 명예훼손 소송의 근거가 될 수 없다고 알렸다.[55]

위협 외에 지연 전략도 있었다. 뉴욕타임스 변호사들은 의도적으로 절차를 지연시키고 신청에 신청을 거듭하여 명예훼손 소송을 질질 끌었다. 뉴욕타임스는 '합의 불가' 정책으로 유명했다. 사건을 끝내기 위해 합의하는 많은 신문사들과 달리, 뉴욕타임스는 설령 그들이 얼마를 지불하게 될지라도 원고가 최고법원 앞까지 가게끔 만들었다. 아돌프 옥스가 시행한 이 정책은 명예훼손에 대한 '옥스 정책'으로 알려졌다. 옥스는 이러한 접근이 '성가신 소송'을 막고, 변호사들이 신문사를 상대로 명예훼손 소송을 제기하지 못하게 막을 수 있다고 생각했다.[56] 옥스는 1922년 앨프리드 쿡에게 편지를 보내 이렇게 말했다. "명예훼손 소송 합의에 대한 저의 입장을 잘 알고 계실 겁니다. 굳이 반복할 필요 없겠지요. 저는 돈을 조금 아끼자고 명예훼손 소송에 합의하는 일은 절대 하지 않을 겁니다. 우리가 누군가에게 피해를 입혔다면 최고법원이 판결한 모든 금액을 지불할 준비가 되어 있고, 법원의 결정을 즉각 받아들일 겁니다. 경우에 따라서는 필요 이상의 비용이 들 수 있다는 사실을 잘 압니다. 하지만 장기적으로 현명한 정책이라고 생각합니다."[57] 이 과정에서 뉴욕타임스는 변호사 비용을 감당할 수 있었지만, 대부분의 원고들은 장기간의 소송 부담을 견디지 못하고 결국 굴복하여 청구를 포기했다.

컬럼비아 로스쿨을 졸업했고 안경을 낀, 괴짜 조지 노리스George Norris는 명예훼손 사건 조사를 전담하는 뉴욕타임스의 사내 '명예훼손 전문가'였다. 1916년부터 뉴욕타임스에서 근무한 노리스는 회사와 명예훼손에 대한 뉴욕타임스의 뛰어난 기록을 유지하는 데 전적으로 헌신했다. 3층에서 그는 두려움의 대상이었다. 그가 명예훼손 소장을 들고 뉴스룸에 가서 스태프들에게 다가갈 때마다, 그들은 신경질적으로 "나는 그날 쉬었다"고 주장하곤 했다. 어떤 편집자나 기자도 명예훼손으로 피소된 기사에 자신의 책임이 있다고 인정하고 싶어 하지 않았다. 그러나 이들은 명예훼손 소송으로 인해 자신의 기록이 더럽혀지는 것을 원치 않았기 때문에 원고의 주장이 사실이 아님을 입증하고자 노리스와 협력했다.[58]

노리스는 팩트를 체크하고, 증인을 추적하고, 그들로부터 진술을 확보했다. 그는 소송을 담당하는 로드데이앤드로드 변호사들과 긴밀히 협력했다. 노리스는 '명예훼손 탐정'도 감독했다. 뉴욕타임스는 명예훼손 소송만을 담당하는 사립 탐정들을 고용했다. 이 탐정들은 명예훼손 소송이 제기된 혐의를 확인하고 청구인의 '먼지'를 터는 임무를 맡았다. 만약 원고의 평판이 이미 나빴다면, 그들이 자신의 명예가 훼손되었다고 말하기 어려워진다. 조사에서 밝혀진 불미스러운 사실은 원고가 종종 소송을 포기하는 이유가 되었는데, 재판에서 그 세부 사항이 드러날 수 있었기 때문이다. 노리스는 "명예훼손 소송을 제기하는 사람은 자신의 과거사, 어쩌면 출생부터 시작하는 과거사에 대한 조사를 자초한 셈이라고 합니다."라고 말했다. "이런 조사를 위해 많은 비용이 지출되었습니다. 그럼에도 우리는 조사가 제값을 한다고 생각합니다. 때로 누군가가 자신에 대해 질문한다는 사실을 알게 된 것만으로도 소송을 취하하는 경우가 있기 때문입니다."[59]

중서부 지역의 한 목사가 명예훼손으로 뉴욕타임스에 소송을 걸었다. 노리스는 그의 기록을 조사하기 위해 탐정을 시카고로 보냈다. 탐정은 교구 신자, 목사가 다녔던 대학, 심지어 그를 아는 전차 운전사에게까지 연락을 취했다. 탐정이 '신용을 떨어뜨리는 정보'를 발견하자, 목사는 소를 취하했다. 노리스는 "35년 동안 명예훼손 소송의 변호를 맡아 온 제가 예비 원고들에게 조언하는 것은 흠잡을 데 없는 정도가 아닌 이상 당신의 리넬 정장을 법정에 가져가지 말라는 것입니다."라고 말했다.[60]

뉴욕타임스는 명예를 훼손하는 진술을 게재하지 않도록 하는 조치들도 취했다. 직원들을 대상으로 명예훼손법 교육을 실시하고, 명예훼손에 관한 정기적인 강연을 개최했으며, 명예훼손 관련 논문과 핸드북을 뉴스룸에 비치했다. 많은 명예훼손이 오타에서 비롯되었기 때문에 카피에디터들에게 특히 책임이 부여되었다. 변호사들은 '출판 전 검토'를 통해 명예훼손의 가능성이 있는 텍스트를 검토했다.[61]

공격적인 전략과 잘 훈련된 변호사 덕분에 뉴욕타임스는 명예훼손 소송에서 배상금을 거의 지불하지 않았다. 1923년 1월부터 1949년 10월까지 명예훼손 소송으로 청구된 1,634만 4,284달러 중 지불한 금액은 4만 3,987달러뿐이었다. 2만 5,000달러와 8,000달러의 고액 판결 두 건을 제외하면, 27건의 판결에 대해 1만 달러가 지불되었을 뿐이었다.[62]

노리스는 "빨리 부자가 될 생각이 있는 사람이라면 뉴욕타임스를 명예훼손으로 고소하는 것보다 우라늄을 찾는 것이 더 나을 것"이라고 빈정거리듯 말했다.[63] 하지만 상황은 빠르게 바뀌었다.

제2장

명예훼손과 언론

명예훼손법은 변하지 않을 것 같았고, 뉴욕타임스는 명예훼손법을 감당해야 했다. 언론의 자유는 법이 보호하는 이익이었지만, 1964년 이전 법원은 언론의 자유가 개인의 명예를 보호할 권리보다 더 중요하지는 않다고 반복적으로 밝힌 바 있었다. 엄격한 명예훼손법에도 불구하고 뉴욕타임스와 같은 신문사들은 창의적으로 운영 방식을 조정하며 신문을 발행했고, 번창하기까지 했다. 그러나 뉴욕타임스가 1960년 앨라배마주 공직자들로부터 수백만 달러의 소송을 당했을 때 알게 된 것처럼, 명예훼손은 언론에 대한 강력한 잠재적 위협으로 남아 있었다.

미국 건국 이래 명예훼손법은 존재했지만, 미국 언론과 명예훼손의 역사는 놀라울 만큼 짧다. 1880년대에 한 변호사가 신문들을 위해 명예훼손법에 관한 연구서를 썼을 당시에는 참고할 만한 사례가 적었다.[1] 명예훼손적 진술에 대한 보다 즉각적이고 만족스러운 보복 수단이 더 많았기 때문이다.

언론인들은 "때로는 살해당하고, 때로는 채찍질을 당하고, 모욕을 당하기도 했다."라고 발행인 E. W. 스크립스E. W. Scripps는 회상했다.[2]

19세기 후반에 이르러 언론은 명예훼손 사건의 전례 없는 급증을 겪었다. 새로운 인쇄 기술과 도시 인구의 증가로 인한 신문 출판 유행이 명예훼손 소송 증가의 한 원인이었다. 언론의 선정주의는 명예훼손 소송이 증가하는 또 다른 이유였다. 과장과 노골적인 허구로 뒤덮인 뉴스인 '황색' 저널리즘 yellow journalism은 인기 있고 수익성이 높아 언론사들 사이에서 유행했다.[3]

얼마 지나지 않아 각계각층의 사람들이 명예훼손으로 언론사를 고소하기 시작했다. 소송을 제기한 사람들 중 상당수는 일반 시민으로, 언론사가 허위로 자신들의 범죄나 기타 부정행위의 혐의를 제기했다고 주장했다. 정치인과 공직자들도 언론사를 상대로 자주 소송을 제기했다. 당시 신문은 적극적이고 거침없는 정부의 비판자였다. 공직자들은 종종 '불량배', '악마', '타락한 노예'와 같은 별명과 함께 공격받았다. 때때로 이러한 비난은 허위였고, 명예훼손 주장 또한 타당했다. 하지만 적시한 사실이 진실인 경우도 많았고, 정치인은 단지 신문을 괴롭히고 위협하기 위해 소송을 제기하기도 했다. 정치인과 공직자들은 최대한의 위협을 가하기 위해 고액의 손해배상액을 요구했다. 철도 재벌 제임스 피스크James Fisk는 스프링필드 리퍼블리컨Springfield Republican에 10만 달러의 소송을 제기한 후 다른 두 신문사를 상대로 같은 금액으로 두 번 더 소송을 제기했고, 또 다른 신문사에는 100만 달러의 소송을 제기했다.[4]

명예훼손 사건에서 승소하는 것은 어렵지 않았다. 법이 피고에게 매우 불리하게 작용했기 때문이다. 1901년 한 편집자는 선정주의적인 언론에 대한 공중의 반감을 고려할 때, 배심원들은 "가능한 모든 종류의 구실을 들어 명예훼손 사건에서 신문사가 막대한 규모의 손해배상을 부담하도록 하는 경향이 있었다.”라고 관찰했다.[5] 배심원들은 공직자들이 제기한 소송에 관해서는 좀 더 회의적인 태도를 보이긴 했지만, 적시된 사실이 터무니없고 의도적인 허위로 드러나면 어김없이 언론에 대해 적대적인 태도를 보였다. 예를 들어, 1897년 필라델피아 시장은 다음과 같은 헤드라인을 게재한 필라델피아타임스Philadelphia Times로부터 4만 5,000달러를 배상받았다. 「멋진 시장, 도주. 윌리엄 B. 스미스 대령, 필라델피아의 먼지를 발에서 털어내다. 서부로의 갑작스러운 도주. 그가 남긴 위조수표, 문제 제기된 어음, 악성 채무의 유산.」[6]

언론사들은 그들이 부주의한 오류로 인해 허위 진술이 발생했다고 주장하는 ‘정직한 실수honest mistake’의 경우에는 감면해 줄 것을 법원에 요청했다. 그들은 대부분의 허위 및 명예훼손적 진술은 고의나 악의가 아니라 “대형 신문을 발행해야 하는 급박함”의 산물이라고 주장했다.[7] 그들은 명예훼손으로 소송을 당할 것이라는 두려움 없이 뉴스를 보도할 수 있는 언론의 자유를 보호하기 위해서는 ‘정직한 실수’를 할 수 있는 법적 특권이 필수적이라고 주장했다.[8]

몇몇 주에서는 ‘정직한 실수’의 특권 또는 ‘선의good faith’ 특권을 인정했는데, 이는 뉴욕타임스 대 설리번 사건에서 중요한 역할을 하게 된다. 콜먼 대 매클레넌 사건Coleman v. MacLennan, 1908에서 캔자스주 대법원은 공직자 및 공직 후보자에 대한 진술과 모든 “공공의 관심사”, 즉 “모든 공공기관의 경영 … 공익과 관련된 모든 기업 행위 … 그리고 공공복리와 관련된 여타 수많은 주제”에 이러한 특권을 적용했다. 루소 버치Rousseau Burch 판사는 신문사에 유리한 결정을 내리면서, “국가와 사회에 대한 이러한 논의의 중요성은 매우 크고, 이 논의로부터 파생되는 이익 또한 아주 커서 그 행위와 관련된 사인의 불편을 상쇄하고도 남는다. 간혹 개인의 명예에 대한 손상이 발생하고, 때로는 그 정도가 심하더라도, 공공복리에 양보해야 한다."라는 의견을 냈다. 원고는 피고가 앙심이나 악한 의도로 정의되는 '악의'를 가지고 진술을 발행했음을 증명함으로써 특권을 무력화할 수 있었다.[9]

1950년까지 절반 이하의 주에서만 인정되어 특권의 '소수자' 규칙으로 알려진 이 '조건부 특권'은 허위의 유포를 조장하고 명예를 충분히 보호하지 않는다는 이유로 논란을 야기했다. 노스웨스턴 대학교 법학 교수인 헨리 스코필드Henry Schofield는 "사람들의 명예와 재산을 파괴하며, 신문과 정기간행물의 소유자 및 편집자가 그들의 교화적 권력을 거짓 위에 구축하도록 유도하고 장려하는, 권한 밖의 사법 입법*"이라고 비난했다.[10] 이 특권은 "존경받는 사람들에게 공적 생활은 건전한 자존심, 품위 있는 명예와 양립할 수 없는 것이라고 느끼게 함으로써 공적 생활을 꺼리게 할 것이다. 이는 … 공직을 무감각하고 자신의 이익만 추구하는 모험가들의 것으로 남길 것"이라는 우려를 낳았다.[11]

대부분의 주에서 사용된, '다수자 규칙' 또는 소위 특권의 '엄격 원칙'은 '공정한 논평fair comment'으로 알려져 있었다. 공정한 논평 규칙에 따라, 신문이 사실을 정확하게 보도했다면 그에 대한 광범위한 논평이 허용되었지만, 허위 사실을 보도했다면 설령 그 진실성을 선의를 가지고 확신했더라도 법적 책임을 물을 수 있었다. 1891년 매사추세츠주 대법원은 공정한 논평

---

* 원문 표현인 'unauthorized judicial legislation'은 권한도 없고 허용되거나 정당화될 수도 없는 법관에 의한 입법이라는 비판의 의미인데, 이러한 의미를 최대한 전달하기 위해 '권한 밖의 사법 입법'이라고 옮겼다.

규칙에 관한 주요 판례에서, "공적 사안에 대한 시민의 관심에 필요한 것은 진술의 자유가 아니라 토론의 자유"라고 판시했다.[12] 특권의 다수자 규칙과 소수자 규칙 사이의 논쟁은 1964년 뉴욕타임스 대 설리번 사건에서 해결될 때까지 명예훼손법에서 가장 큰 쟁점이었다.

'명예훼손 위기libel crisis'는 20세기 초반 20년 동안 절정에 달했다. 1909년 신문산업 전문지인 프린터스 잉크Printers' Ink는 "명예훼손의 경이로운 전염병"을 보도했다. 한때 "세련되고 까칠한 애국자들"이 "약간의 도발에도 권총과 도검을 꺼내 들었던" 것처럼, 정치인들은 "명예훼손 담당 변호사를 호출하는 버튼을 누르고" 있었다.[13]

가장 극적인 명예훼손 사건 중 하나는 1916년, 자신을 "무지한 이상주의자"이자 "무정부주의자"라고 칭한 시카고트리뷴Chicago Tribune을 고소한 헨리 포드와 관련된 사건이었다.[14] 시어도어 루스벨트 전 대통령은 자신을 주정뱅이라고 비난한 미시간주의 한 신문을 상대로 소송을 제기했다. 루스벨트와 포드 모두 법적 요건을 충족하여 승소했다. 하지만 각각 6센트씩만 받았을 뿐이었는데, 배심원들이 그들의 사건에 대해 어떻게 생각했는지 알 수 있는 대목이다.[15] 포드와 루스벨트는 그들의 청구가 손해배상 판결로 이어지지 않더라도 소송 자체에 이득이 있다는 사실을 잘 알고 있었다. 명예훼손 소송은 자신에 대한 비난을 공개적으로 부인함으로써 자신의 공적 이미지를 형성하는 효과적인 홍보 수단이자, 그들을 비판하는 자들에게 값비싼 변호 비용을 강요함으로써 고통과 괴로움을 안겨 주는 방법일 수 있었다.

명예훼손 위협은 언론을 자기 개혁의 길로 이끌었고, 저널리즘을 변화시켜 궁극적으로 '명예훼손 위기'를 종식시켰다. 명예훼손 소송을 피하기 위해 저널리즘은 공정성, 진실성, 객관성, 정확성을 이상으로 삼아 전문화되었다.[16] 1920년에 이르러 대부분의 신문은 극단적인 선정주의를 배제했다. 언론사들은 '시민적 책임'이라는 명분을 채택했다. 그들은 신문이 공적 기능을 수행하며, 공직자의 잘못을 폭로하고, 독자들에게 민주주의 시민으로서 정보에 기반한 결정informed decision을 내리는 데 필요한 사실을 제공해야 한다고 주장했다. 미국신문편집인협회American Society of Newspaper Editors, ASNE와 같이 새로 결성된 전문가 협회들은 언론에 대한 공중의 이미지를 등에와 유언비어 유포자에서 민주주의의 수호자이자 공중의 존경받는 '감시견'으로 바꾸기 위해 '제4부fourth estate'라는 역사적 은유에 호소했다.

경영 부서의 요청과 전문직주의의 새로운 요구에 따라, 신문사들은 명예훼손적 내용을 게재하여 값비싼 소송에 휘말리는 것을 예방하기 위해 '명예훼손 심사' 프로그램을 도입했다. 이들 프로그램에 따라 팩트체커와 카피 에디터가 모든 기사를 검토했다. 기자들은 뉴스 취재 시 주의를 기울이도록 권고받았다. 칼럼니스트 H. L. 멩켄H. L. Mencken이 1900년대 초반 뉴욕 헤럴드New York Herald에서 기자 생활을 시작했을 때 경영진은 그에게 "가능한 한 기사를 확인하고, 이름, 나이, 주소, 수치에 유의하며, 명예훼손의 위험을 염두에 두라"고 지시했다.[17] 변호사들은 원고를 면밀히 검토하고 정정 또는 삭제했다. 대형 신문사들은 선동적인 표현을 제거하고 뉴스와 의견을 섞는 등 약간의 스타일 변화만으로 명예훼손 문제를 피할 수 있었다고 보고했다. 명예훼손 심사를 할 자원이 없는 소규모 신문사는 명예훼손의 '위축 효과'를 경험하고 명예훼손 소송으로 보복할 가능성이 있는 공직자나 공적 인물에 관한 보도를 자제할 가능성이 더 높았다.[18]

'명예훼손 심사'는 뉴스 콘텐츠의 정확성을 높이고 명예훼손 소송을 줄였으며, 언론에 대한 공중의 신뢰를 높였다. 1922년에는 신문사에서 명예훼손 소송이 '드문 일'이 되었다고 한 출판 전문지는 자랑스럽게 발표했다.[19] 1913년부터 1931년까지 뉴욕월드New York World가 명예훼손으로 소송을 당한 횟수는 연평균 10회에 불과했다. 1920년대와 1930년대에 타블로이드 지인 뉴욕이브닝그래픽New York Evening Graphic은 원고들에게 6,000달러 미만의 금액만을 지급했다.[20] 1942년 더뉴요커The New Yorker를 대리한 로펌은 이 잡지사를 대리한 10년의 기간 동안 명예훼손 소송으로 법정에 끌려간 횟수가 손에 꼽을 만큼 적다고 언급했다.[21]

명예훼손 소송이 줄어들고 언론에 유리한 결과가 나온 것도 표현의 자유에 대한 태도 변화를 반영하는 것이었다. 1930년대 대공황의 포퓰리즘적 격변으로 인해 반대 의견에 대한 관용 또한 커졌다.[22] 법학 교수 데이비드 리스먼David Riesman의 표현을 빌리자면 "악질 정치인이 자신의 변호사와 상의 중이며, 수십만에서 수백만 달러의 손해배상금을 요구하는 명예훼손 소송을 제기할 것이라고 공개적으로 발표하는 현상"에 미국인들이 냉소적이 되면서, 정치에서 명예훼손 소송이 줄어들었다. 리스먼은 1942년 당시 공직자들은 구제를 받기 위해 법원으로 달려가는 대신, 두꺼운 얼굴로 '큰 소리쳐야' 한다는 분위기가 있었다고 말했다.[23]

1947년 한 편집자는 명예훼손법이 "서류상으로는 나쁜 일인 듯 보이지만", "어느 신문 편집자에게도 불평할 만한 정당한 이유가 되지는 못했다."라고 말했다.[24] 그럼에도 불구하고 명예훼손 소송과 거액의 손해배상 판결의 가능성은 특히나 언론과 표현의 자유에 대한 수정헌법 제1조의 보장을 받을 수 없었기 때문에 신문사에 근본적인 위험으로 남아 있었다.

수정헌법 제1조는 "의회는 표현 또는 언론의 자유를 제한하는 어떤 법률도 만들 수 없다."라고 규정한다. 명예훼손법은 분명히 표현을 제한했으나, 1964년 이전까지 연방대법원은 명예훼손적 진술에 대한 처벌이 헌법이 보호하는 표현을 제한하지 않는다고 주장했다. 명예훼손적 표현은 수정헌법 제1조의 '외부'에 있는 것으로 여겨졌고, 그 규제 여부는 전적으로 주정부에 달려 있었다.

1930년대 이전에는 수정헌법 제1조가 공동선common good의 이름으로 표현의 자유를 제한하는 정부의 광범위한 권력을 막지 못했다. 사전 억제(보도금지령, 또는 출판 전 제한)는 금지되지만, '위험 경향bad tendency'이 있는 발언, 즉 '올바른 사고'를 가진 사람들의 감성을 불쾌하게 하거나 명예에 해를 끼치는 등 개인 또는 사회적 해를 끼칠 '경향'이 있는 발언을 한 발화자에 대한 처벌은 공공안전, 건강, 도덕을 위해 행동을 규제하고 질서를 유지하는 주의 정당한 경찰권 행사로 간주하는 것이 헌법상 표현의 자유의 지배적인 법리였다.[25]

'올바른 사고'를 가진 사람들의 관점에 따라 '위험badness'을 판단하는 '위험 경향' 규칙은 인기 없는 생각들을 억누르고 현상 유지를 정당화하기 위해 사용되었다. 제1차 세계대전 동안에는 '위험 경향'을 근거로 반대 의견에 대한 광범위한 탄압이 자행되었다. 미국 전역의 과열된 애국주의 분위기는 1917년 의회가 포괄적인 간첩법Espionage Act을 통과시켜, "불복종을 야기하거나 유발하려고 시도하는" 행위 또는 "고의로 모병이나 입대를 방해하는" 행위를 범죄로 규정하도록 했다. 단순히 정부에 대해 부정적인 글을 썼다는 이유로 전쟁에 반대한 수백여 명이 기소되었다. 1918년의 선동법Sedition Act은 간첩법을 확대하여 정부나 전쟁 노력을 부정적으로 묘사하는 의견 표명까지 포괄하도록 했다.[26] 유죄 판결에 이의를 제기하는 소송들이 대법원에 제기되었고, 표현의 자유 논변이 주장되었으나, '위험 경향' 규칙에 따라 원심이 유지되었다.

반대 의견에 대한 탄압은 새로운 자유의 시대와 수정헌법 제1조를 판단하는 새로운 패러다임을 탄생시켰다. 에이브럼스 대 미국 사건Abrams v. U.S., 1919에서 올리버 웬들 홈스Oliver Wendell Holmes 대법관은 1918년 선동법에 따라 사회주의 시위자들에게 내려진 유죄 판결이 무효라는 반대 의견을 개진하며, '명백하고 현존하는 위험clear and present danger' 테스트를 발명했다. 홈스는 표현의 간접적인 '경향'만으로는 처벌을 정당화할 수 없으며, 대신 법원은 "사용된 단어가 명백하고 현존하는 위험을 초래하는 상황에 쓰였으며, 그러한 성격의 것이어서 의회가 예방할 권한이 있는 실질적인 해악을 초래하는지"를 물어야 한다고 설명했다. "해악의 시정을 시간에 맡기는 것이 즉각적으로 위험할 정도로 긴급한 경우만 '의회는 표현의 자유를 제한하는 법률을 만들 수 없다'는 포괄적인 명령에 대한 예외를 정당화한다." 홈스는 유해한 사상을 근절하는 가장 좋은 방법은 사상의 '시장'에서 그것들을 시험하고 신뢰를 떨어뜨리는 것이라고 믿었다. "하지만 시간이 경쟁하는 많은 신념들을 뒤흔들어 놓았다는 것을 깨달았을 때, 사람들은 자신의 행동 근거에 대한 믿음보다도, 사상의 자유로운 교류를 통해 그들이 열망하는 궁극적 선에 더 잘 도달할 수 있다는 것, 즉 진리에 대한 최고의 시험은 시장경쟁에서 그 자체로 인정받는 사상의 힘이라는 것을 믿게 될 것이다."[27]

루이스 브랜다이스Louis Brandeis 대법관은 표현의 자유 역사상 가장 웅변적인 찬사 중 하나인 휘트니 대 캘리포니아 사건Whitney v. California, 1927에서 보충 의견을 통해 '명백하고 현존하는 위험'의 변형인 '대답할 시간time to answer' 테스트를 정립했다. 휘트니 대 캘리포니아 사건은 한 여성이 미국 공산주의노동당Communist Labor Party of America 설립을 도왔다는 이유로 캘리포니아의 반생디칼리슴 법령anti-syndicalism statue에 따라 선고받은 유죄 판결의 합헌성을 검토했다. 브랜다이스는 '공적 토론'의 기회가 충분히 있었다면 표현으로부터 비롯한 위험이 '명백하고 현존하는' 것으로 간주될 수 없다고 썼다. "심각한 손상에 대한 두려움만으로는 표현과 집회의 자유에 대한 탄압을 정당화할 수 없다. … 우려되는 위험이 임박했다고 믿을 만한 합리적인 근거가 있어야 한다. 우리의 독립을 쟁취한 사람들은 … 원하는 대로 생각하고 생각한 대로 말할 수 있는 자유는 정치적 진실의 발견과 확산에 없어서는 안 될 수단이라는 것, 표현과 집회의 자유가 없다면 토론은 무익하리라는 것, 표현과 집회의 자유가 존재할 때에 토론은 유해한 교리의 유포로부터 보호받을 수 있다는 것을 믿었다."[28]

얼마 지나지 않아 홈스와 브랜다이스의 견해는 연방대법원의 다수의견으로 표명되며 미국의 법이 되었다. 이는 기틀로 대 뉴욕 사건Gitlow v. New York, 1925 판결에 의해 촉진되었다. 수정헌법 제1조가 연방정부를 견제하기 위한 것이었음에도 불구하고, 기틀로 사건은 수정헌법 제14조를 통해 수정헌법 제1조를 각 주에 적용하도록 '통합'했다.[29]

1930년대부터 연방대법원은 반대 의견을 전례 없이 보호했다. 노동조합원들의 피켓 시위, 공산주의자, 여호와의 증인 및 기타 인기 없는 연사들의 집회, 전도, 출판물 배포에 대한 권리를 지지하는 판결이 내려졌다. 스트롬버그 대 캘리포니아 사건Stromberg v. California, 1931 판결의 다수의견은 "정부가 국민의 뜻에 부응하고 또한 합법적인 수단에 의해 변화가 이루어질 수 있도록 하기 위해, 공화국의 안전에 반드시 필요한 기회인 자유로운 정치 토론의 기회를 유지하는 것은 … 우리 헌법 체계의 기본 원칙이다."라고 언급하며, 공산주의의 상징인 붉은 깃발의 표시를 금지하는 법을 폐지했다.[30] 팔코 대 코네티컷 사건Palko v. Connecticut, 1937 판결에서 다수의견은 표현의 자유가 "거의 모든 … 형태의 자유의 필수 불가결한 조건이자 모체matrix"이므로, 표현을 제한하는 국가 행위는 단순히 견해에 동의하지 않는 것을 넘어서는 설득력 있는 정부 이익에 의해 정당화되지 않는 한 금지되어야 한다고 적시하며, 수정헌법 제1조와 관련된 청구에 대한 사법적 감시를 강화하는 관행을 확립했다.[31]

언론에 대해서는 별도의 법리가 있는 것은 아니었으므로 다른 발화자들과 동일한 보호를 받았지만, 연방대법원은 '공적 토론'을 촉진하는 데 신문의 중요한 역할을 인정했다. 니어 대 미네소타 사건Near v. Minnesota, 1931에서는 타블로이드 신문을 금지하는 재갈법gag law을 무효화하여 사전 억제 금지 법리를 헌법화했다.[32] 발행 부수가 많은 신문에 부과된 주 소득세를 무효화한 그로장 대 아메리칸프레스사 사건Grosjean v. American Press Co., 1936 판결에서 서덜랜드Sutherland 대법관은 대중이 "조직된 사회 구성원으로서 공공선을 위해 단결"할 수 있게 하는 자유언론의 가치를 인정했다. "이 나라의 신문, 잡지, 기타 간행물은 다른 어떤 홍보 수단보다도 국가의 공공 및 기업 경영 문제에 대해 빛을 비춰 왔고 계속해서 더 많은 빛을 비출 것이라고 해도 과언이 아니다."[33]

1930년대와 1940년대에 있었던 일련의 사건에서 연방대법원은 '명백하고 현존하는 위험' 원칙이 법정모욕, 반란, 평화 침해breach of the peace*를 금

---

* 평화 침해는 공공의 평화 또는 질서를 침해하는 위법행위를 일컫는다. 해석의 여지가 넓은 표현

지하는 주법을 제한한다고 판시했다.[34] 그러나 연방대법원은 수정헌법 제1조가 명예훼손법을 제한하지 않는다는 점을 분명히 했다. 수정헌법 제1조에 대한 새로운 범주 이론인 '2단계 이론two level theory'에 따르면, 어떤 표현은 사회적 가치가 없기 때문에 보호받지 못하는 범주의 표현인 '낮은 가치 발언low value speech'에 속한다. 낮은 가치 발언에는 외설, 폭력을 선동하는 '싸우는 말fighting words', 명예를 훼손하거나 비방하는 표현이 포함된다.[35]

설리번 사건에서도 역할을 한 '낮은 가치' 발언 이론은 '싸우는 말' 원칙으로 유명한 채플린스키 대 뉴햄프셔 사건Chaplinsky v. New Hampshire, 1942에서 처음 등장했다. 여호와의 증인이었던 채플린스키는 보안관을 "저주받은 파시스트"라고 비난했고, '공격적인' 또는 '불쾌한' 표현의 사용을 금지하는 뉴햄프셔 주법에 따라 유죄 판결을 받았다. 그는 수정헌법 제1조를 근거로 항소했지만 실패했다. 머피Murphy 대법관은 다수의견에서 다음과 같이 썼다. "표현의 자유가 언제, 어떤 상황에서나 절대적이지 않다는 사실은 잘 알려져 있다. 잘 정의되고 좁게 한정된 특정 부류의 표현들이 있으며, 이러한 표현들을 예방하고 처벌하는 것이 헌법적 문제를 야기하는 것이라 생각된 적은 없다." "여기에는 음란하고 외설적인 역겨운 말, 신성모독적인 말, 명예를 훼손하는 말, 모욕적이거나 싸우는 말이 포함된다. … 이러한 발언은 사상 표현의 본질적인 부분이라거나, 진실을 향한 걸음으로서 사회적 가치가 미미하여 그로부터 얻을 수 있는 이익이 질서와 도덕에 대한 사회적 이익보다 명백히 더 크다고 볼 수 없다."[36]

'2단계 이론'은 1952년 보아르네 대 일리노이주 사건Beauharnais v. Illinois,

으로, 미국은 주에 따라 평화 침해의 정의를 한정하는 별도의 법률이 존재하기도 한다.

1952의 '집단 명예훼손' 사건에서 수정헌법 제1조의 원칙으로 공식 확립되었다. 미국백인서클연맹White Circle League of America이라는 백인우월주의 단체의 회장인 조지프 보아르네Joseph Beauharnais는 시카고 당국에 아프리카계 미국인에 의한 백인 거주 지역 '잠식과 침탈'을 중단해 달라고 청원하는 전단지를 배포했다. 보아르네는 그 어떤 인종이나 종교 단체에 대한 명예훼손도 불안 또는 평화 침해를 야기한다면 금지하는 주법령에 따라 유죄 판결을 받았다. 대법원은 수정헌법 제1조의 권리를 침해당했다는 보아르네의 주장에 대해 유죄 판결을 확정했다. 펠릭스 프랭크푸르터Felix Frankfurter 대법관은 다수의견에서 "명예훼손적 발언은 헌법상 보호되는 표현의 영역에 속하지 않으므로, 대법원이나 주법원이 '명백하고 현존하는 위험' 문제를 고려할 필요가 없다."라고 판시했다. "예를 들어, 외설적인 표현은 그러한 상황이 실제 일어나려 한다고 입증되어야만 처벌할 수 있다는 주장에 동의할 사람은 아무도 없을 것이다. 명예훼손도 이와 같은 부류에 속한다."[37]

명시적인 요청에도 불구하고 연방대법원은 뉴욕타임스 대 설리번 판결 이전에는 주 명예훼손법의 합헌성에 관해 직접 판결을 내린 적이 없었다. 1951년부터 1963년 사이에 연방대법원은 주법원과 연방법원에서 올라온 44건의 명예훼손 사건에 대한 검토를 거부했는데, 이는 수정헌법 제1조와 명예훼손 간 갈등이 해결되었음을 시사한다.[38] 수정헌법 제1조를 연구하는 해리 칼븐 주니어Harry Kalven Jr.가 1952년 연구에서 다루었듯이, 시민자유주의자들 사이에서도 당대 존재했던 "명예훼손법의 핵심"은 "명백히 합헌"이라는 "일반적인 합의"가 있었다.[39] 뉴욕타임스 대 설리번 판결 직전 명예훼손법은 그러했다.

제3장

종이의 장막

1947년 뉴욕타임스는 민권운동에 대한 역사적인 보도를 시작했다. 그해 뉴욕타임스의 편집장이었던 터너 캐틀리지Turner Catledge는 발행인 아서 설즈버거에게 '긴급한 문제'에 관해 이야기를 나누기 위해 일일 해피아워에 와 달라고 요청했다. 캐틀리지는 자신의 사무실 뒤에 있는 작은 방에 얼음 통과 술병을 놓고 뉴욕타임스 경영진을 초대하는 관행이 있었는데, 그는 이를 "버번에 물을 섞어 즐기는 안식처"라고 불렀다.[1]

캐틀리지는 설즈버거와 함께 그가 새로운 '사회학적 경향'이라고 표현한 움직임, 즉 남부 민권운동 정서의 동요에 대해 논의하고 싶었다. 메이슨·딕슨선Mason-Dixon line* 아래에서 사회'혁명'이 일어날 것이며, 이는 신문사의 최대 관심사가 될 만한 일이라고 그는 발행인에게 말했다. 캐틀리지는 회고

---

* 1763~1767년 사이에 찰스 메이슨Charles Mason과 제러마이아 딕슨Jeremiah Dixon이 펜실베이니아와 메릴랜드의 경계 분쟁을 해결하기 위해 조사한 경계선. 이후 비공식적으로 노예가 있는 주와 없는 주를 나누는 기준이 되었다. 오늘날에도 미국 남부와 북부를 사회정치적으로 구분하는 상징으로 남아 있다.

　　　　　　　　　　　　　　　　　　　　　　

록에서, "남부를 사랑하는 남부 사람으로서 나는 인종적 드라마의 전개에 대해 특별한 감정과 우려를 가지고 있었다."라고 회상했다. "나는 뉴욕타임스가 미국의 인종적 상황에 대한 사실을 가능한 한 온전히 보도하도록 하는 것이 내 임무라고 생각했다."[2]

웨스트 43번가에 있는 뉴욕타임스 빌딩은 세기 전환기에 캐틀리지가 태어난 미시시피주 촉토카운티의 시골에서 아주 먼 거리에 있었다. 캐틀리지는 남부군의 후손이었지만, 젊은 시절 인종분리가 부도덕하고 비양심적이라고 믿으며 인종분리 정책의 열렬한 반대자가 되었다. 1922년 미시시피주립대학교를 졸업한 캐틀리지는 멤피스의 커머셜어필Commercial Appeal에서 기자로 일했다. 1927년 미시시피강 유역 대홍수가 발생했을 때 캐틀리지는 6개 주를 돌아다니며 피해 상황을 기록했다. 이 보도로 그는 허버트 후버 상무부 장관의 눈에 띄게 되었고, 후버 장관은 1929년 뉴욕타임스의 아돌프 옥스에게 그를 추천했으며, 옥스는 그를 고용했다. 1950년대 경력의 정점에서, 캐틀리지는 이스트사이드의 고급 아파트에 살면서 연간 10만 달러의 수입을 올렸고, 미국의 모든 뉴스룸에 이름을 알렸다. 세속적인 성공에도 불구하고 그는 마음속 깊이 미시시피 억양의 남부인으로 남아 있었고, 특히 술을 마실 때면 그 억양이 짙어졌으며, 늦은 밤 미시시피 황토 언덕에서의 어린 시절을 떠올릴 때면 별날 만큼 감상적인 인물이었다.[3]

캐틀리지가 옳았다. 민권혁명이 진행 중이었다. 민권운동은 새로운 것이 아니었다. 19세기부터 차별과 분리의 종식을 위해 노력해 온 세력이 있었다. 1908년에 설립된 전미유색인지위향상협회National Association for the Advancement of Colored People, NAACP를 비롯한 남북의 인종 간 단체들은 학교와 여타 공공장소에서의 차별에 반대하는 소송을 제기하고, 린치 근절을 위한 캠페인을 시작했다. 1930년대에는 공산주의 계열 조합들이 흑인 소작농과 산업노동자들을 조직하려고 노력했다.

그러나 제2차 세계대전이 끝난 후에야 민권을 지지하는 여론이 광범위하게 형성되었고, 이 대의는 북부 백인 진보주의자들 사이에서 공감을 얻었다. 나치의 유대인 학대에서 정점에 이른 전 세계적인 갈등의 여파로, 인종분리는 민주주의적 가치와 근본적으로 상충되는 듯 보였다. 연방정부는 공개적으로 인종분리에 반대하기 시작했다. 1947년 트루먼 대통령은 인종 불평등을 조사하고 시정하기 위해 민권위원회를 설립했다. 이듬해 트루먼은 군대의 인종분리를 폐지했고, 연방대법원은 셸리 대 크래머 사건Shelley v. Kraemer 판결을 통해 인종 억압적인 부동산 계약약관을 불법화했다. 조국을 위해 목숨을 걸고 싸웠던 흑인 병사들은 2등 시민 신분으로의 복귀에 분개했다. 전쟁 중 아프리카계 미국인의 경제적 지위 상승과 북부 도시로의 이주는 인종분리에 대한 도전에 힘을 실었다.[4]

뉴욕타임스가 민권운동을 보도해야 한다는 캐틀리지의 요청은 결코 급진적인 것이 아니었다. 비록 제2차 세계대전 이전에는 인종 문제를 지속적으로 다루거나 흑인의 삶을 자세히 다룬 전국 단위 신문이나 잡지가 없었지만, 뉴욕타임스는 전통적으로 대부분의 북부 언론사보다 남부에 더 많은 관심을 기울여 왔다. 채터누가는 옥스의 두 번째 고향이었으며, 그의 가족들은 옥스의 손녀 루스가 발행인으로 있는 채터누가타임스Chattanooga Times에 애착을 갖고 있었다. 1930년대에 뉴욕타임스는 휴이 롱Huey Long*의 부

---

* 루이지애나의 40대 주지사이자 미국 상원의원. 민주적 포퓰리스트라는 평가에서부터 파시스트 데마고그demagogue까지 그에 대한 평가 또한 논쟁적이다. 정적인 벤저민 파비Benjamin Pavy 판사의 당선을 막기 위한 선거구 개편 법안을 통과시킨 후, 벤저민 파비의 사위에게 총기로 암살당했다.

상과 암살, 스코츠보로 소년단Scottsboro Boys 재판* 등을 취재하기 위해 수상 경력이 있는 기자들을 남부로 파견했다. 민권은 설즈버거 가문의 신조였다.[5] 1946년 뉴욕타임스는 뉴스 기사에서 인종 명칭을 생략하는 선구적 정책을 발표했다.[6] 반유대주의의 피해자였던 설즈버거 가문은 인종 라벨에 민감했고, 이 정책을 엄격히 시행했다.[7]

캐틀리지는 뉴욕타임스를 위해 일한다는 의심을 받지 않을, 남부 억양의 남부 출신 기자가 '인종 이야기'를 가장 잘 다룰 수 있을 것이라고 확신했다. 그는 이를 '남부 전략'이라고 불렀다. 1947년 캐틀리지의 추진력과 설즈버거의 축복 아래 뉴욕타임스는 존 포팜John Popham이라는 기자를 채터누가에 파견함으로써 남부에 지국을 둔 최초의 전국 뉴스 매체가 되었다.[8]

포팜은 민권운동이 가장 극적으로 발전하는 현장에 있었다. 1954년 연방대법원이 브라운 대 교육위원회 판결Brown v. Board of Education**을 통해 공립학교에서의 인종분리를 수정헌법 제14조의 평등보호조항equal protection clause 위반으로 판결했을 때, 포팜은 남부를 취재한 유일한 전국지 기자였

---

* 1931년 9명의 흑인 소년들이 열차에서 2명의 백인 여성을 강간한 혐의로 유죄 판결을 받은 사건. 백인 10대 소년들이 흑인 소년들을 열차에서 쫓아내려 하자, 이에 반발해 싸움이 일면서 백인 소년들이 허위 신고한 것이 계기가 되었다. 강간은 발생하지 않았다는 사실이 밝혀졌음에도 불구하고 린치와 폭력 시위, 백인 판사와 백인 배심원으로 이루어진 재판에 의해 유죄 판결과 함께 사형 선고가 이루어진 미국 사법 시스템의 대표적인 인종차별 사례로 꼽힌다.

** 1954년 당시 남부 주에서 백인과 유색인종이 같은 학교에 다니지 못하게 하는 주법은 불법이라고 선언한 판결로, 공공시설에서 인종분리 정책의 철폐를 주장하게 되는 도화선이 된 판결이다. 종래의 '분리하되 평등하다'는 플레시 대 퍼거슨 판결Plessy v. Ferguson, 1896을 뒤집은 판결이기도 하다. 1951년 캔자스주 토피카에 살고 있던 초등학교 3학년 흑인 소녀 린다 브라운은 공립학교의 인종분리로 인해 약 1.6km나 떨어진 학교를 걸어 다녀야 했다. 이에 분노한 린다 브라운의 아버지 올리브 브라운은 토피카시 교육위원회를 상대로 소송을 걸었고, 서굿 마셜Thurgood Marshal 변호사가 제출한 광범위한 사회과학적 근거를 토대로 1954년 연방대법원은 '공립학교의 인종차별은 위헌'이라는 판결을 내린다. 이때 연방대법원 판결의 법적 근거가 수정헌법 제14조의 평등보호조항이다. 서굿 마셜 변호사는 이후 1968년 린든 존슨 대통령에 의해 최초의 흑인 연방대법관으로 임명된다.

다. 브라운 판결 직후 뉴욕타임스는 판결문 전문을 보도했고, 사설에서는 연방대법원이 "법 앞에 모든 인간과 모든 아동의 평등에 대한 미국의 신념"을 재확인했다며 높이 평가했다.[9] 뉴욕타임스는 민권운동을 다루는 가장 종합적인 소식원이자 미국 민권의 양심이 되었다.[10] 이듬해 포팜은 미시시피주 섬너에서 백인 여성에게 추근댔다는 의혹 때문에 린치를 당해 살해된 14세 소년 에밋 틸Emmett Till의 살인범에 대한 극적 재판을 보도했다.[11] 무죄 석방 그리고 흑인 잡지 제트Jet에 실려 충격을 준 틸의 훼손된 시신 이미지는 미국인들에게 남부 인종 제도의 잔인함을 일깨우고, 전국적인 민권운동을 촉발하는 계기가 되었다.

1956년 포팜과 다른 뉴욕타임스 기자들은 앨라배마주 몽고메리에서 일어난 버스 보이콧 시위를 취재했는데, 이는 남부 인종차별에 반대하는 최초의 대규모 직접행동 시위였다. 짐크로 법Jim Crow laws에 따라 흑인은 버스 뒷좌석에 탑승하고 백인 승객에게 자리를 양보해야 했다. 로사 파크스Rosa Parks의 자리 양보 거부 이후, 흑인들은 인종분리된 교통 시스템을 거부하고 카풀을 이용하거나 걸어 다니기 시작했다.[12] 1년에 걸친 보이콧은 1956년 연방대법원에서 앨라배마의 분리 좌석제를 수정헌법 제14조 위반으로 무효화하는 브라우더 대 게일Browder v. Gayle 판결을 이끌어 냈고, 보이콧 운동의 지도자였던 스물일곱 살의 마틴 루서 킹 주니어 목사는 전국적인 명성을 얻게 되었다.

브라운 대 교육위원회 사건 판결 직후 캐틀리지는 고향인 미시시피주 튜니카를 방문했다. 그는 오랜 친구들이 놀라울 만큼 인종통합에 대해 평정심을 보인다는 사실을 알게 되었다. 그는 뉴욕으로 돌아와 자신의 고향이 연방대법원의 명령을 받아들일 것이라고 자신 있게 보도했다. 이를 확인하기 위해 캐틀리지는 9명의 기자를 남부로 파견해 "남부의 분위기를 조사"했다.[13] 1956년 3월에 발행된 「남부에 대한 보도Report on the South」는 많은 남부 주민들이 인종통합에 '단념'했다고 낙관적으로 결론을 내리는 동시에, 백인 학생들과 함께 공립학교나 대학에 다니는 흑인 학생이 없는 주가 많으며, "최남부*의 많은 지역은 진보 또는 온건한 입장"에 대한 적대감이 크다고 언급했다.[14]

실제로 남부의 분위기는 브라운 판결 이후 1955년 이루어진 브라운 II 판결이 "신중한 속도"로 인종통합을 할 것을 명령함에 따라 험악해졌다.** 1955년 연방대법원은 볼티모어의 분리된 해변과 목욕탕, 애틀랜타의 분리된 골프장이 위헌이라고 판결했고, 이에 브라운 판결이 교육에만 적용되는 것이 아니라 모든 짐크로를 위헌으로 판결하는 데 활용될 것이라는 가능성이 분명해졌다. 인종통합에 반대하는 전면적인 투쟁인 '대규모 저항'이 시작되었다. 구남부연합Old Confederacy 11개 주의 하원의원과 상원의원 101명이 연방대법원의 "사법권 남용"을 비난하고, "모든 합법적인 수단"으로 저항할 것을 다짐하는 「남부 선언문Southern Manifesto」에 서명했다. 리치먼드 뉴스리더Richmond News Leader의 칼럼니스트인 제임스 킬패트릭James Kilpatrick은 '개입interposition' 개념을 대중화했는데, 영향받는 주들이 동의하

---

* 'Deep South'는 '최남부'로 옮기는 것을 원칙으로 했다.
** 브라운 판결 이후에도 백인 전용 학교들 중 다수는 여전히 인종통합이 이루어지지 않았다. 브라운 II 사건은 브라운 판결의 후속 사건으로, 학교의 인종통합을 어떻게 언제까지 이루어야 하는지 등을 다루었다. 해당 소송에서 흑인 민권운동 진영은 인종분리 해소가 즉시 시작되어야 한다고 주장한 반면, 주정부는 더 많은 시간이 필요하다고 주장했다. 이에 연방대법원은 학교가 브라운 판결을 따라야 함을 재확인하면서도 그 이행이 "신중한 속도all deliberate speed"로 이루어져야 한다고 판결했다. 연방대법원의 모호한 입장은 양쪽 진영 모두에게 비판받았다.

지 않는 한 연방대법원의 판결은 유효하지 않다는 것이었다.* 1956년까지 남부 11개 주에서는 브라운 판결을 우회하기 위해 '개입'하는 법률을 140개 이상 제정했다.[15]

이러한 법률들은 대규모 저항의 한 측면에 불과했다. 저항은 칼, 총, 곤봉, 폭탄 등 폭력을 통해서도 이루어졌다. 큐클럭스클랜Ku Klux Klan, KKK이 남부 지역사회에서 득세했다. 백인시민위원회White Citizens' Council라는 전투적이며 강력한 신생 백인우월주의 단체가 큐클럭스클랜의 움직임에 동참했다. 백인시민위원회는 노골적인 폭력 대신 인종분리 정책에 이의를 제기하는 흑인들이 일자리를 잃거나 신용거래를 할 수 없도록 하는 등 경제적 강제를 동원하여 응징하려 했다. 의사, 사업가, 변호사, 교육자 등으로 구성된 백인시민위원회는 '컨트리클럽 클랜country club Klan'이라는 별명을 얻었다.[16]

이러한 긴장은 뉴욕타임스와도 무관한 일이 아니게 되었고, 낙관적인 성격의 캐틀리지도 무시할 수 없는 수준이 되었다. 1956년 흑인 여성인 오서린 루시Autherine Lucy는 연방법원의 명령에 따라 앨라배마 대학교에 입학했다. 그녀가 학생들에게 폭행을 당하고, 백인들이 3일간 폭동을 일으키자, 학교는 그녀를 캠퍼스에서 쫓아냈다. 뉴욕타임스 기자는 공격을 당하거나 계란에 맞았다. 군중은 기자에게 "외부 선동가!", "문제나 일으키는 놈!", "빨갱이!", "거짓말쟁이 북부 기자!"라고 소리쳤다.[17]

1957년 9월 리틀록 센트럴 고등학교의 흑인 학생 입학을 취재하기 위해

---

* 개입interposition은 연방정부가 위헌적 법률을 시행하려 할 때 주정부에는 이에 반대할 수 있는 권리가 있다고 주장하며 등장한 개념이다. 마틴 루서 킹 주니어의 '나에게는 꿈이 있습니다' 연설에서도 개입주의에 대한 비판이 등장한다.

　　　　뉴욕타임스 죽이기

파견된 기자들도 비슷한 운명을 맞이했다. 오벌 포버스Orval Faubus 주지사는 학생들의 등록을 막기 위해 아칸소 주방위군을 소집했다. 그의 행동으로 아이젠하워 대통령은 연방군을 동원하여 인종통합을 강행하게 되었고, 학교에서의 무력 충돌은 몇 주 동안 헤드라인을 장식했다.* 포팜은 뉴욕타임스가 센트럴 고등학교의 인종통합이 평화적으로 진행될 것이라고 낙관하게 만들었고, 뉴욕타임스는 차분한 성격의 뉴욕 출신 유대인 기자이자 교육 담당 편집자인 벤저민 파인Benjamin Fine을 파견해 취재하도록 했다. 군중은 그를 "최근에 모스크바 좀 다녀왔냐"고 조롱하며 폭행했다.[18]

이때 캐틀리지는 인종통합에 대한 남부의 저항이 예상보다 훨씬 크다는 사실과, 뉴욕타임스에 이 지역을 더 적극적으로 취재할 사람이 필요하다는 것을 깨달았다. 1958년 캐틀리지는 포팜을 클로드 시턴Claude Sitton으로 교체하는 역사적 결정을 내렸고, 그는 애틀랜타에서 활동하는 1인 지역사무소가 되었다. 조지아 농장에서 태어났고, 해군으로 참전한 경험이 있는 전쟁 베테랑인 시턴은 강인하고 억센 성격의 소유자였다. 6년 반 동안 그는 900건의 기사를 통해 경계 중인 시위대, 백인 폭도와 대치 중인 흑인들, 폭력적인 경찰들, 인종분리주의적 공직자들에 맞선 흑인들을 보도했다.[19] 시턴의 직설적인 기사는 독자들로 하여금 구타, 폭탄 테러, 교회 방화 등 민권운동이 맞닥뜨린 폭력성에 눈을 뜨게 했다. 뉴욕타임스의 한 기자는 시턴이 "게릴라전에 버금가는 전쟁을 뼈가 부서지도록 전투적으로 견뎌냈으며, 미

---

* 브라운 판결로 아칸소주의 주도 리틀록에 있는 리틀록 센트럴 고등학교에 9명의 아프리카계 미국인 학생이 등록하자, 당시 주지사였던 오벌 포버스가 주방위군을 동원하여 흑인 학생들의 입학을 막는 사건이 벌어진다. 이에 아이젠하워 대통령은 연방군을 투입, 학생들을 보호하고 시위대를 강제 해산한다. 당시 리틀록 센트럴 고등학교에 입학했던 9명의 흑인 학생들을 가리켜 '리틀록 나인Little Rock Nine'이라 부른다.

국에서는 누구도 따라올 수 없는 경험을 쌓았다."라고 회고했다. "시턴이 견뎌야 했던 남부는 기자에게는 가장 위험한 곳이었다."[20]

시턴이 남부에 도착할 무렵에는 전국적인 뉴스 잡지인 타임, 뉴스워크, 라이프와 텔레비전 네트워크인 NBC, ABC, CBS를 비롯한 대부분의 전국 단위 주요 뉴스 매체가 남부에 기자단을 파견했다. 뉴욕포스트, 뉴욕데일리뉴스, 워싱턴포스트와 같은 저명한 북부 신문사들도 남부 지국을 설립했다. 언론인들의 유입은 남부의 반발을 불러일으켰고, '침략'에 비유되기도 했다. 사우스캐롤라이나의 한 인종분리주의 신문 편집자는 "1860년대 카펫배거carpetbagger*의 수만큼이나 많은 양키 기자들이 비행기와 기차에서 내리고 있다."라고 불평했다.[21] 수년간의 지역적 긴장에 점화되어 있던 남부 주민들은 북부 언론인들을 남부의 관습, 전통, 신념을 공격하기 위해 '거짓말'을 이용하는 '선전가'라고 경멸하며, 북부 언론인들과 전쟁을 벌였다.

인종분리주의자들은 언론의 힘, 즉 민권과 인종통합에 대한 여론을 좌우할 수 있는 힘을 두려워했고, 여기에는 그럴 만한 이유가 있었다. 1950년대에 매스미디어의 위상과 영향력은 절정에 달했다. 미디어 소비량은 사상 최고치를 기록했다. 가정의 3분의 1 이상이 사진으로 가득 찬 라이프 잡지를 읽었다.[22] TV라는 새로운 매체가 미국인들의 가정으로 빠르게 침투하여 전국화되고 있었다. 1950년대 후반에는 전체 인구의 85%가 하루에 5시간 이상 TV를 시청했다.[23]

민권운동 지도자들도 언론의 힘을 잘 알고 있었고, 언론을 적극 활용했

---

* 카펫배거는 미국 남북전쟁 종료 후 패배한 남부로 이주해 와 남부 주민들을 착취, 약탈하는 백인 공화당원을 경멸적으로 일컫는 표현이다.

다. 마틴 루서 킹 주니어는 처음에는 평화와 비폭력이라는 자신의 메시지가 남부 백인들의 도덕적 수치심을 일깨우기를 바랐지만, 이 전략은 무익한 것으로 드러났다. 킹 목사는 대부분의 미국인들이 남부 인종차별의 현실을 알게 된다면 경악을 금치 못할 것이라고 생각했다. 민권운동은 동정적 언론 보도에 의지해 북부 백인들의 지지를 얻어 내어, 연방 입법과 간섭intervention을 통해 남부 백인들이 브라운 판결을 준수하도록 강제하고자 했다.[24] 민권운동가들은 언론의 관심을 끌기 위해 폭력 행위를 도발하는 "창조적 긴장creative tension" 전략을 사용했다.[25] 킹 목사의 조수였던 앤드루 영Andrew Young은 이렇게 회상했다. "우리가 항상 아침에 시위했던 것은 우연이 아니다. 우리는 오후 2시까지 시위를 마쳤고, 그렇게 해서 저녁 뉴스에 나올 수 있었으며, 기자들이 다음날을 위한 데드라인에 맞춰 송고할 수 있도록 했다."[26]

민권운동은 북부 백인들을 교육하고, 그들의 마음을 울리며, 수백만 명의 미국인을 인종통합과 민권의 지지자로 만들기 위해 NBC, ABC, CBS, 뉴욕타임스, 라이프 잡지와 같은 미디어에 의존했다. 민권운동의 베테랑 줄리언 본드Julian Bond는 이렇게 이야기했다. "신문, 라디오, 텔레비전 보도는 남부 흑인들의 정당한, 그러나 이전에는 들어 본 적 없는 요구를 남부의 인종분리 정책이 초래하는 사소한 모욕들과 거대한 잔혹 행위로부터 멀리 떨어진 미국 가정들에게 전했다. 이러한 인종차별의 구조는 옹호할 수 없는 것이었고, 일단 도전받고 폭로되자 마침내 무너졌다."[27] 곤봉을 든 경찰의 공격을 받는 시위대, 훼손된 에밋 틸의 시신, 단정한 복장의 활동가들이 인종분리된 점심 카운터에서 쫓겨나는 모습을 담은 미디어 영상들은 남부 인종차별 시스템의 잔인함과 이에 저항하는 사람들의 용기를 전국에 알렸다.

비우호적인 언론 보도는 남부에서 격렬한 반응을 불러일으켰고, 남부 주민들이 오랫동안 느껴 온 모욕감, 굴욕감, 오해받고 있다는 기분을 자극했다. 남부 주민들은 자신들이 북부에 의해 오랫동안 비난받아 왔으며, 무지하고, 교양 없으며, 폭력적이라는 고정관념에 시달려 왔다고 생각했다. 말하자면 지역 전체가 집단적으로 화가 나 있었다. 한 역사가의 말을 빌리자면, "1865년 남부연합의 압도적인 패배는 남부 주의 주민들에게 패배주의적 태도, 열등감에 기인한 콤플렉스, 비판에 대한 극도의 예민함, 조롱당하는 것에 대한 두려움을 남겼다."28 실질적 문제에 있어서도 많은 남부 주민들은 이러한 비판적 관심이 지역의 산업화와 북부로부터의 투자 유치를 저해할까 우려했다.

대규모 저항이 벌어지는 동안, 인종분리주의자들은 북부 언론과 치열한 전투를 벌였다. 이들은 전국 단위 잡지와 신문의 구독을 취소했다. 기자와 사진기자들은 구타와 폭행을 당했다.29 남부 공직자들은 '좌파 진보 언론'에 의한 '주입'과 '세뇌'를 비난했다. 백인시민위원회는 인종분리주의적 견해를 조장하는 "역선전counterpropaganda"의 유포를 통해 "우리 젊은이들과 시민들의 정신에 대한 선전 공격"을 "무효화"하려고 노력했다.30 이러한 공격을 통해 인종분리주의자들은 오랫동안 상처 입은 존엄성을 치유하고, 인종분리주의 옹호를 위해 대중을 결집하며, 민권에 관련한 보도를 억제하여 남부에서의 인종차별적 대우를 향한 외부 감시를 제한하고자 했다.

북부 언론들은 '반(反)남부' 세계관을 조장하기 위해 사실을 왜곡하는 등 여러 죄악을 저질렀다고 비난받았다. 기자들이 "오래된 트렁크에서 발견한 책『톰 아저씨의 오두막』이나 노예제 폐지론자들의 문헌에서 유래한 것으로 보이는 … 선입견을 가진 채 남쪽으로 향하고 있다."라고 한 몽고메리

　　　　　　　　　　　　　　　　　　　　뉴욕타임스 죽이기

애드버타이저Montgomery Advertiser의 보도에서 알 수 있듯이, 기자들은 지독한 고정관념에 빠져 있다고 회자되었다.³¹ 저널리스트 해럴드 로드 바니Harold Lord Varney는 1957년 아메리칸 머큐리American Mercury지에 실린 「왜 딕시를 괴롭히는가?Why Pick on Dixie?」*라는 제목의 호전적인 기사에서, "세뇌와 선전의 숨막히는 안개"가 "여론에 영향을 미치는 여러 북부 기관들을 뒤덮고 있다."라고 비난했다. 그는 "남부를 저주하라damn the South"는 목소리가 "라디오와 텔레비전을 통해 전파를 타고 우리의 귀를 거세게 공격한다."라고 썼다. "이러한 공격은 … 뉴욕타임스의 품위 있는 칼럼을 통해 우리에게 다가온다."³²

1960년 언론인 윌리엄 워크먼William Workman이 작성한 인종분리주의적 논고 「남부를 위한 변론The Case for the South」은 북부 신문들이 "남부에서 일어나는 모든 작은 사건, 파장을 이용해 독자들에게 남부가 무정부 상태에 있다는 믿음을 심으면서"도 "북부에서의 인종적 불화 사건들"은 최소화하고 있다고 비난했다.³³ 북부의 인종 문제는 무시한 채 남부의 인종 갈등을 과장하는 이 "인종적 위선"은 모든 뉴스 보도에 제기된 의문이었다. 가장 중대한 혐의는 언론이 인종에 대한 남부의 관점을 억압하고 있다는 주장이었다. 이러한 "미디어 블랙아웃"**은 공산주의 국가들을 둘러싼 철의 장막에 빗대어, "종이의 장막The paper curtain"이라고 묘사되었다.

찰스턴 뉴스앤드쿠리어Charleston News and Courier의 편집자 톰 워링Tom Waring은 "종이의 장막이 인종 관계에 관한 남부 지역의 이야기를 다른 지역으로부터 차단하고 있다."라고 지적했다. 인종과 민권이라는 주제를 "대도

---

* 딕시는 미국 남부 주 또는 그 주민들을 일컫는 표현이다.
** 검열이나 제재로 인해 특정 사건에 대한 보도가 제한되는 것을 의미한다.

시 신문도, 전국적으로 배포되는 잡지도 정직하고 진실하게 다루지 않는다.” 라는 것이었다. “그들은 왜곡된 기사를 많이 게재하고, 거의 모든 기사를 남부의 관점에 반하여 게재한다. 하지만 반대편의 시각은 싣지 않는다.”[34] “남부에서 다른 지역으로 스며든 대형 신문이 없고, 이 지역에서 발행되고 소유하고 있는 전국 잡지가 없기 때문에 … 남부는 현재 벌어지는 홍보−선전 캠페인에서 차지할 틈이 거의 없다.”[35] 남부는 “두 인종을 위해 최선인 인종 분리의 유지를 위한 투쟁에서 승리”하고자 “북부 언론 검열의 장막을 뚫어야 했다.”[36]

인종통합주의적 입장이 강한 출판물은 ‘남부를 혐오하는’ 것으로 간주되어 공격의 대상이 되었다. 룩Look 매거진은 “전미유색인지위향상협회NAACP, 공산당, 그리고 남부인들의 생활방식을 파괴하기 위해 필사적으로 노력하는 인간 쓰레기들의 공식 기관”으로 비난받았다.[37] 타임Time지는 “싸구려 뉴스나 모으며 다니는 체제 전복주의자”라고 비난받았다.[38]

자유주의적 관점, 여론에 대한 지배력, 유명 유대인 지도자들로 인해 뉴욕타임스는 최악의 범죄자로 규정되었다. 1959년 켄터키주 매디슨빌의 메신저Messenger는 “수년 동안 [뉴욕타임스는] 남부를 경시해 왔으며, 기회가 있을 때마다 남부에서 발생한 범죄나 인종 관련 뉴스를 아주 열정적으로 보도하며 말썽을 피웠다.”라고 지적했다. “이러한 관행이 매우 만연하여 … 이를 묘사하기 위해 종이의 장막이라는 표현이 만들어질 정도였다.”[39] 앨라배마주 탤러디가의 데일리홈뉴스Daily Home News는 “발행 부수가 가장 적은 가장 작고 초라한 앨라배마 주간지”가 “진실, 오로지 진실”을 전하는 반면, “뉴욕타임스는 직접적으로 또는 억압에 의해 거짓말을 하고 있다.”라고 말했다.[40]

인종분리주의자들은 언론의 '종이의 장막'을 공격하기 위한 또 다른 수단, 즉 고액의 명예훼손 소송을 고안해 냈다.

브라운 판결 이전에도 인종분리주의자들은 명예훼손법의 원고 친화적인 규칙들이 언론을 위협하고 공포에 떨도록 하는 데 사용될 수 있음을 알고 있었다. 명예훼손 소송은 인종통합을 옹호하는 신문을 괴롭히고, 그들이 남부를 비판할 수 없도록 막으며, 남부가 '거짓말쟁이 양키 언론'의 모욕과 비방을 용납하지 않겠다는 메시지를 보내는 데 사용될 수 있을 것이었다.

1946년 완강한 인종분리주의자였던 밀러드 콜드웰Millard Caldwell 플로리다 주지사는 300만 명 이상의 독자를 보유한 뉴욕의 저명한 잡지 콜리어스Collier's를 고소하면서 '명예훼손 공격' 유행을 선도했다. 한 백인 남성 패거리가 강간 미수 혐의로 기소된 플로리다 흑인 소작농을 감옥에서 데려와 총살했다는 내용의 보도였다. 콜리어스는, 콜드웰 주지사가 어떠한 린치도 일어나지 않았으며 살인범들이 "법원에 상당한 노고를 덜어 주었다"고 말했다고 보도했다.[41] 분노한 콜드웰은 자신은 그런 발언을 한 적이 없으며, "그가 해이한 법 집행과 린치법을 묵과하고 승인"이라도 한 것처럼 콜리어스가 거짓 비난을 하고 있다고 공개적으로 주장했다. 그는 소송을 제기하며 50만 달러를 청구했다.[42]

플로리다 신문들은 그 자신뿐만 아니라 주의 공적 이미지를 회복하려는 주지사의 노력에 환호를 보냈다. 탤러해시 데모크라트Tallahassee Democrat는 "콜드웰 주지사의 소송은 많은 북부 잡지와 신문이 남부를 작은 도발에도 집단 린치를 가하는 지역으로 묘사하는 경향에 대한 항의가 될 것이다."라는 의견을 냈다.[43] 콜드웰의 변호사들은 "어떤 인물이 우리 주를 운영하게 해야 하는지에 관해 뉴욕 파크애비뉴 250번지에 앉아 있는 사람들이 말하게 두지 말자"고 주장했고, 전원 백인으로 구성된 배심원단은 당시 기준 역대 명예훼손 배상금 중 가장 큰 금액인 23만 7,500달러를 주지사에게 지급하도록 평결했다.[44] 이후 배상금은 10만 달러로 줄었지만, 플로리다 주민들은 여전히 이를 승리로 받아들였다.[45]

앨라배마 주지사 제임스 "키싱 짐" 폴섬James "Kissin' Jim" Folsom*은 1951년 앨라배마 킬비 교도소의 잔인한 상황을 묘사한 기사를 보도한 두 잡지를 고소하면서 '명예훼손 공격'의 대열에 합류했다. 「악마의 섬, 미국」이라는 제목의 이 기사는 프론트 페이지 디텍티브Front Page Detective라는 펄프 잡지**에 실렸으며, '채찍질, 변태성욕, 가학'과 같은 잔혹한 행위를 묘사했다. 이 글은 900만 명 이상의 독자를 보유한 리더스다이제스트Reader's Digest에 재인쇄되었다. 폴섬과 그의 보좌관들은 각 출판물에 대해 총 600만 달러의 손해배상 소송을 제기했다. 폴섬은 이 기사가 자신을 직권'남용'으로 고발한 것이라고 주장하며, "저와 제 동료들은 … 전국 단위 출판물에 의해 더럽혀지고 명예훼손을 당했으며, 사실상 앨라배마의 모든 사람들이 명예훼손을 당했습니다."라고 주장했다.[46] 금액은 알려지지 않았으나 두 잡지사는 주지사 및 보좌관들에게 손해배상금을 지급하기로 합의했고, 이에 양키 언론에 대한 또 다른 승리가 정식으로 선포되었다.

저속한 펄프 잡지인 켄포맨Ken for Men은 1957년 「기모노 소녀들이 다시 체크인하다」라는 제목으로 앨라배마주 몽고메리에 관한 폭로 기사를 게재했다. 기사에서는 넘치는 마약, 매음굴, 불법 도박을 묘사하며 이 도시를

---

* 앨라배마의 42대 주지사인 제임스 폴섬James Elisha Folsom Sr.은 짐 폴섬이라는 별명으로 많이 불렸는데, 1948년 뉴욕에서 100명의 여성 모델들과 키스하는 이벤트를 개최하며 '키스하는 짐Kissin' Jim'이라는 별명도 얻었다.
** 펄프 잡지는 저급 종이로 만든 싸구려 잡지를 뜻한다.

"죄와 섹스가 만연한 곳"이라고 불렀다. 시의 공공위원인 W. A. 게일W. A. Gale, 클라이드 셀러스Clyde Sellers, 프랭크 파크스Frank Parks는 이러한 주장을 "명백한 거짓말"이라고 비난하며 각각 25만 달러의 명예훼손 소송을 제기했다.[47]

이 기사는 심각하게 조작된 것이었다. 켄포맨의 기자는 몽고메리를 방문한 적이 없었고, 잡지사는 진실이 아닌 것을 알면서도 기사를 게재했다.[48] 이 소송은 결국 1만 5,000달러의 손해배상과 공개 사과로 합의에 이르렀다.[49] 이 무렵 인종분리주의 공직자들이 북부 언론을 상대로 제기한 명예훼손 소송은 강력한 무기로 부상했다. 유명 저널리즘 전문지에 기고한 한 변호사는 이러한 소송들이 남부에 "애퍼매톡스Appomattox 평결을 뒤집을 수 있는 기회"*를 제공하고 있다며 우려를 표했다.[50]

---

* 버지니아주 애퍼매톡스는 남북전쟁의 마지막 전투가 치러진 곳이자, 남부연합이 북부연방에 항복한 장소이다. 이 항복으로 남북전쟁은 북부의 승리로 막을 내렸다. 애퍼매톡스 평결은 이 사건을 지칭한다.

제4장

그들의 높아지는 목소리를 들어라*

1960년 1월 30일 열일곱 살 흑인 대학생 조지프 맥닐Joseph McNeil은 노스캐롤라이나주 그린즈버러에서 연좌시위sit-ins를 시작했다. 그레이하운드 버스 터미널 식당에서 서비스를 거부당한 것을 계기로 울워스Woolworth's** 점심 카운터의 인종분리주의에 항의하기로 결심한 것이었다. 그는 같은 반 친구 3명을 설득해 울워스에 대한 항의 시위에 동참하도록 했다. 학생들은 점심 카운터에 앉았고, 예상대로 서비스를 거부당했다.[1]

학생들은 가게가 문을 닫을 때까지 울워스에 앉아 있었다. 다음 날 이들

---

* 이 책의 핵심 소재인 뉴욕타임스 광고의 제목은 'Heed Their Rising Voices'이다. 'heed'는 '주의 깊게 듣다', '귀 기울여 듣다'라는 의미이다. 장주영 변호사는 "떠오르는 함성소리에 귀 기울여라"로 옮겼다. 장주영, 2015, 『미국수정헌법 제1조와 표현의 자유 판결』, 육법사, 20면 참조. 여기서는 '그들의 높아지는 목소리를 들어라'로 옮겼다.

** 저렴한 제품을 판매하던 미국의 백화점이자 소매 체인으로, 오늘날 풋로커Foot Locker의 전신이다. 손님은 카운터 한 면에 있는 스툴에 앉고, 서버는 카운터 맞은편에서 음식을 제공하는 점심 간이 식당인 점심 카운터lunch counter를 처음 시작한 곳이기도 하다. 이후 점심 카운터는 유사한 다른 소매 체인들로 확산된다. 그린즈버러 울워크 점심 카운터는 흑인 민권운동의 초기 연좌시위가 벌어졌던 곳들 중 하나이다.

은 더 많은 학생들을 데리고 가게를 다시 찾았다. 그다음 날에도 이들은 울워스를 방문했다. 다섯째 날, 300명이 넘는 시위대가 모였다. 45명이 체포되어 무단침입 혐의로 기소되자, 학생들은 시내의 모든 점심 카운터에 대한 보이콧을 시작했다. 이후 울워스는 점심 카운터의 인종통합에 동의했다.[2]

뉴욕타임스를 비롯한 여러 신문에서 이 극적 사건을 우호적으로 보도했고, 연이은 연좌시위에 불이 붙었다. 2주 만에 시위대는 샬럿, 롤리, 내슈빌을 비롯한 남부 여러 도시에서 시위를 벌였다.[3] 이 연좌시위는 1930년대 파업, 노동 봉기 이후 미국에서 가장 규모가 큰 대중 시위였으며, 민권운동에 큰 변화를 가져왔다. 몽고메리 버스 보이콧 이후 마틴 루서 킹 목사와 그의 남부기독교지도자회의Southern Christian Leadership Conference는 기금 모금에 집중했고, 운동은 지지부진한 상태였다. 학생들은 연좌시위를 통해 대규모 직접행동운동*을 시작했고, 이는 곧 전국적인 관심의 대상이 되어 대규모 변화의 촉매가 되었다. 2월 말, 연좌시위는 앨라배마주의 주도이자 남부에서 인종 갈등의 골이 가장 깊은 도시 중 하나인 몽고메리에 도달했다.

몽고메리는 '남부연합의 요람'이라 불렸다. 1861년 제퍼슨 데이비스Jefferson Davis**는 인종분리주의의 대의를 내세우며 몽고메리에서 남부연합의 깃발을 펼쳤다. 이 도시는 인종분리주의를 강력히 고수했다. 100년 후 커머스스트리트의 한 석판이 최초의 남부연합군 사령부가 있던 장소를 기

---

* 'direct action movement'는 '제도적 절차를 기다리지 않고 사람들이 직접행동에 나서서 사회적 변화를 추구하는 운동'을 의미하며, 이를 '직접행동운동'으로 옮겼다.
** 제퍼슨 데이비스는 미국의 정치인이자 노예제도 옹호자로 남북전쟁 기간 동안 아메리카 연합국의 대통령이었다. 1861년 2월 9일 몽고메리에서 열린 헌법 대회에서 그는 만장일치로 연합국의 임시 대통령으로 선출되었다.

넘했다.[4] 1961년 소설가 제임스 볼드윈James Baldwin은 남부연합 정부를 상징하는 백악관이 여전히 건재하고, 사람들은 아직도 "그 홀을 걸어 다니며 울고 있다."라고 썼다.[5] 돔 구조로 된 흰색의 주 의사당 계단에는 남부연합의 오래된 대포와 제퍼슨 데이비스 동상이 서 있었다. 이 도시의 주요 도로인 덱스터 애비뉴는 의사당에서부터 도시의 중앙 광장인 코트스퀘어Court Square로 이어졌다. 덱스터 애비뉴는 1955년 로사 파크스가 백인 승객에게 자리 양보를 거부했던 버스 정류장에서 멀지 않은 곳에 있었다.[6]

몽고메리는 중앙 상업 구역으로 향하는 경사진 언덕들 위에 지어진 남북전쟁 이전의 주택, 현대적인 단층집, 호텔, 공장이 어우러진 목가적인 곳이었다. 상업 구역은 격자로 나뉘어 있었다. 시내 도로는 넓었고, 오래된 나무 그늘이 드리워졌다. 몽고메리는 한때 면화와 노예 시장이 있었고 농업의 중심지였지만, 제2차 세계대전 이후 지역을 활성화하려는 후원자들이 산업을 유치하기 위한 캠페인을 시작했다. 1950년대 중반에 제조업 호황을 겪으면서 몽고메리의 산업 고용이 급격히 증가했다. 본래 농지였던 땅을 지나 도시 경계까지 확장한 맥스웰 공군기지가 몽고메리의 가장 큰 '산업'이었다.[7]

1960년 몽고메리의 인구는 13만 4,000명으로 백인이 60%, 흑인이 40%였다. 경제 및 사회 구조는 가사도우미, 육체노동, 도시 경공업, 상업 시설에서 일하는 흑인 주민들의 값싼 노동력에 의존했다. 도시 전역에서 인종분리가 이루어졌고, 법과 관습, 강압에 의해 강제되었다. 인종 간 관계에서 폭력은 통상적이었으며 예측 가능했다.[8]

몽고메리는 인종통합에 대항한 앨라배마의 '대규모 저항'의 거점이었다. 앨라배마주는 1956년 브라운 판결을 "무효이며, 법적 구속력이 없고, 아무 효력도 없다"고 간주하는 '개입' 결의안을 채택한 최초의 주였다. 그해 짐

폴섬 주지사가 앨라배마 대학교의 인종통합을 명하는 법원 명령을 따르지 않아 연방군이 배치되는 사태가 발생했다. 주 법무부 장관 존 패터슨John Patterson(그는 이후 큐클럭스클랜의 지원을 받아 주지사로 당선된다)은 앨라배마에서 사업체 등록을 제대로 하지 않았다는 억지 주장을 내세워 NAACP를 주에서 금지했고, 다른 여러 남부 주들도 이를 모방하는 조치를 취했다. 몽고메리 지역 언론은 백인들을 향해 남부가 "양키 그리고 인종 혼합"에 대항하는 내전을 치르고 있다고 쉬지 않고 알렸다.[9] 1956년 버스 보이콧 이후 앨라배마 백인시민위원회는 본부를 몽고메리로 옮겼고, 지역시민위원회local Citizens' Council 지부도 늘어났다. 몽고메리는 민권 투쟁의 전세가 역전된 곳이었고, "인종통합을 위한 노력이 완전히 멈춘 곳"이라고 스스로를 자랑했다.[10]

몽고메리의 백인 주민들은 연좌시위가 자신들의 도시로 번질 것을 우려했다. 1960년 2월 25일 우려는 현실이 되었다. 지역 흑인 대학인 앨라배마 주립전문대학Alabama State College*의 남학생 35명이 몽고메리 법원 지하에 있는 스낵바에 들어가 커피를 주문했다. 점심 카운터에 있던 백인들은 공포에 질렸다. 직원들은 불을 끄고 학생들을 점심 카운터 밖 복도에 몰아넣은 채 경찰이 도착하기를 기다렸다. 경찰은 식당 창살에 자물쇠를 채웠다. 학생들은 "더 많은 사람들과 다시 오겠다"는 말과 함께 법원을 떠났다.[11]

몇 시간 지나지 않아 당국은 지역의 다른 카페테리아들을 폐쇄하기 시작했다. 경찰청을 책임지고 있던 공공업무위원 L. B. 설리번L. B. Sullivan은 텔

---

* 앨라배마 주립전문대학은 이후 1969년 앨라배마 주립대학교Alabama State University가 된다.

레비전에 출연해 '선동자'들을 협박했다. "우리는 외부 세력이 우리 도시에서 인종 사건을 일으키거나, 도발하거나, 그 어떤 방식으로든 선동하는 것을 허용하지 않을 것입니다."라고 그는 외쳤다. "우리는 남부의 오랜 전통과 관습을 유지하기 위해 필요한 모든 조치를 취할 준비가 되어 있습니다."[12] 패터슨 주지사는 앨라배마 주립전문대학에 시위대를 추방하라고 명령하고, 그렇지 않을 경우 주정부 지원금을 끊겠다고 위협했다.[13] 경찰이 캠퍼스 주변 차를 세워 검문하며 운전자를 괴롭히고 무단횡단과 같은 구실로 학생들을 체포하는 등 흑인 시민에 대한 일상적인 괴롭힘이 악화되었다.[14]

다음 날 학생 250명이 법원에 모여 패터슨의 퇴학 위협에 항의하는 집회를 열었다. 학생들이 시내 점심 카운터에서 연좌시위를 할 것이라는 소문을 들은 25명의 백인 남성들은 종이 봉투에 소형 야구 방망이를 숨겨 무장한 채 거리로 나섰는데, 이는 블랙잭blackjack*보다 훨씬 크고 위험할 수 있는 무기였다. 그중 한 명이 흑인 여성의 머리를 가격했다. 설리번의 지휘를 받는 경찰은 이 공격을 목격했음에도 이를 처벌하기 위한 어떠한 조치도 하지 않았다. 설리번은 시위대가 이 사건을 '일으켰다'고 비난하고, 사건을 보도한 몽고메리 애드버타이저를 비난하며 보도로 인해 이 도시에 "부당한 낙인"이 찍혔다고 말했다. 전국 단위 미디어들은 몽고메리에서 일어난 사건에 관심을 보이며 비우호적인 보도를 내기 시작했다.[15]

마틴 루서 킹 주니어는 학생들에게 "남부연합의 요람을 뒤집어엎을 때까지" 시위를 계속하라고 촉구했다. 다음 날인 3월 1일, 1,000명의 학생들이 앨라배마 주립전문대학 캠퍼스에 모여 시위대를 추방하겠다는 주지사의

---

* 가죽에 모래나 쇳가루, 납을 넣은 몽둥이.

위협에 반대하며 의사당으로 행진했다. 학생들은 100년 전 제퍼슨 데이비스가 남부연합 대통령 선서를 한 곳에서 멀지 않은 곳에 있는 장엄한 흰색 대리석 계단에 도열했다. 그들은 고개를 숙이고 주기도문을 외운 다음, 국가를 불렀다.[16] 패터슨은 주교육위원회에 "이 도시의 유혈 사태"를 막기 위해 점심 카운터 사건의 "주모자들"을 추방하라고 명령했다.[17]

앨라배마 주립전문대학 학생 900명은 동료 학생들이 복권될 때까지 수업에 참여하지 않기로 표결했다. 보이콧이 겨울 학기 시험 첫날 시작될 예정이었기 때문에 학생들은 시험이 끝날 때까지 파업을 중단하기로 투표했고, 그 대신 학생 대표로부터 통보가 없는 한 다음 학기에 등록하지 않기로 결의했다. 학생들이 등록하도록 설득하기 위해 대학은 새 분기 첫 주 동안 모든 학생이 식당에서 식사를 할 수 있도록 허용하는 기간인 '은혜의 주간'을 없앴다. 대학은 등록 절차를 시작한 학생에게만 임시 식권을 발급했고, 그 결과 약 300명의 학생들이 식당에서 배제되었다. 3주 만에 거의 모든 학생이 다시 등록했다.[18]

민권운동 지도자이자 몽고메리 제일침례교회의 목사인 랠프 애버내시Ralph Abernathy*는 일요일에 의사당에서 대규모 기도회를 열 계획이라고 발표했다. 설리번은 지역 텔레비전을 통해 경고했다. "우리는 우리의 도시가 인종 선동가들과 편견 가득한 북부 언론에 의한 인종 분쟁, 경제적 착취, 스펙터클한 왜곡 보도의 현장으로 쓰이도록 내버려둘 수 없습니다."라고 발표했다. "검둥이들Negroes이 일요일에도 의사당에 모여 그들의 오만함과

---

* 마틴 루서 킹 주니어 목사와 오랫동안 민권운동을 함께한 멘토이자 동료이다. 킹 목사가 저격당했을 때 그를 병원으로 옮긴 것도 랠프 애버내시였다. 킹 목사 사후 남부기독교지도자회의SCLC 의장을 맡는다.

반항심을 고집스럽게 과시한다면, 경찰은 그들을 해산시키기 위해 필요한 모든 조치를 취할 수밖에 없을 것입니다."[19]

설리번의 명령을 무시하고, 단정한 교회 복장을 갖추어 입은 1,000명의 시위대가 의사당 건너편 하얀 첨탑이 있는 소박한 붉은 벽돌 건물인 덱스터 애비뉴 침례교회에 모였다. 의사당 앞 잔디밭에는 경찰 병력이 집결해 시위대의 도착을 기다리고 있었다.[20] 거친 시골 복장을 한 1,000명 이상의 백인들은 길거리에서 떼지어 돌아다니며 "검둥이들이 나타나면 어떻게 할지"를 논의했다.[21]

예배가 끝나고 시계가 2시를 가리키자, 덱스터 침례교회의 문이 활짝 열렸다. 가운을 입은 2명의 목사가 의사당 방향으로 행진 대열을 이끌었다. 폭도들은 앞으로 돌진하며 시위대 몇 명을 바닥에 쓰러뜨렸다.[22] 백인들이 흑인들을 폭행한 후에야 경찰은 행동에 나섰고, 설리번은 폭도들이 시위대를 마음대로 할 수 있도록 개입을 미루었다. 경찰은 군중을 향해 돌진했고, 소방관들은 소화전에 호스를 연결하기 시작했다. 군중은 흩어졌고, 걸어서 교회로 돌아오면서 국가와 「공화국 전투찬가The Battle Hymn of the Republic」*를 불렀다.[23]

학생들은 대학 캠퍼스에서 시위를 계속하기로 결의했다. 다음 날 학생들은 앨라배마 주립전문대학 운동장에서 "9명을 기억하라", "1860년이 아니라 1960년"이라고 적힌 플래카드를 들고 피켓 시위를 벌였다. 몇몇은 소란을 피우고 콩가 춤을 추며 노래하기 시작했다. 캠퍼스 관계자의 요청으로

---

* 남북전쟁 시기 북부연방의 군가. 노예제 폐지론자인 존 브라운John Brown의 죽음을 다룬 노래인 「존 브라운의 시신」에 선교사이자 노예해방 운동가인 줄리아 워드 하우Julia Ward Howe가 가사를 붙였다.

뉴욕타임스 죽이기

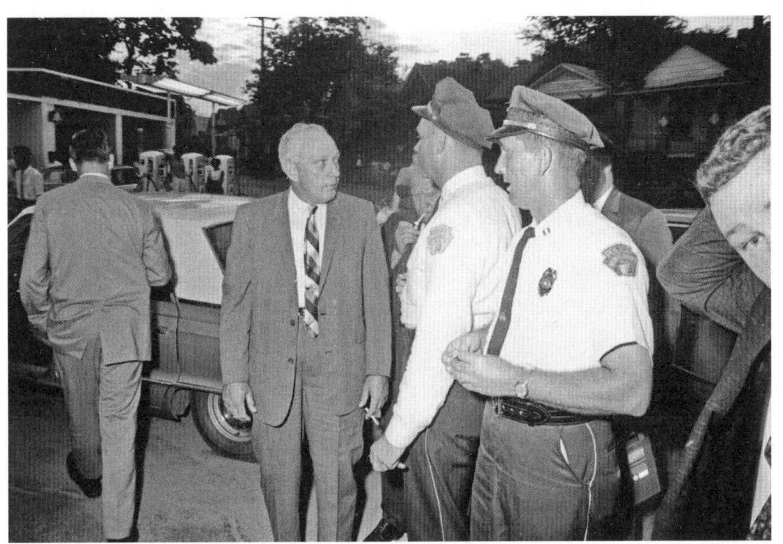

그림 1. L. B. 설리번은 백인우월주의와 법과 질서를 내세워 몽고메리의 공공업무위원으로 선출되었다. 앨라배마 기록역사부Alabama Department of Archives and History.

설리번이 지휘하는 경찰이 곤봉과 최루탄, 기관총을 들고 급습했다. 32명의 학생들이 죄수 호송차에 실려 끌려갔다.[24] 킹 목사는 아이젠하워 대통령에게 전화를 걸어 몽고메리의 법과 질서를 회복해 달라고 요청했다. 시위자들을 위협하기 위해 '게슈타포식 방법'이 사용되고 있다고 그는 말했다. "미국의 한 도시 지역사회 전체를 장악하고 헌법적 기본권을 침해하는 이 테러에 대해 연방의 즉각적인 긴급 조치가 필요하다고 생각합니다."[25]

몽고메리시의 비공식적인 대변인이자, 백인의 저항과 비타협주의의 얼굴로 떠오른 설리번은 킹 목사를 "폭도를 자극하는 선동가"라고 비난했다.[26] 그는 기자들에게 "우리의 관습과 전통은 하룻밤 새 바뀔 수 없다."라며 연좌시위가 "역효과를 내고 있고", 백인들은 "그 어느 때보다 단결되었다."라고 말했다.[27]

레스터 브루스Lester Bruce "L. B." 설리번은 중간 키에 잘생겼으며 옷을 잘 차려입는, 건장하고 얼굴은 동그란 백발의 남자였다. 연좌시위 당시 그는 겨우 서른아홉 살이었지만, 50대 남성처럼 보였다. 심한 흡연과 스트레스가 그를 노쇠하게 만들었다. 공공업무위원이 된 지 몇 달밖에 지나지 않았지만, 그는 막중한 책임을 맡았고 전국적인 주목을 받고 있었다.

설리번은 가난한 남부 시골 출신이었다. 1923년에 태어난 그는 사진 한 장에 동네 당구장, 점심 카운터, 사료 가게 등이 모두 들어갈 수 있을 정도로 작은 마을인 켄터키주 밴스버그의 한 침례교 근본주의 가정에서 자랐다. 아버지 헨리는 보안관이자 농부였고, 학교 교사였던 어머니는 L. B.가 여덟 살 때 세상을 떠났다. 젊은 시절 설리번은 건설 현장에서 일했고, 시골 식료품점에서 돼지를 잡았다.[28]

　　　　　　　　　　　　　　　　　　　뉴욕타임스 죽이기

군 복무는 설리번에게 대공황기 밴스버그에서의 고단한 삶으로부터 벗어날 수 있는 기회를 제공했다. 설리번은 1941년 육군항공대에 입대하여 독일 주둔 헌병으로 복무했으며, 1945년 몽고메리에 있는 맥스웰 공군기지에서 하사관으로 전역했다. 얼마 지나지 않아 그는 주정부의 공공서비스 규제 기관인 앨라배마 공공서비스위원회의 수석 감찰관으로 취임했다. 1950년, 위원장이었던 고든 퍼슨스Gordon Persons가 주지사로 선출되었다. 퍼슨스는 설리번을 주경찰을 지휘하는 공공안전국장으로 임명했다. 설리번은 범죄, 도박, 매춘의 온상으로 악명 높았던 앨라배마주 피닉스시티의 전설적인 정화 작업을 주도하여 찬사를 받았다. 1954년 퍼슨스가 퇴임한 후, 설리번은 민간 부문으로 돌아와 국제경찰장협회의 경찰 컨설턴트, P. C. 화이트 트럭운송라인의 안전 책임자 등 공공안전 및 법 집행 분야에서 지위와 책임을 키워 나갔다.[29]

당시 몽고메리는 위원회 형태의 정부로 운영되었다. 시장, 시의 소방과 경찰 부서를 주재하는 공공업무위원, 공원과 도서관, 거리 정비 및 쓰레기 수거를 감독하는 공공사업위원 등 3명의 위원이 시를 이끌었다.* 공공업무위원은 경찰 부서를 책임졌지만 경찰의 일상 업무를 감독하는 것은 아니었으며, 175명의 정규 경찰관은 몽고메리 경찰서장의 직속 감독을 받았다.[30]

버스 보이콧 당시 공공업무위원은 클라이드 셀러스Clyde Sellers였다. 그의 지휘 아래 몽고메리의 교통 시설은 법원 명령에 따라 인종분리를 폐지했다. 1958년 셀러스는 불량 배회 혐의로 체포된 마틴 루서 킹 목사가 수감되는 것이 오히려 홍보 효과를 불러올 것을 우려해, 대신 벌금을 지불하기로 결

---

* 'public affairs commissioner'를 '공공업무위원'으로, 'public work commissioner'를 '공공사업위원'으로, 'public safety commissioner'를 '공공안전위원'으로 각각 의역했다.

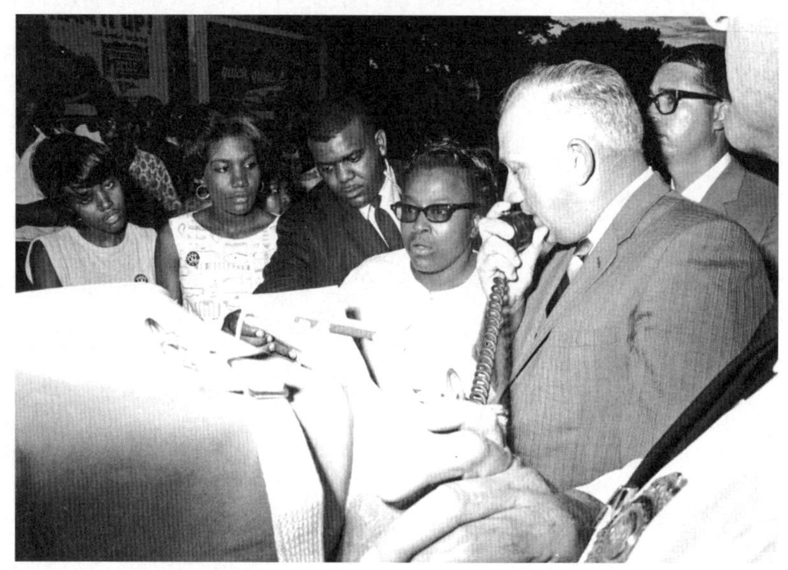

그림 2. 몽고메리 민권운동 시위를 해산하려는 설리번. 앨라배마 기록역사부.

정했다.* 완곡히 말하자면, 이 결정으로 인해 그는 강성 인종분리주의자들 사이에서 인기를 잃었다.[31]

큐클럭스클랜과 연이 있던 설리번은 백인우월주의와 '법과 질서'를 내세워 셀러스에 맞섰다. 그의 캠페인 광고에는, "L. B. 설리번은 학교, 공원, 버스에서의 완전한 인종분리라는 남부 전통을 포기하지 않습니다."라고 적혀 있었다.[32] "범죄자의 벌금을 대납하지 않습니다. 선동꾼을 곱게 다루지 않습니다."[33] 1959년 몽고메리 동부의 노동자계급 인종분리주의자 유권자들은 설리번을 공공업무위원으로 선출했다. 축구 코치 출신인 얼 제임스Earl James가 공공안전위원으로 선출되었고, 관례에 따라 시장으로 명명되었다. 성격이 음울하고 시무룩한 얼굴의 인테리어업자 프랭크 파크스Frank Parks가 공공사업위원으로 선출되었다. 위원들은 모두 백인시민위원회 소속이었다.[34]

설리번은 거만하고 자부심이 강한 사람이었지만, 스스로에게 털털하고 세련된 가정적인 아버지의 이미지를 투영했다. 설리번은 세 아이의 아버지이자 침례교 신자이며, 엘크와 프리메이슨의 신봉자였다. 그는 매일 넥타이를 맨 흠잡을 데 없는 깔끔한 양복 차림으로 유명했다. 스스로 교육이 부족하다고 여겼던 그는 청중 연설 전에 장문의 연설문을 작성하고 단어를 꼼꼼히 검토했다. 한 지역 주민은 설리번을 "몽고메리치고는 세련된 사람이었다."라고 회상했다. 그는 "촌뜨기도 아니었고, 멍청이도 아니었다."[35] 설리번은 계산적이고 부지런한, 향상심이 강한 사람이었다. 그는 몽고메리에서

---

* 1958년 9월 5일 킹 목사는 경찰 명령을 어긴 혐의로 유죄 판결을 받고 14달러의 벌금을 부과받았다. 킹 목사가 벌금을 내는 대신 14일 동안 감옥에 갇히기로 선택하자, 클라이드 셀러스는 그를 옹호하는 분위기가 높아질 것을 우려해 개인적으로 벌금을 대납하여 풀어 주었다.

의 직위가 주 단위 선출직과 같은 보다 높은 목표를 위한 디딤돌이 되기를
바랐다.

마틴 루서 킹 주니어와 그의 적대자 L. B. 설리번은 끈질기고 추진력이 강
하다는 공통점을 갖고 있었다. 킹 목사는 1955년 카리스마와 용기를 겸비
한 리더십으로 몽고메리 버스 보이콧을 이끌며 전국적인 주목을 받았다. 뉴
욕타임스는 스물일곱 살의 신학교 졸업생이자 간디주의 신봉자인 그가 "나
이를 훨씬 뛰어넘는 학식과 성숙함을 갖춘 부드러운 말투의 소유자"이자,
"깊은 확신으로 듣는 사람을 압도할 만큼 열정적으로 말하는" 특별한 리더
임을 알아본 최초의 언론 매체 중 하나였다.[36] 1957년 그를 "앨라배마의 현
대판 모세"라고 칭송하는 언론의 호평이 잇따르자, 킹 목사는 민권운동의
지도자이자 진정한 문화 아이콘으로 추앙받게 되었다.[37]

앨라배마 백인들은 주에서 가장 위험한 인물로 회자되었던 이 '검둥이 선
동가 1호'를 즉시 처단하겠다고 다짐했다. 1956년 12월 30일 밤, 인종분리
주의자들이 그의 집을 폭격했다. 건물은 파손되었지만 킹과 그의 가족은
아무런 부상을 입지 않았다. 앨라베마 당국은 그를 여러 차례 허위 범죄 혐
의로 체포했다. 킹 목사는 주 보이콧 법령 위반 혐의로 기소되었고, 시속
40km 제한 구역에서 시속 48km로 운전하다 적발되어 과속 혐의로 체포
되었다. 이후 킹 목사는 랠프 애버내시를 폭행한 혐의로 기소된 남성의 기
소인부절차에 참석하려던 중 '배회'라는 허위 혐의로 구금되었다.[38]

미국 연방대법원이 몽고메리 버스의 인종분리 정책을 폐지한 후 애버내
시, 킹, 로사 파크스는 몽고메리 버스 앞좌석에 앉는 역사적인 승차를 했다.
이에 대한 보복으로 백인들은 시내버스에 발포하고, 십자가를 불태웠으며,

흑인 거주 지역을 급습했다. 공포의 시대를 겪으며 킹 목사는 남부 민권운동 단체들의 활동을 조율할 조직이 필요하다는 사실을 깨달았다. 1957년 1월 애틀랜타에서 열린 회의에서 킹과 10개 주를 대표하는 110명의 민권 지도자들은 이후 민권운동의 가장 영향력 있는 조직이 될 남부기독교지도자회의Southern Christian Leadership Conference, SCLC를 결성했다. 풀뿌리 조직과 대규모 시위를 통해 SCLC는 미국인들에게 인종차별을 근절하고 "제2차 재건the Second Reconstruction"*을 이루기 위한 연방 입법의 필요성을 설득했다.[39]

브라운 판결의 준수를 강제하기 위한 소송에 주력한 NAACP와 달리, SCLC는 민권에 대한 전국적 관심을 끌어내기 위해 직접행동 전술에 집중했다. SCLC는 개인 회원이 아니라 시민 연맹, 목회자 연합, 개별 교회와 같은 지역 '제휴' 조직으로 구성되었다. 각 제휴 조직은 회비 25달러를 내면 SCLC 연례대회에 5명의 대의원을 참가시킬 수 있는 권한을 받았다. SCLC 창립자 대부분은 목사였으며, 기독교 원칙에 따라 운영되었다. 킹 목사는 SCLC의 목적을 "비폭력의 철학을 전파하고 이를 행동으로 보여 주는 것"이라고 설명했다.[40] SCLC의 초기 활동 중 하나는 유권자 등록 캠페인인 '시민권을 위한 십자군'으로, 1960년 대통령 선거 전까지 200만 명의 흑인 유권자를 새롭게 등록하는 것이었다.[41]

비폭력 저항을 통해 '미국의 영혼을 구원한다'는 고무적인 사명에도 불구

---

* 1940~1960년대 흑인 민권운동은 제2차 재건이라고도 불린다. 남북전쟁 이후 노예제가 폐지되면서 흑인 또한 권리에 대한 법적 보장을 받을 것으로 기대되었던 시기를 '재건Reconstruction'이라 부른다. 그러나 재건의 희망은 인종분리 정책의 지속과 짐크로 법과 같은 공식 정책으로 인해 실현되지 못했다. 제2차 재건기는 민권운동이 인종통합을 위한 연방 입법의 성과를 만들어 낸 기간이다.

하고, SCLC의 시작은 그리 순탄하지 않았다. SCLC는 애틀랜타에 중앙 사무소를 두고 있었지만 정규직 직원은 한 명뿐이었다. 조직적인 모금도 하지 않았다. 첫해에 SCLC는 거의 알려지지도 않았고, 유권자 등록운동 역시 별다른 진전이 없었다. 이사회 구성원의 대다수는 바쁜 일정 탓에 참여하지 못했다. 1960년 2월 SCLC는 완전히 사라질지 모르는 운명적 위기에 처해 있었다.[42]

1960년 초에 킹 목사는 SCLC에 전념하기 위해 몽고메리에서 애틀랜타로 이주했다. 그린즈버러 연좌시위가 있고 얼마 지나지 않아, 조지아주 당국은 킹 목사의 에벤에셀 교회에 들이닥쳐 앨라배마주 영장에 따라 그를 체포했다. 킹 목사가 1956년과 1958년 세금 신고서를 위조했다는 것이었다. 이는 사실이 아니었다. 킹 목사는 버스 보이콧을 주도한 단체인 몽고메리 개선협회Montgomery Improvement Association의 기부금을 자신의 개인 계좌에 예치했고, 이후 이 자금을 몽고메리 개선협회에 송금했다. 이 사소한 실수로 인해 그는 2,100달러의 체납 세금을 납부하는 데 합의했다. 그러나 앨라배마 당국은 이 문제가 아직 해결되지 않았다고 주장했다. 킹 목사는 몽고메리카운티 법원에 자수했고, 4,000달러의 보석금을 내고 풀려났다.[43]

이 혐의는 킹 목사를 민권운동의 지도자 자리에서 몰아내고 SCLC를 파산시키기 위한 명백한 모략이었다. 경범죄에 해당하는 탈세와 달리 위증은 중범죄로, 기소 시 10년의 징역형을 선고받을 수도 있었다. 사안이 중대해지니 법적 방어에 더 많은 돈이 필요하게 되었고, 이는 민권운동에 쓸 자금이 부족해짐을 뜻했다. 이는 NAACP와의 싸움에서 그랬던 것처럼, 법원을 이용해 민권운동을 약화하려는 패터슨 주지사의 전략이었다.[44]

킹 목사는 위증 혐의에 심하게 동요했다. 이는 그의 정직함과 고결함에 대한 공격이자 민권운동 지도자로서의 정당성을 위협하는 것이었다. 그는 앨라배마에서 유죄 판결을 받으면 남부 모든 주에서 자신의 권위가 손상될 것이라고 생각했다. 그는 자신의 명예뿐만 아니라 운동이 지속될 수 있을지를 걱정했다. NAACP는 그를 변호하기 위해 변호사 팀을 꾸렸으나, 사건을 무료로 맡지는 않았다.[45]

기소 사실이 발표되자 킹 목사의 추종자들은 경악했다. 1960년 2월 22일 킹 목사의 측근 16명이 킹 목사 변호를 위한 기금 모금을 계획하는 '긴급회의'를 소집했다. 이 회의는 유명 가수이자 오랜 기간 민권운동가였던 해리 벨라폰테Harry Belafonte의 뉴욕 아파트에서 열렸다. 그날 밤 하워드 대학교 총장 모디카이 존슨Mordecai Johnson, 유명한 진보주의 목사 해리 에머슨 포스딕Harry Emerson Fosdick, 야구계의 전설 재키 로빈슨Jackie Robinson 등 민권운동의 저명인사들이 모였다.[46]

저녁이 끝날 무렵, 긴급회의는 킹 목사의 변호사 비용 지불, 학생 시위 운동 지원, SCLC의 남부 흑인 유권자 등록 캠페인 지원을 위해 20만 달러 모금을 결의했다. 세 목표는, "남부에서 일어나고 있는 위대하고 전례 없는 대의에서 눈을 돌리고 단지 나를 변호하는 데에만 신경 쓸 정도로 이기적일 수 없다."는 킹 목사의 요청에 따라 정해졌다.[47] 이 단체는 '마틴 루서 킹과 남부의 자유를 위한 투쟁수호위원회'라는 어색한 이름을 갖게 되었다. 미국 최대 흑인 노조인 '잠자는 자동차 포터 형제단Brotherhood of Sleeping Car Porters'의 회장을 지낸 존경받는 노동 지도자 A. 필립 랜돌프A. Philip Randolph 가 위원장으로 선출되었다. 랜돌프는 베이어드 러스틴Bayard Rustin을 집행

이사로 임명했는데, 그는 전국적으로 화려한 명성을 가진 대중운동 조직자였다.

러스틴은 키가 크고 마른 체격에 광대뼈가 높고 눈매가 강한 사람이었다. 언론은 이 50세의 활동가를 "키가 크고, 백발이 성성한 흑인 퀘이커교도"라고 묘사했다.[48] 서인도제도 이민자 사이에서 사생아로 태어나 퀘이커교도 할머니의 손에서 자란 러스틴은 어린 나이에 급진적 반항아가 되었다. 그는 1930년대에 청년공산주의연맹에 가입했다. 1942년에는 인종차별에 맞서는 비폭력 직접행동을 이끈 인종평등회의Congress on Racial Equality, CORE의 설립을 도왔다. 전쟁저항자연맹War Resisters' League의 지도자였던 러스틴은 전쟁 중 징병 기피 혐의로 루이스버그 감옥에서 28개월을 보냈다. 이후 그는 주를 연결하는 교통수단에서의 인종분리에 항의하기 위해 인종평등회의가 조직한 버스 여행에 참여했다는 이유로 쇠사슬에 묶여 강제 노역을 해야 했다. 러스틴은 버스 보이콧 기간 동안 킹 목사에게 비폭력 교리에 관해 조언하고 SCLC를 결성하는 데 도움을 주었다. 1960년까지 그는 인종분리 정책에 반대하는 200여 건의 시위에 참여했으며, 20회 이상 체포되었다.[49]

위원회 창립회의가 개최된 지 얼마 지나지 않아, 러스틴은 할렘의 주요 도로인 125번가에 있는 사무실에 본부를 설립했다.[50] 러스틴과 스탠리 레비슨Stanley Levison은 대중의 관심을 끌기 위한 새로운 방법을 고민했다. 뉴욕 출신의 예리한 눈빛을 가진 마흔일곱 살 유대인 변호사였던 레비슨은 킹 목사의 고문이자 출판대행업자, 홍보 전략가로서 SCLC 설립에 관여해 온 사람이었다.

러스틴과 레비슨은 말런 브랜도, 새미 데이비스 주니어, 프랭크 시나트라 등 유명 연예인을 포함한 38명의 유명인 지지자, 즉 위원회의 '공동 후원자' 를 모집하기 시작했다. 이들은 교회에서 모금 운동, 편지 캠페인, '스타가 출연하는' 자선공연을 계획했다.[51] 3주도 채 되지 않아 위원회는 1만 달러 이상을 모금하는 데 성공했다.[52] 이로써 그들은 부푼 기대를 갖고 뉴욕타임스에 전면 광고를 게재할 수 있게 되었다. 뉴욕타임스는 민권운동을 위해 기꺼이 지갑을 열 수 있는 진보적인 북부 백인들이 가장 선호하는 신문이었다.[53]

러스틴은 위원회 본부의 책상에 앉아 메모를 받아쓰도록 했다. 뉴욕타임스에 실릴 위원회 기금 모금 광고의 템플릿이 될 역사적인 문서였다.

러스틴은 킹 목사의 재판이 곧 열릴 예정이며 변호사 수임료가 필요하다는 점을 염두에 두고 빠르게 메모를 구술했다. 러스틴의 메모는 킹의 체포, 몽고메리와 다른 남부 도시에서 벌어진 연좌시위, 그리고 그로 인한 보복에 관해 다루었다. 러스틴은 이 사건들을 민권운동에 대한 남부 공직자들의 합동 공격의 일환으로 연관 지었다. 그는 랠프 애버내시를 비롯한 다른 민권운동 지도자들과 나눈 개인적인 대화를 바탕으로 메모를 작성했다.

러스틴은 극작가이자 시나리오 작가인 존 머리John Murray를 불렀다. 머리는 『태양의 계절Raisin in the Sun』로 유명한 로레인 핸스버리Lorrain Hansberry와 함께 위원회에 자원한 작가들 중 하나였다. 러스틴은 머리에게 이 메모를 수백 단어 길이의 광고로 만들어 달라고 요청했다. 러스틴은 이 광고가 독자들의 지갑을 열 수 있을 만큼 설득력 있고 감동적으로 사안을 전달해야 한다고 설명했다. 요청에 응한 머리는 이틀 후 10개의 단락으로 구성된 광고 문안을 제안했다.

이제 전 세계가 알고 있듯이, 수천 명의 남부 흑인 학생들이 미국 헌법과 권리장전에 보장된 인간의 존엄한 삶의 권리를 지지하는 광범위한 비폭력 시위를 벌이고 있습니다. 권리 보장을 지켜 내기 위한 그들의 노력은 전 세계가 현대 자유의 본보기로 여기는 헌법을 부정하고 무효화하려는 자들에 의한 전례 없는 테러의 물결에 직면하고 있습니다.

사우스캐롤라이나주 오렌지버그에서는 400명의 학생들이 평화롭게 상업 지구의 점심 카운터에서 도넛과 커피를 사려다가 최루탄을 맞고 얼어붙는 날씨에 소방 호스로 살을 흠뻑 적시며 강제로 쫓겨난 후, 한꺼번에 체포되어 가시 철조망으로 막힌 창고에 몰려 혹독한 추위 속에서 몇 시간이나 서 있어야 했습니다.

세 번째 단락에서는 몽고메리에서 일어난 사건에 대해 설명했다.

앨라배마주 몽고메리에서는 학생들이 주 의사당 계단에서 「나의 조국, 그대의 것」을 부른 후 학생 지도자들은 학교에서 퇴학당했고, 산탄총과 최루탄으로 무장한 트럭을 가득 채울 만한 수의 경찰들이 앨라배마 주립전문대학 캠퍼스를 에워쌌습니다. 학생들 전체가 재등록을 거부하며 주 당국에 항의하자, 주 당국은 학생들을 굶겨 굴복시키기 위해 식당에 자물쇠를 채웠습니다.

네 번째와 다섯 번째 단락은 다른 도시에 초점을 맞추었다.

탤러해시, 애틀랜타, 내슈빌… 그리고 남부의 다른 여러 도시에서 미국의 젊은 청소년들이 공식적인 국가기구와 경찰 권력의 모든 무게에 맞서 민주주의의 주역으로 과감하게 나섰습니다. 그들의 용기와 놀라운 자제력은 수백만 명에게 영감을 불어넣었고, 자유라는 대의에 새로운 존엄을 부여했습니다.

남부의 헌법 위반자들이 이 새롭고 비폭력적인 자유의 투사들, … 심지어 투표권 운동의 확산을 두려워하는 것은 놀라운 일이 아닙니다. 몽고메리 버스 시위의 세계적인 지도자이자 현재 남부를 휩쓴 새로운 정신을 상징하는 한 사람, 마틴 루서 킹 주니어 박사를 파괴하기로 결심한 것 역시 놀라운 일이 아닙니다. 비폭력에 대한 그의 신조는 학생들의 연좌시위 물결을 고무하고 이끌었으며, 급증하는 투표권 운동을 주도하고 있는 남부기독교지도자회의의 설립자이자 회장이 바로 킹 박사이기 때문입니다. …

여섯 번째 단락에서는 '남부의 헌법 위반자'들이 민권운동 시위대에게 저지른 폭행에 대해 설명했다.

계속해서 남부 위반자들은 킹 박사의 평화로운 시위에 협박과 폭력으로 답했습니다. 이들은 그의 집을 폭격하여 그의 아내와 아이를 거의 죽일 뻔했습니다. 이들은 킹 박사의 지지자들을 폭행했습니다. 그들은 '과속', '배회' 및 이와 유사한 '범죄들'로 그를 일곱 번이나 체포했습니다. 그리고 이제 이들은 그를 10년 징역형에 처할 수 있는 중범죄인 '위증죄'로 기소했습니다. 분명 그들의 진짜 목적은 학생들과 수백만 사람들이 지도와 지지를 구하는 지도자인 그를 물리적으로 제거하고, 이로써 남부에서 앞으로 나타날 모든 지도자들을 겁주려는 것입니다. 그들의 전략은 이 적극적인 운동의 목을 자름으로써, 미국 흑인들의 사기를 떨어뜨리고 투쟁 의지를 약화하는 것입니다. 따라서 학생 연좌시위 운동의 정신적 지도자인 마틴 루서 킹 목사를 변호하는 것은 남부의 자유를 위한 모든 투쟁의 핵심적인 부분임이 분명합니다.

이 글은 계속해서 "마음이 바른 미국인", "선의를 가진 남성과 여성"에게 "킹 박사가 보여 주는 전례 없는 대담함과 조용한 영웅주의에 박수를 보내는 것"을 넘어, "우리 헌법과 권리장전에 대한 영광스러운 확언을 위해 위험을 감수하고, 감옥에 갇히고, 심지어 죽음을 목도하고 있는 사람들에게 절실히 필요한 물질적 도움"을 제공하도록 권했다. "우리는 당신이 마틴 루서 킹을 변호하고, 궁지에 몰린 학생들을 지지하며, 투표권 쟁취 투쟁을 위한 이 연합 호소문을 여러분의 기부금으로 지원함으로써 남부의 동료 미국인들과 함께 손잡을 것을 촉구합니다."[54]

머리의 광고는 "남부의 헌법 위반자들"이 "미국 청소년들"에게 가한 "전례 없는 테러의 물결"이라는 잔인함과 억압의 이미지를 상기시켰다. "공식적인 국가기구와 경찰 권력의 모든 무게"가 젊은 "민주주의의 주역", "자유의 투사", "남부의 헌법 수호자"에게 가해졌다. 배우 새미 데이비스 주니어, 말런 브랜도, 도로시 댄드리지, 어사 키트, 프랭크 시나트라, 전 영부인 엘리너 루스벨트, 사회주의 지도자 노먼 토머스, 작가 로레인 핸스버리, 랭스턴 휴스, 가수 머핼리아 잭슨, 해리 벨라폰테, 냇 킹 콜 등 정치 및 예술계의 저명인사 64명이 이 대담한 주장을 담은 광고에 서명했다. 위원회의 자원봉사자들은 이들 유명 인사 개개인에게 연락하여 지지 여부를 확인했다. 이

The New York Times.

> "*The growing movement of peaceful mass demonstrations by Negroes is something new in the South, something understandable.... Let Congress heed their rising voices, for they will be heard.*"
>
> —*New York Times editorial*
> *Saturday, March 19, 1960*

Heed Their Rising Voices

As the whole world knows by now, thousands of Southern Negro students are engaged in widespread non-violent demonstrations in positive affirmation of the right to live in human dignity as guaranteed by the U. S. Constitution and the Bill of Rights. In their efforts to uphold these guarantees, they are being met by an unprecedented wave of terror by those who would deny and negate that document which the whole world looks upon as setting the pattern for modern freedom....

In Orangeburg, South Carolina, when 400 students peacefully sought to buy doughnuts and coffee at lunch counters in the business district, they were forcibly ejected, tear-gassed, soaked to the skin in freezing weather with fire hoses, arrested en masse and herded into an open barbed-wire stockade to stand for hours in the bitter cold.

In Montgomery, Alabama, after students sang "My Country, 'Tis of Thee" on the State Capitol steps, their leaders were expelled from school, and truckloads of police armed with shotguns and tear-gas ringed the Alabama State College Campus. When the entire student body protested to state authorities by refusing to re-register, their dining hall was padlocked in an attempt to starve them into submission.

In Tallahassee, Atlanta, Nashville, Savannah, Greensboro, Memphis, Richmond, Charlotte, and a host of other cities in the South, young American teenagers, in face of the entire weight of official state apparatus and police power, have boldly stepped forth as protagonists of democracy. Their courage and amazing restraint have inspired millions and given a new dignity to the cause of freedom.

Small wonder that the Southern violators of the Constitution fear this new, non-violent brand of freedom fighter . . . even as they fear the upswelling right-to-vote movement. Small wonder that they are determined to destroy the one man who, more than any other, symbolizes the new spirit now sweeping the South—the Rev. Dr. Martin Luther King, Jr., world-famous leader of the Montgomery Bus Protest. For it is his doctrine of non-violence which has inspired and guided the students in their widening wave of sit-ins; and it this same Dr. King who founded and is president of the Southern Christian Leadership Conference—the organization which is spearheading the surging right-to-vote movement. Under Dr. King's direction the Leadership Conference conducts Student Workshops and Seminars in the philosophy and technique of non-violent resistance.

Again and again the Southern violators have answered Dr. King's peaceful protests with intimidation and violence. They have bombed his home almost killing his wife and child. They have assaulted his person. They have arrested him seven times—for "speeding," "loitering" and similar "offenses." And now they have charged him with "perjury"—a *felony* under which they could imprison him for *ten years*. Obviously, their real purpose is to remove him physically as the leader to whom the students and millions of others—look for guidance and support, and thereby to intimidate *all* leaders who may rise in the South. Their strategy is to behead this affirmative movement, and thus to demoralize Negro Americans and weaken their will to struggle. The defense of Martin Luther King, spiritual leader of the student sit-in movement, clearly, therefore, is an integral part of the total struggle for freedom in the South.

Decent-minded Americans cannot help but applaud the creative daring of the students and the quiet heroism of Dr. King. But this is one of those moments in the stormy history of Freedom when men and women of good will must do more than applaud the rising-to-glory of others. The America whose good name hangs in the balance before a watchful world, the America whose heritage of Liberty these Southern Upholders of the Constitution are defending, is *our* America as well as theirs . . .

We must heed their rising voices—yes—but we must add our own.

We must extend ourselves above and beyond moral support and render the material help so urgently needed by those who are taking the risks, facing jail, and even death in a glorious re-affirmation of our Constitution and its Bill of Rights.

We urge you to join hands with our fellow Americans in the South by supporting, with your dollars, this Combined Appeal for all three needs—the defense of Martin Luther King—the support of the embattled students—and the struggle for the right-to-vote.

Your Help Is Urgently Needed . . . NOW ! !

Stella Adler
Raymond Pace Alexander
Shelly Appleton
Harry Van Arsdale
Harry Belafonte
Julie Belafonte
Dr. Algernon Black
Marc Blitzstein
William Bowe
William Branch
Marlon Brando
Mrs. Ralph Bunche
Diahann Carroll
Dr. Alan Knight Chalmers

Joseph Cohen
Richard Coe
Nat King Cole
Cheryl Crawford
Dorothy Dandridge
Ossie Davis
Sammy Davis, Jr.
Ruby Dee
Harry Dufly
Scotty Eckford
Dr. Philip Elliott
Dr. Harry Emerson Fosdick

Anthony Franciosa
Mathew Guinan
Lorraine Hansbury
Rev. Donald Harrington
Nat Hentoff
James Hicks
Mary Hinkson
Van Heflin
Langston Hughes
Morris Iushewitz
Mahalia Jackson
Paul Jennings
Mordecai Johnson
John Killens

Eartha Kitt
Rabbi Edward Klein
Hope Lange
John Lewis
Viveca Lindfors
David Livingston
William Michaelson
Carl Murphy
Don Murray
John Murray
A. J. Muste
Frederick O'Neal
Peter Ottley
L. Joseph Overton

Albert P. Palmer
Clarence Pickett
Shad Polier
Sidney Poitier
Michael Potoker
A. Philip Randolph
John Raitt
Elmer Rice
Cleveland Robinson
Jackie Robinson
Mrs. Eleanor Roosevelt
Bayard Rustin
Robert Ryan
Maureen Stapleton

Frank Silvera
Louis Simon
Hope Stevens
David Sullivan
Julius Sun
George Tabori
Rev. Gardner C. Taylor
Norman Thomas
Kenneth Tynan
Charles White
Shelley Winters
Max Youngstein

We in the south who are struggling daily for dignity and freedom warmly endorse this appeal

Rev. Ralph D. Abernathy
(Montgomery, Ala.)

Rev. Fred L. Shuttlesworth
(Birmingham, Ala.)

Rev. Kelley Miller Smith
(Nashville, Tenn.)

Rev. W. A. Dennis
(Chattanooga, Tenn.)

Rev. C. K. Steele
(Tallahassee, Fla.)

Rev. Matthew D. McCollom
(Orangeburg, S. C.)

Rev. William Holmes Borders
(Atlanta, Ga.)

Rev. Douglas Moore
(Durham, N. C.)

Rev. Wyatt Tee Walker
(Petersburg, Va.)

Rev. Walter L. Hamilton
(Norfolk, Va.)

L. S. Levy
(Columbia, S. C.)

Rev. Martin Luther King, Sr.
(Atlanta, Ga.)

Rev. Henry C. Bunton
(Memphis, Tenn.)

Rev. S. S. Seay, Sr.
(Montgomery, Ala.)

Rev. Samuel W. Williams
(Atlanta, Ga.)

Rev. A. L. Davis
(New Orleans, La.)

Mrs. Katie E. Whickham
(New Orleans, La.)

Rev. W. H. Hall
(Hattiesburg, Miss.)

Rev. J. E. Lowery
(Mobile, Ala.)

Rev. T. J. Jemison
(Baton Rouge, La.)

COMMITTEE TO DEFEND MARTIN LUTHER KING AND THE STRUGGLE FOR FREEDOM IN THE SOUTH

312 West 125th Street, New York 27, N. Y. UNiversity 6-1700

Chairmen: A. Philip Randolph, Dr. Gardner C. Taylor; *Chairmen of Cultural Division:* Harry Belafonte, Sidney Poitier; *Treasurer:* Nat King Cole; *Executive Director:* Bayard Rustin; *Chairmen of Church Division:* Father George B. Ford, Rev. Harry Emerson Fosdick, Rev. Thomas Kilgore, Jr., Rabbi Edward E. Klein; *Chairmen of Labor Division;* Morris Iushewitz, Cleveland Robinson

Please mail this coupon TODAY!

Committee To Defend Martin Luther King
and
The Struggle For Freedom In The South

312 West 125th Street, New York 27, N. Y.
UNiversity 6-1700

I am enclosing my contribution of $__________
for the work of the Committee.

Name __________ (PLEASE PRINT)

Address __________

City __________ Zone ____ State ____

☐ I want to help   ☐ Please send further information

Please make checks payable to:
Committee To Defend Martin Luther King

그림 3. 뉴욕타임스 1960년 3월 29일 화요일판에 실린 "그들의 높아지는 목소리를 들어라" 광고

들의 이름은 본문 하단, "여러분의 도움이 절실히 필요합니다. … 지금!!"이라는 소제목 아래에 열거되었다. 광고의 오른쪽 맨 하단에는 기부금과 함께 돌려 보낼 수 있는 쿠폰이 있었다. 쿠폰에는 이렇게 쓰여 있었다. "이 쿠폰을 오늘 우편으로 보내 주세요! … 수표 수령인란에 '마틴 루서 킹 변호위원회'라고 적어 주세요."[55]

이 명석한 광고는 학생들의 시위를 킹 목사의 체포, 권리장전, 저명 진보주의자들의 명망, 그리고 뉴욕타임스에 의한 공적 인정imprimatur과 훌륭하게 결합했다. 광고 상단에는 "그들의 높아지는 목소리를 들어라"라는 헤드라인이 달렸다. 이 문구는 바로 며칠 전인 3월 19일, 당시 의회에서 논의 중이었고 이후 1960년 말 민권법the Civil Rights Act으로 통과되는 투표권 법안에 지지를 표명한, '수정헌법 제15조'라는 제목의 뉴욕타임스 사설에서 따온 것이었다. 이 사설은 "흑인들의 평화로운 대규모 시위"를 다루면서 "남부에서는 처음 있는 일이며, 이해할 수 있는 일 … 의회는 그들의 높아지는 목소리를 들어야 한다. 그들의 목소리는 결국 들릴 것이므로."라고 서술했다.[56] 이 인용문은 광고의 오른쪽 상단에 큰 글씨로 표시되었다.

러스틴의 의도대로, 광고는 감성적이고 강렬했다. 하지만 안타깝게도 오류도 많았다. 사건을 극적으로 광고에 담아내어 서둘러 게재하려는 열정으로 인해, 러스틴과 머리는 의도했든 의도하지 않았든, 사실관계를 왜곡했다. 몽고메리에서 일어난 사건을 다룬 세 번째, 여섯 번째 단락에 실수가 있었다. 일부는 사소했지만, 일부는 심각했다.

몽고메리 "경찰"은 시위를 막기 위해 앨라배마주에 왔지만, 광고에서 적시된 것처럼 캠퍼스 주변을 돌거나 "에워싸"지 않았다. 학생 지도자들이 퇴학당한 것은 점심 카운터 연좌시위에 참여했기 때문이지, 의사당 계단에서

「나의 조국, 그대의 것」을 불렀다는 이유가 아니었다(학생들이 실제로 부른 노래는 미국의 국가인 '성조기'였다). 전체 학생들보다 적은 수의 학생들만 수업 재등록을 거부했다. 킹은 일곱 번이 아니라 네 번 체포되었다. 앨라배마 주립전문대학 캠퍼스에 경찰이 출동하기는 했지만, 의사당에서의 시위와 관련된 것은 아니었다.

가장 심각한 것은 당국이 식당에 자물쇠를 채웠다는 진술이었다. 식당은 자물쇠가 채워지지 않았고, 당국은 학생들을 "굶겨"서 "굴복시키"려 한 적이 없었다.

1960년 3월 25일 오후, 머리는 오류로 가득 찬 광고를 게재하기 위해 뉴욕타임스 건물로 걸어갔다.

회전문과 대리석 로비를 통과한 머리는 2층의 전국광고부로 안내되었다. 거숀 애런슨Gershon Aronson이라는 63세의 광고 세일즈맨이 그를 맞이했다. 애런슨은 상업 제품 판매보다는 대의를 내세우는 단체를 위한 광고인 '논설광고' 전문이었다.[57]

머리는 서류 가방에서 광고 문구가 적힌 6장의 종이를 꺼내 자신을 마틴 루서 킹 변호위원회의 회원이라고 밝혔다. 머리는 "가능한 한 빨리" 광고를 게재해야 한다고 설명했다. 광고에는 위원회 위원장인 A. 필립 랜돌프가 보낸 한 장짜리 서한이 첨부되어 있었다. 서한에는 이렇게 적혀 있었다. "이 편지는 명단에 오른 이름이 모두 마틴 루서 킹과 남부의 자유를 위한 투쟁 수호위원회의 정식 회원임을 보증합니다. 이들 모두는 우리 위원회의 업무를 추진하는 데 자신의 이름이 사용되는 것에 허락했으니 안심하시기 바랍니다." 당사자의 동의 없이 개인의 이름이 광고에 사용되지 않았음을 증명

하는 책임자의 서한을 받는 것은 뉴욕타임스의 표준 정책이었다.[58]

머리가 광고부 사무실에 도착한 시간은 오후 4시 30분으로, 하루 일과가 끝나는 '마무리 시간'이었다. 애런슨은 광고와 랜돌프의 서한을 빠르게 훑었다. 광고부에서 애런슨의 주요 업무 중 하나는 제안된 모든 광고에 사기, 음란물, '개인의 인격에 대한 공격'이 포함되어 있는지 확인하는 것이었다. 애런슨은 위원회 회원들의 저명도에 깊은 인상을 받았고, 마틴 루서 킹 변호위원회가 합당하며 합법적이라고 확신하게 되었다. 애런슨은 머리에게 모든 것이 "괜찮아 보인다"며 뉴욕타임스가 이번 주 안에 광고를 게재할 것이라고 말했다. 머리가 떠난 후, 애런슨은 광고 사본 두 부를 만들어 그중 한 부를 광고 레이아웃을 작업해 줄 유명 광고 회사인 유니언 광고대행사로 보냈다.[59]

다음 날 아침, 애런슨은 남은 광고 사본을 광고승인부Advertising Acceptability Department로 보냈다. 5명으로 구성된 광고승인부는 광고부와는 별개의 부서로, 뉴욕타임스에 제안된 모든 광고를 심사하고 "오해를 불러일으키며, 부정확하고, 사기 위험이 있는" 광고를 제외하는 업무를 담당했다.[60] 뉴욕타임스에는 회사 내에서 '광고 검열'이라 불리는 강력한 관행이 있었다. 뉴욕타임스는 이 관행의 "주된 목적"이 "독자를 보호하고 뉴욕타임스가 수년에 걸쳐 발전시켜 온 광고 칼럼의 높은 품위와 품격을 유지하기 위한 것"이라고 설명했다.[61]

뉴욕타임스의 엄격한 광고 정책은 "가정에 걸맞은 신문이 가장 좋은 신문"이라고 믿었던 아돌프 옥스가 만든 것이었다. 뉴욕타임스는 사기 위험이 있거나 기만적인 광고, "저속한" 광고, 구혼 광고, "위험 약물에 관한 의료 광고", "이외 뉴욕타임스가 자격 없다고 판단하는 광고"의 게재를 거부했다. 뉴욕타임스는 "보장되지 않는 취업을 약속하는 학교 광고"나 "주름과 주근깨를 없앨 수 있는 화장품"과 같은 부류의 광고도 허용하지 않았다. "바람직하지 않은 성격의 개인이나 회사"로부터 비롯되었다고 믿을 이유가 있는 광고 또한 거부했다.[62]

모든 광고는 그 정확성과 부서의 정책을 준수하는지 여부를 확인하는 절차를 거쳤다. 광고승인부는 삭제 또는 변경해야 할 문구를 발견하면 광고주에게 통지했다. 광고승인부는 광고의 진실성을 판단하기 위한 조사도 실시했다. 과장 광고를 피하기 위해, "우리가 본 최고의 코트"를 "우리가 판매한 최고의 코트"로 바꾸는 등 광고 문구를 수정했다. 1959년 광고승인부는 900건의 광고 수정을 요구했고, 약 1만 8,000개의 광고 문장을 거절했다.[63] 뉴욕타임스의 광고 규정은 미국 내 어떤 신문보다 엄격한 것으로 알려져 있었다.

광고승인부 책임자인 쉰 살의 전직 저널리스트 D. 빈센트 레딩D. Vincent Redding은 "그들의 높아지는 목소리를 들어라" 광고를 살펴보았다. 애런슨과 마찬가지로, 그도 유명 인사들의 서명과 A. 필립 랜돌프의 서한에 깊은 인상을 받았다. 뉴욕타임스가 그간 몽고메리에서 일어난 사건에 관해 16건이나 보도해 왔기 때문에 아주 쉽게 팩트체크를 할 수 있었을 텐데도, 레딩은 너무 깊은 인상을 받은 나머지 팩트체크를 전혀 하지 않았다. 이 16건의 기사 사본은 광고승인부의 한 층 위에 있는 '영안실', 즉 신문사 도서관에 보관되어 있었다. 위원회 광고를 부주의하게 취급한 것은 뉴욕타임스가 그간 확립해 온 광고 정책을 위반한 것이었다.[64]

광고 게재 3일 전, 러스틴의 마음에 변화가 일었다. 광고의 설득력이 충분하지 않아 광고 집행 비용을 회수하지 못할지도 모른다는 걱정이 들었기 때문이었다. 그는 머리를 사무실로 불렀다. 러스틴은 파일 캐비닛에서 SCLC 와 관련된 남부 흑인 목사들의 명단을 꺼내어 광고 지지자로 포함할 20명의 이름을 골랐다. 그리고 그 이름 앞에 이러한 소개를 덧붙였다. "남부에서의 존엄과 자유를 위해 매일 고군분투하는 우리는 이 호소를 열렬히 지지합니다." 러스틴은 머리에게 이러한 "남부로부터의 목소리"가 위원회의 호소에 힘을 실어 줄 것이며, "호소를 완성할 수 있을 것"이라고 설명했다.[65]

목사들의 이름을 사용해도 괜찮은지 머리가 물었다. 러스틴은 광고가 즉시 게재되어야 하기 때문에 목사들에게 확인할 시간이 없다고 말했다. 게다가 SCLC는 킹 목사의 조직이었으므로, 목사들은 당연히 승인할 것이었다. 러스틴은 유니언 광고대행사에 연락을 취해 뉴욕타임스 광고부를 거치지도 않은 채 목사들의 이름을 광고에 추가하도록 했다. 러스틴은 토요일 밤에 이름들을 추가했고, 일요일에 광고를 다시 디자인했으며, 광고대행사는 3월 28일 월요일에 뉴욕타임스에 광고를 보냈다. "그들의 높아지는 목소리를 들어라" 광고는 1960년 3월 29일 화요일 뉴욕타임스 25면에 게재되었다.[66]

며칠이 지나자, 마틴 루서 킹 변호위원회 사무실에 기부금이 쇄도했다. 일부 기부자들은 거액의 수표를 보내 왔다. 일부 봉투에는 10센트 동전과 구겨진 1달러 지폐가 들어 있었고, 청소년들이 손글씨로 쓴 메모도 있었다.[67] 단기적으로 보았을 때 이 광고는 성공적이었고, 신문 광고에 들어간 4,800달러보다 훨씬 높은 수익을 올렸다.

제5장

몽고메리 v. 뉴욕타임스

뉴욕타임스는 앨라배마주에서 394부만 발행되었기 때문에, 주민 중 "그들의 높아지는 목소리를 들어라" 광고를 본 사람이 있다면 오히려 그것이 이상할 정도였다.[1]

한 지역 편집자의 말을 빌리자면, 앨라배마로 보내진 뉴욕타임스 사본은 신문 사무소로 가서, "몇 명의 하버드 졸업생, 예일대생, 프린스턴 중퇴자 등 괴짜들과, 신문이 후미진 선반에 꽂혀 눈에 띄지 않게 될 때까지 거의 읽히지 않는 몇몇 도서관"으로 보내졌다.[2] 몽고메리에서는 뉴스룸을 공유하던 조간 및 석간 신문인 몽고메리 애드버타이저와 앨라배마저널Alabama Journal 직원들이 신문을 받아 보았다. 이들 신문사의 편집자들은 매일 뉴욕타임스를 통해 국내외에서 어떤 뉴스가 가치 있는지 확인했다.

1960년 4월 3일 앨라배마저널의 사회부장인 레이 젠킨스Ray Jenkins는 평소처럼 점심으로 집에서 만들어 온 샌드위치를 먹고 있었다. 젠킨스는 흰 빵에 볼로냐 소시지를 얹어 먹으며 3일 전 발행된 뉴욕타임스 신문을 훑어

보았다.[3]

젠킨스는 첫 번째 섹션 25페이지에서 문제의 광고를 발견했다. 마틴 루서 킹 변호위원회의 광고 게재는 킹 목사의 악명이나 곧 있을 재판을 고려할 때 앨라배마저널에 실을 만한 가치가 있어 보였다. 젠킨스는 광고 내용이 완전히 정확하지는 않다는 느낌을 받았고, 몇 차례 전화를 통해 그의 직감이 사실임을 알게 되었다. 30분 만에 그는 열세 단락을 써 내려갔다.[4]

「진보주의자들이 M. L. 킹 변호를 위한 기금 모금을 호소하다」라는 제목으로 게재된 젠킨스의 기사는 광고 지지자의 명단과 "전례 없는 테러의 물결" 등의 구절을 포함하여 광고의 문구를 직접 인용했다. 젠킨스는 앨라배마 주립전문대학 학생들이 의사당 계단에서 「나의 조국, 그대의 것」을 부른 후 학생 지도자들이 추방되었다는 진술은 부정확하다고 지적했다. 젠킨스는, "실제로 학생들은 법원 간이식당에서 연좌시위를 주도했기 때문에 퇴학당했다."라고 적었다. 이어서 그는 이 광고가 '학생들을 굶겨 굴복시키기 위해 식당에 자물쇠를 채웠다'는 거짓을 주장하고 있다고 설명했다.[5]

젠킨스는 기사 작성을 마치고 뉴욕타임스 신문을 쓰레기통에 던져 버렸다. 하지만 얼마 지나지 않아 몽고메리 애드버타이저의 편집자인 그로버 홀 주니어Grover Hall Jr.가 그의 기사를 읽고 뉴스룸으로 달려와 문제의 광고를 보여 달라고 요구했다. 젠킨스는 쓰레기통에서 신문을 꺼냈다.[6] 만일 그날 쓰레기통이 평소보다 일찍 비워졌다면, 언론의 자유라는 헌법적 원칙의 의미는 크게 달라졌을 것이다.

몽고메리 애드버타이저는 몽고메리에서 가장 영향력 있는 언론 기관이었다. 이 신문은 심술궂고 거만하며 장난기 많고 공격적인 편집자, 홀의 과

잉된 자의식을 반영했다. 몽고메리 애드버타이저의 활기찬 사설 페이지에서 홀은 우체국 펜부터 인종분리, 외교 정책에 이르기까지 모든 것에 관해 자신의 저널리즘 영웅인 H. L. 멩켄H. L. Mencken의 스타일로 신랄한 언변을 선보였다. 그는 한때 앨라배마 주지사 제임스 폴섬을 "자신의 빈틈을 감추기 위해 덜그럭거리는 하악을 닫을 수 있는 품위와 분별력이 결여된 무식하고 건방진 건달"이라고 묘사하기도 했다.[7] 홀은 급기야 커다란 동백나무로 집을 장식하며 자신의 독특함을 드러냈다. 그는 '벙어리'라는 이름의 구관조를 키우면서, 문을 열고 들어오는 누구에게나 "안녕 뚱보야"라고 말하도록 훈련시켰다. 색색의 드레스셔츠와 멜빵바지, 포크파이 모자는 그에게 화려하고 태평한 분위기를 더했다. 마흔다섯 살의 이 노총각은 반항적이고 무모하며 재치 있는 이미지로 자신의 존재감을 과시했다.[8]

홀은 겉으로는 거만하고 패기만만해 보였지만, 실은 매우 불안정한 사람이었다. 그는 앨라배마에서 존경받는 신문 발행인 집안의 후손이었다. 1948년 경찰기자로 일한 후 몽고메리 애드버타이저의 수도 특파원과 칼럼니스트로 활동한 홀은, 큐클럭스클랜을 비난하는 사설로 1928년 퓰리처상을 수상한 아버지 그로버 홀 시니어Grover Hall Sr.로부터 편집장직을 물려받았다. 대학에 다니지 않았고 작가로서도 재능이 없었던 젊은 홀은 아버지의 지위에 오를 수 없다는 사실을 깨닫고 다른 방법을 통해 명성을 얻으려 했다. 다른 것은 몰라도, 그는 관심을 끄는 방법은 알고 있었다.[9]

그러나 홀은 그보다 더 복잡한 사람이었다. 그는 새가 깃털을 고르듯 점잖은 이미지를 가꾸는 동시에, 지역 문제에 관해 속 깊은 의견을 제시했다. 정치적 온건파였던 홀은 인종분리 정책에 찬성했지만, L. B. 설리번과 같은 강경파 인종분리주의자들이 인종분리를 시행하며 취하는 폭력적 조치에는 반대했다. 인종에 관한 홀의 사설은 섬세하고 사려 깊은 어조로 많은 몽고메리 사람들을 거북하게 했다. 홀이 백인시민위원회를 "번지르르한 큐클럭스클랜"이라고 비난하고 버스 보이콧을 지지하는 사설을 싣자, 몽고메리 애드버타이저의 구독료 수입이 줄었다. 마틴 루서 킹 주니어는 1958년에 출판된 그의 회고록 『자유를 향한 대행진Stride Toward Freedom』[*]에서, 홀을 "인종분리 정책의 지지자라고 주장하지만 그 이름으로 행해지는 과도한 행위를 참을 수 없었던, 똑똑하고 복잡한 사람"이라고 표현했다.[10]

홀은 몽고메리 주민 대다수와 마찬가지로 북부 언론에 대한 적대감을 갖고 있었다. 그는 언론이 인종에 대한 남부의 관점을 억압하고, 북부의 인종 문제를 '침묵의 음모'로 은폐하고 있다고 확신했다. 이러한 반감은 버스 보이콧 취재를 위해 뉴욕에서 '북쪽 출신' 기자 100명이 몽고메리 애드버타이저 사무실을 취재 본부로 사용하면서 더욱 커졌다.[11] 하루는 뉴욕포스트New York Post의 스타 기자 머리 켐프턴Murray Kempton이 빨간 색연필로 뉴욕의 학군이 인종분리를 위해 어떻게 게리맨더링gerrymandering되고 있는지를 보여 주는 지도를 그렸다. 이 소식을 들은 홀은 자리에서 벌떡 일어나 뉴욕포스트에 뉴욕의 인종차별을 폭로하는 기사를 쓰겠다고 자원했다.

뉴욕포스트의 편집자는 그의 제안을 거절했고, 홀은 직접 취재를 시작했다. 홀의 직원들은 북부 도시의 편집자, 판사, 경찰에게 전화를 걸었다.[12] 그들은 북부 언론이 북부의 인종 갈등을 무시하는 반면, "최남부 어디에서든 버스 정류장 체포 사건이 발생했다면 항상 좋은 1면 소재였다."라고 결론지었다.[13]

---

[*] 『자유를 향한 대행진: 몽고메리 이야기』는 1958년 발간된 마틴 루서 킹 목사의 저서로, 몽고메리 버스 보이콧 운동에 대한 킹 목사의 회고를 담고 있다.

　1956년 봄에 「이 일을 가드에도 알리지 말며 아스글론 거리에도 전파하지 말라」*라는 극적인 제목 아래 게재된 30편의 기사 시리즈인 '아스글론 시리즈'에서, 몽고메리 애드버타이저는 북부의 인종차별과 이를 다루지 않는 북부 언론의 실패에 관한 백과사전을 발표했다.[14] 미시간주 디어본의 카운티 시장은 "나는 모든 수준에서 완전한 인종분리를 100만 퍼센트 찬성한다."라고 말한 적이 있었다. 디트로이트에는 흑인이 구입하거나 임대할 수 없는 거주 지역이 있었고, 오하이오에서는 불타는 십자가**가 발견되었다. 홀은 이렇게 썼다. "몽고메리에서 그런 일이 벌어졌다면 모든 [북부] 언론이 리드 기사로 다루었을 것이다. 그런데도 그들은 자신들의 더러운 짓을 묵과한다. 이 사실이 나를 분노하게 한다. 차별은 남부의 매그놀리아*** 아래에서만 차별이 아니다. 차별은 어디서든 차별이다."[15]

　'아스글론 시리즈'로 홀은 지역 영웅으로 추앙받았다. 앨라배마주 하원은 '남부의 삶의 방식'에 대한 공격으로부터 남부를 지켰다며 몽고메리 애드버타이저에 찬사를 보내는 결의안을 통과시켰다.[16] 앨라배마주 그로브힐 클라크카운티의 민주당 의원은 그로버 홀이 "북부 언론의 위선적 베일을 벗겨 낼 용기와 능력을 모두 갖추었다."라고 극찬했다.[17] 홀의 철저하고 강경한 보도는 뉴스위크Newsweek와 같은 전국 단위 매체에서 호평을 받았으며, 퓰리처상 후보에 오르기도 했다. '아스글론 시리즈'는 북부 언론의 인종 관계 보도에도 영향을 미쳤다. 홀의 시리즈 이후 뉴욕포스트는 뉴욕의 인종차

---

* '이 일을 가드에도 알리지 말며 아스글론 거리에도 전파하지 말지어다Tell it not in Gath, publish it not in the streets of Askelon'는 성경 사무엘하 1장 20절의 내용이다. 이스라엘의 왕 사울과 그의 아들 요나단이 죽었다는 이야기를 들은 다윗이 그 소식을 적국에 알리지 말라고 이야기하는 내용이다.

** 불타는 십자가는 인종차별의 대표적인 상징물이었다.

*** 북아메리카를 원산지로 하는 목련과 교목으로, 미국 남부에서 자생한다.

별에 관한 시리즈를 연재했고, 뉴욕타임스는 북부의 인종 갈등에 관한 4부
작 시리즈를 보도했다.[18]

하지만 아스글론 시리즈가 홀을 '종이의 장막 언론'을 향한 분노에서 자유
롭게 하지는 못했다. 오히려 자신이 옳다는 확신만 커질 뿐이었다. 홀은 북
부의 신문과 잡지가 남부를 풍자하고 조롱했으며, 어떻게 남부가 그들 나
름의 방식으로 인종 문제를 해결하고 있는지 정당하게 평가하는 일에 실패
하고 있다고 주장했다.[19] 그는 뉴욕타임스의 편집자와 기자들이 남부가 이
땅의 법을 준수해야 한다고 "거만하게 떠들면서도" 정작 북부 학교는 소녀
들이 "학교 계단에서 강간당하고 칼에 찔리는", "전갈이 가득한 양동이"와
다를 바 없다는 사실은 숨기는 "망상에 빠진 인종주의자들"이라고 비난했
다.[20]

남부를 고정관념에 입각해 통속극적으로 묘사한, 특히 몽고메리를 폭력
적이고 인종차별적으로 묘사한 "그들의 높아지는 목소리를 들어라" 광고는
홀을 격분하게 했다. 그는 곧장 타자기로 달려갔다. 40분도 채 되지 않아,
그는 1960년 4월 7일자 몽고메리 애드버타이저 2면에 실린 「그들은 스스로
를 일소*할 것인가?」라는 제목의 격렬한 사설을 썼다.

자발적 거짓말쟁이도 있고, 비자발적 거짓말쟁이도 있다.
두 종류의 거짓말쟁이가 모두 3월 29일자 뉴욕타임스 전면 광고에 실린 몽
고메리에 대한 조잡한 비방에 기여했다.
그리고 이제 뉴욕타임스와 비자발적 거짓말쟁이들은 그들의 거짓된 증

---

* 원문 표현 "Will They Purge Themselves?"에서 'purge'는 '깨끗이 하다', '제거하다'라는 의미가
  있는데, 이를 '일소하다'라고 옮겼다.

   뉴욕타임스 죽이기

언에 대해 스스로를 일소할 책임이 있다.

뉴욕타임스는 스스로 광고를 선별하여 불쾌하거나 저급한 내용을 걸러 낸다고 자랑한다. 반박 가능한 이 거짓말은 아마 언젠가는 걸러져 게재 할 수 없는 것으로 판명될 것이다.

홀은 몽고메리 경찰이 앨라배마 주립전문대학 식당에 자물쇠를 채우고 대학 캠퍼스를 에워쌌다는 광고의 진술을 인쇄했다. 그 진술들은 "거짓말, 거짓말, 그리고 아마도 북부 시민들의 순진함, 독선, 오인하고 있는 정보를 이용하기 위해 쓴 기금 모금 운동 소설가의 고의적인 거짓말"이었다.[21]

홀은 광고에 서명한 해리 에머슨 포스딕, 엘리노어 루스벨트, 사회당의 오랜 지도자였던 노먼 토머스 등 저명한 진보 인사 모두 남부에서는 혐오스 러운 이름이라고 지적했다. "이들도 희생을 당한 것이고, 이들이 애드버타 이저의 위증 혐의를 확인하고, 그들의 이름을 깨끗이 하는 것을 자신의 명 예를 위한 의무로 여길 것이라고 우리는 생각해야 한다." 홀은 위원회에 참 여한 다른 이들, 배우와 연예인들을 "브로드웨이 천막 구석에서 데려온 사 람들"이라고 묘사했다. "물론 그들은 그저 재미 삼아 참여했을 뿐이고, 진실 처럼 매력 없는 평범한 것이 그들의 관심을 끈다는 것은 아마 불가능할 것 이다." "하지만 포스딕 박사, 라이스, 토머스 같은 위원들과 뉴욕타임스가 그들의 이름이 중상모략에 이용당했다는 몽고메리 애드버타이저의 주장이 옳은지 확인해야 할 필요성조차 느끼지 않는다면, 몽고메리 애드버타이저 는 이러한 추측을 재고해야 할 것이다."[22]

사설이 게재된 다음 날 아침, 홀은 평소처럼 몽고메리 애드버타이저 사무실 밖에 서 있었다. 그는 매일 계단에 서서 지나가는 사람들과 자신의 관심사나 사설 주제에 관해 이야기를 나누는 습관이 있었다. 마침 시정부를 위해 소송을 대리하던 야심 찬 서른한 살의 캘빈 화이트셀Calvin Whitesell이 길을 걸어오던 중이었다. 전날 밤 명예훼손에 대해 고민하고 있었던 홀에게는 기막힌 우연의 일치였다.

"이봐요, 이리 와요." 홀이 외쳤다. 그는 화이트셀에게 뉴욕타임스 신문을 흔들며 말했다. "당신이 뉴욕타임스를 읽을 만큼의 센스가 없다는 것은 알아요."

그는 화이트셀에게 신문을 건네며, "이걸 가져가서 시청에 보여 주는 게 좋을 것"이라며 "그들 모두를 명예훼손한 내용이기" 때문이라고 말했다.[23] 홀은 제임스, 파크스, 설리번 시위원을 지칭한 것이었다. 홀은 사실상 파산 상태인 마틴 루서 킹 변호위원회를 고소하는 것은 소용없다고 생각했다. 그러나 앨라배마와 대부분 주들의 명예훼손법에 따르면, 광고 게시자인 뉴욕타임스는 광고 제작자만큼이나 광고 내용에 대한 책임이 있었다.

그날 아침 화이트셀은 얼 제임스 시장의 책상 위에 귀퉁이를 접은 뉴욕타임스 신문을 올려놓고 명예훼손 소송에 관해 홀이 한 이야기를 들려주었다. 제임스 시장은 설리번과 프랭크 파크스 위원을 몽고메리 시청 2층에 있는 자신의 사무실로 불렀다. 세 사람은 제임스의 유리 책상에 허리를 굽혀 열심히 광고를 들여다보았다.

홀과 달리, 이들의 심기를 불편하게 한 것은 의사당 계단에서 학생 시위대가 부른 노래의 제목이 잘못 표기된 것과 같은 사소한 오류가 아니었다. 경찰이 앨라배마 주립전문대학 식당에 "자물쇠를 채워" 학생들을 굶기려 했다는 거짓 주장이 문제였다. 그들은 또한 남부와 그 공직자들을 악마화하는 통속극적 표현에 분개했는데, 그들에게 이는 남부를 비하하고 조롱하는 '종이의 장막' 보도의 또 다른 예시였다.

당연히, 전체적인 요점에서, 진술들은 진실이었다. 몽고메리의 공직자들은 비록 비난받은 바로 그 행위를 한 것은 아니었을지라도, 민권운동 시위대를 향해 폭력을 방조하고 저질렀다. 메이슨·딕슨선 위쪽 수용자들 사이에서 그들의 이미지가 실추되었다고 주장할 수는 있었으나, 민권운동 '선동가'들에게 폭력을 가하는 것은 지역 백인들 사이에서 오히려 명예를 높일 수 있기 때문에 몽고메리에서 위원들의 명예는 해를 입지 않은 것이 확실했다.[24]

그러나 명예훼손 이외에도 소송을 제기할 만한 더 매력적인 다른 이유가 있었다. 여기 뉴욕타임스를 침몰시킬 수 있는 절호의 기회가 있었다. 거액의 손해배상 판결은 뉴욕타임스에 재정적 타격을 입힐 뿐만 아니라, 남부가 '거짓말쟁이 양키 언론'의 모욕과 무시를 용납하지 않을 것이라는 강력한 메시지를 전달할 수 있었다. 대규모 명예훼손 판결은 북부 언론을 위협하여 민권운동을 다루지 못하게 하고, 남부를 불리한 시각으로 묘사하는 것을 저지할 수 있었다. 1957년 몽고메리 위원들이 제기했던 켄 사건Ken case은 북부 언론을 상대로 한 명예훼손 소송이 지역 배심원단이 심리하는 재판에서 쉽게 승소할 수 있고, 수익성도 높다는 것을 보여 주었다.

제임스는 전화기를 들고 변호사 화이트셀에게 전화를 걸었다. "홀이 이걸 명예훼손이라고 하나요? 손해배상액은 얼마인가요?" 그가 물었다.

"손해배상액은 그것이 얼마든 당신이 받을 권리가 있다고 배심원단이 생각하는 금액입니다." 화이트셀이 대답했다.

화이트셀은 위원들에게 뉴욕타임스를 상대로 소송을 제기하면, 뉴욕타임스가 "몽고메리 지역 신문사의 로펌 변호사를 선임할" 수 있다고 경고했다. 엘리트 로펌인 스타이너, 크럼 앤드 베이커Steiner, Crum, and Baker가 몽고메리 애드버타이저와 앨라배마저널을 대리했다. 화이트셀은 이 로펌이 몽고메리시를 대리하도록 해 뉴욕타임스가 이들을 선임하지 못하게 하려 했다.[25]

화이트셀은 스타이너, 크럼 앤드 베이커가 본사를 두고 있던 유명한 오피스 빌딩인 퍼스트내셔널뱅크 빌딩으로 갔다. 베이커와 스타이너는 화이트셀에게 "매우 훌륭한 사건"에 기꺼이 참여하겠다고 말했다.[26] 그로버 홀은 신문사가 다른 신문에 대한 명예훼손 소송에 협조하지 않는다는 저널리즘의 암묵적인 규칙을 어기고, 몽고메리시의 스타이너, 크럼 앤드 베이커의 선임에 동의했다. 이 사건은 켄 사건을 제기하고, 명예훼손 소송들에서 몽고메리 애드버타이저의 변호를 맡았던 서른일곱 살의 변호사 M. 롤런드 "로드" 나흐만 주니어M. Roland "Rod" Nachman Jr.에게 맡겨졌다. 그는 이 사건의 적임자였다.

흔히 몽고메리 위원들의 변호를 맡은 변호사가 열렬한 인종분리주의자일 것이라고 생각하지만, 사실은 그렇지 않았다. 나흐만은 하버드에서 교육을 받은 세계주의적 성향의 유대인으로, 몽고메리에서는 보기 힘든 유형의 인물이었다.

나흐만은 1923년 몽고메리에서 나흐만 앤드 메르티에프라는 고급 백화점을 운영하던 독일계 유대인 가정에서 태어났다. 앨라배마에서 유대인은 소수집단으로 차별받았지만, 흑인과 같은 박해를 받지는 않았다. 유대인 상인과 은행가가 필요했던 까닭에, 몽고메리 지역사회는 이들을 환영했다.[27]

나흐만 가족은 특권적이고 교양 있는 라이프스타일을 누렸다. 수재였던 로드는 열여섯 살에 몽고메리의 백인 고등학교인 시드니러니어 고등학교를 졸업한 후 하버드에 진학했다. 하버드에서의 2학년을 마치고, 제2차 세계대전이 한창이던 때 나흐만은 해군에 입대하여 3년간 하와이에서 정보장교로 복무했다. 그 후 하버드 로스쿨에 진학하여 2년 만에 졸업했다. 캘리포니아 주정부로부터 명망 있는 자리를 제안받았지만, 나흐만은 앨라배마주 법무부 차관보로 일하자는 제안을 수락하고 고향으로 돌아왔다. 서른 살이 되었을 때 이미 그는 미국 연방대법원에서 주정부를 위해 여러 건의 소송을 변론한 경험이 있었다.[28]

나흐만은 키가 크고 학구적인 외모에 머리가 벗어져 헤어라인이 드러났고, 두꺼운 검은색 뿔테 안경을 쓴, 장난기 가득한 미소를 지닌 사람이었다. 그는 밝고 근면하며, 재치 있고, 신경질적이었으며, 진보적 성향에도 불구하고 몽고메리 지역사회에서 지성과 전문성으로 존경받았다. 나흐만과 아내 루이즈는 몽고메리의 소규모 지식인 커뮤니티의 일원이었으며, 우아한 튜더 양식의 저택에서 활기찬 칵테일파티와 살롱을 개최하는 것으로 유명했다.[29]

정치적으로 나흐만은 1948년 선거에서 해리 트루먼을 지지했고, 1956년 아들라이 스티븐슨*의 대선 캠페인에서 일했던 온건한 민주당원이었다. 나흐만은 인종분리주의자라고 하기 어려웠다. 그의 여정과 가족 배경, 엘리트 교육은 그에게 인종에 대한 세계주의적 시각을 갖게 했다. 유대인으로서 그는 차별을 직접 경험하기도 했다. 1950년대 앨라배마에서 백인우월주의와

---

* 일리노이 주지사이자 주UN 미국 대사로, 민주당 대선 후보로 공화당의 드와이트 D. 아이젠하워와 두 번 맞붙어 두 번 모두 패했다.

남부 외국인 혐오가 팽배해지면서, 나흐만의 몽고메리 컨트리클럽 가입이 금지되었던 것이다.[30]

1954년 나흐만은 공직을 그만두고 전직 시 변호사였던 월터 크나베와 함께 개인 변호사로 개업했다. 2년 후 그는 민주당 상원의원 존 스파크먼의 보좌관으로 일하기 위해 몽고메리를 떠나 워싱턴으로 향했다. 1959년 그는 몽고메리로 돌아와 스타이너, 크럼 앤드 베이커에 입사했다. 이 회사는 퍼스트내셔널뱅크, 앨라배마 서부철도 등 여러 철도, 은행, 신문사의 법률 자문을 담당하고 있었다. 3대에 걸쳐 하버드 졸업생이 포함된 이 로펌은 몽고메리에서 가장 명망 있는 '화이트 슈즈 로펌'* 중 하나로 꼽혔다.[31]

나흐만은 시정부부터 지역 언론사, 명예훼손으로 언론을 고소한 주민에 이르기까지 다양한 고객을 끈기 있고 명민하게, 열정적으로 변호하는 것으로 유명했다. 나흐만은 승소를 좋아했기 때문에, 이길 수만 있다면 어떤 소송이든 맡는 경향이 있었다. 1959년에는 민권운동가 랠프 애버내시를 폭행한 혐의로 기소되었지만 무죄 판결을 받은 에드워드 데이비스Edward Davis라는 흑인 몽고메리 시민을 변호한 바 있었다. 제트Jet 잡지가 에드워드 데이비스를 학생들에게 성적인 접근을 했다는 이유로 교직에서 해임되었던 동명이인의 다른 데이비스와 동일 인물이라는 허위 사실을 보도했고, 이에 배심원단은 그에게 6만 7,500달러의 배상금을 지급하도록 평결한 사건이었다. 이는 당시 앨라배마주에서 가장 큰 명예훼손 배상금이었다.[32]

---

* 아이비리그 대학을 졸업한 명문 대학 출신 법률가들로 구성된 오랜 역사의 로펌을 일컫는다. 전통적이고 보수적인 이미지로, 여러 세대에 걸쳐 고객을 확보하고 있는 경우가 많다. 상류층 남성들 사이에서 유행했던 흰색 벅스킨buckskin 구두에서 유래된 표현이다.

그로버 홀과 위원들처럼, 나흐만도 "그들의 높아지는 목소리를 들어라" 광고에 짜증이 났다. 특히 경찰이 식당에 자물쇠를 채웠다는 주장에 대해서는 "일부 내용은 완전히 거짓이고, 일부 혐의는 말도 안 될 정도로 과장된 것"이라고 생각했다.[33]

하지만 그가 분노 때문에 이 사건에 뛰어든 것은 아니었다. 뉴욕타임스에 대한 적개심이나, 인종분리를 강화하려는 욕망도 아니었다. 그것은 지역 자부심으로 물든 구식 경쟁심이었다. 여기 패소할 가능성이 희박한 사건이 있었다. 기존의 명예훼손법에 따르면, 원고가 입증해야 하는 것은 해당 진술이 명예훼손적이었으며, 해당 진술이 원고를 지칭한다는, 즉 원고를 '특정하는of and concerning' 발언이라는 사실뿐이었다.* 해당 진술은 거짓으로 추정되었고, 뉴욕타임스가 자신을 방어할 수 있는 유일한 방법은 "모든 세부 사항에서" 진술의 진실성을 입증하는 것이었다.[34]

나흐만은 하루 만에 파크스, 제임스, 설리번을 대신하여 허위 및 명예훼손으로 적시된 진술들의 철회를 요구하는 서한을 작성했다.[35] 이 서한은 수취인에게 "앞서 언급한 출판물에 포함된 허위 및 명예훼손적 보도만큼이나 현저하고prominent 공개적인 방식으로 … 나 자신 그리고 앨라배마주 몽고메리시의 공직자로서 나의 행동 그리고 행위와 관련된 모든 허위 및 명예훼손적 보도 전체를 완전하고 공정하게 철회할 것"을 요구했다.[36] 철회 요구는 명예훼손 소송을 제기하기 위한 전제 조건이자 원고가 징벌적 손해배

---

* 미국의 명예훼손법에서 명예훼손이 인정되기 위해서는, ① 피고가 명예훼손적인 표현을 사용했으며, ② 명예훼손적인 표현이 원고에 대한 것of and concerning이어서 합리적인 사람이라면 원고에 대한 언급이라는 것을 알 수 있으며, ③ 피고가 명예훼손적인 표현을 제3자에게 공포publication했고, ④ 원고의 명예가 훼손damage되어야 한다. 이때 두 번째 요건인 '원고에 대한 것'을 '특정성'이라고 옮겼다.

상, 즉 비난받을 만한 행위를 한 피고를 처벌하고 다른 피고들에 의해 유사한 행위가 발생하는 것을 억제하기 위한 손해배상을 받아 내기 위해 필요한 요건이었다. 주법 제7장 제913조에 따르면, 피고들이 5일 이내에 "완전하고 공정한" 철회문, 즉 "소송 전에 신문의 … 눈에 잘 띄는 위치에 사과문을 게재하여 수정 내용을 제시"하지 않으면, 원고들은 징벌적 손해배상 판결을 받아 낼 수 있었다.[37] 철회문을 게재하지 않는 것은 피고가 앙심을 품거나 악의적으로 명예훼손적 내용을 게재했음을 뒷받침하는 증거로 받아들여졌다. 징벌적 손해배상은 중요한 문제였다. 거액의 징벌적 손해배상 판결은 뉴욕타임스에 심각한 타격을 줄 수 있었다.

나흐만의 서한은, "그들의 높아지는 목소리를 들어라" 광고가 위원들에게 "몽고메리시의 공직자로서 중대한 위법행위와 부적절한 행동 및 부작위"를 전가하는 허위 사실을 포함하고 있다고 주장했다. 나흐만은 광고의 두 단락, 세 번째 단락과 여섯 번째 단락의 일부를 허위 및 명예훼손으로 규정했다.

앨라배마주 몽고메리에서는 학생들이 주 의사당 계단에서 「나의 조국, 그대의 것」을 부른 후 학생 지도자들은 학교에서 퇴학당했고, 산탄총과 최루탄으로 무장한 트럭을 가득 채울 만한 수의 경찰들이 앨라배마 주립전문대학 캠퍼스를 에워쌌습니다. 학생들 전체가 재등록을 거부하며 주 당국에 항의하자, 주 당국은 학생들을 굶겨 굴복시키기 위해 식당에 자물쇠를 채웠습니다. …
계속해서 남부 위반자들은 킹 박사의 평화로운 시위에 협박과 폭력으로 답했습니다. 이들은 그의 집을 폭격하여 그의 아내와 아이를 거의 죽일

　　　　　　　　　뉴욕타임스 죽이기

뻔했습니다. 이들은 킹 박사의 지지자들을 폭행했습니다. 그들은 '과속', '배회' 및 이와 유사한 '범죄들'로 그를 일곱 번이나 체포했습니다. 그리고 이제 이들은 그를 10년 징역형에 처할 수 있는 중범죄인 '위증죄'로 기소했습니다.[38]

나흐만에 따르면, 이 광고는 위원들의 이름을 밝히지는 않았지만, 위 구절들은 이들이 ('경찰'이자 '남부 위반자들'로서) 무장 경찰을 동원해 캠퍼스를 봉쇄하고, 킹을 허위 범죄로 체포하고, 식당에 자물쇠를 채워 학생들을 굶기고, 킹의 집을 폭파하고, 킹을 폭행하고, 위증 혐의로 기소했다고 암묵적으로 비난하고 있었다. 명예훼손법의 전문용어를 사용하자면 광고의 이러한 주장들은 위원들을 '특정'함으로써, 즉 위원들을 암시적으로 언급함으로써 자신들의 명예를 훼손했다고 위원들은 주장했다.

나흐만은 뉴욕타임스와 베이어드 러스틴이 막판에 광고에 포함시킨 4명의 앨라배마 목사인 랠프 애버내시Ralph Abernathy, 솔로몬 세이Soloman Seay, 조지프 라워리Joseph Lowery, 프레드 셔틀스워스Fred Shuttlesworth에게 철회 서한을 보냈다. 현행 명예훼손법에 따르면, 이들은 뉴욕타임스와 마찬가지로 광고 내용에 대한 책임이 있었다. 이들은 자신의 이름이 광고에 나타나도록 허용함으로써 광고를 지지하거나 '승인'한 것으로 알려져 있었다. 4명의 목사는 SCLC의 지도자였지만 마틴 루서 킹 변호위원회와는 관련이 없었다. 나흐만이 이들을 소송에 끌어들인 이유는 그들이 앨라배마 주민이었기 때문이다. 그는 뉴욕타임스가 주법원보다 인종 문제에 훨씬 더 호의적인 앨라배마 연방법원으로 사건을 이송하려고 시도할 것이지만, 주 주민이 소송당사자인 경우 관할권 법리jurisdictional laws에 따라 이러한 시도가 차단

될 수 있다는 것을 알고 있었다. 4명의 목사는 법률 용어로 '완전한 다양성 complete diversity'*을 방지하여 뉴욕타임스가 앨라배마주 법원에서 재판을 받도록 피고에 포함되었다. 나흐만은 이 사건이 주법원에서 현지 판사와 배심원단에 의해 심리되기를 원했다. 이외에도 목사들을 상대로 소송을 제기하면 SCLC 지도자들이 값비싼 변호 비용을 부담하게 되어 그 위상을 약화시킬 수 있었다.

롤런드 나흐만 혼자 뉴욕타임스를 상대로 "그들의 높아지는 목소리를 들어라" 광고에 대한 법적 대응을 준비하고 있는 것은 아니었다. 그로버 홀의 사설은 앨라배마주 전체에 경각심을 주었다. 앨라배마 당국은 '남부를 비방했다'는 혐의로 뉴욕타임스와 마틴 루서 킹 변호위원회를 '기소'하기 위해 주 당국의 조직을 정비하기 시작했다.

베티 프링크Bettye Frink 앨라배마 주무장관은 AP통신에 서한을 보내, 허위 성명을 유포하여 "우편물을 이용해 사기를 친" 혐의로 뉴욕타임스와 마틴 루서 킹 변호위원회를 고발하겠다는 발표를 전국에 보도했다. 맥도널드 갤리언McDonald Gallion 법무부 장관은 앨라배마주를 대표하여 "허위 유포"를 이유로 뉴욕타임스를 향한 소송을 검토 중인 것으로 알려졌다.[39] 그는 "앨라배마와 남부를 향한 왜곡되고 편향된 공격에 신물이 난다. 이러한 거짓 공격의 대상이 되는 것은 특히 비난받아 마땅하다."라고 밝혔다.[40] 그는 개인만이 명예훼손 소송을 제기할 수 있다고 설명했다. 갤리언은 패터슨이

---

* 미국의 관할권 법리에서 완전한 다양성은 원고와 피고가 서로 다른 주 또는 국가의 시민일 때 연방법원에서 사건을 다룰 수 있다는 조건이다. 따라서 소송당사자 양측 간에 같은 주 거주자가 있을 경우 연방법원은 관할권을 갖지 않는다.

   뉴욕타임스 죽이기

소속된 주교육위원회 위원들에게 "수백만 달러의 소송"을 제기하라고 조언했다.[41]

그 후 몽고메리 시위원회는 '공식 결의문'을 발표했다. "오늘 몽고메리 시위원들은 등기우편으로 뉴욕타임스와 해당 개인들에게 최근 뉴욕타임스에 게재된 명예훼손물에 대한 철회문을 게재할 것을 요구했다. 우리는 허위 명예훼손물이 게재되었던 것과 동일하게 현저하고 공개적으로 완전하고 공정한 철회문을 게재할 것을 요구했다. 그들의 철회를 기다리겠다."[42] 이 시점에 뉴욕타임스는 명예훼손 소송에 대해 알고 있었으며, 철회 서한과 함께 홀이 직접 뉴욕타임스에 보낸 몽고메리 애드버타이저 사설을 받아 보고 있었다.

앨라배마 주민들은 주 언론의 열성적인 사설에 힘입어, 이러한 공식 선언에 힘을 보탰다. 앨라배마저널은 이렇게 논평했다.

한 무리의 흑인들과 루스벨트 여사가 뉴욕타임스에 게재한 완전히 거짓된 이야기에 의해 다시 한 번 몽고메리가 희생되고 있는 지금, 우리는 수년 전 우리 아버지들이 겪었던 시련을 기억해야 한다. … 남부가 중상모략당하고 오해받는 일은 새롭지 않다. 불행히도 우리가 그에 대해 할 수 있는 일은 아무것도 없다. 전쟁조차도 남부에 대한 거짓말을 막지 못했다. … 세계 최고의 신문 중 하나인 뉴욕타임스의 평범한 독자들에게는, 마틴 루서 킹 목사와 같은 경멸스러운 인물을 법정에서 변호하고 그를 탈선에 대한 처벌로부터 구해 주고자 하는 거지들의 서명을 받아 얼마 전 발행된 것과 같은 허위 사실 한 페이지를 위해 기꺼이 지면을 내주었다는 사실이 매우 실망스러운 일임에 틀림없다.[43]

명예훼손 소송은 인종분리주의자들을 하나로 묶고, 그들에게 힘을 실어 주었으며, 그들의 노력이 옳다는 확신을 심어 주었다.

루이스 러브는 당황하지 않았다. 뉴욕타임스의 변호인으로서 그는 이전에도 수백 통의 비슷한 서한을 받았기 때문이었다. 그럼에도 불구하고 러브는 나흐만의 서한을 진지하게 받아들이고 광고의 진술들이 진실인지 확인하기 시작했다.

러브는 편집 운영 부책임자 로버트 가스트Robert Garst에게 전화를 걸어 몽고메리에 있는 누군가에게 광고를 팩트체크해 달라고 요청했다. 가스트는 뉴욕타임스의 '비상근 통신원stringer'이었던 몽고메리 애드버타이저 기자 돈 매키Don McKee에게 연락했다. 비상근 통신원은 다른 신문사의 기자로, 뉴욕타임스가 필요에 따라 뉴스를 요청하는 사람이었다. 뉴욕타임스는 앨라배마에 3명의 비상근 통신원을 두고 있었다.[44]

얼마 지나지 않아 매키는 가스트에게 광고의 일부 진술들이 실제로 허위라는 비보를 알렸다. 매키는 앨라배마 주립전문대학 관계자들과의 인터뷰를 통해, 식당에 자물쇠가 채워지고 "학생들 전체가 재등록을 거부했다"는 주장은 "전혀 진실이 아님"을 알게 되었다. 경찰은 캠퍼스를 에워싸지 않았다. 1,900명에 달하는 거의 모든 학생이 재등록했고, 모든 학생에게 식사가 제공되었으며, 몽고메리 경찰은 대학 관계자의 요청에 따라 캠퍼스에 들어왔고, 학생들은 「나의 조국, 그대의 것」이 아니라 국가를 불렀으며, 킹은 네 번만 체포되었다.[45]

러브는, 되돌아보면 과도한 자신감에 차서, 나흐만에게 뉴욕타임스는 모든 진술들의 철회를 거부한다는 내용의 서한을 보냈다. 진술들 중 대부분이 실질적으로 (모든 세부 내용이 진실은 아닐 수도 있지만, 전체적인 의미는) 진실이며, 게다가 진술들 중 그 어떤 내용도 위원들 가운데 누군가를 특정하지 않았기 때문에, 그들 중 누구의 명예도 훼손되지 않았다는 내용이었다.

친애하는 위원님, 4월 8일자 등기우편으로 뉴욕타임스사에 보낸 귀하의 서한은 법률고문인 저희에게 전달되었습니다. 귀하가 이의를 제기한 진술들은 뉴욕타임스가 작성한 것이 아니라, 다른 책임 있는 개인이 뉴욕타임스에 제공한 광고에 포함된 것임을 잘 알고 계실 것입니다. 저희는 이 문제를 조사해 왔으며, 해당 진술들이 귀하에게 어떤 식으로 영향을 미친다고 생각하시는지 다소 의아해하고 있습니다. 지금까지의 조사 결과, 주립전문대학 식당에 "학생들을 굶겨 굴복시키려고 자물쇠를 채웠다"는 진술에 대한 정당성을 찾을 수 없다는 점을 제외하고는, 진술들은 실질적으로 정확한 것으로 보입니다.

우리는 고객이 … 언제나 신문에 실린 내용 중 잘못된 것으로 판명된 모든 진술을 정정하기를 원하기 때문에, 이 문제에 관해 계속해서 살펴볼 것입니다.

그동안 귀하는 원하신다면 광고의 진술들이 어떤 측면에서 귀하에 관한 것이라고 주장하는지 알려 주시기 바랍니다. 로드데이앤드로드 올림.[46]

위협적인 소송은 곧 현실화되었다. 4월 19일 러브의 서한에 답장하지 않은 채 나흐만은 몽고메리카운티 순회법원에 뉴욕타임스와 앨라배마주 목사 4명을 상대로 명예훼손 소송을 제기했다.[47] 명예훼손 소송은 4월 21일 몽고메리 보안관인 맥 심 버틀러Mac Sim Butler가 비상근 통신원인 매키에게

소환장과 소장을 전달하면서 공식적으로 개시되었다.[48]

위원들은 "위원회 위원으로서 원고의 행위에 대한 허위 및 명예훼손적인 내용과 혐의로 원고에게 부적절한 행위를 전가하고 공중의 경멸, 조롱, 수치를 유발하며, 원고의 공직, 직업, 거래 또는 사업에서 불이익을 준 것에 대해" 각각 50만 달러의 손해배상을 청구했다. 앨라배마를 비롯한 대부분의 주에서 명예훼손 소송의 원고는 명예훼손으로 인한 구체적인 경제적 손실을 입증할 필요가 없었다. 원고는 손실의 정확한 가치를 계산하지 않고도 그들의 감정과 명예가 입은 피해에 대해 '일반 손해배상'을 받을 수 있었다. 50만 달러는 임의로 책정된 금액이었다. 나흐만은 첫 번째 소장에서 100만 달러를 청구했지만, 이후 75만 달러로 삭감한 후, 그 뒤 다시 각 위원에 대해 50만 달러로 정했다.[49]

앨라배마에서 사업을 거의 하지 않았던 뉴욕타임스는 송달을 받을 사람이 지정되지 않은 상태였다. 나흐만은 앨라배마 법전 제7편 제188조 및 제199조 제1항을 근거로 소송을 제기했다. 제188조는 "법인의 모든 대리인"을 포함하여 법인의 임원 또는 직원에게 소환장 및 소장 사본을 송달함으로써 법인을 대상으로 소송절차를 진행할 수 있다고 규정하고 있었다. 나흐만이 뉴욕타임스의 '대리인'이라고 주장한 매키에게 소송 서류가 송달되었다. 또한 나흐만은 앨라배마주에서 이른바 '확대관할법long-arm statute'*이라고 불리는 제199조 제1항에 따라 앨라배마 주무장관에게도 소송절차를 진행했다. 이 법령에 따르면, "앨라배마주에 거주하지 않는 개인, 회사, … 또

---

* 확대관할법이란 미국 민사소송법상 원칙으로 각 주에서 주 내에 거주하지 않는 역외자에 대해 재판관할권을 확대하여 적용하는 법으로, 긴 팔로 피고를 관할 밖에서 끌어오는 것을 빗댄 표현이라고 한다.

는 이 주에서 사업을 할 자격이 없는 법인으로서 이 주에서 사업을 하거나 어떤 성격의 업무 또는 서비스를 수행하는 사람은 주무장관을 … 그들의 대리인으로 선임한 것으로 간주한다.”라고 규정하고 있었다.[50] 확대관할법은 다른 주에 있는 피고가 앨라배마주와 충분한 연관성이 있는 경우, 피고가 저지른 특정 행위를 근거로 법원이 피고에 대한 관할권을 확보할 수 있도록 했다.[51] 이 법령은 변호사들 사이에서 ‘단일행위법one-act statutes’으로 알려져 있으며, 당시 주로 자동차 사고와 관련된 사건에서 사용되고 있었다. 뉴욕타임스는 이후 매키와 주무장관에게 이루어진 송달에 대해 다투게 된다.

명예훼손 소송들은 뉴욕타임스의 민권운동 보도와 진보주의적이고 인종통합적인 입장을 처벌하고, 신문사에 재정적 부담을 주어 보도를 억누르기 위해 이용되는 것이 분명했다. 몽고메리 공직자들은 소송들을 통해 뉴욕타임스뿐만 아니라 북부 언론 전체가 민권운동을 우호적으로 보도하거나, 인종통합을 지지하거나, 킹 목사의 광고를 게재하거나, 또는 앨라배마에 관한 어떠한 비판이라도 게재하면 명예훼손 소송에 직면할 수 있다는 사실을 알리고자 했다. 몽고메리 공직자들은 또한 SCLC를 와해하고, 민권운동 진영에게 인종주의의 현 상태에 계속 도전하면 결국 파괴당할 것이며 그 지도자들이 박해받을 것임을 알리려 했다.[52]

이러한 목적은 소송들이 제기된 지 얼마 지나지 않아 앨라배마 신문들의 사설 논평에서 분명히 드러났다. 공공연한 인종분리주의자인 저널리스트 윌리엄 워크먼William Workman은 “오랫동안 북부 언론사들의 언론 남용과 인종통합주의 프로파간다의 표적이 되어 온 한 남부 지역사회가 인내심의 한계에 도달해 반격에 나섰다.”라고 썼다.[53] 앨라배마의 시골 마을 플로랄라의 한 칼럼니스트는, “여러분은 뉴욕타임스만큼 오래된 신문이라면 그렇게 악의적으로 쓰인 기사를 알아볼 것이라고 생각할 수 있다."라고 말했다. "그들은 그 악의적인 진술들이 진실인지 알아볼 생각조차 하지 않거나, 아니면 남부 사람들이 명예훼손 소송을 제기할 만큼의 감각이나 배짱을 가지고 있다고 생각하지 않는 것 같다. 남부 사람들은 북부 언론의 그토록 많은 악의적인 활동을 어느 선까지는 감당할 수 있다. 그러나 '거짓말'이라면 견딜 만큼 견뎠고, 마침내 남부 사람들은 저항할 것이다. 이제 남부는 그 지점까지 떠밀렸다."[54]

뉴욕 이외 지역에서 소송을 당할 때마다, 뉴욕타임스는 일상적인 소송 업무는 다른 주 변호사에게 의존했다. 은행과 마찬가지로 변호사들도 다른 도시에 '특파원' 로펌을 두고 현지 사건에 대한 협업을 요청했는데, 현지 변호사들이 현지 법원과 더 친숙하고 그들이 속한 주의 법률에 더 익숙하다는 판단에서였다.

러브는 로드데이앤드로드의 다른 사건을 처리했던 버밍햄의 한 유명 로펌에 전화를 걸었다. 놀랍게도 로펌 파트너들은 '이해 충돌'이 있다며 사건에 관여할 수 없다고 말했다. 러브는 이 도시에 있는 두 대형 로펌에 더 연락했지만 두 곳 모두에서 같은 대답을 들었다. 앨라배마에서는 아무도 뉴욕타임스와 관계된 일을 하고 싶어 하지 않는다는 것이 분명했다.[55]

결국 버밍햄에 있는 엠브리앤드베도Embry & Beddow라는 로펌이 나섰다. 소송에 특화된 소규모 로펌이었다. 노동조합과 가난한 흑인 형사피고인 변호로 독자적인 길을 개척했지만, 앨라배마주 변호사협회와 법조계에서 높은 평가를 받고 있는 로펌이었다. 앨라배마주에서 가장 존경받는 형사 전문 변호사 중 한 명인 로더릭 베도Roderick Beddow 시니어 파트너는 '버밍햄의 페리 메이슨Perry Mason*이라는 별명을 갖고 있었다. 그는 1930년대의 악명 높은 사건이자 앨라배마에서 대중에게 외면받은 사건인 스코츠보로 소년단Scottsboro Boys 사건에서 강간 혐의를 잘못 뒤집어쓴 소년들을 변호했으나, 결국 실패했던 경험이 있었다.[56]

에릭이라 불린 주니어 파트너 토머스 에릭 엠브리Thomas Eric Embry는 안경을 쓰고 머리가 검은, 약 183cm의 큰 키에 과체중인 남자였다. 입버릇이 상스럽고 반항적인 비웃음을 짓는 데다 성미까지 고약한 서른아홉 살의 그는 전쟁 중 미국 보병대 대위로 복무했으며, 앨라배마 대학교에서 법학을 공부하기 위해 프로야구 계약을 거절한 바 있었다. 엠브리는 앨라배마 출신의 저명한 변호사와 법학자의 후손이었다. 뉴욕타임스의 연락을 받았을 때 그는 이미 개인 상해 사건에서 원고 측을 변호하는 변호사로 번창하고 있었다.[57] 분명히 하자면, 엠브리와 베도는 언론의 자유를 중요하게 생각했기 때문에 뉴욕타임스 사건을 맡은 것이 아니었다. 신문사가 수임료만 지불한다면 분명 수익성이 있는 사건들이었고, 그렇다면 앨라배마에서 외면당하더라도 수임할 가치가 있었다.

엠브리와 베도는 뉴욕으로 날아가 뉴욕타임스 관계자들을 만났다. 신문사 경영진은 뉴욕타임스가 어떻게 만들어지고 광고가 어떻게 게재되는지 설명했다. 그들은 뉴욕타임스가 명예훼손에 관해 훌륭한 성적을 기록하고 있으며, 그 기록이 깨지지 않을 것이라고 말했다. "그들은 소송 비용이 얼마가 들든 상관없으며, 상대에게 자발적으로 돈을 주는 일은 없을 것이라고

---

* 페리 메이슨은 미국의 작가이자 변호사인 얼 스탠리 가드너Erle Stanley Gardner가 쓴 탐정소설의 주인공으로, 형사소송 변호사이다. 페리 메이슨 캐릭터는 라디오 시리즈와 TV 드라마로 각색되어 방영되는 등 대중적인 사랑을 받았다.

했다.”라고 엠브리는 회상했다. ‘옥스 정책’에 따라, 뉴욕타임스는 합의를

거부했다.[58]

제6장

버밍햄 v. 뉴욕타임스

앨라배마에서 뉴욕타임스의 문제는 이제 막 시작되고 있었다. 연좌시위가 확산되자 캐틀리지는 취재를 위해 더 많은 직원을 배치해야 했다. 그중한 명은 신문사에서 가장 용감한 특파원 중 하나인 해리슨 솔즈베리Harrison Salisbury였다. 버밍햄의 인종 관계에 대한 솔즈베리의 신랄한 비판은 또 다른 명예훼손 소송들을 불러일으켰다.

해리슨 솔즈베리는 남부 사람들과는 전혀 다른 외형을 가진 인물이었다. 미네소타 출신인 솔즈베리는 키가 크고 호리호리한 체격에 넓은 어깨와 각진 얼굴을 가졌으며, 비음이 섞인 낮은 톤의 목소리로 말했다. 그는 회색 머리를 날카롭게 빗어 넘겼다. 콧수염은 축 처져 있었고, 표정은 심각하고 금욕적이었다. 솔즈베리는 트위드 양복을 입고, 금테 안경으로 그의 강렬하고 창백한 푸른 눈을 감쌌다.[1]

솔즈베리는 명료한 필치와 깊이 있는 취재, 권력자들을 곤경에 빠뜨리는 재능으로 유명한 저널리즘의 살아 있는 전설이었다. 1920년대 유나이티드 프레스United Press에서 경력을 쌓기 시작했을 때부터 그의 작품은 격렬한 반응을 불러일으켰다. 솔즈베리는 대공황이 미니애폴리스에 미친 영향에 관한 가혹한 기사를 써서 비평가들의 찬사를 받았으며, 미니애폴리스시를 비방했다는 이유로 미니애폴리스저널Minneapolis Journal은 유나이티드 프레스에 그를 해고할 것을 요구하기도 했다. 솔즈베리는 18년 동안 유나이티드프레스에서 일하면서 점점 더 중요한 직책을 거치며 역동적인 보도로 명성을 쌓았다. 자칭 '행동 중독자'였던 그는 경이로운 에너지의 소유자로 세인트폴에서 시카고, 워싱턴, 런던, 카이로, 모스크바에 이르기까지 재난과 마감 기한에 쫓기며 도시와 도시를 빠르게 이동했다. 그는 넘치는 자신감으로 종종 편집자들이 도전하기 꺼리는 과감한 결정을 내렸다.[2]

1949년 솔즈베리는 뉴욕타임스의 모스크바 특파원으로 합류했는데, 당시 소련의 외국인 기자 제한으로 매우 어려운 업무를 수행해야 하는 자리였다. 그는 1955년 외신 보도 부문 퓰리처상을 수상했으며, 이후 모스크바 특파원 시절 보도 내용의 검열 전 버전을 엮어 『모스크바 저널: 스탈린의 종말Moscow Journal: The End of Stalin』(1961)을 발표했다. 1955년 이후 소련 입국이 금지되자, 그는 뉴욕타임스에 국내 기사를 보도하고, 더새터데이이브닝포스트The Saturday Evening Post와 같은 잡지에 기고했으며, 브루클린의 10대 갱단에 관해 쓴 인기 기사를 엮은 베스트셀러인 『혼란에 빠진 세대The ShookUp Generation』(1958)를 발표했다.[3]

솔즈베리는 외신 특파원으로서 정기적으로 낯선 지역에 '낙하산'을 타고 들어가 빠르게 '전반을 훑는' 기사를 작성했다. 캐틀리지는 그에게 남부에서도 똑같이 해달라고 부탁했다. 그린즈버러 연좌시위가 있고 한 달 후, 솔즈베리는 내슈빌과 롤리, 사우스캐롤라이나주 컬럼비아에서 보도했다. 캐틀리지는 솔즈베리의 특보가 마음에 들었는지 그에게 주요 도시 몇 곳을 골라 그곳에 가서 "무슨 일이 일어나고 있는지 분석하고, 어떤 일이 일어날 법한지 알아보라"고 요청했다. 그는 버밍햄을 택했다. 사람들은 버밍햄이 미국에서 가장 거칠고 인종이 분리된 도시 중 하나라고 그에게 경고했다. "지브롤터처럼 뚫을 수 없는 곳"이라는 것이었다. "버밍햄을 무너뜨리려면 지진이 일어나야 할 것이다."[4]

버밍햄은 인종 폭력으로 인해 '바밍햄Bombingham'*이라는 별명을 가지고 있었다. 1940년 이래 버밍햄은 흑인 가정과 사업장에 대한 폭탄 테러가 50건 이상 발생한 곳이었다. 1950년대에 민권운동으로 긴장이 고조되면서 노상강도 짓부터 채찍질, 거세에 이르기까지 잔혹함의 범주가 넓어졌다. 1960년 첫 몇 달 동안, 백인시민위원회의 인종차별주의 및 반유대주의 분파가 여러 유대교 회당뿐만 아니라 흑인 교회와 가정에 폭탄 테러를 감행했다. 강경 인종분리주의자들이 정계를 장악하면서, 온건한 백인 여론은 거의 완전히 잠식당했다. 큐클럭스클랜은 '존경할 만한' 단체로 여겨지며 20년 전보다 더 활발히 활동했다. 솔즈베리는 버밍햄 인종 분쟁의 대부분이 전 야구 아나운서 출신이자 우렁찬 목소리로 흑인 주민들을 위협하고 경찰과 교육부에 대한 권한을 이용해 인종분리를 시행한 폭력적 성향의 인물인 공공안전위원 티오필러스 유진 "불" 코너Theophilus Eugene "Bull" Connor 탓이라고 확신했다.[5]

버밍햄으로 가는 길에 솔즈베리는 몽고메리에 들렀다. 뉴욕타임스에 "그

---

* 인종차별적 폭탄 테러bombing 등 폭력이 잦았던 탓에 생긴 버밍햄의 별명.

그림 4. 우렁찬 목소리의 소유자인 전직 야구 아나운서 티오필러스 유진 "불" 코너는 경찰과 교육부에 대한 권한을 이용해 버밍햄에서 인종분리 정책을 시행했다. 앨라배마 기록역사부. 앨라배마 미디어그룹 기증. 사진: 에드 존스Ed Jones와 로버트 애덤스Robert Adams, 버밍햄뉴스 Birmingham News.

들의 높아지는 목소리를 들어라” 광고가 실린 다음 날이었다. 그는 몽고메리와 버밍햄 신문을 한 묶음 샀는데, 공직자들이 이 광고를 두고 명예훼손 소송에 관해 이야기하고 있는 것을 발견했다. “앨라배마 언론은 뉴욕타임스에 대한 위협과 비난으로 가득 차 있었다.”라고 그는 회상했다. “내게는 [명예훼손 소송이] 터무니없는 소리로 들렸지만, 소송은 앨라배마주의 열기를 크게 반영한 것으로, 내가 행동을 조심해야 한다는 분명한 경고였다.” 하지만 솔즈베리는 몽고메리 논란에 관해 크게 생각하지는 않았는데, 그 주말 버밍햄을 강타한 연좌시위 물결 때문이었다. 4월 2일 목요일, 흑인 학생 10명이 2명씩 버밍햄 시내 상점 5곳에 들어갔다. 그들은 소량의 물건을 구매하고 점심 카운터에 앉았다. 이들은 모두 불법침해 혐의로 체포되었다.[6]

솔즈베리는 앨라배마의 인종분리주의 지역 중심부에 있는 안달루시아로 가서 트루먼 더글러스Truman Douglas 목사가 동료 백인 성직자들에게 흑인 학생들의 차별 반대 투쟁에 동참해 달라고 요청하는 연설을 취재했다. 몽고메리로 돌아온 그는 배턴루지로 가서 서던 대학교의 또 다른 연좌시위 현장을 취재하도록 배정받았다. 다음 날 그는 북쪽으로 640km를 달려 버밍햄으로 향했다. 터트윌러 호텔의 타임스탬프에는 그가 1960년 4월 6일 오전 9시 53분에 도착한 것으로 기록되어 있다.[7]

벨보이가 호텔의 화려한 복도를 따라 그를 안내했다. 버밍햄 시내의 20번가 북쪽에 있는 터트윌러는 웅장하고 화려한 스타일로 지어진, 지역의 랜드마크이자 버밍햄의 상징이었다.

솔즈베리는 1117호실로 안내되었다. 그는 가방을 내려놓고 전화를 받았다. 몇 분 후 직원이 1060호실로 옮길 수 있도록 안내했다. 몇 년이 지나서야 솔즈베리는 방을 옮긴 이유를 알게 되었다. 처음 안내된 방에는 도청 장치가 없었던 것이다. 코너의 부하들이 호텔 근처에 있는 낡은 소방서 지휘소에서 그의 통화를 도청하고 있었다. 새로 배정받은 방에서 도청당하고 있다는 사실을 모른 채, 솔즈베리는 뉴욕타임스 데스크에서 연결해 준 취재원들에게 전화를 걸기 시작했다. 그는 매우 조심스럽게 인터뷰를 진행하라는 지시를 받은 상태였다. "무슨 말을 하는지, 누구에게 말하고 있는지 항상 신경 써야 한다. 생명이 위태로울 수 있다. 버밍햄은 무책임한 보도를 할 수 있는 곳이 아니다." 그들은 솔즈베리에게 이렇게 경고했다.[8]

뉴욕타임스의 비상근 통신원인 존 채드윅John Chadwick이 그를 데리고 도시를 소개했다. 채드윅의 낡은 뷰익을 타고, 그들은 레드마운틴 꼭대기에 있는 불칸Vulcan* 동상을 지났다. 이 동상은 버밍햄을 '남부의 피츠버그'로 이끈 철강과 석탄 산업을 상징했다. 솔즈베리는 '더 클럽'에서 점심을 먹었다. '빅뮬Big Mules'이라는 별명으로 불리는 도시 은행가와 사업가들이 마티니와 킹크랩 샐러드를 먹으며 이야기를 나누는 곳이었다. 그들은 무성한 꽃과 나무로 장식된 값비싼 주택이 있는 부유한 교외 지역인 마운틴브룩을 드라이브했다. 그리고 흑인들의 최고 주거 지역인 허니서클힐스를 둘러보았다. 마지막 날에는 버밍햄에서 남쪽으로 약 24km 떨어진, 철강 공장이 있는 거칠고 음산한 산업 지역인 베서머로 향했다.[9]

밤이 되자, 솔즈베리는 터트윌러에서 택시를 타고 앨라배마 인권관계위원회Alabama Council on Human Relations라는 인종 간 민권 단체의 전무이사인 로버트 휴스Robert Hughes 목사의 집으로 향했다. 부드러운 말투에 가냘픈

---

* 그리스 신화 속 대장장이 신 헤파이스토스의 로마식 표현인 불카누스의 약자.

체격의 스물여섯 살 감리교 목사인 그는 공식 정보원이 폐쇄되어 있는 타주 기자들의 연락 창구로 알려져 있었다. 휴스는 버밍햄의 문제를 전국에 폭로함으로써 도시가 문제를 직시하도록 하는 효율적인 메커니즘을 찾아냈다. 1958년 그는 주요 언론사 기자들에게 버밍햄의 인종 폭력에 대한 정보를 제공하는 체계적인 프로그램을 시작했다. 1958년 12월 타임지가 "리더십의 죽음, 공포의 침묵, 증오의 폭탄"이 버밍햄을 "남부에서 가장 힘든 도시로 만들었으며, 앞으로 더 힘들어질 것"이라고 경고하는 기사를 보도하면서, 휴스는 첫 성공을 맛보았다.[10] 버밍햄의 경제 쇠퇴(한때 버밍햄은 산업 성장으로 '마법의 도시'로 알려졌다)를 되돌리기 위한 캠페인에 착수했던 지역 비즈니스 리더들은 도시의 명성에 얼룩을 칠한 이 보도에 겁먹었다.[11]

보도 이후 휴스는 큰 고통을 겪었다. 십자가가 그의 잔디밭에서 불태워졌다. 지역 타블로이드지는 그의 명예를 훼손했고, 사람들은 오밤중에 전화를 걸어 그를 괴롭혔다. 그의 아내는 폭행을 당했다. 솔즈베리가 도착했을 때, 휴스는 따라오는 차가 있는지 살펴본 후에 그를 들여보냈다. 창 블라인드를 내리고 커튼을 쳤다.[12]

휴스는 부드럽고 떨리는 목소리로 솔즈베리에게 폭력과 위협, 큐클럭스클랜, 불 코너의 경찰, 도청, 구타, 살인, 인종차별주의 정치인들, 도시의 위압적인 권력 구조 등 인종적 테러에 관해 이야기했다. 자정이 되자 휴스는 솔즈베리를 다시 터트윌러로 데려갔다. 솔즈베리는 휴스에게서 또 다른 취재원들의 명단을 받았는데, 여기에는 "그들의 높아지는 목소리를 들어라" 광고로 몽고메리 위원들로부터 소송을 당한 프레드 셔틀스워스가 포함되어 있었다. 이후 솔즈베리는 앨버트 바우트웰Albert Boutwell 부주지사를 인터뷰하고, 연좌시위에 참여한 지역 흑인 대학생 대표와 토론했으며, 도시의 인종적 긴장이 "폭발할 것"이라고 말한 사업가들을 만났다. 에마누엘 사원의 밀턴 그래프먼Milton Grafman은 솔즈베리를 자신의 서재로 이끌고 문을 잠갔다. 2주 전, 지역 유대교 회당이 나치 동조자에 의해 방화 공격을 받았기 때문이었다.[13]

터트윌러에서 솔즈베리는 그의 1942년형 레밍턴 휴대용 타자기로 기사를 작성했다. 버밍햄을 떠나기 전, 그는 공항 전화기로 뉴욕에 전화를 걸어 기사 두 편 분량의 자료를 받아 적도록 했다. 버밍햄은 공포의 지배에 사로잡혀 있다고 솔즈베리는 결론지었다.[14] 솔즈베리의 첫 번째 기사 「공포와 증오가 버밍햄을 장악하다」가 1960년 4월 12일자 뉴욕타임스 1면 하단에 실렸다.

통렬한 독설과 천부적 재능이 담긴 전형적인 솔즈베리식 보도였다. 그는 "도청자, 정보원, 스파이가 일상에 스며들었다."라고 썼다. "점심 카운터의 인종분리에 항의하는 흑인 연좌시위 운동이 우울한 버밍햄을 살짝 건드리게 된 것은 우연이 아니다. 하지만 그 가벼운 손길조차도 미묘한 균형을 이룬 지역 권력 구조에 경련을 일으켰다."[15]

레드마운틴에서 주철로 된 불칸이 152m 아래를 내려다보고 있는 거대한 도시 버밍햄은 오래된 전투의 유독한 연기로 뒤덮인 듯 보인다.

화창한 4월의 어느 날, 도시를 뒤덮고 있는 것은 테네시 석탄·철강 회사의 페어필드와 엔슬리 작업장에서 뿜어져 나오는 산성 안개뿐이다.

백인과 흑인을 가리지 않고, 시민들은 갈등의 연기가 난로와 용광로에서 뿜어져 나오는 연기와 뒤섞일 때가 올 것이라는 두려움에 휩싸여 있다.

…

백인과 흑인은 여전히 같은 거리를 걷고 있다. 하지만 이들이 공유하는 공공시설은 도로와 상수도, 하수도뿐이다. 야구장과 택시는 분리되어 있다. 도서관도 마찬가지이다. 검은 토끼와 흰 토끼가 등장하는 책은 금지되었다. '백인' 라디오 방송국에서 '흑인 음악'을 금지하려는 움직임이 시작되었다. …

모든 소통 채널, 모든 상호 관심사, 모든 합리적 접근, 모든 중간 지대는 인종차별이라는 감정적 다이너마이트에 의해 파편화되었고, 채찍, 면도날, 총, 폭탄, 횃불, 곤봉, 칼, 폭도, 경찰 및 주 기관 부처들에 의해 격화되었다.[16]

"버밍햄 거리에 공포와 테러가 흔하다면, 인접한 철강 교외 지역인 베서머의 분위기는 훨씬 더 심각하다." 솔즈베리는 계속했다. 그는 베서머에서 흑인 남성과 사귀고 있다고 고백한 백인 여성을 채찍질하는 무리를 묘사했다. 복면을 쓴 남성들을 태운 7대의 차량이, 민권운동 시위자가 어머니, 여동생과 함께 살고 있는 거리로 달려들었다. 곤봉과 쇠파이프, 면도날이 박힌 가죽 곤봉으로 무장한 남성들은 소년과 그의 어머니, 여동생을 공격했다. "구타와 폭력의 사례는 거의 무한대로 늘어날 수 있다. 버밍햄의 백인과 흑인이 공유하는 것은 공포의 공동체다." 그는 한 흑인 주민의 말을 인용해, "요하네스버그*와 버밍햄의 차이점은 이곳에서는 탱크와 거대한 총으로 발포하지 않았다는 것뿐이다." 코너의 사진 아래 캡션에는 그가 "1958년 인종

---

* 인종분리 정책인 아파르트헤이트apartheid가 존재했던 남아프리카공화국의 최대 도시.

혐오 공약으로 당선되었다."라고 적혀 있었다.[17]

다음 날, 「인종 문제가 앨라배마의 구조를 흔들다」라는 제목의 두 번째 기사가 게재되었다. 이 기사에서는 앨라배마의 정치 및 사회 구조가 "인종 분리 문제의 좀먹는 영향력 아래" "붕괴 증상"을 보이고 있다고 묘사했다. 솔즈베리는 "서부 개척 시대의 자경단에 거의 맞먹는" 기마순찰대가 등장한 5개 카운티, 큐클럭스클랜의 활동 확대, 반유대주의의 확산, 폭력의 증가 등을 언급했다. "합법성과 비합법성의 경계가 모호해지고 있다. … 국가의 권력 행사와 폭도들의 권력 행사 사이 구분이 침식되었다." 기사는 인종통합이 명령될 경우 학교 시스템을 해체할 수 있도록 하는 법안과, 흑인 의원의 의회 진입을 막기 위해 의회 해산을 허용하는 법안이 통과된 것에 관해 다루었다. 기사는 "이러한 정치적 분위기에서는 증오, 편협, 테러에 헌신하는 조직과 운동의 성장과 영향을 막을 방호벽이 거의 또는 전혀 없다."라고 결론지었다.[18]

솔즈베리 기사의 일부는 데스크에 의해 잘렸다. "스탈린 시절 모스크바의 병적인 분위기에 오랫동안 익숙해진 사람에게는 한때 남부 마법의 도시라 자부했던 이 지역사회의 분위기가 낯익을 것이다. 히틀러의 돌격대 시절의 독일을 아는 사람에게는 더욱 친숙할 것이다." 뉴욕타임스 데스크는 히틀러에 대한 언급이 너무 강하다고 판단하여 삭제했다.[19]

솔즈베리는 뉴스 보도를 위해 버밍햄에 갔지만, 그의 연속보도 자체가 버밍햄 역사상 가장 뉴스 가치가 높은 사건 중 하나가 되어 버렸다. 보도 이후 버밍햄을 방문한 워싱턴포스트 기자는 솔즈베리의 연속보도 기사가 "얼굴에 찬물을 끼얹은 것"이라고 표현했다.[20] 도시를 홍보해 온 사람들은 오랫동안 인종적·정치적 긴장의 외관을 약화하고자 노력해 왔다. 솔즈베리는 수천 단어만으로 이러한 노력을 뒤엎었다. 무법성에 대한 그의 묘사는 버밍햄에 지사나 산업 공장을 세우려는 외부인들을 단념시켰다.[21] 지역 백인들은 "수치심을 넘어 분노에 이르렀다."[22]

'솔즈베리의 습격'은 버밍햄뉴스Birmingham News의 편집자 E. L. 홀랜드 주니어E. L. Holland Jr.가 쓴 뉴스 칼럼을 통해 처음 버밍햄에 알려졌다. 홀랜드가 회의 참석차 프린스턴에 도착하자, 그의 친구는 뉴욕타임스 신문을 건네주었다. 홀랜드는 깜짝 놀랐다. "아마 솔즈베리는 버밍햄을 방문해 여러 사람들과 이야기를 나누었을 것이다. 북부의 다른 언론인들도 이 인종 취재의 대이동 속에서 남쪽으로 내려왔다. 이들 중 상당수는 정보원을 찾기 위해 현지 언론인과 접촉했다. … 우리는 솔즈베리를 보지 못했다. 그가 버밍햄에 머물렀다면 아주 비밀리에 일했을 것이다." 그의 마지막 문단은 버밍햄의 반응을 결정적으로 담아냈다. "(뉴욕타임스의) 헤드라인은 '공포와 증오가 버밍햄을 장악하다'라고 말한다. 이것은 심각한 거짓말이다. 아마도 가장 심각한 거짓말일 것이다. 솔즈베리는 그가 원했던 피해를 입혔다. 이상, 라디오 모스크바에서 전한다Radio Moscow please copy.*"[23]

앨라배마에서 뉴욕타임스를 본 사람이 없었기 때문에, 대부분의 주민들은 버밍햄의 일간지인 더뉴스The News와 포스트헤럴드Post-Herald가 솔즈베리 기사를 그대로 전재한 후에야 기사를 접했다. 버밍햄뉴스는 「뉴욕타임스가 우리 도시를 비방하다―이것이 버밍햄인가?」라는 제목으로 4개의 칼럼에 걸쳐 솔즈베리의 첫 기사를 대대적으로 다루었다. 한 역사가가 "신문

---

* 소련 시절의 방송 스타일을 풍자한 표현으로, Radio Moscow는 소련의 공식 국제방송 서비스이다.

지면을 장식한 가장 분노에 찬 사설"이라고 묘사한 한 칼럼에서, 더뉴스는 "공포와 증오는 버밍햄을 장악하지 못한다."라고 썼다.[24]

남부에 대한 어리석은 '폭로'가 한 번 더 나온다고 해서 문제가 될 것 같지는 않다. 하지만 품위와 진실성으로 오랜 명성을 쌓아 온 뉴욕타임스가 남부를 미끼로 하는 언론 선동에 굴복한다면, 대응이 필요하다. 뉴욕타임스 독자층은 미국에서 가장 영향력 있는 계층 중 하나이며, 이들에게는 화려한 문구로 표현된 이 유해한 거짓이 진실이라는 점을 기억해야 한다. 뉴욕타임스 독자들은 일반적으로 통용되는 높은 수준의 저널리즘 기준이 지켜지지 않았다는 사실을 알지 못하며, 앞으로도 모를 것이다. 하나의 사건을 지역 전체의 전형으로 해석하는 것은 남부의 명예를 훼손하기 위해 가장 흔히 사용되어 온 오랜 도구였다. 버밍햄을 비방하는 기사를 쓰기 위해 뉴욕타임스가 이런 질 낮고 악의적인 보도 방식에 의존했다는 사실은 주민들에겐 더욱 충격적이다. … 우리는 뉴욕타임스가 버밍햄과 미국 저널리즘에 심각한 해를 끼쳤다고 믿는다.[25]

이러한 반응은 며칠간 계속되었다. 사설들은 뉴욕타임스의 "악마적 보도"가 "외부" 언론의 남부에 대한 "공격" 중 가장 최근 사례일 뿐이라는 사실을 독자들에게 상기시켰다. 버밍햄뉴스는 "앨라배마 신문 편집자들이 북부 언론의 비난에 익숙해진 와중에, … 지난주 뉴욕타임스의 버밍햄과 앨라배마에 대한 '폭로' 기사로 인해 앨라배마 언론의 분노는 최고조에 달했다."라고 언급했다. "미국에서 가장 청렴하고 윤리적인 신문으로 평가받는 뉴

뉴욕타임스 죽이기

욕타임스가 헤드라인을 뽑기 위해 편향과 편견, 싸구려 보도 방식에 의지해야 했다는 사실에 일간지와 주간지들은 놀라움을 표하고 있다."[26]

포스트헤럴드는 버밍햄 주민들에게 뉴욕타임스에 분노의 편지를 보내는 '뉴욕타임스에 편지 쓰기 캠페인'을 시작했다.

뉴욕타임스에게: 우리는 분노하며 귀사의 '신문'을 상대로 막대한 액수의 소송을 제기하여 보복할 계획입니다. 이외에도 뉴욕타임스는 결코 극복할 수 없는 피해를 입게 될 것이며, 이미 입었다고 감히 말씀드리고 싶습니다. 한때 존경받던 당신네 신문사의 이름은 이제 남부에서 추잡한 것이 되었고, 앞으로도 계속 그럴 것입니다.

아서 헤이스 설즈버거에게: 귀사의 기자 중 한 명이 버밍햄의 상황에 대해 쓴 이상하고, 왜곡되었으며, 애매모호한 기사를 읽은 후, 저는 귀사의 신문이 미국 국민을 위할 수 있는 유일한 방법은 더 부드러운 종이에 인쇄하여 화장지와 비슷한 가격으로 판매하는 것뿐이라고 확신하게 되었습니다.

편집자에게: 뉴욕타임스의 슬로건인 '인쇄에 걸맞은 모든 뉴스'는 시궁창으로 사라졌습니다. 우리는 인쇄에 걸맞은 모든 뉴스, 솔즈베리의 부고 기사를 기다립니다![27]

명예훼손 소송들이 시작되자 누구도 놀라지 않았다. 몽고메리 소송이 제기된 지 불과 일주일 후인 4월 16일, 3명의 버밍햄 시위원인 제임스 W. 모건James W. Morgan, 불 코너Bull Conner, J. T. "자보" 왜거너J. T. "Jabo" Waggoner는 "버밍햄과 위원회, 주를 비방"하는 기사를 내보낸 뉴욕타임스에 소송을 제기하겠다고 발표했다. 기업 변호사이자 전 앨라배마주 상원의원이었고, 코너의 멘토였던 제임스 심프슨James Simpson은 "이 지역과 그 주민들에 대한 무자비한 공격"을 이유로 뉴욕타임스를 상대로 소송을 제기했다. 심프슨은 몽고메리에 있는 변호사들과 연락을 주고받았다. 언론과의 인터뷰에서 심프슨은, "이 기사는 버밍햄의 법과 질서, 괜찮은 생활환경을 유지할 책임이 있는 그들[위원들]에 대한 것"이라고 말했다. 그는 그들이 청구할 금액은 공개하지 않았다. "금액은 중요하지 않습니다. 그저 이제 누군가가 무책임한 양키 저널리즘을 멈추어야 할 때일 뿐입니다."[28] 위원들은 구체적인 진술 19개에 관해 불만을 제기하는 철회 서한을 뉴욕타임스에 보냈다. 그들은 특히 흑인 교회와 유대교 회당 폭격에 관한 묘사가 "[위원들이] 인종혐오나 종교적 무관용을 조장 또는 묵인했다는 잘못된 추론을 불러일으켰다."며 분개했다.[29]

위원들은 앨라배마 북부 연방지방법원에 각각 50만 달러의 손해배상을 청구하는 소송을 제기했다. 심프슨은 "주법원에서 지역적 편견으로 자신들을 린치하려 한다"는 혐의를 막기 위해 위원들이 연방법원에 소송을 제기한다고 설명했다. 위원들은 각각 4월 12일자 "공포와 증오" 기사가 자신의 "명예를 훼손하려는 의도"로 게재되었으며, 이 기사로 인해 "공개적인 경멸, 조롱, 수치, 불명예"를 당했다고 주장했다.[30]

이외에 솔즈베리 기사에서 비롯된 4건의 명예훼손 소송이 추가로 발생했다. 베서머의 시위원 3명은 뉴욕타임스가 "전국적으로 자신들을 나쁜 사람으로 만들었다"며 150만 달러의 손해배상을 청구하는 소송을 제기했다.[31] 버밍햄시의 형사 조 린지Joe Lindsey는 10만 달러의 명예훼손 소송을 제기했다.[32] 안달루시아 스타뉴스Andalusia Star-News는 원고들이 "뉴욕타임스를 상대로 한 명예훼손 소송에서 한 푼도 받지 못할 것"이라고 내다보았다. "하지만 법정 소송은 … 미국에서 가장 존경받는 저널 중 하나인 뉴욕타임스"의 "허위이자 잘못된 사실로 남부를 무모하게 비난하는 보도를 늦추는 효과가 있을 것"이라고 관측했다.[33]

웨스트 43번가의 분위기는 암울했다. '앨라배마 사건'은 신문사에 아주 심각한, 존재 자체를 위협하는 것이었다. 뉴욕타임스는 설즈버거 가문에 의해 수년 동안 의도적으로 낮은 수익률로 운영되어 왔으며, 1960년이 되어서야 간신히 손익분기점을 넘기고 있었다. 1949년에 시작된 국제판은 재정이 고갈되었고, 노동자들의 투쟁이 계속되고 있었다. 설즈버거 가문이 금전적 이득에 관심이 없었던 것도 신문사의 취약한 입지에 기여했다. 뉴욕타임스는 기업이라기보다는 재단이나 교육기관처럼 운영되었다. 설즈버거와 오빌 드라이푸스Orvil Dryfoos는 옥스Ochs의 정신을 계승하는 '옥스 근본주의자'였는데, 이들은 재정 문제에서 영악해지는 것은 뉴욕타임스의 이익을 위해서라도 '타락'이라고 믿었다.[34]

당시 뉴욕타임스는 남부 이외 지역에서 거액의 손해배상을 요구하는 명예훼손 소송 몇 건을 치르고 있었다.[35] 그러나 '앨라배마 사건들'만큼 러브를 괴롭힌 사건은 없었는데, 자칫 뉴욕타임스가 파산에 이를 수도 있을 만큼 심각한 피해를 입힐 위험이 있었다.[36] 이번만큼은 뉴욕타임스가 명예훼손 소송의 전형적인 원고를 상대하고 있지 않다는 것이 분명했다. 명예훼손 소송을 제기한 대부분의 사람들과는 달리, 앨라배마 공직자들은 화풀이를 하려는 것이 아니라 신문사의 몰락을 노리고 있었다. 뉴욕타임스 역사상, 그리고 미국 언론 역사상 앨라배마주에서와 같은 규모의 조직적인 명예훼손 공격, 비우호적인 언론사를 약화시키고 파괴하기 위한 공식적인 계획이 조직적으로 이루어진 적은 없었다.

"제가 변호사로 일해 온 모든 기간 동안 이보다 더 걱정스러운 일은 없었습니다."라고 러브는 회상했다. 30년 넘게 뉴욕타임스와 함께 일하면서, "이 소송보다 더 두려운 일은 없었습니다."[37]

5월에 클로드 시턴Claude Sitton은 몽고메리에서 열린 킹의 위증 재판을 취재하러 갔다. 시턴이 외지 기자들이 모여 있던 몽고메리 애드버타이저 뉴스룸에 있을 때, AP통신 지국장 렉스 토머스Rex Thomas가 그에게 다가왔다.

"그들이 당신을 찾고 있다고 들었습니다. 송달관이 당신이 시내에 있는지 알아보고 있습니다." 렉스가 말했다. 몽고메리 위원들은 뉴욕타임스 기자에게 직접 문서를 송달함으로써 사건에서 자신들의 입지를 강화하려 했다.

얼마 지나지 않아, 시턴은 명예훼손 소송에서 뉴욕타임스를 대리하고 있는 변호사 중 한 명인 로더릭 매클라우드Roderick McLeod로부터 전화를 받았다. 매클라우드는 즉시 앨라배마를 떠나라고 말했다. 시턴은 방금 체크인한 토머스제퍼슨 호텔의 벨보이에게 전화를 걸어 길 건너편에 있는 허츠 렌터카 사무실로 짐을 옮겨 달라고 부탁했다. 시턴은 뒷골목으로 달려나가 렌터카에 올라타고는 뒷길을 따라 조지아로 향했다.[38]

당시 러브는 역사적인 결정을 내렸다. 그는 모든 뉴욕타임스 직원들에게 앨라배마에 얼씬도 하지 말라고 명령했다.[39] 이후 2년 반 동안 뉴욕타임스는 자사 기자들의 앨라배마 출입을 금지하고, 주요 통신사인 AP통신과 국제합동통신United Press International, UPI의 기사에 의존해 앨라배마주에서 일어난 민권 사건들을 보도했다. 뉴욕타임스는 2명의 앨라배마 비상근 통신원의 고용을 중단하고, 뉴욕타임스와 관련된 사람은 앨라배마에 발도 들여놓지 못하도록 했다. 이를 뉴욕타임스는 '철의 장막'이라 불렀다. '철의 장막' 정책을 시행한 한 가지 이유는 앨라배마에, 심지어 앨라배마 상공에라도 뉴욕타임스 직원이 있으면 앨라배마 법원에 뉴욕타임스에 대한 인적 관할이 없다는 주장이 약화될 수 있기 때문이었다.[40] 앨라배마에 관한 보도가 더 많은 명예훼손 문제를 초래할 것이라는 우려도 있었다.[41] 명예훼손 소송의 결과로 뉴욕타임스 기자들은 반인종분리 투쟁의 중요한 기간 동안 민권운동에서 가장 논쟁적인 사건 현장인 앨라배마에서 벗어나 있어야 했다.

제7장

앨라배마에서 사업을 한다는 것

뉴욕타임스는 인쇄에 걸맞은 모든 뉴스를 인쇄한다고 내세웁니다. 현재 앨라배마에서 이 신문이 치르고 있는 명예훼손 소송 건수를 보면, 유독 앨라배마에 관해서는 인쇄에 걸맞지 않은 뉴스도 인쇄하고 있는 것으로 보입니다.

「어떤 것은 걸맞지 않다」, 앨라배마저널, 1960년 9월 5일

또 다른 앨라배마 공직자가 '명예훼손 공격' 대열에 합류하여 "그들의 높아지는 목소리를 들어라" 광고를 상대로 소송을 제기하면서 문제가 더욱 커졌다. 5월에 존 패터슨 주지사는 몽고메리 공직자들과 함께 뉴욕타임스와 목사들을 상대로 소송을 제기하겠다고 발표했다.[1] 앨라배마 주지사가 자기 자신과 "앨라배마주 주민"에 대한 명예훼손을 이유로 북부 지역 뉴스 매체를 고소한 것은 지난 10년 동안 두 번째였다.[2]

잘생기고 턱이 네모난 서른여덟 살의 패터슨은 1958년 큐클럭스클랜의

지원을 받아 당선된 인물로, 앨라배마 인종분리주의자들의 영웅이었다. 주 법무부 장관으로 재임하는 동안 패터슨은 몽고메리 버스 보이콧에 맞서 싸웠고, 전미유색인지위향상협회NAACP를 상대로 '인종 선동가'들이 주 내에서 활동할 수 없도록 하는 금지 명령을 얻어 냈다.[3] 그는 취임 연설에서 "이 주의 교실에서 백인과 흑인 인종이 섞이는 것에 내가 가진 모든 힘을 다해 반대하며, 이를 막기 위해 내가 가진 모든 권한을 사용할 것"이라고 약속했다.[4] 뉴욕타임스와 목사들을 상대로 소송을 한다는 패터슨의 결정은, 국가가 사인의 소송으로 가장하여 언론에 대한 공격을 공식 후원하고 있다는 사실을 분명히 했다.

패터슨은 기자회견에서 "그들의 높아지는 목소리를 들어라" 광고가 "선동적이고, 전반적으로 악의적이며, 심히 오해의 소지가 있다."라고 주장했다.[5] 몽고메리 위원들과 마찬가지로, 패터슨은 산탄총으로 무장한 "트럭을 가득 채울 만한 수의 경찰들"이 앨라배마 주립전문대학 캠퍼스를 에워싸고 있고, 식당에 자물쇠가 채워졌으며, "남부 위반자들"이 평화로운 시위에 "협박과 폭력"으로 대응했다는 허위 사실이 담긴 단락들을 철회할 것을 요구했다. 그는 뉴욕타임스와 목사들, 그리고 킹 목사에게 철회를 요구했다.[6] 킹 목사는 이 광고와 아무 관련이 없었지만, 패터슨은 최대한의 위협을 가하기 위해 그에게 소송을 제기했다.

패터슨의 발표와 비슷한 시기에, 러브는 클로드 시턴으로부터 실망스러운 전보를 받았다. 러브는 시턴에게 "그들의 높아지는 목소리를 들어라" 광고에 대해 다시 조사해 달라고 요청했다. 시턴은 광고의 세 번째 단락이 "사실상 근거가 없다"고 러브에게 보고했다. 학생들은 국가를 불렀고, 경찰은 캠퍼스를 에워싸지 않았으며, 식당은 자물쇠가 채워지지 않았고, 파업에 참

여한 학생들도 식당에 입장할 수 있었다.[7]

돈을 잃을 것이 분명했고, 패터슨의 철회 요청을 받아들여야 한다는 데 의심의 여지가 없었다. 광고에 주지사가 언급된 부분은 전혀 없었지만, 일부 진술이 허위임을 고려할 때 광고를 철회하지 않는 것은 악의의 증거로 사용될 수 있으며, 징벌적 손해배상 판결을 정당화할 수 있다는 것을 러브는 알고 있었다. 그는 뉴욕타임스 편집진에게 전화를 걸어 철회문을 작성하고, 이를 '뉴욕타임스의 성명서'로 즉시 게재하라고 지시했다.

패터슨 주지사가 이의제기를 한 진술이 포함된 광고는 공식적인 업무 절차에 따라 뉴욕타임스에 접수되었으며, 독자들에게도 잘 알려진 시민들이 포함된 그룹을 대신하여 공인된 광고대행사가 뉴욕타임스에 비용을 지불했습니다.

광고의 게재는 사실관계에 대한 보도에 해당하지 않으며, 뉴욕타임스 편집자의 판단이나 의견을 반영하지도 않습니다. 뉴욕타임스는 광고 게재 이후 조사를 실시했으며, 칼럼에 나타날 수 있는 오류나 잘못된 진술을 철회하고 정정하는 정책에 따라 주지사가 이의를 제기한 두 단락을 철회합니다.

뉴욕타임스는 광고 게재를 통해 주지사나 전 앨라배마주 교육위원회의 직권 또는 다른 방식으로, 존경하는 존 패터슨 주지사가 '중대한 위법행위 또는 부적절한 행동과 부작위'를 저질렀다고 암시할 의도가 전혀 없었습니다. 광고의 진술을 통해 누구라도 그러한 혐의가 있다고 공정하게 결론을 내릴 수 있는 범위 내에서, 뉴욕타임스는 존경하는 존 패터슨 주지사에게 사과합니다.[8]

그리 순진하지 않은 뉴욕타임스 독자들을 포함한 많은 사람들에게 철회의 진짜 이유는 분명했다. 한 독자는 편집자에게 보낸 편지에서, "당신의 사과와 철회가 마음 쓰였습니다. 앨라배마주의 백인 배심원단이 소송에서 [패터슨에게] 엄청난 금액을 손해배상하도록 판결할까 봐 두려워한다는 것을 알 수 있었습니다."라고 언급했다.[9] 마틴 루서 킹 변호위원회 위원이자 저널리스트인 냇 헨토프Nat Hentoff는 빌리지보이스Village Voice에 「뉴욕타임스의 부드러운 붕괴」라는 제목의 기사를 기고하여, 뉴욕타임스의 "앨라배마 주지사에 대한 비굴한 굴복"과 "놀랍고 부끄러운 비겁함의 표출"을 비난했다.[10] 이로 인해 뉴욕타임스 변호사들은 헨토프에게 "비굴함pusillanimity"이라는 비난이 "공정하지 않다"는 내용의 분노에 찬 편지를 보냈다.[11]

이 역사적인 철회는 헤드라인을 장식하며 뉴욕타임스가 패닉 상태임을 보여 주었다. 시카고데일리뉴스Chicago Daily News는 뉴욕타임스가 철회를 발표한 적이 거의 없으며, 유료 광고를 철회한 사례는 전무하다고 지적했다. 인종분리주의자 편집자들은 기뻐했다. 미시시피주 그린빌뉴스Greenville News의 편집자는, "우리는 남부에 대한 나쁜 소식만 있으면 무엇이든 믿어 버리는 언론 시장에서 뉴욕타임스의 이번 경험이 잊히지 않기를 바란다."라고 썼다.[12] 몽고메리 애드버타이저의 그로버 홀Grover Hall은 이번 철회가 "뉴욕타임스 콘텐츠의 신뢰할 수 없는 허구성"을 증명했다고 말했다. "뉴욕타임스의 왜곡은 주에 피해를 주었지만, 이토록 뚜렷하게 왜곡을 드러내고 인정한 언론사는 없었다."[13] "몽고메리 애드버타이저는 최근 앨라배마주의 뉴욕타임스에 대한 체크메이트가 다른 언론을 제한하리라 생각한다."[14]

철회에도 불구하고 패터슨은 뉴욕타임스의 비상근 통신원인 돈 매키에게 송달하고, 4명의 목사들에게 편지를 보내는 것으로 소송을 시작했다. 그는 몽고메리와 버밍햄 위원들이 청구한 금액의 두 배에 달하는 100만 달러의 손해배상을 요구했다. 패터슨의 변호사는 킹 목사가 전원 백인으로 구성된 배심원단으로부터 위증 혐의에 대해 무죄를 선고받은 다음 날인 월요일에 소장을 제출함함으로써, 재판 결과로 인해 주정부의 자존심이 상하지 않았는지 궁금해하는 모든 사람들에게 메시지를 전했다.[15]

패터슨이 소장을 제출한 지 얼마 지나지 않아, 프레드 그레이Fred Gray는 조지프 라워리와 솔로몬 세이로부터 편지를 받았다. 몽고메리의 서른 살 흑인 변호사였던 그레이는 남부의 대표적인 민권 변호사 중 한 명이었다. 그레이는 여러 민권 관련 사건에서 두 사람을 변호한 경험이 있어 이들을 잘 알고 있었다. 편지에는 명예훼손 사건과 뉴욕타임스 광고에 관한 내용이 적혀 있었다.

얼마 지나지 않아 그는 랠프 애버내시로부터 명예훼손 소송에 관한 서류가 송달되었다는 편지를 받았다. 그 후 그는 프레드 셔틀스워스로부터 몽고메리 시위원들과 패터슨이 보낸 명예훼손 고소장 사본이 포함된 편지를 받았다. 목사들이 몽고메리시 공직자들로부터 소송을 당하고 있다는 사실을 알게 된 그레이는 이 사건이 민권운동에 미치는 함의를 고려하여 소송을 맡기로 했다.[16]

킹의 말을 빌리자면, 그레이는 "시위운동의 수석 변호사가 된 … 영리한 젊은 흑인"이었다.[17] 몽고메리 출신이자, 제퍼슨 데이비스의 이름을 딴 거리의 가난한 흑인 동네에서 자란 그레이는 1951년 앨라배마 주립전문대학을 졸업했다. 주의 엄격한 인종분리법 때문에, 그는 앨라배마에서 법학 교육을 받는 것이 금지되어 있었다. 그레이는 1954년 클리블랜드의 케이스웨스턴리저브 대학교에서 법학 학위를 취득한 후, "모든 인종분리를 무너뜨리겠다"는 결심과 함께 몽고메리로 돌아왔다.[18]

버스 보이콧으로 인한 소송에서 로사 파크스를 변호했을 때 그레이는 스물네 살이었다. 앨라배마 법원 시스템을 통해 소송이 진행되는 동안, 그는 버스 분리 승차를 의무화한 몽고메리 조례의 합헌성에 이의를 제기하는 별도의 소송을 연방법원에 직접 제기했다. 그레이는 탈세 사건에서 킹 목사를 변호했으며, NAACP가 앨라배마주에서 사업할 수 없도록 막으려는 주정부에 맞서는 NAACP 지역 변호사였다. 이 일로 그는 괴롭힘과 살해 협박을 받기도 했다.[19]

그레이는 앨라배마 공직자들이 민권운동에서 가장 존경받는 인물들을 표적으로 삼았다는 사실을 분명히 알 수 있었다. 민권운동의 2인자로 여겨졌던 랠프 애버내시는 킹의 가장 가까운 측근이었다. 부드러운 말투에 체격이 건장한 서른네 살의 애버내시는 미국에서 가장 큰 흑인 교회 중 하나인 몽고메리 제일침례교회의 목사로 재직 중이었다. 애버내시는 앨라배마 주립전문대학을 졸업하고 전쟁 중 해외에서 군 복무를 한 후, 1948년 목사 안수를 받았다. 1956년 애버내시와 킹은 버스 보이콧 운동을 주도하기 위해 몽고메리 개선협회를 설립했다. 1957년 애버내시의 집과 교회가 폭격을 당하고 얼마 지나지 않아, 그는 킹을 비롯한 다른 민권운동 지도자들과 함께 SCLC를 결성했다. 애버내시는 SCLC의 초대 비서실장 겸 재무 책임자였다.[20]

명예훼손 사건 당시 60대였던 솔로몬 세이는 몽고메리에 있는 마운트 시온 아프리카 감리교회의 거침없고 우직한 지도자였으며, 킹은 그를 민권운동의 '정신적 아버지'라 불렀다. 세이는 1930년대부터 몽고메리 흑인들의 유권자 등록을 도우며 풀뿌리 민권운동에 참여했다. 1949년에는 2명의 백인 경찰에게 납치되어 강간당한 흑인 여성 거트루드 퍼킨스Gertrude Perkins를 대변하는 캠페인을 이끌었다. 이 캠페인은 몽고메리에서 백인 경찰들이 흑인 여성을 성폭행하는 오랜 관행을 폭로하고 대배심 청문회를 이끌어 냈다. 세이는 몽고메리 개선협회와 협력하여 버스 보이콧을 주도하고 킹에게 SCLC에 대한 자문을 제공했다.[21] 킹은 저서 『자유를 향한 대행진』에서 "세이는 버스 보이콧 시위보다 앞서 몇 년간 흑인들을 억누르고 있는 불의에 대항하고, 우리 흑인들이 자신의 가치를 제대로 받아들이도록 독려한 몇 안 되는 성직자 중 한 명이었다. 그는 정력적인 설교자였으며, 매주 열리는 대중집회에서 그의 연설을 듣는 모든 이들의 정신을 고양했다."라고 썼다.[22]

조용하고 학구적이었던 조지프 라워리는 '민권운동의 학장'으로 불렸다. 1921년 헌츠빌에서 태어난 그는 신학박사 학위를 받았으며, 1952년부터 앨라배마 모빌 워런스트리트 감리교회의 목사로 재직했다. 라워리는 몽고메리 버스 보이콧을 주도했으며, 이후 모빌의 버스 인종분리 철폐운동에 참여했다. 1957년 킹은 라워리를 SCLC의 공동 창립자로 초청했고, 이후 1967년까지 SCLC 부회장으로 활동했다.[23]

거칠고 말이 빠르며 자신감이 넘치는 프레드 셔틀스워스는 애버내시, 킹과 함께 민권운동의 '빅 3'였다. 셔틀스워스는 버밍햄에 있는 작은 베델 침례교회 목사였고, 주정부가 NAACP의 활동을 금지하자 이를 이어 등장한 앨라배마 기독교인권운동Alabama Christian Movement for Human Rights, ACMHR의 대표였다. 뉴욕타임스는 셔틀스워스를 "하이페츠*가 바이올린을 연주하는 것처럼 사람들의 감정을 연주할 수 있었다."라고 묘사했다.[24] 셔틀스워

---

* 리투아니아 태생 바이올리니스트 명인 야샤 하이페츠Jascha Heifetz.

 뉴욕타임스 죽이기

스는 흑인들이 평등을 위해 싸워야지 백인들이 움직일 때까지 기다려서는 안 된다고 믿었고, 이러한 그의 태도는 인종분리주의자들에게 공포로 다가왔다.[25]

셔틀스워스는 버밍햄의 인종분리 정책을 철폐하려 한다는 이유로 폭도들에게 구타당하고, 투옥되고, 공격받았다. 그는 '가장 많이 투옥된 민권 지도자' 기록의 보유자였다. 1956년 크리스마스 전날 앨라배마 기독교인권운동이 버밍햄에서 버스 보이콧 운동을 벌이겠다고 발표하자, 누군가 12개의 다이너마이트를 설치해 그의 집을 날려 버렸고, 그는 집 안에 있었음에도 상처 하나 없이 빠져나왔다.[26] 이듬해 셔틀스워스가 자녀를 전교생이 백인인 학교에 입학시키려 하자, 그는 자전거 체인과 놋쇠 너클을 휘두르는 큐클럭스클랜 단원의 습격을 받았다. 의사는 그가 뇌진탕을 겪지 않았다는 사실에 놀랐다. "선생님, 주님께서는 제가 어려운 동네에 살 것임을 아시고 제게 단단한 머리를 주셨습니다."라고 그는 말했다.[27]

철회 요청 편지를 받은 목사들은 놀라움을 금치 못했다. 그들은 이전에 "그들의 높아지는 목소리를 들어라" 광고에 대해 들어 본 적이 없었고, 자신들의 이름이 광고에 사용되었다는 사실은 더더욱 몰랐기 때문이다. 목사들은 러스틴이 자신들의 이름을 사용한 사실에 관해 킹 목사에게 항의하고 그를 마틴 루서 킹 변호위원회에서 해고할 것을 요구했다. 러스틴은 광고의 진술들이 명예훼손에 해당하지 않으며, 오히려 목사들은 이름이 광고에 실리지 않았다면 SCLC 이사회의 일원으로서 항의했을 것이라고 주장했다. 역사학자 테일러 브랜치Taylor Branch는, "설리번 대 뉴욕타임스 사건의 예비 단계에서는 허풍과 사소한 말다툼이 나타났을 뿐, 연방대법원의 일대 사건이 될 가능성이라고는 보이지 않았다."라고 썼다.[28]

그레이는 이 사건을 담당할 변호사 팀을 구성했다. 세이의 아들이자 그레이의 사무실에서 막 변호사 업무를 시작한 솔로몬 세이 주니어Solomon Seay Jr.와 모빌에서 온 라워리의 지인 버넌 크로퍼드Vernon Crawford가 포함되었다. 세 변호사로 구성된 팀의 수임료가 책정되었다. 마틴 루서 킹 변호위원회는 비용 지불을 약속했다. 하지만 결국에 그들은 비용을 지불하지 못했고, SCLC가 비용을 부담했다. 그레이는 명예훼손 사건을 변호하는 것이 쉽지 않다는 사실을 알고 있었다. 변호사 중 누구도 명예훼손법에 대한 경험이 없었고, 명예훼손법은 법적 세부 조항의 연속이었다. 그레이는 이미 민권 소송 사건들만으로도 업무가 과중한 상태였다. 그는 몽고메리 점심 카운터 연좌시위 사건에 연루된 학생들을 변호하고 있었고, 주정부의 NAACP 금지령을 둘러싼 소송에도 참여하고 있었다.[29]

목사들은 패터슨과 위원들이 보낸 철회 요청 편지에 답장을 보내지 않았는데, 이는 자신들이 한 적도 없는 진술을 철회할 수 없다고 생각했기 때문이다. 또한 철회하려면 해당 진술들을 부인하는 광고를 뉴욕타임스에 게재해야 했는데, 이는 현실적으로 불가능했을 것이다. 철회 요청에 응하지 않았다는 사실은 패터슨과 몽고메리 위원들에 의해 광고의 진술을 '인정'한 증거로 인용될 것이었다. 그레이는 몽고메리 법원에 목사들이 해당 광고와 관련이 없고, 광고를 승인하지 않았으며, 사기로 인해 이번 소송의 대상이 되었다며 소송을 각하해 달라고 신청했지만 받아들여지지 않았다.[30]

킹 목사는 앨라배마 주지사로부터 100만 달러 규모의 소송을 당했지만, 그 사실조차 알지 못했다. 그는 7개월 만에 소장과 소환장을 그레이에게 전달했다. 그는 그레이에게 "솔직히 이 소장을 받았을 때 두 가지 이유 때문에 별로 관심을 갖지 않았다네."라고 말했다. 우선, 그는 앨라배마가 아닌 다

뉴욕타임스 죽이기

른 주에 거주하기 때문에 송달을 받을 수 없다는 이야기를 들었었다. "둘째, 뉴욕타임스에 실린 광고에 내가 서명하지 않았기 때문에, 이 모든 것이 실수에 불과하다고 생각했다네. 그 소장이 법적으로 유효하다는 사실을 알았다면 즉시 법률 자문을 구했을 것이네."라고 킹 목사는 썼다.[31] 그레이는 킹목사가 더 일찍 소장을 보내지 않아 유감이라고 답하며, 앨라배마주에 발도 들여놓지 말라고 충고했다.[32]

그해 여름, 뉴욕타임스 측 변호사들은 변호 계획을 세우기 시작했다. 법률팀에는 엠브리와 베도, 루이스 러브, 그리고 로드데이앤드로드의 '명예훼손 전문가'로 꼽히는 귀족적인 외모의 백발 변호사 톰 데일리Tom Daly가 포함되었다.

소송이 시작될 때부터 몇 가지 분명한 사실이 있었다. 첫째, 뉴욕타임스가 승소할 가능성을 조금이라도 높이려면 목사들과 거리를 두고 인종 불평등에 대한 언급을 피해야 했다. 또한 광고에 오류가 있었기 때문에, 진실이 항변이 될 수 없다는 사실도 분명했다. 뉴욕타임스는 광고 문구가 정부 당국을 지칭하지 않았다고, 즉 그 진술들이 '앨라배마주 공직자들을 특정하지 않는다'고 주장할 수 있었지만, 뉴욕타임스가 광고의 진술이 패터슨을 암시할 수 있다는 사실을 인정하면서 광고 문구 일부를 철회했기 때문에 이러한 주장은 힘을 잃어버렸다. 민권운동 시위대에 대한 폭력을 고발하는 광고로 인해 몽고메리에서 공직자의 신뢰가 높아졌으므로, 그들의 명예가 훼손되지 않았다고 주장할 수는 있을 것이었다.

하지만 이러한 문제를 피할 수 있는 가장 쉬운 방법은 관할권 전략이었다. 뉴욕타임스는 앨라배마 회사가 아니며, 뉴스가 한창일 때 기자를 파견한 것 외에는 앨라배마주에서 사업을 하지 않았기 때문에 앨라배마 법원이 이 사건을 심리할 수 없다고 주장하는 것이었다.

1945년 이후 '비거주 법인'에 대해 주법원이 관할권을 행사할 수 있는 권한의 한계를 결정하는 헌법적 기준은 '최소 관련성minimum contacts'으로 알려져 있다. 인터내셔널 슈 대 워싱턴 사건International Shoe Co. v. Washington에서 연방대법원은 법인이 해당 주에 '최소 관련성'이 있는 한, 해당 주가 소송을 제기할 수 있다고 판결했다.[33] 이후 법원은 '최소 관련성'의 정의를 정립해 왔다. 일부 법원은 피고와 주 사이에 지속적이고 실질적인 접촉이 있어야 한다고 좁게 해석했다. 다른 법원은 '최소 관련성'을 문자 그대로 '최소한의 접촉'으로 해석하기도 했다. 1960년 연방대법원은 조지아에 본사를 둔 연필 제조업체 스크립토Scripto에 대해, 플로리다에서 펜과 연필을 판매하며 사업을 했다고 판결을 내렸다. 연방대법원은 스크립토의 제품이 독립계약자에 의해 판매되었지만, 회사는 여전히 '최소 관련성'이 있다고 판결했다.[34]

신문사들은 '최소 관련성'에 관한 이러한 해석이 언론의 자유에 부당한 부담undue burden을 준다고 주장했다. 최소한의 접촉만 유지하고 있는 다른 주 언론사가 멀리 떨어져 있고 적대적인 관할권에서 스스로를 방어하도록 강요받는 것은 뉴스 보도에 위협이 된다는 것이었다. 논란이 되는 이슈 관련 보도를 둘러싼 명예훼손 사건들에서, 지역 주민들을 분노하게 만들었다는 이유만으로 판사는 신문사에 불리하게 법을 왜곡할 수 있고, 배심원단은 신문에 불리한 사실인정을 할 수 있었다. 즉 관할권 행사는 수정헌법 제1조에 영향을 미칠 수 있었다.[35]

롤런드 나흐만은 우선 L. B. 설리번 사건이 가장 강력하다고 판단하고 몽

　　　　　　　　　　　뉴욕타임스 죽이기

고메리의 법원에 가져갔다. 광고가 경찰의 활동을 언급했기 때문에 공공업무위원인 설리번을 다른 시위원들보다 더 분명히 지칭하고 있었다. 앨라배마주의 명예훼손법에 따르면, 다른 대부분의 주에서와 마찬가지로 어떤 단체가 명예를 훼손당했고 그 단체의 규모가 충분히 작다면, 그 단체의 모든 구성원은 자신의 명예가 훼손되었다는 이유로 손해배상을 청구할 수 있었다. 그러한 명예훼손적 진술은 그들을 '특정한' 발언이라고 판단되었다.[36] 뉴욕타임스는 즉시 설리번 소송의 각하 또는 기각을 위해 움직였고, 뉴욕타임스가 앨라배마 법원의 관할권 내에 들어올 만큼의 사업을 하지 않았다고 주장했다.[37]

뉴욕타임스는 앨라배마에서 '사업'을 하고 있었는가? 이것은 아주 좋은 쟁점이었다. 1956년부터 1960년까지 9명의 뉴욕타임스 특파원이 총 153일 동안 앨라배마를 방문했다. 1960년 첫 5개월 동안에는 클로드 시턴이 두 번, 해리슨 솔즈베리가 한 번, 총 세 번 방문했다. 뉴욕타임스는 몽고메리에 2명을 포함해 앨라배마주에 3명의 비상근 통신원이 있었지만, 이들이 판매한 기사는 1960년에 단 두 건뿐이었다. 뉴욕타임스가 앨라배마주에서 받는 광고는 소수에 불과했고, 일간 및 일요판 발행 부수도 약 400부에 불과했다.

나흐만은 판사에게 뉴욕타임스로 하여금 뉴스 기사와 사업 기록을 포함한 수천 페이지 분량의 문서를 법원에 제출하도록 명령할 것을 요청했다. 뉴욕타임스가 앨라배마주에서 신문을 판매하고, 뉴스를 취재하며, 광고를 유치했다는 사실을 입증하기 위한 것이었다. 이는 영리한 전술이었다. 나흐만은 이 엄청난 양의 문서를 강제로 수집하면, 뉴욕타임스가 수천 달러의 변호사 비용 등 막대한 재정적 부담을 안게 될 것이라는 사실을 알고 있었다.

뉴욕타임스 변호사들은 이의를 제기했다. 그들은 몽고메리 순회법원 판사 월터 B. 존스Walter B. Jones 앞에서 상대측 변호사들은 지역 도서관에서 뉴욕타임스 사본을 열람할 수 있으며, 뉴욕타임스가 앨라배마주를 취재했다고 해서 앨라배마주에서 사업을 한 것은 아니라고 주장했다. 존스 판사는 나흐만에게 유리한 판결을 내렸고, 로드데이앤드로드의 주니어 변호사들은 이후 몇 달 동안 기록 정리에 수백 시간을 들여야 했다. 엠브리는 "법원의 명령을 준수하려면 말로는 표현할 수 없는 지루한 작업을 수행하고, 신문 수천 페이지를 제작해야 했다. 하지만 고객으로부터 '변호 비용은 얼마든지, 합의금으로는 단 1페니도'라는 지시가 있었기 때문에, 우리는 명령에 따랐다."라고 기억했다.[38] 뉴욕타임스는 이번 명예훼손 사건들로 인해 엠브리와 베도의 수임료 외에 모든 여행 경비를 로드데이앤드로드에 지불하고 있었다. 막대한 법률 비용이 발생하고 있었고, 소송은 이제 막 시작되었다.

1960년 7월 25일 시작된 3일간의 심리에서, 존스 판사는 설리번의 소송을 각하해 달라는 뉴욕타임스의 신청을 심리했다. 뉴욕타임스 변호인단은 뉴욕타임스가 앨라배마주에서 광고를 권유하거나, 뉴스를 취재하거나, 신문을 판매하는 등의 사업을 하지 않았다고 주장했다. 뉴욕타임스의 재정 관리 보조인 존 매케이브John McCabe와 전국 뉴스 부편집장인 해럴드 파버 Harold Faber는 뉴욕타임스가 앨라배마에 정규직 직원을 두고 있지 않다고 증언했다. 뉴욕타임스는 앨라배마주에 사무실, 은행 계좌, 부동산을 보유하고 있지 않았다. 비상근 통신원도 뉴욕타임스로부터 급여를 받지 않았다. 러브는 판사에게, "판사님, 저는 뉴욕타임스가 앨라배마에서 발생한 뉴스를 다룬다는 사실이, 오늘날 (1960년 콩고에서 혁명이 일어났을 때) 우리가 벨기에령 콩고에 특파원을 두고 그 나라에서 무슨 일이 일어나고 있는지 자세히 보도하는 것과 어떻게 다른지 도저히 이해할 수 없습니다."라고 말했다.

   뉴욕타임스 죽이기

존스 판사는 10페이지 분량의 결정문을 통해 각하 신청을 기각했다.[39]

엠브리는 법원에 제출한 탄원서에 존스 판사의 법학 논문인 「앨라배마 변론과 법률 실무Alabama Pleading and Practice at Law」의 논리를 응용했다. 그는 존스 판사의 논문을 근거로 자신이 관할권 문제 제기 목적으로만 '특별 출석special appearance'하고 있으며, 법원의 관할권을 인정한 것은 아니라고 믿었다. 그러나 존스 판사는 엠브리가 '특별 출석'이 아닌 '일반 출석general appearance'을 한 것이며, 따라서 법원의 뉴욕타임스에 대한 관할권에 동의한 것이라는 입장을 취했다. 정직하지 못하게도 존스 판사는 자기 논문의 논리를 거부했다.[40]

또한 존스 판사는 뉴욕타임스가 앨라배마주 법원의 관할권에 속할 만큼 앨라배마에서 충분한 사업을 수행했다고 판결했다. 뉴욕타임스는 정규 기자와 파트타임 특파원을 통해 앨라배마에서 뉴스를 취재하고, 광고를 모집하며, 신문을 판매했다. 이는 광범위하고 지속적인 사업 행위라는 것이 그의 생각이었다. 존스 판사는 아주 적은 관련성만으로도 한 주에서 '사업'을 하는 것으로 간주할 수 있다는 일련의 법원 판결들을 인용했다.[41]

존스 판사는 자신이 "언론 자유의 열렬한 주창자이자 옹호자"였다고 덧붙였다. 그는 매주 몽고메리 애드버타이저에 칼럼을 기고했으며, 법정에서 뉴스 사진 촬영을 허용한 최초의 판사 중 한 명이었다. 그러나 그는 시위원들이 뉴욕타임스를 상대로 한 소송으로 인해 전국을 돌아다녀야 해서는 안 된다고 선언했다. 언론의 자유는 "피해를 입은 당사자들이 자기 자신은 물론이고 자신의 증인, 증거, 변호인을 1,600km가 넘는 먼 곳까지 데려가 자신의 명예를 훼손한 혐의로 소송을 제기하고 재판을 받도록 명령하지 않는다."[42]

뉴욕타임스 변호인단은 버밍햄 사건의 첫 번째 심리인 코너 대 뉴욕타임스 사건Connor v. New York Times에서도 같은 주장을 펼쳤다. 변호인단은 버밍햄의 연방지방법원 판사 H. 호바트 그룸스H. Hobart Grooms에게, 뉴욕타임스가 앨라배마에서 사업을 하지 않았고, 사건을 송달받은 두 통신원은 뉴욕타임스의 대리인이 아니기 때문에 송달이 유효하지 않다고 주장했다.[43] 그들은 명예훼손 행위가 앨라배마에서 솔즈베리에 의해서가 아니라, 뉴욕에서 기사가 게재되었을 때 발생했다고 주장했다.[44] 버밍햄뉴스는 "뉴욕타임스와 해리슨 솔즈베리는 연방법원에 우리 시위원들이 제기한 소송을 각하해 달라고 요청하고 있다. 뉴욕타임스가 '앨라배마에서 어떤 사업도 하지 않았고 어떤 서비스도 수행하지 않았다'는 것이다. 글쎄, 물론 서비스라고는 찾아볼 수 없었다. 하지만 우리에게 사업을 제공하지 않았는가!"라며 비꼬아 말했다.[45]

그룸스 판사는 채드윅과 매키라는 2명의 비상근 통신원이 송달을 수령할 수 있는 뉴욕타임스의 대리인은 아니라고 결론지었다. 그러나 그는 이 기사들이 솔즈베리가 앨라배마에서 정보를 수집할 시점부터 뉴욕타임스의 '업무 또는 서비스'가 발생했으며, 이로써 뉴욕타임스와 솔즈베리 모두 앨라배마주 주무장관실을 통해 받은 송달이 유효하다고 보았다. 따라서 이 소송은 앨라배마 법원 관할로 재판이 진행될 수 있었다.[46]

뉴욕타임스는 이 판결이 뉴스 취재 활동을 위축시켜 언론의 자유를 침해할 것이라고 주장하며, 뉴올리언스에 위치한 제5순회항소법원에 항소했다. 이 결정이 그대로 유지된다면, 언론을 상대로 한 소송의 '수문'이 열리게 될 것이었다. 뉴욕타임스는 앨라배마 연방지방법원의 판단이 옳다면 "대부분의 신문사 편집자들은 기사 취재를 위해 기자를 파견하는 곳마다 그들을 괴

  뉴욕타임스 죽이기

롭히기 위한 소송을 당할지 모른다는 두려움을 갖게 될 것"이라고 주장했다.[47] 뉴욕타임스가 항소를 제기할 때에는 이미 엄청난 괴롭힘이 벌어지고 있었다.

뉴욕타임스가 버밍햄 사건들에 대한 항소법원의 판결을 기다리는 동안, 베서머시는 언론을 공격하는 새로운 전술, 즉 형사 명예훼손으로 기자를 기소하는 전술을 시작했다. 대배심은 '공포와 혐오' 기사를 이유로 해리슨 솔즈베리를 형사 기소했다. 이는 국가가 지원하는 '명예훼손 공격'의 성격을 생생하게 보여 주었다. 이제 기자들은 남부 인종분리주의의 잔혹성에 관해 비판적인 글을 썼다는 이유로 자유를 잃을 처지였다.

형사 명예훼손법은 16세기로 거슬러 올라가는 영국의 오래된 법이다. 명예를 둘러싼 분쟁을 결투로 해결하던 시대에, 명예훼손은 폭력을 유발하므로 국가가 이를 처벌할 수 있다는 것이 명예훼손죄의 전제였다. "명예훼손은 명예를 훼손당한 사람이나 그의 친구들이 명예를 훼손한 자에게 복수하여 평화를 침해하는 경향이 있으므로 국가에 의해 처벌될 수 있다."[48] 민사 명예훼손 소송의 근거가 개인에게 가해진 피해인 반면, 형사 명예훼손의 근거는 사회에 가해진 피해이다. 형사상 명예훼손에 해당하는 출판물이 실제로 평화를 침해하는 결과를 초래할 필요는 없으며, 명예훼손을 당한 개인이나 집단이 평화를 침해할 '경향'이 있다면 범죄가 될 수 있었다.[49]

1960년대에 이르러 미국에서 명예훼손에 대한 형사처벌은 사실상 사라졌다. 명예훼손의 구제 수단으로 민사소송이 물리적 폭력을 크게 대체한 것이 쇠퇴의 이유 중 하나였다. "좌절한 피해자가 기사도적 만족을 손해배상과 맞바꿀 수 있는 민사적 구제 수단에 대한 선호"가 '평화 침해'의 정당성을 약화시켰다.[50] 언론의 자유와 충돌할 수 있다는 인식 역시 형사상 명예훼손을 선호하지 않게 된 이유였다. 수정헌법 제1조 전문가인 제커라이어 채피Zechariah Chafee가 1947년에 쓴 것처럼, 형사 명예훼손은 "느슨한 종류의 범죄"였다.[51] "언론인은 언제 법이 자신에게 적용될지 알 수 없으며, 이러한 불명확한 규정으로 인해 자의적이고 차별적인 기소가 조장된다."[52]

지난 30년 동안 명예훼손죄가 단 한 번 적용되었다는 점에서, 베서머의 주 형사 명예훼손법 활용은 놀라운 일이었다. 1936년 이후 앨라배마주에서 명예훼손죄로 유죄 판결을 받은 사람은 단 한 명뿐이었다. 앨라배마의 형사 명예훼손법은 "타인을 특정하여 중범죄 또는 도덕적 타락과 관련된 기타 기소 가능한 범죄를 범했다고 허위 및 악의로 비난하는 말을 하거나, 글을 쓰거나, 인쇄한 사람"을 경범죄로 기소할 수 있도록 규정하고 있었다. 명예훼손적 출판물을 출판한 "정당한 동기justifiable motive"를 입증할 수 없는 경우 허위이자 악의적인 것으로 추정되었다.[53] 형사상 명예훼손죄에 대한 처벌은 최대 500달러의 벌금 또는 6개월의 징역형이었다.[54]

뉴욕주 법에서 명예훼손은 범죄인 인도 대상이 아니라는 사실을 알고 있었던 베서머 관계자는 솔즈베리에게 대배심에 자발적으로 출석해 달라고 요구했다.[55] 로드데이앤드로드는 퉁명스럽게 거절했다. 대배심에 취재원의 이름을 넘겨달라는 요청에, 솔즈베리는 기자가 취재원을 밝히지 않도록 보호하는 앨라배마 법에 따라 이를 거부했다. 베서머 당국은 터트윌러 호텔에 솔즈베리가 머물며 통화한 전화 목록을 제출하라는 소환장을 보내 취재원의 신원을 공개했다.[56]

솔즈베리가 버밍햄에서 만난 모든 사람이 증언하도록 소환되었다. 로버트 휴스 목사에게는 앨라배마 인권관계위원회와 관련된 자료를 대배심에 제출하라는 문서제출명령이 송달되었다. 앨라배마 인권관계위원회 회원들의 신원을 강제로 노출시켜 조직을 약화시키려는 의도였다. 휴스는 이를 거부했고 법정모욕죄로 수감되었다. 솔즈베리의 다른 여러 취재원들도 괴롭힘을 당했다.[57]

9월에 베서머 대배심은 솔즈베리를 42건의 명예훼손 혐의로 기소했으며, 이는 최대 2만 1,000달러의 벌금과 21년의 징역형에 처할 수 있는 범죄였다.[58] 이 기소로 뉴욕타임스와 솔즈베리는 더욱 난처한 입장에 처하게 되었다. 뉴욕타임스는 민사 명예훼손 소송 방어를 위해 솔즈베리의 증언이 필요했다. 하지만 그가 증언을 위해 나타나면, 체포되어 형사 기소에 따른 재판을 받게 될 것이었다. 솔즈베리의 말대로, "베서머의 기소로 두 힘이 상충하는 가위 위에 서게 된 것과 같았다."[59]

솔즈베리 기소는 버밍햄 위원들의 의도대로 저널리즘 전반에 충격을 주었다. 언론은 앨라배마의 '명예훼손 공격'의 규모를 파악하기 시작했다. 1960년 9월 25일 AP통신은 기소에 관한 기사를 발표했고, 이 기사는 전국 신문에 전재되었다. 이 기사는 「앨라배마 소송, 언론에 대한 문제 제기: 타주 인종 문제 보도에 대한 광범위한 시사점」, 「법원 판결로 타주 신문이 큰 타격을 입다」, 「뉴욕타임스에 대한 명예훼손 소송, 언론에 인종 사건에 대한 고민을 안기다」 등 다양한 제목으로 보도되었다.

몽고메리의 주법원 판사와 버밍햄의 연방 판사는 뉴욕타임스를 상대로 앨라배마 법원에 소송을 할 수 있다고 판결했다. 그리고 버밍햄 인근 베서머의 대배심은 뉴욕타임스 기자 해리슨 E. 솔즈베리를 기소했다. 솔즈베리는 인종적 조건에 관한 일련의 기사를 통해 42건의 형사상 명예훼손 혐의로 기소되었다. 두 차례의 법원 결정과 대배심 소송은 뉴욕타임스와 솔즈베리를 대상으로 이루어졌다. 그러나 다른 언론사에도 적용될 수 있다. 뉴욕타임스가 그러했던 것처럼, 다른 언론사도 앨라배마 법정에서 명예훼손으로 소송을 당할 수 있다. 그리고 베서머 배심원단이 그랬던 것처럼, 대배심이 그의 기사가 "평화의 침해를 초래할 수 있다"고 결론을 내리면 기자는 형사상 명예훼손죄로 기소될 수 있다.

몽고메리 애드버타이저는 「주정부, 타주 언론에 휘두를 강력한 방망이를 찾다」라는 제목으로 이 기사를 게재했다.[60]

워싱턴포스트의 법률 담당 기자 제임스 클레이턴James Clayton은 솔즈베리의 폭로에 대한 후속 취재를 위해 버밍햄을 방문했다. 그는 솔즈베리가 보도한 것만큼이나 상황이 열악하며, 인종분리주의자들은 현 상태를 계속 유지하려는 열망을 갖고 있음을 알게 되었다. 클레이턴은 "버밍햄에 가서 인종 문제에 관해 질문하는 남부 억양이 없는 모든 기자는 용의자"라고 말했다. "신문 업계에서는 버밍햄이 자신들의 정치 지도자들이 편파적이라거나 불공정하다고 보도하는 기자와 신문을 법정에 세우려 한다는 소문이 퍼지고 있다. 요즘 버밍햄에 가는 기자들은 버밍햄시 당국자들이 뉴욕타임스처럼 자신이 속한 언론사에 소송을 제기하리라는 사실을 금세 알 수 있다."[61]

뉴욕타임스의 뒤를 이어 적어도 다른 신문사 중 하나가 앨라배마에서 기자들을 철수시켰다.[62] 명예훼손 소송은 언론에 '위축 효과'를 가져왔고, 그 위축은 이제 막 시작되고 있었다.

　　　　　뉴욕타임스 죽이기

제8장

"새로운 협박 무기"

1960년 11월 1일, 몽고메리 주민들은 월터 버그윈 존스Walter Burgwyn Jones의 법정에 모여 뉴욕타임스에게 공개적으로 망신을 주는 의식에 참여했다.

공교롭게도 전날 몽고메리 시내에서는 '남부연합참전용사의 아들들The Sons of the Confederate Veterans'이 모여 남북전쟁 100주년인 1961년을 맞아 법원 광장의 이름을 일시적으로 변경하는 기념식을 열었다. 회색 제복을 입은 남성들이 분수대 주변에 모여들자 금관악기 소리가 울려 퍼졌고, 이 지역은 '남부연합군 광장'이라는 새로운 이름을 부여받았다.[1]

리스터 힐Lister Hill 상원의원은 100년 전 그곳에서 벌어진 극적인 역사에 주목할 것을 요청했다. 패터슨 주지사와 얼 제임스 시장이 군중에게 연설했고, 맥도널드 갤리언 법무부 장관은 남부연합군 깃발에 경례했다. 19세기 복장을 한 존스 판사는 제퍼슨 데이비스가 남부연합의 대통령으로 취임하는 장면을 재연했다.[2] 다음 날, 일부 참가자들은 여전히 남부연합군 복장을 한 채 존스 판사의 법정에 가서 몽고메리 명예훼손 소송 중 처음으로 재판에 회부된 설리번 사건을 지켜보았다.

몽고메리 입장에서, 설리번의 소송을 심리하기에 월터 버그윈 존스보다 더 적합한 사람은 없었다. '앨라배마 법조계의 학장'이라고 불린 몽고메리 순회법원 재판장이었던 일흔두 살의 존스는 주에서 가장 오래 근무하고 존경받는 법학자였다.3 그는 극적이고 때로는 괴팍한, 남부, 인종분리주의, 백인우월주의, 주정부 권리의 옹호자였다.

존스는 키가 195cm 정도에 체격이 건장하고 대머리에 안경을 썼으며, 엄격한 눈빛을 한 인물이었다. 격식과 위엄을 중시했던 존스는 대부분의 앨라배마 판사들과 달리 법정에서 법복을 고집했다. 그는 낮고 거친 목소리로, "조만간 스카치 한잔 하지 않겠는가?"라고 말하곤 했다.4

존스는 존경받는 몽고메리 가문 출신이었다. 그의 아버지인 토머스 구드 존스Thomas Goode Jones는 남부연합을 위해 싸웠고, 1865년 리 장군으로부터 그랜트 장군에게 전달된 휴전 깃발을 운반했었다.* 그는 1890~1894년까지 주지사를 지냈고, 13년 동안 연방지방법원 판사를 역임했다. 1928년 월터 존스 판사는 아버지를 기리기 위해 토머스 구드 존스 로스쿨을 설립했으며, 이 로스쿨은 오늘날까지도 포크너 대학교에 남아 있다.5

존스 판사는 남부연합에 집착했다. 그는 「남부연합 신조」, 「앨라배마, 연방에서 탈퇴하다」와 같은 제목의 시를 썼으며, 앨라배마주 변호사협회 공

---

* 각각 남부연합의 장군인 로버트 E. 리Robert E. Lee와 북부연방의 장군 율리시스 S. 그랜트Ulysses S. Grant를 뜻한다. 미국 남북전쟁 기간 동안 남부연합군과 북부연방군을 이끈 대표적인 인물들이다. 1865년 4월 9일, 리 장군이 휴전 깃발을 들고 그랜트 장군과 휴전 협상을 함으로써 남북전쟁은 사실상 종료되었다.

     뉴욕타임스 죽이기

식 간행물인 앨라배마 로이어Alabama Lawyer를 편집했다. 이 간행물에는 이 탤릭체, 느낌표, 대문자를 한가득 사용하여, 남부에 대한 헌사와 인종차별 적인 장황한 글, 연방대법원의 "공산주의적이고 무신론적이며 허무주의적 인 헌법 파괴"에 대한 전투적인 비난이 실려 있었다.[6]

존스는 앨라배마주의 인종분리 철폐에 저항하는 노력에서 핵심적인 역 할을 한 인물이었다. 1956년 존스는 앨라배마에서 NAACP의 활동을 중단 시키는 명령을 내렸다. "나는 NAACP에 회복할 수 없는 치명타를 가할 것 이다."라고 그는 선언했다.[7] 몽고메리시 당국은 버스 보이콧 기간 동안 버 스 노선의 인종분리 관철을 위해 존스 판사에게 도움을 요청했다. 존스 판 사는 주 간 이동에서 인종분리를 금지하는 연방대법원 판결은 존재하지 않 는다며, 대중교통 회사가 시와 주의 법을 이행해야 한다고 판결했다. 그는 주정부의 권리에 대한 자신의 생각을 판결문을 통해 발표해야 할 의무가 있 다고 여겼다. 그는 "연방 헌법에 주권을 가진 주가 인종분리를 위한 합리적 규칙을 만드는 것을 금지하는 단 한 단어, 한 문장, 한 단락이 도대체 어디 있는가?"라고 물었다.[8]

존스가 몽고메리 애드버타이저에 기고한 주간 칼럼 「법정 밖에서Off the Bench」는 인종에 대한 그의 불온한 견해를 드러내는 또 다른 플랫폼이었다. 1957년 「백인 인종을 위해 말하다」라는 제목의 칼럼에서, 그는 "백인 인종 은 영원히 백인으로 남아야 한다."라고 선언했다. 인종통합주의자들의 "진 정한 최종 목표"는 "미국 국민의 인종 간 결혼과 잡종화이다. … 우리는 결 코 인종통합주의자들의 요구에 굴복하지 않을 것이다."[9] 존스는 "거짓을 일 삼는 양키 언론"에 대해 "우리의 훌륭한 지역과 관련된 뉴스는 허위 없이는 보도하지 않으"며 "남부와 관련된 모든 것을 왜곡"하고 있다고 비난했다.[10]

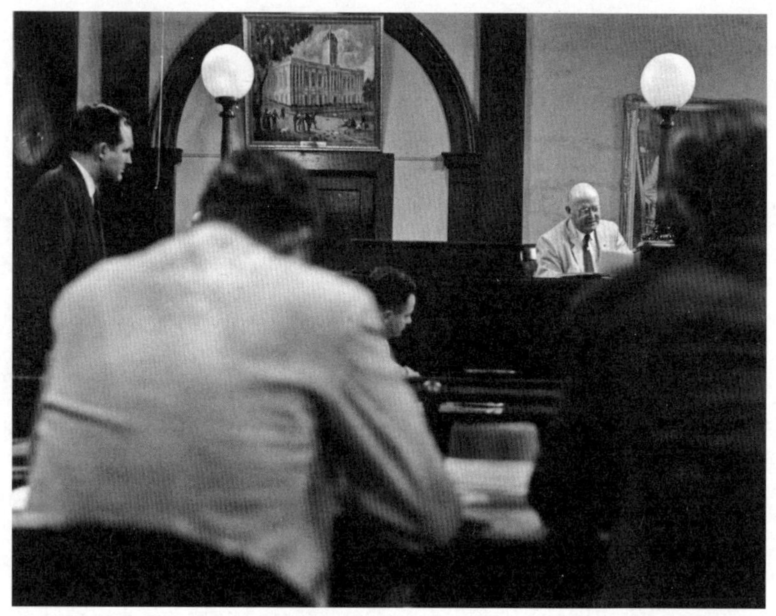

그림 5. 몽고메리 순회법원의 재판장이었던 일흔두 살의 월터 버그윈 존스는 남부, 인종분리
주의, 백인우월주의, 주정부 권리의 열렬한 옹호자였다. 앨라배마 기록역사부.

그는 "백인 인종"이 "전 세계에서 부당하게 공격"을 받고 있으며, "급진적인 신문과 잡지", "공산주의자들과 연방 사법부"의 공격을 받고 있다고 믿었다. "칼럼니스트와 사진작가들이 남부로 보내져 사실과 다른, 편향된 캠페인을 북부 주민들에게 전달하고 있다. 특히 백인의 영광과 위대함을 시기하는 사람들이 대대적인 캠페인을 벌이고 있다."[11]

평생 독신이었던 존스는 몽고메리 시내에 있는 상속받은 저택에서 여동생과 함께 살았다. 그의 680에이커에 달하는 여름 별장 존즈버러에서 그는 소년법원에서 '구출'되었다고 주장하는 소년들을 위한 캠프를 운영했다. 그의 서재 벽은 천장부터 바닥까지 이 젊은이들의 사진으로 덮여 있었는데, 대부분 나체 사진이었다고 한다. 그가 법정에서 사용한 의사봉 끝에는 천사 같은 소년의 모습이 담긴 작은 사진이 끼워져 있었는데, 그는 이 사진을 바라보며 재판을 진행했다. 존스는 한때 YMCA에서 한 소년을 성추행한 혐의로 체포된 적이 있었다. YMCA 이사는 해고되었고, L. B. 설리번은 지역 언론에 이 사실이 언급되지 않도록 체포 보고서를 숨겼다.[12]

몽고메리 시내에 있는 법원은 지역사회의 큰 자부심이었다. 네모난 콘크리트 건물은 오늘날의 기준으로는 못생기고 불결했지만, 당시에는 세련되고 '초현대적'인 건물로 여겨졌다. 1958년 7월에 문을 연 이 건물은, "우리 지역사회의 현대적이고 진보적인 성장 정신"을 잘 보여 준다고 평가받았다. "차갑고 … 지옥 같은 과거의 법원"이 아니었다. "이 법원은 앨라배마에 … 이 카운티가 새로운 남부와 함께* 번영하고 성장했음을 보여 준다."[13]

---

* 새로운 남부New South는 남북전쟁 이후 남부를 현대화하고 노예제 기반의 농업 산업 구조를 거부함으로써 남부가 미국 연방에 통합될 수 있도록 해야 한다는 정치 슬로건이었다.

존스는 엄격하고 질서 정연한 법정 운영으로 유명했다. 그는 "재판이 진행되는 동안, 판사가 재판석에 있을 때는 법정 내에서 담배를 피울 수 없다는 것이 이 법원의 규칙"이라고 주장했다. "또한 이 법정에서는 병에 든 음료수 등 모든 종류의 탄산음료 반입과 음용이 허용되지 않는다. 증인은 입에 담배나 껌을 물고 증인석에 서서 증언할 수 없다. … 사법적 조치에 대한 신청과 요청은 은어나 속어가 아닌 적절한 법적 용어로 작성되어야 한다. … 국민들이 법정을 광대와 익살로 채우는 데 동의했다는 믿음으로 법정을 서커스 분위기로 가득 채우는 것을 허용하는 판사들은 국민의 성향을 착각하고 있다."[14]

이러한 훈계에도 불구하고, 설리번 사건 재판은 서커스같이 진행되었다. 존스 판사는 이 지역에서 유일하게 뉴스 카메라의 법정 출입을 허용했다.[15] 재판 당일 아침 15명의 뉴스 사진작가와 텔레비전 카메라맨들이 법정으로 몰려들었다. 몽고메리 애드버타이저가 보도한, 뉴욕타임스를 경멸하는 수많은 기사에 이끌려 대규모 인파가 법정에 모여들었다.[16]

구시대적인 백인우월주의의 가장 추악한 의견 표명들이 이 '초현대적' 법정을 가득 채웠다. 잘 알려져 있는 것처럼, 흑인 시민은 배심원단에서 과소 대표되거나 완전히 배제되었다. 배심원 후보자 37명 중 흑인은 단 2명뿐이었다.* 한 명은 지역 이발사였고, 다른 한 명은 전직 NAACP 회장이었다. 설리번의 변호사들은 이들을 공격했다. 여성은 법적으로 배심원 활동이 금지되어 있었다. 두 시간 후 12명의 백인 남성으로 이루어진 배심원이 구성되

---

* 일반적으로 배심원은 두 단계를 거쳐 구성된다. 우선 선거인명부 등을 통해 예비 배심원 또는 배심원 후보자potential juror를 무작위로 추출한다. 이후 법원에 소환된 예비 배심원을 상대로 검사와 피고인의 변호사가 심문을 거쳐 예비 배심원 중 일부를 기피함으로써 심리를 담당할 배심원을 구성한다.

었다. 몽고메리 애드버타이저와 앨라배마저널은 1면에 배심원들의 사진과 함께 이름과 주소를 게재하여 지역사회가 "그들에게 다가갈 수 있도록" 했다. 재판이 진행되는 동안 몽고메리 주민들은 길거리에서 배심원들을 만나 "뉴욕타임스를 응징해 달라"고 말하기도 했다.[17]

목사들을 변호하는 흑인 변호사와 백인 변호사는 분리된 테이블에 앉았다. 권총을 벨트에 찬 경호원들이 백인 변호사들이 앉은 테이블을 '보호'했다. 권총을 허리춤에 찬 무장 경비원들은 백인석에 앉으려는 흑인 방청객을 제지했다.[18] 애버내시, 셔틀스워스, 라워리, 세이는 뉴욕타임스의 증인 근처 변호인석에 앉았다. 변호인단은 킹 목사의 존재가 배심원들에게 편견을 심어 줄 것을 우려해, 그를 법정이나 심지어는 몽고메리에 있지 않도록 금했다. 재판 내내 존스 판사는 백인 변호사를 "~씨Mr."라고 불렀지만, 목사 측 변호사를 지칭할 때는 "~씨" 호칭을 생략했다.[19]

설리번의 변호사 중 한 명인 캘빈 화이트셀Calvin Whitesell은 "그들의 높아지는 목소리를 들어라" 광고를 큰 소리로 읽으며 소송을 시작했다. 목사들을 대표한 버넌 크로퍼드는 화이트셀이 '흑인Negro'이라는 단어를 인종차별적으로 발음한 것에 대해 이의를 제기하기 위해 벌떡 일어났다.

존스(화이트셀에게): 있는 그대로 읽으십시오.

화이트셀: 존경하는 재판장님, 그렇게 하고 있습니다.

존스: 아무것도 추가하고 있지 않다는 것입니까.

화이트셀: 그렇습니다, 재판장님. … 저는 평생 이렇게 발음해 왔습니다.

"계속 읽으십시오." 존스 판사가 말했다.[20]

뉴욕타임스 변호사들은 외설적인 의사봉을 든 존스 판사, 무장한 경비원들, 남북전쟁 기념일에 맞추어 남부연합군 제복을 입고 권총을 든 예비 배심원들 등 눈앞의 광경에 놀라움을 금치 못했다. 러브는 그 총들이 그저 복제품이길 바랐지만, 사실은 진짜 총이었다. 존스 판사를 상대로 많은 사건을 변론했던 경험이 있는 나흐만만이 편안하고 여유로운 표정이었다.[21]

뉴욕타임스는 광고의 일부가 허위임을 인정했고, 법적으로 명예훼손에 해당되는 문구들이 있었으며, 존스 판사가 뉴욕타임스에 대한 관할권이 앨라배마 법원에 있다고 선언했기 때문에, 나흐만은 광고의 진술이 설리번을 특정한다는 점, 즉 광고를 읽은 독자들이 민권 시위대에 폭력을 가하는 "경찰"과 "남부 위반자들"에 관한 기사를 읽을 때 설리번을 떠올릴 것이라는 점만 입증하면 되었다.

광고에 그의 이름이 언급되지 않았음에도 불구하고, 설리번의 명예가 훼손되었다고 나흐만은 주장했다. 광고에 설리번의 이름이 반드시 들어가야 할 필요는 없었다. 광고는 분명히 설리번에 대해 이야기하고 있으며, 만약 그렇지 않다면 경찰의 행동에 누가 책임질 수 있겠느냐고 나흐만은 물었다. 뉴욕타임스 변호사들은 광고의 어떤 내용도 설리번과 연관될 수 없다고 주장했다.

나흐만은 또한 뉴욕타임스가 무모하게 또는 악의적으로 광고를 게재했음을 입증하고자 했다. 이는 징벌적 손해배상을 위한 필수 요건이었다. 나흐만은 뉴욕타임스가 광고의 진술과 서명자의 진위 여부를 확인하지 않았고, 자체적인 팩트체크 정책을 노골적으로 무시했으며, 허위성을 알고 패터슨 주지사에 관한 진술을 철회한 후에도 설리번과 관련된 것으로 주장된 진술을 철회하지 않았다는 점을 입증할 필요가 있었다.

사건이 어떻게 판결될지 알 수 없는 상황이었지만, 나흐만은 개요와 목록, 메모를 준비해 법정에 나와 테이블 위에 쌓아 놓고 두꺼운 뿔테 안경을 통해 들여다보았다. 부지런한 하버드 연구원이었던 그는 뉴욕타임스와 몽고메리에서 일어난 민권 시위의 거의 모든 측면을 광범위하게 조사했다. 그는 뉴욕타임스의 사업 운영과 앨라배마주에서의 신문사 존재 여부를 연구했다. 그는 킹 목사의 자택 폭파, 연좌시위, 학생 퇴학 등, "그들의 높아지는 목소리를 들어라" 광고에 언급된 사건들에 관해 지역 공직자들을 인터뷰했다.[22]

나흐만의 변론은 "그들의 높아지는 목소리를 들어라" 광고를 읽었을 때 공공업무위원인 L. B. 설리번을 떠올렸다는 몽고메리 지역 주민들의 증언으로 시작되었다. 그로버 홀이 먼저 증인석에 섰다. 홀은 식당에 자물쇠를 채운다는 세 번째 단락에서 "시정부, 즉 위원들"이 떠올랐다며, 손가락 마디를 꺾고 풀 먹인 셔츠 소매를 걷어 올리며 증언했다. 그는 "경찰대에 대한 책임은 전적으로 공공업무위원에게 있기 때문에 자연스럽게 공공업무위원을 조금 더 생각하게 된다."라고 주장했다. "굶주림은 보복의 도구이며, 내 관점에서는 어떤 경우에도 결코 변명할 수 없는 일"이기 때문에, 자물쇠를 채웠다는 발언은 명예를 훼손하는 것이었다.[23]

설리번의 친구인 6명의 증인이 홀을 따라 증인석에 섰다. 위원들이 임명한 시 상수도위원회 위원인 아서 블랙웰Arthur Blackwell은 식당에 자물쇠가 채워졌다는 진술을 믿었다면, "우리 경찰이나 경찰 책임자들이 권한 없이 행동하고 있고 그 직책을 맡을 자격이 없다고 생각했을 것"이라고 말했다. 지역 의류 매장의 영업 매니저인 해리 커민스키Harry Kaminsky는 "트럭을 가득 채울 만한 수의 경찰들"에 관한 발언을 설리번과 연관시켰는데, 이는 "그

가 공공업무위원이기 때문"이었다.[24]

소규모 식품 장비업체를 운영하는 H. M. 프라이스H. M. Price는, "몽고메리의 공공업무위원은 그런 종류의 일에 대해 승인해야 하는 개인으로 자동적으로 떠오르기 때문에, 세 번째 단락의 첫 문장을 설리번과 연관시켰다."라고 진술했다. 설리번의 친구인 윌리엄 파커 주니어William Parker Jr.는 두 단락의 진술을 위원들과 연관 지었다. 설리번의 전 고용주이자 P. C. 화이트 트럭라인의 소유주인 호러스 W. 화이트Horace W. White는 "설리번이 신문을 통해 알려진 일들을 경찰이 하도록 허가했다고 믿었다면" 그를 다시는 뽑지 않을 것이라고 주장했다. 화이트는 산탄총과 최루탄으로 무장한 경찰이 캠퍼스를 에워싸고 있다는 기사를 읽었을 때, 설리번이 떠올랐다고 진술했다. 나흐만은 필요한 주장을 분명히 했다.[25]

하지만 반대 심문에서 모든 증인들은 재판 3주 전 나흐만이 그의 사무실에서 광고를 보여 주었을 때 그 광고를 처음 보았다고 고백했다. 또한 광고의 진술들 중 어떤 것도 믿지 않았다고 인정했다. 그들의 증언은 설리번의 명예가 전혀 실추되지 않았다는 것을 의미했다.[26]

설리번은 둘째 날 나흐만의 증인으로 증언했다. 그는 신중하면서도 분노에 찬 어조로, 배심원단에게 "그들의 높아지는 목소리를 들어라" 광고로 인해 자신이 얼마나 큰 피해를 입었는지 이야기했다.

"성함이 어떻게 되시나요?" 나흐만이 물었다.

"L. B. 설리번입니다." 그는 굳은 표정으로 대답했다.[27]

명예훼손으로 간주되는 진술 자체만으로도 피해가 발생했다고 추정되기 때문에 설리번은 법적으로 자신이 피해를 입었다는 사실을 입증해야 할 필

  뉴욕타임스 죽이기

요가 없었지만, 그는 배심원단에게 "그들의 높아지는 목소리를 들어라" 광고가 어떻게 자신의 명예를 훼손했는지를 설명했다. 그는 이 광고가 "[자신의] 능력과 … 진정성을 반영하는 것"이라고 생각했다. "체포된 사람들과 트럭을 가득 채울 만한 수의 경찰들에 관한 진술은 … 저와 관련이 있습니다." 광고의 주장은 거짓이었고 "저는 매우 분개했습니다."[28]

관련 법리에 따라 명예훼손적 사실적시는 허위로 추정되기 때문에 법적으로 필요하지 않았으나, 설리번의 변호사들은 광고의 진술이 진실이 아님을 증명하려 했다. 뉴욕타임스는 이 광고가 설리번과 아무런 관련이 없다고 주장했지만, 설리번의 변호사들은 마치 광고의 진술이 설리번을 특정하고 있으며, 설리번이 무고한 범죄 혐의로 기소된 것처럼 행동하고 있었다. 이는 순환적인 전략이었다. 변호인단은 광고의 진술이 설리번을 지칭한다고 주장하면서, 동시에 그가 하지 않은 일을 마치 그가 한 것처럼 허위로 기술했다고 주장했는데, 애초에 광고가 설리번을 언급하지 않았기 때문에 허위라는 것을 입증하기는 쉬웠다.

나흐만은 설리번에게 광고 사본을 건넸다. 세 번째 단락, 즉 트럭을 가득 채울 만한 수의 경찰이 캠퍼스를 에워싸고 있다는 내용은 진실입니까? 설리번은 부인했다. 경찰이 킹 목사의 집을 폭파한 사건과 어떠한 연관성이 있습니까? 킹의 집을 폭파한 것은 경찰이 아니라 백인 자경단이었기 때문에, 설리번은 "경찰이 폭탄을 터뜨리거나 사람을 폭행한 사건은 단 한 건도 없었다."라고 자신 있게 말할 수 있었다.

"킹 목사가 일곱 번이나 체포되었습니까?"

"그건 거짓입니다."

"킹 목사의 기소와 관련하여 당신이 어떤 역할을 했습니까?"

"어떠한 것도 없습니다."

대학 식당이 자물쇠로 채워졌는지를 묻는 질문에, 설리번은 "몽고메리시에서는 그런 일이 결코 일어난 적 없다."라고 답했다.[29]

캠퍼스를 에워싸고 식당에 자물쇠를 채우는 등 앨라배마 주립전문대학에서 일어난 사건에 관한 설명이 부정확하다는 것을 보여 주기 위해, 나흐만은 몽고메리에서 일어난 사건을 다룬 뉴욕타임스 클로드 시턴의 보도, 러브가 비상근 통신원 돈 매키에게 의뢰한 보도, 뒤이어 시턴이 러브에게 보낸 보도를 소개했다. 주교육감인 프랭크 스튜어트Frank Stewart 박사는 배심원단에게 학생들이 의사당 계단에서 노래를 부른 것 때문이 아니라, 점심 카운터 시위 때문에 퇴학 처분을 받았다고 진술했다.

엠브리는 설리번을 적극적으로 반대 심문하여 이러한 혐의가 그의 명예에 해를 끼치지 않았음을 보여 주었다. 뉴욕타임스의 몽고메리 판매 부수 35부가 어떻게 그의 명예를 훼손할 수 있습니까? 엠브리가 물었다. "당신이 화가 났던 까닭은 광고가 지역사회를 반영하고 있어서이지, 원고 개인을 반영하고 있어서가 아니지 않습니까?" 설리번은 "경찰의 행동을 묘사할 때 저 개인을 반영하고 있다고 느낀 것은 확실합니다."라고 대답했다. 하지만 그는 자신의 명예가 손상되지는 않았다고 인정했다.

엠브리: 광고가 게재된 이후 조롱을 당했다고 느낀 적이 있습니까? 몽고메리 거리를 걷는 것이 불안하다고 느끼셨나요? …

설리번: 개인적으로 제게 다가와서 광고 때문에 저를 조롱했다고 말하는 사람은 없었습니다.

엠브리: 오히려 3월 29일에 광고가 실린 이후, 그리고 이 카운티에 35부

　　　　　　　　　　　　　　　　　뉴욕타임스 죽이기

가 배부된 이후, 당신의 명예는 실추되지 않았고 사실 더 높아지지 않았습니까, 그렇죠? …

설리번: 모르겠습니다. 인기 경쟁은 해 본 적 없고, 해 보려고 노력한 적도 없습니다.[30]

"설리번 씨, 당신은 당신의 경찰이 남부 법을 위반했다고 생각하십니까?" 목사들의 변호인단 중 한 명인 버넌 크로퍼드가 물었다.

설리번: 결코 그렇지 않습니다.

크로퍼드: 그렇다면 설리번 씨, 공공업무위원으로서 자신을 남부 법 위반자라고 생각하십니까? …

설리번: 저는 스스로를 위반자라고 생각하지 않습니다. 남부든 아니든.[31]

"설리번 씨, 증언한 대로 당신은 해를 입지 않았고, 공개적인 경멸을 당하지 않았으며, 조롱을 당하지 않았고, 부끄러움을 느끼지 않았습니다." 크로퍼드는 말을 이어 나갔다. "이 소송의 목적은 다른 공직에 출마하기 위해 주 전역을 대상으로 당신을 홍보하기 위한 것입니다. 그렇지 않습니까?" 나흐만은 이 질문에 이의를 제기했고, 판사는 이의를 받아들였다.[32]

피고 측 증인으로 소환된 뉴욕타임스 직원들을 상대로 한 나흐만의 반대심문은 뉴욕타임스에 치명타를 입혔다. 증인들은 뉴욕타임스가 광고의 정확성을 확인하지 않고 광고를 게재했다는 사실을 분명히 했으며, 이는 피고 측보다 설리번에게 더 유리한 내용이었다.

광고 영업사원 거숀 애런슨은 광고를 신중하게 검토하는 것이 뉴욕타임스의 정책이었으나, 자신이 "[광고를] 매우 급하게 스캔함으로써 정책을 위반했다."라고 밝혔다.[33] 광고승인부의 관리자 빈센트 레딩도 반대 심문에서 무너졌다. 레딩은 광고에 의문을 제기할 이유가 없었으며, "잘 알려져 있고 의심할 이유가 없는 명예를 지닌" 지지자들의 좋은 평판에 의존했다고 말했다. 나흐만은 레딩이 광고 게재 전에 연좌시위에 관한 뉴스 기사가 16건이나 나왔음에도 불구하고 몽고메리에서 일어난 사건에 대해 전혀 알지 못했으며, 사실관계를 확인하거나 사건에 관해 읽어 보지 않았다고 인정하게 만들었다.

나흐만: 이제 레딩 씨, 이 광고의 정확성을 전혀 확인하지 않았다고 말하는 것이 타당하지 않을까요?
레딩: 네, 타당한 진술입니다.[34]

프레드 그레이의 심문에서 레딩은 광고승인부가 목사들이 자신의 이름 사용에 동의했는지 확인하지 않았다고 인정했다. 목사 측 변호사들은 공동 피고 뉴욕타임스가 의뢰인의 동의를 얻지 않고 광고를 게재한 과실을 입증해야 하는 불편한 입장에 처했다.[35] 뉴욕타임스 측 변호사들은 재판이 진행되는 동안 목사 측 변호사들과 거의 접촉하지 않았다.

광고의 초안을 작성했던 극작가 존 머리는 목사들의 이름이 A. 필립 랜돌프가 보낸 편지에는 포함되어 있지 않았으며, 러스틴이 마지막 순간에 추가했다고 증언했다. 그와 러스틴은 "돈을 구하기 위해" 광고를 작성했으며, "우리가 받은 자료에서 가장 매력적인 형태로 광고를 투영하려고 노력했

     뉴욕타임스 죽이기

다."라고 인정했다. 광고의 정확성에 대해 머리는 이렇게 말했다. "당연히 자료가 정확할 것이라고 여겼기 때문에 정확성은 전혀 고려하지 않았습니다. … 우리는 그것을 믿을 만한 충분한 이유가 있었습니다."[36]

증언에 나선 유일한 신문사 관계자이자 뉴욕타임스의 기업 비서인 하딩 밴크로프트Harding Bancroft는, 뉴욕타임스가 설리번이 요청한 철회문을 게재하지 않은 이유는 "광고가 설리번을 어떻게 반영하고 있는지, 광고를 통해 어떻게 그를 식별할 수 있는지 알 수 없었기 때문"이라고 말했다. 밴크로프트는 광고의 진술이 "상당히 정확하다"고 주장하며 배심원단을 격분시켰다. 설리번의 변호사들은 이 주장을 허위 진술을 게재한 뉴욕타임스의 무모함을 보여 주는 증거로 사용했다.[37]

목사 측 변호사들은 의뢰인들을 증인석으로 불렀다. 성직자들은 한 명씩 자신들의 이름을 사용하도록 허락한 적이 없으며, 광고가 나왔을 당시 광고에 대해 전혀 알지 못했고, 후원자로서 자신의 이름을 사용하도록 허락한 적도 없다고 주장했다. 재판 내내 그레이는 목사들이 그들의 진술을 철회하지 않았기 때문에 명예훼손에 연루된 것이 틀림없다는 논리를 내세웠다. 그레이는 그들이 "철회하지 않았다는 사실은 철회할 수 없다"고 선언했다. 판사와 방청객들 사이에서 웃음이 터져 나왔다. 그는 목사들이 "이 사건과 아무런 관련이 없는", "잊혀진 피고들"이라고 말했다.[38]

둘째 날이 끝날 무렵, 나흐만은 명백한 승리에 대한 기쁨을 감추지 못하고 소년처럼 웃고 있었다. 그는 최후 변론에서 배심원단에게 "이 마을의 한 시민에 관해 기사를 쓸 때, 뉴욕타임스 씨, 당신이 진실, 오로지 진실만을 말한다면 이 카운티에서 소송당할 일은 없을 것입니다."라고 말했다.[39]

그는 뉴욕타임스가 "세상에서 가장 완벽한 변호"였을 진술의 진실성을 보여 주려는 시도조차 하지 않았다고 설명했다. "우리는 여러분이 공공업무위원으로 선출한 이 사람에 대한 비방에 여러분이 얼마나 분개하는지 보여 주시기를 원합니다. 뉴욕타임스를 싫어하기 때문에 이들을 처벌해 달라는 것이 아닙니다. 그것이 이 지역사회 시민들에 대해 글을 쓸 때는 진실을 말해야 한다는 사실을 알려 줄 수 있는 유일한 방법이기 때문입니다."[40]

나흐만의 공동 변호사인 로버트 스타이너Robert Steiner가 자리에서 일어나 뉴욕타임스 변호사들을 가리켰다. "'인쇄에 걸맞은 모든 뉴스를 인쇄한다'고 내세우는 그 위대한 신문 뉴욕타임스는 바로 여기 이 사람에 대한 온갖 거짓말을 게재했습니다." "심지어 그들은 어떤 노래가 불렸는지도 틀렸습니다." "이 모든 일은 경찰이 모든 것을 통제하는 러시아, 아직도 인간을 잡아먹는 콩고에서 일어난 것이 아닙니다. 법을 지키는 지역사회인 앨라배마주 몽고메리에서 일어났습니다." 당시 콩고에서는 내전이 벌어지고 있었고, 불안정한 정세와 함께 콩고인들이 백인들을 학대했다는 주장을 실은 보도가 쏟아지고 있었다. 스타이너는 말했다. "신문은 매우 좋은 것이지만, 진실을 말해야 합니다. 뉴욕타임스와 신문을 발행하는 다른 모든 이들의 관심을 끌 수 있는 한 가지 방법은 그들의 돈주머니에 타격을 입히는 것입니다."[41]

엠브리가 자리에서 벌떡 일어났다. "설리번 씨가 … 설리번 씨가 그 어떤 손해라도 입었다는 증거가 있습니까?" "지역사회에서 그의 입지는 오히려 강화되었을 수 있는 것 아닙니까?"[42] 그는 스타이너가 "다른 지역 주민들을 경멸적으로 언급함으로써 인간의 모든 기본적인 동기에 호소하고 있다."라고 비난했다.[43] 이 사건 변론에 자신의 모든 것을 쏟아부었음에도 패소가 확실해지자, 엠브리는 낙담했다.

변호사들이 자리에 앉자, 존스 판사는 그의 수상쩍은 의사봉을 두드렸다. 그런 다음 그는 배심원들에게 배심 설시문jury instruction을 전달하면서* 인종차별에 근거한 항소를 미연에 방지하기 위해 이 재판이 인종이나 민권과 관련이 없음을 분명히 했다.

이 사건 피고 중 하나는 기업 피고이고 다른 피고들 중 일부는 다양한 인종에 속하나, 평결에 도달하는 심의에서 모든 피고가 기업이든 개인이든, 또는 이 인종에 속하든 저 인종에 속하든, 이 사건과는 전혀 관련이 없으며, 증거와 법만을 북극성으로 삼아 여기 모든 소송당사자에게 공정하게 정의를 행하도록 노력하십시오. … 배심원 여러분, 여기 서 있는 모든 당사자들은 동등한 입장에서 여러분 앞에 서 있으며, 법정에서 모두 평등하다는 것을 기억해 주십시오.[44]

존스 판사는 배심원단에게 앨라배마주의 명예훼손법을 설명했고, 이 법은 다른 대부분의 주와 유사했다. 존스는 설리번의 직업적 무능을 비난하는 한, 그 진술은 "명예훼손 그 자체"라고 강조했다. 설리번의 명예에 손상이 있었거나 손상이 있을 수 있다는 증거는 필요하지 않았다. 일단 명예훼손이 성립되면, 진술이 '모든 세부 사항에서' 진실이라고 배심원단에게 설득하지

---

* 미국의 배심원제는 배심원들의 법률 판단을 돕기 위해 당사자 양측이 재판부에 제출한 사건의 요건사실(권리의 발생, 소멸, 장애, 저지에 관한 사실) 등을 판사와 양측 변호사들이 의논하여 최종 확정한 후 배심원단에게 전달한다. 이를 배심 설시문이라고 하며, 판사는 배심원들에게 이를 지키도록 지시한다.

않는 한 피고가 항변할 방법은 없었다. 앨라배마 법에 따라 문제의 진술들은 거짓으로 추정되었으며, 뉴욕타임스는 이러한 추정을 반박할 어떠한 증거도 제시하지 않았다. 존스는 이어서 문제의 진술이 설리번을 특정하고 있다는, 즉 설리번에 관한 것이라는 배심원단의 동의가 이루어지면, 현재까지 입증된 사실만으로도 책임을 입증하기에 충분하다고 설명했다. 원고가 공직자였던 당시 그가 이끌었던 기관에 대한 공격은 추론을 통해 그의 명예를 훼손한 것으로 이어질 수 있다고 존스는 말했다.

존스는 이어서 "법은 출간이라는 단순한 사실만으로도 법적 손해가 발생했다고 추정한다"는 전보적 손해배상compensatory damages*에 관한 규칙을 설명했다. 손해가 발생했다고 추정되므로, 설리번은 현재 수입 또는 장래 수입의 손실과 같은 가시적인 손실을 입증할 필요가 없었다. 징벌적 손해배상punitive damages**은 악의가 있었음이 인정되어야 부과될 수 있었다. 법에서 악의는 일반적으로 '나쁜 의도'를 가지고 행동하는 것으로 정의된다. 존스는 뉴욕타임스가 설리번과 관련된 진술을 철회하지 않은 것을 통해 악의를 추론할 수 있다고 말했다.[45]

이는 평범하고 전형적이며 공정한 배심 설시였다. 배심원단은 앨라배마주의 명예훼손법을 직접적·합법적으로 적용하여 뉴욕타임스와 목사들을 처벌할 수 있었다.

배심원들은 "그들의 높아지는 목소리를 들어라" 광고 사본을 들고 배심

---

* 전보적 손해배상은 불법행위로 인해 발생한 손해에 상응하는 금액만큼을 배상하도록 하는 손해배상 유형이다.
** 징벌적 손해배상은 심한 고의로 불법행위를 하여 피해자의 권리가 침해된 경우 유사한 불법행위가 반복되지 않도록 가해자를 응징하기 위해 실제 발생한 피해 이상의 금액을 배상하도록 하는 손해배상 유형이다.

원실로 들어갔고, 기자와 텔레비전 카메라맨들이 그 뒤를 따랐다. 두 시간 후 배심원들은 평결서를 제출했고, 배심장은 이번 혐의가 "설리번을 특정" 하고 있으며, 이에 설리번이 요구한 모든 금액을 손해배상하도록 부과한다 고 전달했다. 판결로 선고된 금액 중 징벌적 손해배상액이 얼마인지는 불분 명했다. 설리번의 명예에 대한 허위 피해는 50만 달러에 달했다.[46]

법원은 연대책임joint and several liability을 물었다. 이는 설리번이 뉴욕타임 스 또는 4명의 목사들 중 누구에게든 손해배상금 전액을 받을 수 있음을 의 미했다. 배상금의 출처는 뉴욕타임스가 될 것이 명백했지만, 목사들도 괴롭 힘을 당할 수 있었다.

설리번은 우쭐대며 기자들에게, "물론 매우 기쁩니다."라고 말했다. "12 명의 뛰어난 배심원들이 사건을 재판했습니다."[47]

목사들의 변호사들은 성명을 발표했다. "이번 사건은 인종이나 피부색에 관계없이 모든 미국인의 자유와 존엄을 위한 투쟁을 계속하면서 우리가 감 내해야 할 고난과 역경 중 하나임이 분명합니다." 뉴욕타임스 변호사들은 앨라배마주 법원이 뉴욕타임스에 대한 관할권을 갖고 있지 않으며, 광고는 설리번을 언급하고 있지 않고, 법정에 제출된 증거에 근거했을 때 과도한 배상금이 부과되었으므로 1심 판결은 무효이며, 주 사법 시스템을 통해 항 소할 것이라고 발표했다. 뉴욕타임스는 표현의 자유에 근거한 변론은 전혀 계획하지 않았다.[48]

판결의 파장은 엄청났다. 이는 앨라배마가 앨라배마 역사상 가장 큰 규모 의 명예훼손 배상금을 부과하는 명예훼손 공격을 가한 것이었다.[49] 시카고 트리뷴은, "아무리 대담한 언론사라도 겁먹고 침묵할 수밖에 없다."라고 지 적했다.[50]

앨라배마 신문들은 민권운동과 '종이의 장막' 언론을 상대로 한 전쟁에서 거둔 눈부신 승리를 축하했다. 앨라배마저널은, "몽고메리 배심원단이 뉴욕타임스 등에 부과한 50만 달러의 평결은 북부의 무모한 언론사들이 남부와 그 주민들에게 해로운 내용을 칼럼에 싣도록 내버려두는 관행을 재검토하도록 만드는 효과를 가져올 수 있다."라고 평가했다.

남부와 남부 사람들이 북부의 신문, 잡지, 그리고 그들의 특파원들에 의해 개인적·집단적으로 매일 명예훼손을 당하고 있다는 것을 모두가 알고 있다. 이들은 남부에서 멀리 떨어져 있기 때문에 자신들의 범죄에 대한 기소로부터 안전하다고 여겨 왔고, 자신들의 태만에 대한 소송은 본거지 법원에서만 제기될 수 있다고 생각했다. 앨라배마 법원은 뉴욕타임스와 같은 신문사들이 앨라배마에서 사업을 하고 있는 것이므로, 앨라배마와 앨라배마 시민에게 영향을 미치는 그들의 행동에 대한 책임이 있다고 선언했다. 50만 달러는 뉴욕타임스와 다른 신문사가 남부, 앨라배마주, 그리고 그 주민들에게 입힌 피해를 회복하는 데 필요한 금액의 극히 일부에 불과하다.

특히 몽고메리는 이들의 명예훼손으로 인해 고통을 받았으며, 이를 극복하기 위해 노력해 왔다. 그러나 몽고메리와 앨라배마에서 벌어지는 일에 관한 언론의 지속적인 허위 보도는 이들 지역에 큰 피해를 입혔다. 따라서 일반적인 손해배상 소송의 기준에 비해 큰 금액인 이번 평결은 동부 지역 신문과 잡지에 게재된 괴담, 허위 특보, 의도적인 허위 광고로 인한 몽고메리의 총체적인 피해에 비하면 사소할 뿐이다. … 몽고메리 평결이 뉴욕타임스와 그 특파원들이 저지른 법과 품위 위반에 대한 현황 조사,

정책 재검토, 연구로 이어지는 효과를 낳는다면, 이 평결은 뉴욕타임스 그리고 뉴욕타임스보다 훨씬 더 폭력적인 범죄를 저지른 다른 모든 언론사에도 긍정적인 도움이 될 것이다.[51]

뉴욕타임스는 「뉴욕타임스와 4명의 성직자, 명예훼손 소송 패소」라는 제목으로 설리번 평결에 관한 기사를 적당히 보도했다. 세 단락으로 구성된 이 기사는 1면 깊숙이 묻혀 상대적으로 중요하지 않아 보였다.[52] 하지만 평결에 대한 뉴욕타임스의 우려는 결코 사소하지 않았다.

1960년 12월에 열린 이사회 회의에서 '앨라배마 사건'은 단연 가장 중요한 안건이었다. 설즈버거는 로드데이앤드로드의 톰 데일리에게 소송에 관한 메모를 작성해 달라고 부탁했다. 이사회 회의에서 명예훼손 소송이 논의된 것은 신문사 역사상 처음 있는 일이었다.

데일리의 메모는 설명했다. "아시다시피 설리번 사건의 재판이 있었고, 뉴욕타임스와 다른 피고들에게 50만 달러의 배상 판결이 내려졌습니다. 우리는 현재 재판 판사에게 증거의 증거력에 비추어 평결을 취소해 줄 것을 요청하는 중입니다." "성공을 기대하지는 않습니다. … 1월 하반기에는 몽고메리 주법원에서 다른 사건이 다루어질 예정입니다. 아시다시피 이 소송에서도 뉴욕타임스에 상당한 금액의 손해배상액이 부과될 가능성이 높습니다." 데일리는 버밍햄 사건도 언급했다. 이 사건도 재판에 회부될 경우 불리한 평결이 내려질 '중대한 가능성'이 있었다.[53]

임박한 위기를 감지한 뉴욕타임스 경영진은 1961년 1월 24일 오빌 드라이푸스Orvil Dryfoos의 사무실에서 '긴급 회의'를 열었다. 두 시간 만에 그들은 '철의 장막'을 그대로 유지해야 한다는 결론을 내렸다. 즉 모든 뉴욕타임

스 직원은 앨라배마 밖에 머물러야 했다.[54]

명예훼손 사건은 터너 캐틀리지를 괴롭혔다. 그는 근무 중에도, 동료들과 술을 마실 때도, 심지어 유럽으로 휴가를 떠났을 때도 사건들을 생각했다. 그는 뉴욕타임스의 그 누구보다도 앨라배마의 명예훼손 공격을 저널리즘과 언론의 자유에 대한 심각한 위협으로 여겼다.

캐틀리지는 몽고메리 사건보다 버밍햄 사건에 더 큰 충격을 받았다. 몽고메리 명예훼손 소송은 광고에 관한 것이었지만, 버밍햄 사건은 신문사의 사명인 보도와 편집에 관한 것이었기 때문이다. 이 사건으로 인해 중요한 판결이 내려진다면, 어떤 신문사도 남부 주에 기자들을 파견하여 논란의 여지가 있는 기사, 특히 인종분리를 비판하는 기사를 보도하는 것이 안전하다고 여기지 않을 것이었다.[55] 캐틀리지는 위험한 선례를 목격했고, 뉴욕타임스와 다른 신문사 동료들이 자신과 생각을 공유하도록 설득하기 시작했다.

캐틀리지가 저널리즘 분야에서 가장 영향력 있는 인물 중 한 명이었기 때문에, 이는 어렵지 않은 일이었다. 캐틀리지는 뉴욕타임스 편집장 외에도, 미국신문편집인협회의 회장이었다. 미국 최고 신문사의 엘리트 편집자들로 구성된 이 유서 깊은 협회는 1922년 저널리즘을 비판자들로부터 방어하고, 직업윤리 강령의 공표 및 시행을 위해 설립되었다. 미국신문편집인협회는 저널리즘에 도움이 되는 법적 변화, 특히 정보의 자유 분야에서 로비를 벌였으며, 주요 언론의 자유 사건에서 법정 조언자amicus curiae*로 활동하기

---

* 법정의 친구라고도 불리는 법정조언자는 제3자로서 의견서amicus brief를 제출하여 소송과 관련된 보편적인 입법적 사실 또는 이해관계에 관한 정보를 제공함으로써, 재판 당사자들의 주장을 보완하고 법관의 판단에 도움을 주는 역할을 한다. 법원이 법정조언자의 의견에 구속되지는 않는다. 한국 역시 참고인 제도를 두고 있다.

도 했다.[56]

전국 단위 뉴스 매체들은 솔즈베리에 대한 형사 명예훼손 기소를 비판하는 데 목소리를 높이고 있었다. 그래서 캐틀리지는 뉴욕타임스를 상대로 하는 버밍햄 명예훼손 사건에 미국신문편집인협회를 참여시키려던 그의 시도가 저항에 부딪히자 놀라워했다. 11월에 열린 미국신문편집인협회 이사회 회의에서 캐틀리지는 인디애나폴리스스타Indianapolis Star의 편집장이자 미국신문편집인협회 정보자유위원회 위원장인 유진 S. 풀리엄Eugene S. Pulliam에게 위원회가 뉴욕타임스를 위해 법정조언자로서 의견서를 제출할 수 있을지 물었다. 풀리엄은 처음에는 도움을 주겠다는 의향을 보였으나, 곧 이 사안이 공공기록에 대한 접근이나 그 절차와 관련이 없기 때문에 정보자유위원회 업무 범위 밖의 문제라고 생각한다고 캐틀리지에게 보고했다.[57]

사실 편집자들은 소송을 당할까 봐 두려워하고 있었다. 미국신문편집인협회 위원회에 속한 남부 신문 편집자들은 명예훼손 사건에 대한 미국신문편집인협회의 개입에 눈살을 찌푸렸다. 막강한 뉴하우스 체인Newhouse chain*이 소유하고 있던 버밍햄 신문들은 전국에 동맹을 갖고 있었다.[58] 캐틀리지는 애틀랜타 컨스티튜션, 워싱턴포스트, 뉴스위크 등 주요 언론사에 뉴욕타임스를 위해 버밍햄 사건의 법정조언자 의견서를 제출해 주도록 총력을 기울였을 때에도 실망할 수밖에 없었다. 언론사들은 남부의 보복을 우려해 그의 부탁을 거절했다.[59]

---

* 미국 신문사들을 다수 소유하고 있던 뉴하우스 가문의 미디어 체인. 새뮤얼 어빙 뉴하우스Samuel Irving Newhouse는 17세에 망해 가고 있던 베이언타임스Bayonne Times를 인수하여 새로운 광고를 유치하고 판매 부수를 늘려 경제적 성공을 거둔다. 이후 미국의 신문사와 잡지사, 라디오 방송사, 텔레비전 방송국 등을 다수 인수했으며, 새뮤얼 어빙 뉴하우스가 사망했을 때 뉴하우스 체인은 미국에서 세 번째로 큰 미디어 체인이었다.

캐틀리지는 명예훼손 소송과 동료들의 냉담한 반응에 대한 생각을 멈출 수 없었다. 12월 파리에 머물며 뉴욕타임스 국제판 작업을 하고 있을 때, 그는 충동적인 행동을 했다. 그해의 마지막 날, 그는 타자기를 꺼내 한바탕 편지를 쓰기 시작했다. 편지에서 그는 미국 최고의 편집자들에게 뉴욕타임스를 지지하는 것이 왜 중요한지를 설명했다. 그는 나이트Knight 신문 체인의 대표이자 미국신문편집인협회의 부회장인 리 힐스Lee Hills에게, "이제 막 만들어지고 있는 것으로 보이는 새로운 협박 무기에 크나큰 두려움을 느낀다"고 설명했다.

그러나 이 중요한 시점에 제가 여러분과 진지하게 논의하고 싶은 사안은, 현재 뉴올리언스에서 계류 중인 항소심에서 나이트의 신문사들, 특히 마이애미헤럴드Miami Herald가 법정조언자 의견서를 제출하는 것을 고려할 수 있는지 여부입니다. 팩트가 그 자체로 여러분을 설득하도록 맡기겠습니다만, 나는 여러분이 팩트를 검토하고 나면 뉴스에 대해 정직하고 폭넓은 보도와 논평을 하려는 신문사들에게 가장 중요한 문제가 여기 달려 있다는 데 동의할 것이라고 확신합니다.

뉴욕타임스뿐만 아니라 미국 신문업계 전체가 이 문제에 관해 깊은 우려를 갖고 있음을 법원에 알려야 합니다. … 그리고 리, 저는 뉴욕타임스의 대표나 개인적인 친구로서가 아니라, 이제 막 만들어지고 있는 것으로 보이는 새로운 협박 무기에 크나큰 두려움을 느끼는 직업인으로서 이 편지를 씁니다.[60]

캐틀리지는 뉴올리언스 타임스-피카윤, 애틀랜타 컨스티튜션, 워싱턴포스트의 편집장에게 서둘러 편지를 보냈다. 댈러스타임스헤럴드의 펠릭스 맥나이트Felix McKnight에게 보낸 편지에서 그는 "미국신문편집인협회나 다른 친구들에게 행동을 촉구하는 것을 나 역시 주저한다는 것을 자네도 알 것이네. 하지만 ⋯ 나는 이것을 매우 중요한 문제라고 생각하고, 신문업계의 진지한 관심을 촉구해야 한다고 생각한다네. 여기서 근본적인 문제는 취재의 자유, 즉 본거지를 떠난 곳에서도 사실상 린치법인 손해배상 청구 소송의 위협으로부터 자유로워야 한다는 걸세." "자네가 현재 계류 중이며 곧 제5순회항소법원에서 변론이 진행될 항소심에서 법정조언자 의견서를 제출할 만큼 이 사건이 신문업계에 중요한 사건이 아닌지 고려해 볼 필요가 있다고 생각하네."[61] 그러나 애틀랜타 컨스티튜션과 애틀랜타저널을 발행하는 애틀랜타 뉴스페이퍼스, 오랫동안 언론의 자유를 옹호해 온 시카고트리뷴을 제외하고는 어떤 언론사도 개입하지 않았다. 이들 언론사는 제5순회항소법원에 뉴욕타임스가 앨라배마에서 소송을 당할 수 있다는 결정을 뒤집을 것을 촉구하는 법정조언자 의견서를 제출했다.[62] 이후 3년 동안 법정에서의 굴곡진 쌍무를 이어 가는 동안, 캐틀리지는 언론계 동료들의 소심함에 좌절감을 느꼈다.

유서 깊은 단체인 미국시민자유연합American Civil Liberties Union, ACLU도 관여하지 않았다. 이 단체는 1920년부터 미국 최고의 시민 자유 단체로서 시민 자유를 위한 투쟁의 최전선에 서 있었다. ACLU는 대법원에서 심리한 가장 중요한 언론 자유 사건들의 소송을 대리했고, NAACP의 민권 소송을 지원하는 데에도 적극적으로 참여했다. ACLU는 이번 명예훼손 사건들이 언론과 민권운동에 미칠 불길한 영향을 예견하고 있었으나, 명예훼손 사건에는 관여하지 않는다는 오랜 방침 때문에 뉴욕타임스 지원을 주저했다.

ACLU 지도부는 기존 대법원 판결에 따라, 명예훼손 사건은 헌법상 문제가 되지 않기 때문에 ACLU의 관할 밖이라고 여겼다.[63]

몽고메리 명예훼손 재판 중 두 번째 재판인 얼 제임스 시장에 대한 재판은, 1961년 1월 말 몽고메리의 대규모 남부연합 기념행사를 앞둔 주에 예정되어 있었다. 그 주에 계획된 축제에서는 횃불 퍼레이드, 역사 재연, 미인대회, 불꽃놀이 등이 이루어질 예정이었다. 수염을 길게 기른 남성들과 후프 스커트에 보닛을 쓴 여성들이 축제행사에서 곧장 법정으로 갔다. 배심원 중 다섯, 그리고 제임스 시장 자신도 남부연합군 스타일로 수염을 정돈하고 법정에 출석했다.[64]

재판에 앞서 엠브리와 목사 측 변호사들은 이러한 남부연합 기념행사가 "이 소송의 주제와 남북전쟁의 몇 가지 쟁점 간 관계", 그리고 "그러한 쟁점들이 공동체의 의식 속에서 되살아나며 지역적 감정과 느낌을 불러일으키는 것" 때문에 뉴욕타임스가 불편부당한 배심원단 앞에서 공정한 심리를 받을 수 없다고 주장하며, 기일의 연기를 요청하는 신청서를 제출했다.[65] 존스 판사는 당연히 이 신청을 기각했다.

뉴욕대학교 로스쿨을 졸업한 몽고메리 출신의 마흔 살 흑인 민권 변호사 찰스 스윙어 콘리Charles Swinger Conley가 4명의 목사들을 대리했다. 그는 SCLC도 대리했다.[66] 콘리는 배심원단에서 흑인 시민이 배제된 것은 수정헌법 제14조 위반이라고 주장하며, 존스에게 배심원단을 해산해 달라고 요청했다.[67] 이 사건에서 처음으로 인종차별이 쟁점이 된 순간이었다. 콘리가 이를 근거로 항소할 계획임이 분명했다. 예상대로 존스 판사는 이 신청도 기각했다.

재판은 본질적으로 설리번 재판의 재연이었다. 나흐만은 뉴욕타임스가 "대중의 수치심과 증오"를 불러일으키기 위해 "악의적으로" 전면 광고를 게재했다고 비난했다. 이 광고는 "몽고메리시와 몽고메리시 경찰 행정을 책임지고 있는 제임스 시장에 대한 비방"이었다. "산탄총과 최루탄", 그리고 식당에 자물쇠를 채운 당국을 언급한 광고 문구는 "거짓말일 뿐"이었다. 뉴욕타임스 측 변호사들은 "그 진술은 어떤 방식, 형태, 양식으로든 제임스 시장을 겨냥한 것이 아니다."라고 주장했다. 제임스 시장의 변호사는 광고를 읽으면서 니그로Negro를 '니그라Nigra'로 발음했다. 콘리는 이의를 제기했고, 존스는 이를 기각했다. "발음을 어떻게 할지는 그에게 맡기겠다."라고 존스는 말했다.**68**

뉴욕타임스 직원들은 해당 광고가 진술의 진실성을 선의로 믿고 게재된 것이라고 배심원단을 설득하기 위해 노력했다. 그들은 시장을 지칭할 의도가 없었다고 주장했다. 광고 영업 사원인 거숀 애런슨은 그에게는 광고의 진술이 허위라고 믿을 이유가 없었다고 말했지만, 뉴욕타임스가 광고의 정확성을 확인하지 않았다는 점은 인정했다. 광고승인부 책임자인 빈센트 레딩은 반대 심문에서 광고의 팩트체크와, 목사들이 자신의 이름을 사용하도록 승인했는지를 확인하지 않았다고 인정할 수밖에 없었다. 제임스는 이 광고가 몽고메리의 법과 질서를 유지하고, "시정부의 기능을 질서 있게 관리"하는 자신의 역량을 비판했다고 증언했다. 그러나 그는 자신이 몽고메리에서 여전히 평판이 좋으며, "앞으로도 그럴 것이라고 믿는다."라고 인정했다.**69**

재판 첫날, 목사 측 변호사들은 존스 판사에게 법정에서의 인종통합을 요청했다. 그들은 법정에서의 인종분리가 수정헌법 제14조의 적법절차 및 평등보호조항을 위반한 것이라고 주장했다. 판사는 법원 서기를 소환했고, 그는 법정에서의 인종분리 조치가 관례적·비공식적인 것이지만, 법원의 규칙이나 규정이 법정에서의 인종분리를 요구하는 것도 아니라고 증언했다. 셔틀스워스는 재판을 위해 그 도시에 있었다. 그날 저녁, 그는 덱스터 애비뉴 침례교회 교구민들에게 법적으로 강제되는 인종분리는 없을 것이라는 존스의 결정을 시험해 볼 것을 권하는 열정적인 설교를 펼쳤다.[70]

다음 날 아침, 흑인 방청객들이 법정으로 줄지어 들어가 백인 방청석에 앉았다. 법원 직원들은 눈에 띄게 동요했다. 배심원들의 눈에 잘 띄는 곳에서, 법원 집행관은 흑인 참석자들에게 "일어나서 이동하라"며 법정 한쪽으로 자리를 옮길 것을 지시했다. 목사들은 자신들의 권리가 거부당하고 있다고 주장하며 재판무효mistrial*를 신청했다. 존스 판사는 재판 속행을 명령했다.[71]

다음 날 아침에 방청객들이 또다시 법정의 인종통합을 시도하자, 존스는 가만히 있지 않기로 결심했다. 격분한 그는 판사석에서 전날 준비한 메모를 읽어 내려갔다. 존스는 그가 "니그로Negro 피고들의 도전"이라 부른 것을 받아들였는데, 이는 연방법원에서 자신의 판결에 대해 다툴 준비가 되어 있다는 의미로, 수정헌법 제14조는 그의 법정에 "설 자리가 없다"며 "백인의 정의"에 따라 판결할 것이라고 주장했다.

질서 있는 재판 진행을 방해할 정도로 많은 사람들이 법정에 몰려들었

---

* 재판무효는 재판이 완료되지 않은 상태에서 무효로 선언되는 것을 뜻한다. 배심원단이 합의에 도달하지 못하거나, 재판 과정에서 중대한 법률적 오류가 발생한 경우, 재판 과정에서 편파적인 부정행위가 발생한 경우에 재판무효가 선언될 수 있다. 재판무효 이후에는 재판이 다루고 있던 동일한 사안에 대해 다시 재판을 요청할 수 있다.

   뉴욕타임스 죽이기

다. 재판장이 판사석에서 직접 목격한 바에 따르면, 4명의 흑인 피고인들의 친구들은 법정을 자신들과 같은 인종으로 가득 채우기 위해 의도적으로 행동했다. 법정 좌석을 채우기 위해 흑인 인종을 끌어들이려는 계획적인 노력이 있었던 것으로 보인다.

법원이 연구와 조사를 통해 판단할 수 있는 한에서 보았을 때, 흑인 방청객이 대규모로 비정상적으로 쏟아져 들어온 것은 사법의 질서 있는 집행과 적절한 재판 진행을 목격하려는, 이 사안에 관심을 가지고 있는 시민의 어떤 욕구 때문이 아니었다. 법정의 앞줄부터 뒷줄까지 모든 좌석을 점령한 이 흑인 방청객의 존재는 법정에서 방청객의 좌석을 지시하는 재판장의 권리와 권한을 시험하고 그에 도전하는 것이다. …

판사는 … 자신의 사법권과 권위를 시험받을 준비가 되어 있다. 판사는, 수정헌법 제14조에 따라 판사가 재판 진행 방식을 지시할 권한이 없고 아무 힘도 없다는 4명의 흑인 피고인 측 변호사의 도전을 받아들인다. 재판장은 기꺼이 이 도전을 받아들일 것이다. 그는 앨라배마 주법을 4명의 흑인 피고인 측 변호사의 희망과 변덕에 반하는 방향으로 적용한다.

이 시간부터 앨라배마의 보통법에 따라, 그리고 인종들의 선과 주의 평화를 위해 많은 일을 이루어 온 백인과 흑인 모두의 오랜 관습과 용례를 준수하기 위해, 법정 좌석에서 더 이상 인종통합은 없을 것이다. 법정에서 방청객은 그들의 인종에 따라 앉게 될 것이며, 이는 질서 있는 사법 행정과 합법적으로 이곳에 오는 모든 사람들을 위한 것이다. …

4명의 피고인 측 변호사들 중 한 명이 … 원고 측 변호사, 존경하는 이 법정의 변호사이자 높은 교육을 받은 변호사의 니그로negro 발음에 대해 수 차례 큰 소리로 이의를 제기했다. 이의를 제기할 권한에 대한 승인

없이 이루어졌으며, 이 사건의 쟁점과는 전혀 관련이 없다. … 이 이의제
기는 법정에 있는 흑인 방청객에게 극적인 인상을 준다. 그들은 그저 인
종적 편견에 호소하고 있을 뿐이다. … 그들은 좋은 안목이 부족하다.
법원은 이틀 동안 인내심을 가지고 그들을 참아 왔다. 이들이 동일 행동
을 반복한다면 법원은 법정모욕으로 즉결심판할 것이다.

그는 연방대법원을 겨냥해, "상급법원에서는 그동안 수정헌법 제14조를
활용하는 것이 꽤나 유행처럼 되었다."라고 지적했다. "이 법정에서 수정헌
법 제14조는 어떤 경우든 설 자리가 없으며, 천덕꾸러기이자 버림받은 존
재에 불과하다."라고 존스는 선언했다.

수정헌법 제14조에 있는 그 어떤 단어도, 수정헌법 제14조 역사의 그 어
떤 암시도, 주의 법과 구조 아래에서 봉사하는 주 판사로부터 그의 법원
의 내부 운영을 통제할 수 있는 고유한 권한을 빼앗은 바 없다. …
우리는 이제 수정헌법 제14조가 아닌 앨라배마주의 법률 아래에서, 수
세기 전 영국에서 태어나 앵글로색슨 인종에 의해 이 나라로 건너와 오
늘날 이곳에서 완전히 꽃피운 백인의 정의, 수많은 세대에 걸쳐 백인과
흑인을 축복해 온 정의가 인종이나 피부색에 관계없이 이 법정의 당사자
들에게 법 아래 평등한 정의를 줄 것이라는 믿음과 지식에 따라, 이 사
건 재판을 계속할 것이다.

이 발언은 「법정 인종분리에 관한 존스 판사의 견해」라는 제목으로, 존스
가 편집을 맡고 있던 주 변호사협회의 기관지 앨라배마 로이어에 실렸다.[72]

이 발언은 목사들의 미국 연방대법원 항소심에서 인종차별의 증거가 되었다.

사흘간의 증언을 거친 후 1961년 2월 1일, 사건은 배심원단에게 전달되었다. 두 시간의 평의 후 배심원단은 제임스가 50만 달러의 배상금을 받을 수 있도록 했다.[73] 몽고메리 사건들에서 뉴욕타임스와 목사들에게 부여된 배상액의 총합은 이제 100만 달러에 달했다.

제9장

민권의 위기

명예훼손 사건들은 서로 다른 두 전선에서 방어되고 있었다. 뉴욕타임스 변호사들은 앨라배마 법정과, 로드데이앤드로드의 고급스러운 사무실의 닫힌 문 뒤에서 서류 작업을 처리하고 논변을 구상했다. 한편, 교회와 가구가 드문드문 놓인 회의실에서 민권운동 지도자들은 연설을 하고 모자를 돌려 25센트 또는 1달러의 기부금을 받으면서, SCLC는 검약한 전투를 벌였다. 명예훼손 소송들은 뉴욕타임스를 침묵하도록 했지만, SCLC는 더욱 대담하게 만들었다. 명예훼손 소송들을 공론화하는 데 두려울 것이 없었던 SCLC는 이 소송들을 통해 남부 인종 제도의 부정의를 부각했다.

명예훼손 소송들이 시작되었을 때부터, 민권운동 지도자들은 뉴욕타임스를 공동의 피해자이자 동맹으로 받아들였다. 앨라배마주 당국의 뉴욕타임스에 대한 탄압은 인종분리주의자들의 잔혹함을 고발하는 민권운동의 주장에 힘을 실었다. 민권운동 지도자들은 연설, 논평, 팸플릿을 통해 민권과 언론 자유의 연관성을 널리 알렸다.

버밍햄 위원들이 뉴욕타임스를 고소하자, 프레드 셔틀스워스의 앨라배마 기독교인권운동은 이 소송을 "지역 공중의 눈을 가리고 … 다양한 법 위반과 민권 침해를 은폐하려는 의도"라고 묘사하며 비난하는 결의안을 발표했다. "우리는 문제의 기사에서 어떠한 허위, 비방, 중상도 찾을 수 없다. 실질적 측면에서 철회되어야 하는 내용이 없으며, 오히려 추가될 수 있는 내용이 더 많다고 우리는 생각한다."[1] 버밍햄에 본부를 둔 다인종 민권 단체인 남부컨퍼런스교육기금Southern Conference Educational Fund은 "언론의 자유가 다음 차례인가?Is Freedom of the Press to Go Next?"라는 제목의 공개 성명을 발표했다. "우리는 이 명예훼손 소송을 앨라배마주에서 목사들의 민권운동 활동을 억압하기 위해 고안된 괴롭힘으로 간주한다."라고 성명서는 밝혔다. "우리는 또한 이 소송이 언론의 자유에 대한 심각한 위협이라고 생각하며, 이를 방치하고 문제 제기를 하지 않는다면 많은 기자와 신문사가 최남부에서 벌어지는 사건들에 관해 진실을 보도하는 것을 주저하게 될 것이다."[2]

그러나 민권운동가들이 뉴욕타임스를 지지한 것은 일방적이었을 뿐, 상호적인 관계는 아니었다. 뉴욕타임스는 편집국 차원에서 민권운동을 지지하기는 했으나, 명예훼손 소송들에서 SCLC와의 연합은 이미 위태로운 변호를 더욱 위태롭게 할 것이라며, SCLC와 연합하지 않겠다는 의사를 분명히 밝혔다.

연좌시위는 SCLC에 활력을 불어넣었다. 1960년 이전 SCLC는 킹 목사의 행정 미숙, 예산과 인력의 부족으로 허우적거리고 있었다. 그러나 학생 시위대의 열정적인 행동주의는 이 단체가 인종분리에 맞서 '전면전'을 벌이도록 고무했다. 1960년 봄에 킹 목사는 와이엇 티 워커Wyatt Tee Walker 목사를 SCLC 상임이사로 임명하고 활동 반경을 넓히도록 했다. 그해 여름, SCLC 는 연좌시위 지원, 주 간 교통수단에서의 인종분리주의에 반대하는 프리덤 라이드Freedom Rides, 유권자 등록 캠페인, 지역사회 지도자들에게 인종분리주의에 저항하는 비폭력 운동을 교육하는 하일랜더 시민학교Highlander Folk School 운영 등을 계획했다.[3]

이러한 노력에는 시간과 헌신, 그리고 막대한 자금이 필요했다. 지도자들이 수백만 달러의 명예훼손 판결과 이를 방어하기 위한 소송에 시달려서는 SCLC가 발전할 수 없었다.[4] SCLC는 이미 소송 비용에 허우적거리고 있었다. 위증 사건에서 킹 목사를 변호하는 데 5만 달러의 비용이 들었고, 6명의 변호사가 필요했다. 게다가 SCLC는 연좌시위로 인해 새로운 소송들을 마주하고 있었다.[5]

킹 목사는 명예훼손 소송들이 SCLC의 존립 자체를 위협한다고 확신했다. 그는 최측근인 스탠리 레비슨과 클래런스 존스Clarence Jones 변호사에게 몽고메리 평결을 뒤집고 나머지 명예훼손 소송들이 파기되도록 해 줄 것을 요청했다. 존스는 필라델피아 출신의 가난한 흑인 가정부의 아들로 태어나, 자수성가하여 보스턴 대학교 로스쿨을 졸업하고 로스앤젤레스에서 엔터테인먼트 변호사로 성공적인 경력을 쌓은 인물이었다. 킹 목사는 탈세 사건에서 자신을 변호하기 위해 존스를 영입했고, 이후 존스는 킹의 법률고문으로 활동했다.[6]

킹과 레비슨처럼, 존스도 명예훼손 소송 승소가 SCLC의 생존에 필수적이라고 생각했다. 나아가 그는 승소를 원칙의 문제로 보았다. 설리번 사건은 사소했다. 존스는 "지금 같았으면 제기되지 않았거나, 즉시 무가치하다고 기각되었을 소송"이라고 회상했다. "사소하든 아니든, 이 소송은 민권을 억압하는 가장 강력한 무기가 소방 호스가 아니라 역사의 잘못된 편에 선 변호사라는 마틴의 신념을 확인시켜 주었다." "이 소송의 정치적 목적은 SCLC와 그 지도부를 파산시키고, 목을 베고, 북부 언론을 위협하는 것이었다. 즉 이 소송은 저절로 사라지지 않을 것이었다. 앞으로의 소송을 억제하기 위해서는 반드시, 결단코 승소해야만 했다."[7] 존스는 민권 투쟁이 성공하기 위해서는 표현의 자유에 대한 강력한 보호가 필요하다고 믿었고, 명예훼손 소송에서 반드시 승소하기 위한 개인적인 성전에 착수했다. 그는 남부 정치인들이 명예훼손법을 무기화하면, "민권운동은 목이 베이고 파산할 것"이라고 믿었다. 존스는 킹 목사에게 "남부 전역의 민권운동"은 "[목사들의] 머리에 법적 책임이 달려 있는 상태에서는 전진할 수 없다"고 설명했다.[8]

SCLC는 뉴욕타임스가 명예훼손 사건 방어에 협력하지 않으려 한다는 사실을 알고 있었다. 그럼에도 불구하고 킹 목사는 "무슨 생각을 하고 있는지 알아보기 위해" 레비슨과 존스가 뉴욕타임스 변호사들과 소통해야 한다고 믿었다. 패터슨이 소송을 제기한 지 얼마 지나지 않아 러브, 데일리, 레비슨, 존스는 로드데이앤드로드 사무실의 회의 테이블에 모였다.

뉴욕타임스 변호사들은 뉴욕타임스가 패터슨의 철회 요청을 어떻게 승인했는지 설명하고, 목사들 역시 배상액 경감을 위해 철회 요청에 응해야 한다고 주장했다. 존스는 분노했다. 뉴욕타임스는 뒤로 물러난 상태였고, SCLC에도 비겁해질 것을 요구하고 있었다. 그는 분개하여 "아니, 안 돼요. 우리는 철회하지 않을 겁니다."라고 말했다. 존스는 레비슨을 향해 말했다. "스탠리, 어떤 상황에서도 철회에 동의할 수 없습니다." 그가 말했다. "우리

는 이 문제에 대해 입장을 확실히 해야 합니다. 아시겠습니까?" 목사들은 철회 요청에 응하지 않았다.[9]

한편, SCLC는 명예훼손 사건들로 인해 재정적 출혈을 겪고 있었다. 1960년 10월까지 SCLC는 명예훼손 사건 변호를 포함한 법률 비용으로 5만 달러를 지출했다. 1961년 SCLC 뉴욕 사무소는 명예훼손 사건 변호에 전체 예산의 10분의 1에 가까운 2만 7,000달러를 지출했다. 또한 SCLC는 목사들을 지원하기 위해 '긴급 변호 기금', 즉 '변호 및 손실 회복을 위한 특별 기금'으로 1만 2,000달러를 모금했다.[10] 앨라배마 주정부가 목사들의 재산을 압류하기 시작한 이후 기금 모금은 불가피했다.

설리번 재판이 끝난 직후, 뉴욕타임스 변호사들은 새로운 재판을 신청했다. 뉴욕타임스는 사건들을 분리하여, 뉴욕타임스와 목사들이 각각 항소하도록 했다. 뉴욕타임스 변호사들은 앨라배마 법원이 뉴욕타임스에 대한 관할권이 없고, 광고가 설리번을 언급하지 않았으며, 법원에 제출된 증거에 기초했을 때 배상금이 과도하다는 이유로 판결이 부당하다고 주장했다. 목사 측 변호인단 또한 목사들이 그들의 이름을 사용하는 것에 동의하지 않았고, 배심원단이 흑인 시민을 배제했으며, 법정 내 인종분리가 수정헌법 제14조를 위반했다고 주장하며 새로운 재판을 신청했다.

새로운 재판을 신청하는 것은 표준적이고 형식적인 조치였다. 물론 존스 판사 외에는 재판 신청을 심리할 사람이 없었기 때문에 뉴욕타임스와 목사들은 이 신청이 받아들여질 것이라 기대하지 않았지만, 상급법원에 항소하기 위해 제스처를 취하지 않을 수 없었다. 뉴욕타임스는 설리번 사건에 대한 새로운 재판을 신청하는 것 외에도, 주법원 시스템을 통해 항소할 계획이었다. 앨라배마 주법에 따르면, 항소 기간 동안 집행유예 상태인 주 지방

뉴욕타임스 죽이기

법원 평결trial court verdict에 대해 항소하기 위해서는 판결금의 두 배에 해당하는 금액의 슈퍼시디어스 보증금supersedeas bond(항소심이 끝날 때까지 판결금의 지급을 연기하고자 하는 항소인에게 요구되는 보증금)을 공탁해야 했다.

뉴욕타임스는 100만 500달러(법에 따라, 판결금의 두 배에 500달러를 더한 금액)의 보증금을 공탁했다. 하지만 목사들은 공탁금을 낼 형편이 아니었다. 목사 측 변호사들은 뉴욕타임스 변호사들에게 성직자들이 뉴욕타임스의 공탁금에 '편승'할 수 있을지 물었다. 뉴욕타임스 변호사들은 뉴욕타임스가 관할권 문제를 제기했고, 이 사건이 연방대법원에 상고될 경우 앨라배마에 관할권이 없다고 판결될 것이라고 믿는다며 이를 거부했다. 슈퍼시디어스 보증금에 목사들의 '꼬리표'가 붙는다면, 앨라배마 법원은 뉴욕타임스에 대한 관할권을 갖게 될 것이었다.[11]

1960년 12월 16일, 뉴욕타임스 측 변호인단과 목사 측 변호인단은 존스 판사 앞에 출석하여 새로운 재판 신청을 위한 재판 연기를 요청했고, 재판은 1961년 1월 13일까지 연기되었다. 그날 뉴욕타임스 변호사들은 곧바로 요청서를 제출했고, 3월 3일까지 변론 연기를 허가받았다. 목사들은 5일이 지난 후에야 연기 요청을 했다. 존스 판사는 목사들이 별도의 요청서를 제출했어야 하며, 그 기한은 지난 토요일로 만료되었다고 결정했다. 그는 목사들의 변론을 듣는 것은 물론 진술을 기록에 남기는 것도 허용하지 않은 채, "당신들은 끝장났습니다, 당신들은 끝장났어요."라고 말하며 법정에서 쫓아냈다.[12]

목사들은 계류 중인 신청이 없었고 보증금도 공탁하지 않았기 때문에, 50만 달러 배상 판결 이행을 위해 그들의 재산이 압류될 수 있었다. 공격적인 변호로 명성이 자자했던 나흐만의 요청에 따라, 존스는 몽고메리 보안관에게 목사들의 재산을 압류하라고 지시했다. 프레드 그레이는 회상했다. "일반적인 상황, 특히 피고 중 한 명이 보증금을 공탁했고 사건이 계류 중인 상황에서는 원고가 재산을 압류하지 않는다. 하지만 그때는 일반적인 상황이 아니었다." "이곳은 여전히 앨라배마였고, 이것은 여전히 민권 사건이었다. … 원고에게는 목사들의 재산을 압류하기 전에 항소심이 끝나기를 기다릴 인간적 예의가 없었다."[13]

2월의 어느 날 집으로 돌아온 애버내시는 5년 된 뷰익 센추리가 사라진 것을 발견했다. 사법 당국이 그날 일찍 견인해 갔던 것이다. '장부상' 가치가 695달러였음에도, 주정부는 이 차를 400달러로 경매에 부쳤다.[14] 애버내시는 차에 대한 압류가 "흑인의 권리를 위한 나의 싸움을 어떤 방식으로도 막지 못할 것이다. 나는 자유를 향한 길을 걸어갈 것이다."라고 언론에 말했다.[15] 곧이어 당국은 애버내시의 또 다른 중요 재산인 주 서부 머렝고카운티 소재 307에이커 규모의 토지에 대한 12분의 1 지분을 압류했다. 죽은 그의 아버지와 어머니가 소작농으로 건실히 일해 매입하고 12명의 자녀에게 물려준 땅이었다. 이 땅은 3월 20일 경매에 부쳐졌다. 애버내시의 11명의 형제자매가 4,350달러에 그의 지분을 매입했다.[16] 전국 각지의 민권운동 지지자들이 애버내시의 재산 회복을 위해 기부금을 보내왔다.[17] 로스앤젤레스 빅토리 침례교회는 애버내시에게 새 일렉트라 뷰익을 선물했다.[18]

세이에게는 몽고메리 외곽에 농사 짓는 작은 땅이 있었다. 이것이 그의 이름으로 된 유일한 소유였다. 주정부는 그 땅의 '빠른 매각'을 위해 경매에 부쳤다. 그는 레비슨에게 500달러를 빌려달라고 간청했다. "저는 작은 교회의 목사이지만, 수입의 대부분이 제 농장에서 나옵니다."라고 그는 썼다. 압류로 인해 그의 신용은 "지역사회에서 완전히 무너졌다."[19]

보안관 J. M. 존스와 O. E. 키니는 버밍햄의 베델 침례교회 목사관에서 프레드 셔틀스워스의 자동차인 크림색 줄무늬가 있는 1957년형 황갈색 플리머스를 가져갔다.[20] 차가 압류되기 전에, 셔틀스워스는 좋은 타이어를 마모된 것으로 교체하고 공기를 빼놓았다. 보안관이 차 견인을 위해 타이어에 공기를 넣는 모습을 보며 그는 웃었다. "나는 괴롭히는 사람들을 괴롭혀야 한다고 믿는다."라고 그는 말했다.[21] 차가 없어진 셔틀스워스는 동료 목사가 제공하는 택시 서비스를 이용했다. 신도들은 그에게 새 차를 사 주기 위해 기부금을 모았고, 새 차가 또다시 압류되는 것을 막기 위해 "예수님의 이름으로in the name of Jesus" 등록하자고 제안했다.[22]

사법 당국이 모빌에 있는 조지프 라워리로부터 압류할 수 있었던 유일한 재산은 1958년형 크라이슬러뿐이었다. 그의 교구민들은 경매에 나온 차를 900달러에 다시 사서 그의 아내에게 주었다. 라워리는 "새 차를 받지 못한 사람은 저뿐이었어요!"라고 회상했다. "영리한 감리교 신자들은 같은 차에 입찰해서 돈을 아꼈습니다. 침례교인들은 차를 가져가도록 내버려두고, 애버내시와 셔틀스워스, 세이에게 새 차를 사 주었죠. 하지만 저는 똑같은 낡은 차를 몰았어요."[23]

앨라배마 사법 당국은 판결금의 일부 지급 목적으로 목사들에게서 총 7,500달러의 재산을 압류했다. 터스키기 연방저축대부은행에 있던 그들의 은행 계좌는 압류되고 급여는 차압되었다. 이 괴롭힘은 결코 사소한 문제가 아니었다. 이들은 모두 대학 교육을 받은 목회자였지만, 주당 100달러 이상의 급여를 받는 사람은 아무도 없었다. 이러한 핍박은 SCLC 지도부를 앨라배마에서 떠나도록 했다. 차가 압류된 직후 셔틀스워스는 신시내티로 이사했다.[24] 곧이어 라워리도 모빌을 떠나 내슈빌로 이사했다.

그림 6. 버밍햄에서 열린 기자회견에 참석한 마틴 루서 킹 주니어, 프레드 셔틀스워스, 랠프 애버내시(왼쪽에서 오른쪽으로). 앨라배마 기록역사부. 앨라배마 미디어그룹 기증. 사진: 톰 셀프Tom Self, 버밍햄뉴스.

이 불행한 에피소드는 명예훼손 소송 변론에 대한 예상치 못한 지지 분위기를 이끌어 냈고, SCLC는 더 쉽게 기금을 모을 수 있었다. 우는 아이들 앞에서 끌려가는 목사들의 소박한 자동차, 어렵게 얻은 가족 재산이 경매에 넘어가는 극적인 사건은 전국 언론에서 동정적으로 다루어졌다. 이러한 사건은 흑인 신문들을 통해 전국으로 알려졌으며, 유명한 흑인 잡지 제트Jet에도 보도되었다. 기부금이 SCLC로 흘러 들어왔다. 명예훼손 소송들은 인종분리주의자들을 움직였던 것처럼, 북부의 민권운동 옹호자들의 인종 간 연합도 결집시켰다. 와이엇 티 워커는 반기 보고서에서, "역설적이게도 우리 동포 4명이 사건에 깊게 관여됨으로써 우리의 활동과 메시지가 확장되었다."라고 언급했다. "애버내시, 라워리, 세이, 셔틀스워스가 겪은 많은 불안과 희생을 부정할 수 없다. 하지만 투쟁은 기묘한 방식으로 발전해, SCLC는 그들의 희생으로부터 도움을 받고 있고, 우리는 이들에게 갚을 수 없는 빚을 지고 있다."[25]

몽고메리 보안관들이 애버내시의 재산을 압류하기 전날, 4명의 목사는 변호사 찰스 콘리를 통해 명예훼손 소송의 기소를 중단시키려 했다. 공직자가 개인의 시민권을 침해하는 범죄에 대한 공모를 금지하기 위해 헌법에 의해 보장된 특권과 면책을 박탈하는 1871년 민권법에 따라, 패터슨 주지사, 몽고메리 위원들, 4명의 몽고메리 보안관을 상대로 연방 민권 소송을 제기했던 것이다.[26]

앨라배마 중부 지방법원에 제출한 소장에서, 콘리는 1960년 2월 학생 시위대에 대한 공격을 계기로 주 공직자들이 "흑인 민권 박탈"을 위해 공모했음을 설명했다. 그는 패터슨과 위원들이 "법률이나 사실에 근거하지 않고 원고들을 상대로 기망적 소송을 제기함으로써 원고와 그 지지자들이 헌법 상의 권리를 행사하는 것을 저해, 금지하기 위해 주 사법기관과 그들의 공식적인 지위를 이용하여 공모하고 계획했다.”라고 주장했다. 명예훼손 소송은 이러한 공모의 일부로서 무기화된 것으로, “4명의 원고에 대한 지역사회의 정서를 악용하여 자신들의 이익을 꾀하려는 자들에 의해 조작되고 꾸며진 것”이었다.[27] 킹 목사는 이러한 “가처분 소송”을 “1961년 SCLC를 위해 이루어진 가장 중요한 조치 중 하나”라고 극찬했다.[28]

프랭크 M. 존슨 주니어Frank M. Johnson Jr. 판사의 심리 아래 변론이 진행되었다. 존슨은 공공시설의 인종차별 폐지 명령을 내린 판결로 민권 옹호자들의 찬사를 받는 법관이었다. 그러나 그는 목사들의 재산 압류 중지 가처분 신청을 기각했는데, 원고들이 아직 주법원에서의 구제 수단을 다 사용하지 않았다고 판단했기 때문이다.[29] 제5순회 연방항소법원도 원심 판결을 유지했다.[30] 이에 목사들은 연방대법원에 항소했다. 연방대법원은 민권을 옹호해 왔으나, 이 사건에 대해서는 아무런 언급 없이 심리를 기각했다.[31] 콘리와 킹은 재산 압류 중지 가처분 소송을 통한 구제의 길이 막혔다는 결론을 내릴 수밖에 없었다.

설즈버거는 어느 날 아침 침대에서 식사를 하며 뉴욕타임스를 읽다가 목사들의 재산 압류 소식을 접했다. 이제 60대인 데다가 뇌졸중으로 거동이 불편해진 그는 더 이상 신문사를 운영할 수 없었다. 그의 사위 오빌 드라이푸스가 뉴욕타임스의 일상 업무 대부분을 넘겨받았다. 그럼에도 불구하고 설즈버거는 오랜 기간 ‘파란 쪽지’를 통해 자신의 의견을 알리며 영향력을 내비쳤다.[32]

설즈버거는 뉴욕타임스로 인해 목사들이 위험에 처했다는 사실에 두려움과 양심의 가책을 느꼈다. 그는 러브에게 급히 파란 쪽지를 보냈다. 쪽지는 이렇게 시작했다. "친애하는 루이스, 알고 있겠지만, 앨라배마 사태와 관련해 뉴욕타임스를 상대로 한 소송에 4명의 흑인 목사들이 연관되었다네." "자동차가 압류되는가 하면, 오늘은 그들의 재산이 매각된다는 소식까지 전해 들었네. 그들은 심각한 손해를 입었어. 나는 부조리한 평결로부터 우리 스스로를 구제할 수 있을 것이라고 확신하네만, 현재로서 목사들이 실질적인 손해를 입고 있는 것은 사실일세. 내 물음은 이걸세. 우리가 어떻게, 어떤 방법으로 그들에게 법적인 도움을 줄 수 있겠나?"[33]

러브는 설즈버거와 같은 자유주의자였고 목사들이 처한 곤경에 동요했지만, 그들을 돕는 일은 뉴욕타임스에 끔찍한 결과를 가져올 것이라고 확신하고 있었다. 그는 답했다. "저와 동료들은 앨라배마 당국이 흑인 피고인들을 박해하는 방식에 대해 당신만큼이나 크게 분노하고 있습니다. 특히 그들이 광고 게재 전까지는 그것을 본 적도 없었고, 광고 내용에 관해 서명인이나 지지자로서 자신의 이름을 사용하도록 동의한 바 없다고 두 번의 재판에서 증언한 사실에 비추어 보면 더욱 그렇습니다." 러브는 "우리가 그들을 도울 수 있는 가장 효과적인 방법은, 이미 너무 늦었을 수 있지만, 뉴욕타임스가 납부하는 슈퍼시디어스 보증금이 그들까지 포함되도록 허용하는 조치일 것입니다."라고 인정했다.

그들의 사건과 우리의 사건이 법적으로 동일하다면 그렇게 하라고 조언했을 테지만, 불행히도 그렇지 않습니다. 그들은 우리 사건처럼 관할권 문제가 없기 때문입니다. 이 문제는 최종적으로 판결들을 뒤집을 수 있는 주요한 논거입니다. 우리는 뉴욕타임스 이사들에게 흑인들을 보호하기 위해 50만 달러 이상의 위험을 감수하라고 결코 조언할 수 없습니다. 현 상황은 흑인들을 대변하는 변호사들이 실수를 저질렀기 때문에 벌어졌습니다. …

제가 조언할 수 있는 것은 앞으로의 소송 과정에서 그들과 긴밀히 협력하고(이미 그렇게 하고 있습니다), 종국적으로 판결들을 뒤집기 위해 모든 노력을 기울이며(저는 승소를 확신합니다), 그들이 무정하고 보복적인 방법으로 빼앗긴 궁박한 자산을 회복하는 데 가능한 모든 지원을 아끼지 않는 것뿐입니다.[34]

목사들은 뉴욕타임스가 자신들을 버렸다는 사실에 경악했다. 몇 년 후 라워리는 "여전히 뉴욕타임스를 사기가 좀 꺼려집니다."라고 회상했다. "보통 다른 신문을 읽습니다."[35]

SCLC는 3월 애틀랜타에서 킹 목사가 내어준, 벽돌로 지은 에벤에셀 교회에서 회의를 소집했다. 킹 목사는 자리에 모인 50명의 회원들에게 회의의 "주요 안건"은 "뉴욕타임스와 [목사들]을 상대로 한 앨라배마 소송들의 법적, 재정적, 기타 연관된 사안들의 진행 경과"라고 말했다.[36]

참석자들은 찰스 콘리에게 질문을 쏟아냈다. 목사들은 재산을 되찾을 수 있는가? 사건들이 해결되기까지 얼마나 걸릴 것인가? 콘리는 사건 종결까지 최장 5년이 소요될 수 있다고 말했다. 이후 토론은 주로 몽고메리 변호사인 프레드 그레이와 그의 동료들을 중심으로 이루어졌다. 변호사들이 너무 많은 비용을 청구하고 있으며, 신청서들을 제때에 제출하지 않는 등 '무

  뉴욕타임스 죽이기

능하다'는 비판이 이어졌다. 킹 목사는 그들을 변호인단에서 제외할 것을 권고했고, 변호인단은 콘리와 다양한 '전국구 변호사', 즉 북부 출신의 엘리트 변호사들로 재구성되었다.[37] 민권운동의 대의에 감명받은 몇몇 저명한 백인 변호사들이 SCLC에 자원하여 법률 서비스를 제공했다.[38] 킹, 레비슨, 존스는 명예훼손 소송의 변호를 넘겨받을 변호사를 구하기 위해 힘썼다.

명예훼손 사건들에 전념하면서 존스는 아예 뉴욕으로 이사하여 사건들을 조율하는 역할을 맡았다. 시어도어 "테드" 킬Theodore "Ted" Kheel은 그의 새로운 이웃 중 하나였다. 말쑥하고, 학식 있는 노동 변호사인 킬은 존경받는 인종 간 민권 단체인 전국도시연맹National Urban League의 회장이자, 유명 로펌 배틀러, 파울러, 스토크스 앤드 킬Battler, Fowler, Stokes, and Kheel의 파트너였다. 존스는 킬에게 SCLC가 명예훼손 사건들의 변호를 위한 기금 모금에 어려움을 겪고 있는 상황을 이야기하며 실망감을 토로했다. 킬은 "거물급 뉴욕 변호사들"을 자원봉사자로 모집하면 쉽게 해결할 수 있을 것이라고 장담했다.[39] 킬은 엘리트 사교 클럽인 로토스클럽에서 '앨라배마 명예훼손 소송들에 관한 변호사 자문위원회'의 출범 오찬 모임을 소집했다. 초대장은 뉴욕 매디슨애비뉴 477번지 주소가 적힌 킬의 로펌 편지지로 발송되었다.

법률적 관점에서 사건을 검토한 사람이라면 누구나 이러한 명예훼손 소송 제도, 인종분리된 법정에서 진행되는 재판, 그리고 최대 액수로 평결된 배상금을 지급하는 것이 불가능하다는 사실을 충분히 알면서도 피고들의 검약한 재산을 성급히 압류 및 집행하는 것은 명예훼손 민사소송이 의도한 목적과 다른 목적을 위해 동원된, 법적 그리고 사법절차의 명백한 남용에 해당함을 알고 있습니다. 법정 기록은 이 사건에 명예훼손 민사소송을 제기할 법적 근거가 없다는 사실을 명백히 드러냅니다. … 그들은 법 아래에서의 평등한 대우를 추구하는 견해와 그 지지자들의 활동으로 인해 … 소송을 당했습니다.[40]

오찬 모임의 기조연설자로 나선 킹 목사는 명예훼손 소송이 '미국의 정치적·사회적 이익'에 미치는 위협에 대해 감동적인 연설을 했다. 그는 만약 판결들이 취소되지 않는다면, "부정의의 피해자들은 자신을 억압하는 자들에게 감히 맞설 수 없을 것입니다. … 이 사건들은 수정헌법 제1조를 무효화하는, 인간의 정신과 혀에 가하는 폭정의 고전적인 사례"라고 주장했다.

잔혹함과 위협은 여러 모습으로 위장할 수 있습니다. 그것은 미시시피주에서 잔인하게 훈련된 경찰견이 사람을 공격하도록 한 것처럼 노골적일 필요가 없습니다. 울부짖는 린치 폭도로만 표현될 필요도 없습니다. 이러한 방식들은 미국인의 품위와 정의감에 반감을 일으켜 가해자가 공격받을 수 있다는 단점이 있습니다. 따라서 보다 교묘한 형태의 공격이 고안되어야 했습니다. 이러한 의미에서 법적 절차의 남용은 인종분리주의자들의 무기고에 입고된 새롭고 강력한 무기입니다. 그것은 양날의 검입니다. 그것은 피해자들로부터 경제적 안전을 박탈할 뿐만 아니라, 본래 정의의 보장을 위해 설계되었으나 그들에게는 억압과 부정의일 뿐인 왜곡된 사법 시스템의 전 과정을 거치도록 하면서, 법에 대한 신뢰를 잃게 만듭니다.

인종통합 투쟁 지도자들에게 수백만 달러 금액의 배상액을 쌓아 두는 것은 당사자들 넘어서까지 영향을 미칩니다. 모든 흑인은 자신의 지도자들이 교통수단과 땅을 빼앗기고, 급여를 압류당하는 것을 보면서 자신의 안전과 존엄에 위협을 느낍니다. 빈곤과 생존 사이의 경계가 종이 한 장 차이라면, 경제적 린치는 물리적 린치 못지않게 파괴적인 공포를 안겨 줍니다.[41]

킹 목사의 연설은 18명의 저명한 변호사들이 위원회에 자원하는 계기가 되었다.[42] 킬은 변호사들이 "개신교도, 가톨릭교도, 유대인, 흑인과 백인, 민주당과 공화당 등 뉴욕 변호사를 광범위하게 대표한다."라고 언론에 전했다. 지원자 중 한 명은 로펌 로저스앤드웰스Rogers & Wells의 대표 윌리엄 로저스William Rogers였다. 로저스는 아이젠하워 대통령 밑에서 법무부 장관으로 4년을 지냈으며, 리틀록Little Rock 사태에 개입하는 등 인종통합을 실현하려는 연방정부의 정책에 관여한 바 있었다. 로저스는 이 사건을 무료로 맡는 데 동의하고 연방대법원에서 변론하기로 했다. 그는 이 명예훼손 소송들에 참여하는 것을 그가 8년간 이어 온 "투쟁의 연속"으로 여겼다.[43]

5월 몽고메리에서 열린 SCLC 회의에서, 킹 목사는 방을 가득 메운 청중들에게 '킬 위원회'의 결성에 대해 설명했다. 위증 혐의 이후 킹 목사가 몽고메리를 방문한 것은 이때가 처음이었다. SCLC는 명예훼손 소송의 변호를 위한 7만 5,000달러 모금 운동에 즉시 착수한다는 결의안을 통과시켰다. 킹 목사는 "필요하다면 연방대법원까지 갈 것"이라는 의지를 표명했다. "우리는 이 자유의 투사들을 결코 실망시키지 않을 것입니다."[44]

1961년 3월 3일 뉴욕타임스 변호사들은 설리번 사건에 대한 새로운 재판을 요구하는, 별다른 소득이 없을 것이 뻔한 주장을 하기 위해 존스 판사의 법정으로 돌아갔다. 뉴욕타임스는 존스 판사가 자사를 앨라배마에서 '사업 중'이라고 판단하고, 뉴욕타임스에 사업 기록을 제출하라고 명령하고, 광고의 진술이 그 자체로 명예훼손이라고 배심원단을 교육하는 등의 오류를 범했다고 주장했다. 변호사들은 이 평결이 "배심원단의 편향, 감정, 편견 또는 기타 부적절한 동기의 결과임을 명백히 보여 줄 정도로 과도하다."라고 주장했다. 또한 설리번 측 변호인단이 배심원단에게 이 사건을 명예훼손 사건이 아닌 인종분리에 따른 갈등으로 제시할 수 있도록 허용되었다는 점에서, 뉴욕타임스는 공정하고 공평한 재판을 받을 권리를 박탈당한 것이었다.[45]

엠브리는 판사에게 "이번 명예훼손 소송 배심원단에게 가해진 압력을 보여 주는 증거가 제출되었다면, 몽고메리카운티의 절반이 법정모욕죄로 기소되어야 할 것"이라고 말했다. 사건을 심리한 배심원들은 "스포트라이트를 받았고", "대중이 원하는 대로 해야 한다는 사실을 깨달을 수밖에 없었다"는 것이었다. 재판이 진행되는 동안 몽고메리 애드버타이저는 배심원들의 사진을 공개했고, 재판의 일부는 텔레비전을 통해 방송되었다. 이러한 압력이 공정하고 공평한 평결을 불가능하게 했다고, 뉴욕타임스 변호인단은 주장했다.[46]

나흐만은 배심원들의 편향에 대한 엠브리의 진술에 "깊은 분노"를 느꼈다고 판사에게 말했다. "그 어떤 배심원단도 신문사의 이런 괴물 같은 행동을 겪은 적이 없습니다." 뉴욕타임스는 "5만 달러나 10만 달러는 별것 아니라고 코웃음 치겠지만, 50만 달러는 웃어넘기지 못할 것입니다. 저는 그런 괴물 같은 행동, 경솔한 품행, 중대한 잘못으로 혐의가 인정된 신문사의 사례는 들어 본 바 없습니다. 세계 최고의 신문 중 하나로 꼽히는 뉴욕타임스

그림 7. 버밍햄에서 민권운동 시위를 벌이고 있는 셔틀스워스, 애버내시, 킹, 그리고 다른 사람들. 앨라배마 기록역사부. 앨라배마 미디어그룹 기증. 사진: 에드 존스와 로버트 애덤스, 버밍햄뉴스.

는 사과할 수 있었고, 미안하다고 말할 수도 있었습니다. 하지만 뉴욕타임스는 진실을 가지고는 방어할 수도 없었던 소송을 무리하게 강행하고, 끝까지 싸우기로 결정했습니다."[47] 나흐만은 말했다. "그들은 이 재판의 결과를 두고 도박을 한 것이고, 결국 패소한 것입니다." "그리고 이제 그들은 새로운 재판을 원하고 있습니다."[48] 존스 판사는 제임스 시장 사건의 새로운 재판 신청과 함께 이 사건에 대해서도 재판 요청을 기각했다.[49] 1958년 킹 목사가 체포되었던 당시 시위원이었던 클라이드 셀러스Clyde Sellers도 뉴욕타임스와 목사들을 고소하면서, "그들의 높아지는 목소리를 들어라" 광고에 대한 명예훼손 소송은 5건으로 늘어났다.[50]

절박해진 뉴욕타임스 변호사들은 파크스, 패터슨, 셀러스 사건을 앨라배마 중부 연방지방법원으로 이송하려 했다. 그들은 오로지 진보적 성향의 연방법원에서 소송이 제기되는 것을 막기 위해 목사들이 명예훼손 소송에 연루되었음을 증명할 수 있다고 확신했다.[51]

킹 목사가 소송절차에 관여한 것은 이번이 처음이었다. 프랭크 존슨 판사는 SCLC가 목사들의 이름 사용을 승인했는지 판단하기 위해 킹의 증언을 요청했다. 킹 목사는 SCLC와 마틴 루서 킹 변호위원회 사이에는 아무런 관계가 없으며, 러스틴이 자신이나 SCLC 소속 목사의 이름을 사용하도록 승인한 적이 없다고 증언했다.[52]

프랭크 존슨 판사는 사건들을 연방법원으로 이송하도록 했다. 사건 증거를 검토한 후, 그는 목사들을 상대로 한 주장에 대해 "법적 근거가 전혀 없다"고 결론지었다. 그는 "그 기사가 개별 피고인들에 의해 승인되었다는 설명은 … 증거로 뒷받침되는 그 어떤 근거도 없다."라고 썼다. "따라서 각 사건의 병합은 부당했으며, 이는 사건의 연방법원 이송을 인정하는 사유에 해당한다."[53] 파크스와 패터슨은 연방항소법원에 항소했고, 당시 연방항소법원은 앨라배마에서 진행 중인 뉴욕타임스와 관련된 10건의 명예훼손 사건을 심리 중이었다.[54]

그해 봄, 뉴욕타임스는 불쾌한 이정표를 맞이했다. 창간 이래 처음으로 연례 재무 보고서에 명예훼손 소송이 언급되었던 것이다. 연례 보고서 각주 8에는 발행 부수와 광고의 증가에도 불구하고 1960년 수익이 급격히 감소했다고 적혀 있었다. 1960년 대통령선거 취재와 관련된 비용이 수익에 영향을 미쳤다는 것이었다.[55] 명예훼손 소송도 원인 중 하나였다. "우발채무"라고 달린 각주에는 "일반적인 사업 과정에서 회사를 상대로 발생한 다양한 명예훼손 소송 및 기타 법적 소송이 있으며 현재 계류 중"이라고 설명되어 있었다.[56]

설즈버거는 이와 관련해 발표된 성명에서 다음과 같이 언급했다.

오래전 아돌프 옥스 전 발행인은 명예훼손 소송을 법정 밖에서 합의하지 않는다는 일반 원칙을 세웠습니다. 한때 뉴욕타임스는 명예훼손 판결보다 연필에 더 많은 돈을 썼다고 자랑할 정도였습니다. 그 결과 이러한 경영 리스크에 대해 보고드렸던 적이 없었던 것으로 보입니다. 당연하게도 이러한 리스크는 항상 존재합니다. 제 기억으로는 처음으로, 재무 각주에 명예훼손 소송의 현황이 언급되어야 하는 상황이 되었습니다. 각주 8은 현재 앨라배마에서 뉴욕타임스를 상대로 계류 중인 특정 명예훼손 소송들에 관해 설명합니다. 이 소송들은 헌법과 언론의 자유에 대해 중요한 쟁점을 제기하고 있습니다. 저희 변호사들은 이 사건의 최종 결정

이 뉴욕타임스에 책임을 묻지 않을 것으로 보고 있다는 사실을 기쁜 마음으로 보고드립니다.[57]

얼마 지나지 않아 설즈버거는 건강상의 이유로 발행인 자리에서 물러났지만, 이사회 의장직은 그대로 유지했다. 오빌 드라이푸스가 뉴욕타임스의 발행인이 되었다. 옥스가 사망한 이후 두 번째로 뉴욕타임스는 발행인 사위의 손에 넘어갔다.[58]

남부 신문의 편집자들은 설즈버거의 은퇴를 명예훼손 문제와 연관시켰지만, 이것이 사실이라는 증거는 거의 없었다. 앨라배마저널에 따르면, 뉴욕타임스는 "신문인들이 보기에 끔찍한 헛소리들을 만들어 냈고, 그중 남부와 관련된 몇몇 건들은 전례 없는 명예훼손 소송을 초래했다." "지금 이루어지고 있는 변화는 뉴욕타임스 주주들이 설즈버거의 병 이후 상황이 잘못되고 있다고 보고, 이에 대한 조치를 제안했음을 나타낸다. 뉴욕타임스는 지금까지 걸어온 것보다 더 나은 방향으로 나아갈 자격이 있다." 앨라배마저널은 "잘 운영되는 신문은 최근 뉴욕타임스가 유죄 판결을 받은 것과 같은 헛소리를 만들어 내지 않는다"며, "헛소리는 돈과 명예 모두에서 많은 비용이 든다."라고 결론지었다.[59]

제10장

철의 장막

1961년의 봄, 활동가들은 '프리덤 라이드Freedom Rides'를 통해 직접행동 운동의 새로운 국면을 열었다. 인종평등회의 소속 흑인과 백인 활동가 13명이 그레이하운드 버스 2대를 타고 워싱턴D.C.를 떠났다. 이들은 주 간 고속도로로 버스와 버스 터미널에서의 인종분리에 이의를 제기하기 위해 남부로 향했다. 1946년 미국 연방대법원은 주 간 버스에서 인종분리를 시행하는 버지니아 주법이 위헌이라는 판결을 내렸고, 1960년 12월에는 보인턴 대 버지니아 사건Boynton v. Virginia에서 버스 터미널 식당에서의 인종분리가 전국자동차운송업법의 차별금지 조항을 위반한다고 판결한 바 있다. 인종평등회의는 인종 간 버스 여행이라는 아이디어를 생각해 냈는데, 이는 인종분리주의자들의 폭력적인 반응을 이끌어 내어 연방대법원 판결에 대한 남부의 불복종을 전국적으로 알리기 위한 것이었다.[1]

프리덤 라이더스Freedom Riders는 앨라배마에서 거의 살인적인 반응을 불러일으켰다. 애니스턴에서는 프리덤 라이더스 버스 한 대가 큐클럭스클랜

폭도들에게 화염병 공격을 당했다. 얼마 지나지 않아 또 다른 버스가 버밍햄에 도착했고, 지역 큐클럭스클랜이 버밍햄의 시위원 불 코너와 협상을 타결했다. 큐클럭스클랜은 경찰이 개입하기 전 그레이하운드 역에서 라이더들을 공격할 수 있는 15분을 가질 수 있었다. 버스 터미널에서 프리덤 라이더들을 만난 큐클럭스클랜 단원들은 자전거 체인, 쇠파이프, 야구 방망이, 쇠몽둥이로 그들을 두들겨 팼다.

케네디 행정부의 압박을 받은 패터슨 주지사는 고속도로 순찰대에 몽고메리까지만 프리덤 라이더스 버스의 안전을 보장하도록 지시했다. 도시 경계에서 호위대는 버스를 떠났고, 버스의 안전은 몽고메리 경찰들에게 달려 있었다. 설리번의 경찰관들은 터미널에 늦게 도착함으로써 큐클럭스클랜 단원들이 프리덤 라이더들을 한 시간 넘게 폭행할 수 있도록 했다.[2] 버스가 몽고메리에 도착한 순간을 법무부 변호사 존 도어John Doar는 다음과 같이 기억했다. "오! 주먹질이 난무했다! 얼굴에 피를 흘리는 남자가 이끄는 한 무리가 그들을 구타하고 있다! 경찰이 없다. … 경찰이 보이지 않는다."[3]

폭동이 몽고메리를 휩쓸었다. 성난 백인들은 차량을 뒤집고 흑인 가정에 몰로토프 칵테일(화염병)을 던졌다. 킹 목사와 셔틀스워스는 애버내시 제일 침례교회에서 열린 프리덤 라이더스 지지 예배에 참석했는데, 백인 폭도들이 교회를 포위하고 주차된 차량을 전복시켰다. 킹 목사는 이 폭력을 "히틀러 독일의 비극적인 시절에 비견할 만한 야만"과 동일시했다.[4] 패터슨은 도시에 계엄령을 선포하고 주방위군에게 질서를 회복할 것을 명령했다.[5] 언론에 대한 '명예훼손 공격'과 소송당할 위험뿐만 아니라 폭력에 휘말릴 위험에도 불구하고, 많은 전국 단위 언론사들은 계속해서 기자들을 남부로 보냈고, 뉴스 보도는 대중에게 충격적인 이미지들을 제공했다. 무관심했던 미

　　　　　뉴욕타임스 죽이기

국인들조차 남부의 인종 문제에 관해 무언가 조치를 취해야 한다고 생각하기 시작했다. 역사학자 마이클 클라먼Michael Klarman의 말에 따르면, "앨라배마 정치인들은 민권운동 세력에게 귀중한 승리를 은쟁반에 담아 내주었다."[6]

법무부 민권위원회는 몽고메리 경찰이 의도적으로 프리덤 라이더스 보호에 실패했다는 내용의 소장을 연방법원에 제출했다. 설리번은 다시 한 번 주목받게 되었다. 그는 경찰이 방심한 나머지 프리덤 라이더들이 오는 것을 몰랐다고 주장했다. "어떤 요청도 없었다"고 그는 말했다. "우리 모두 몽고메리에서 이런 일이 일어난 것을 진심으로 유감스럽게 생각합니다. 외부 선동가들이 우리를 내버려두었더라면 피할 수 있었을 것입니다."[7]

클로드 시턴은 애틀랜타에 있는 그의 집 현관에 앉아 라디오를 통해 폭동 소식을 들었다. '철의 장막' 정책 때문에 몽고메리에 갈 수 없다는 사실에 분노한 그는 뉴욕타임스의 전국 부편집장 해럴드 파버에게 전화를 걸어 물었다. "도대체 언제까지 이 망할 변호사들이 신문사를 운영하도록 내버려둘 겁니까?"[8]

한 시간도 채 지나지 않아, 전국 데스크는 그에게 전화를 걸어 가도 좋다고 전했다. 시턴은 애틀랜타에서 바로 다음 비행기를 타고, 몽고메리에서 프리덤 라이더들을 태워 미시시피주 잭슨으로 향하는 첫 번째 버스에 올랐다. 3일 후 「폭발 위협 이후 몽고메리 긴장감 고조」라는 제목으로 시턴의 기사가 게재되었다.[9]

시턴은 소송당하지 않았고, 앨라배마로 돌아갈 수 있기를 바랐다. 그러나 뉴욕타임스 변호사들은 계속해서 그가 앨라배마에 들어가서는 안 된다고 주장했다. 시턴은 솔즈베리를 향해 욕설을 퍼부었다. "당신의 빌어먹을 기사들 때문에 1년 동안 앨라배마에 가지 못했어!"[10]

앨라배마주 프리덤 라이더들에 대한 언론 보도는 또 다른 '명예훼손 공격'으로 이어졌다.

5개월 전에 CBS 회장 프레드 프렌들리Fred Friendly는 뉴욕타임스의 하딩 밴크로프트에게 전화를 걸어, CBS는 뉴욕타임스의 명예훼손 소송에 관한 다큐멘터리 '뉴욕타임스를 상대로 한 버밍햄시의 소송'을 제작할 계획이라고 말했다. CBS 네트워크는 명예훼손 소송이 언론의 자유에 미치는 영향을 강하게 느끼고 있었고, 프렌들리는 밴크로프트에게 "모든 신문과 뉴스 매체가 이 소송에 훨씬 더 적극적으로 참여해야 하며, 공중이 더 많이 알 수 있도록 해야 한다."라고 설명했다.[11]

프로듀서 데이비드 로우David Lowe와 저명한 저널리스트 에드 머로Ed Murrow는 버밍햄으로 가서 인터뷰를 진행했다. 상황은 솔즈베리의 보도보다 훨씬 심각했다. 사람들은 공중전화 부스에서 그들에게 전화를 걸었고, 호텔 문 아래에 익명의 쪽지를 붙였으며, 공원과 길 모퉁이에서만 그들을 만났다.[12] "공포의 음모론이 있다. … 사람들은 말하기를 두려워한다. 내가 가장 많이 들은 말은 '두렵다'는 말이다."라고 로우는 관찰했다. 머로와 로우는 "버밍햄 이야기"가 "언론의 자유와 뉴욕타임스 이야기보다 더 큰 이야기"라고 판단하고, 이 도시의 인종 문제에만 초점을 맞추어 보도하기로 결정했다.[13]

1961년 초 머로를 대신해 이 프로젝트의 진행을 맡은 CBS 기자 하워드 K. 스미스Howard K. Smith는 프리덤 라이더들이 버밍햄에 도착했을 때 프로그램을 마무리하고 있었다. 스미스는 제2차 세계대전 중 유럽에서 라디오 방송을 진행하면서 미국 가정에 이름을 알린 자유주의적인 남부 사람이었다. 스미스는 그레이하운드 역으로 가라는 전화를 받았다. 그곳에서, 그는 유럽에서 보았던 나치의 유대인 학살을 떠올리게 하는 잔인한 장면을 목격했다. 그는 "악의 승리를 위해 필요한 유일한 것은 선인들이 아무것도 하지 않는 것"이라는 에드먼드 버크Edmund Burke의 말을 인용하며 다큐멘터리를 마무리했다. CBS 변호사들은 눈앞에 명예훼손 소송이 스쳐 지나가는 듯한 영상을 시청한 후, 이 인용문은 '직설적인 논평'이므로 삭제해야 한다고 단언했다.[14]

「누가 버밍햄을 위해 이야기하는가Who speaks for Birmingham」는 버밍햄에서 프리덤 라이더스 사건이 발생하고 나흘 후에 방송되었다. 구타당한 활동가, 폭탄이 터진 자동차, 인종분리주의자들의 집회 장면이 담긴 뉴스 영상은 폭력적이고 증오로 가득 찬 이 도시에 대한 강력한 고발이었다. 다큐멘터리는 버밍햄에서의 장면들로 시작하여 명예훼손 소송들에 관해 설명하고, 버밍햄이 공포와 긴장으로 가득 차 있다는 솔즈베리의 주장에 답하는 인터뷰를 내보냈다.[15] 버밍햄 포스트헤럴드Birmingham Post-Herald의 칼럼니스트 존 템플 그레이브스John Temple Graves는 버밍햄 제도권의 비공식적인 목소리를 대변했다. 그는 스미스에게 말했다. "당신과 많은 사람들의 마음속에서 우리 버밍햄이 남부의 악당이고, 남부 최악의 인종 탄압 도시라는 사실에 놀랐습니다. … 그건 사실이 아닙니다. 하지만 어떻게 이를 부정할 수 있겠습니까? 신문 하나, 뉴욕타임스를 상대로 한 명예훼손 소송에서 승리한다고 해결될 문제는 아닐 것입니다".[16] 셔틀스워스를 포함한 16명의 흑인 주민들은 극단주의자들에게 겪은 잔혹한 경험을 이야기했고, 최근의 프리덤 라이더스 사건으로 인해 그들의 이야기는 더욱 설득력을 얻었다. 한

그림 8. 1963년 버밍햄의 한 고등학생에게 돌진하는 경찰견을 촬영한 이 상징적인 뉴스 사진은 민권운동의 방향을 바꾸어 놓았다. 앨라배마 기록역사부. 앨라배마 미디어그룹 기증. 사진작가 미상, 버밍햄뉴스.

흑인 주민은 "버밍햄에서의 삶은 지옥"이라고 인터뷰했다.[17]

「누가 버밍햄을 위해 이야기하는가」는 '폭발적'이었다. 버밍햄뉴스는 이것이 '솔즈베리 문제'를 다시 한 번 불러일으켰다고 말했다. 버밍햄뉴스는 이 시리즈가 명예훼손 소송들에 대해 보복하기 위해 뉴욕타임스가 선동한 것이 아닌지 의문을 제기했다.[18] 프로그램 방영 이후, 지역 CBS 방송국은 네트워크에서 탈퇴했다. CBS는 논란을 이유로 스미스를 해고했다.[19]

버밍햄 당국은 지체 없이 CBS에 명예훼손 소송을 제기했다. 불 코너, 제임스 모건 시장, 제임스 왜거너James Waggoner 위원은 그레이하운드 역에 경찰이 늦게 도착하는 것을 방조하고 조장했다는 혐의는 허위라면서, 각각 50만 달러의 손해배상을 청구했다.[20] 얼마 지나지 않아, 시 선거관리위원회 위원인 사무엘라 윌리스Samuella Willis와 조지 펜턴George Penton은 그들이 흑인 유권자의 등록을 막기 위해 힘썼다는 내용의 보도에 관해 CBS에 각각 10만 달러의 소송을 제기했다.[21]

CBS가 뉴욕타임스의 명예훼손 소송에 관심을 보인 결과, CBS 언론 네트워크 역시 뉴욕타임스와 같은 운명에 처하게 되었다. CBS는 앨라배마주의 인종 관계에 대한 보도로 인해 약 200만 달러에 이르는 명예훼손 판결에 직면했다.

1961년 6월 제5순회항소법원이 앨라배마주에서 뉴욕타임스와 솔즈베리에 대해 소송을 제기할 수 없다고 판결하면서 명예훼손 소송의 이정표가 세워졌다. 앨라배마 주법에 따라 명예훼손 소송의 기초가 되는 모든 행위는 반드시 주 안에서 이루어져야 한다는 것이 이 판결의 근거였다. 엘버트 터틀Elbert Tuttle 대법원장은 솔즈베리의 기사가 뉴욕에서 인쇄되기 전까지는

기사 게재가 완료되지 않았다고 언급했다.[22]

이 판결로 버밍햄 명예훼손 소송은 사실상 무효화되었다. 뉴욕타임스, 워싱턴포스트 및 다른 신문들은 이 판결로 버밍햄 소송이 '종결'되었다고 보도했다.[23] 판결이 내려질 때 뉴올리언스에 있던 캐틀리지는 새벽까지 축하했다.[24]

캐틀리지가 돌아와 보니 책상 위에 수십 통의 축하 편지가 놓여 있었다. 그는 "우리의 버밍햄 소송 승리에 대한 당신의 따뜻하고 격려 어린 전보에 모두들 감사하고 있습니다."라고 애틀랜타 컨스티튜션Atlanta Constitution의 반인종분리주의자 편집자인 랠프 맥길Ralph McGill에게 답장을 보냈다. "희망컨대 우리가 겪는 어려움의 일부는 끝났습니다. 그러나 우리에게는 여전히 몽고메리 사건이 남아 있습니다."[25]

그는 기회를 빌려 언론계 동료들을 질책했다. 그는 맥길에게 말했다. "한 사람의 신문기자로서, 그리고 우리끼리의 이야기이지만, 우리 고귀한 전문가들 전체가 하나같이 말만 늘어놓으며 무관심하게 행동했다고 생각합니다." "발행인 친구들 중 몇몇은 사실을 직시하면 겁먹을지 모른다는 두려움에 아예 보기를 거부하는 듯합니다. 또한 그들은 '뉴욕타임스가 앞장서서 비용을 치르도록 해라. 뉴욕타임스는 돈이 있다'는 식의 태도를 취하는 것 같습니다. 우리는 당연히 앞장설 것이고, 비용을 치를 것입니다. 그것도 충분히요. 하지만 우리가 그렇게까지 부유하지는 않습니다."[26]

뉴욕타임스 변호사들은 제5순회 재판부의 판결이 승리를 의미한다고 확신하지 못했다. 버밍햄의 위원들은 항소할 계획이었다. 그리고 몽고메리 사건도 아직 남아 있었다. 러브는 '철의 장막'을 너무 일찍 치우면 뉴욕타임스가 더 큰 곤경에 처할 수 있다고 우려했다.

'철의 장막' 정책은 뉴욕타임스 내에서 많은 갈등을 불러일으켰다. 분노에 찬 비망록들이 배포되었고, 인기 없는 정책에 대한 비판의 목소리가 높아졌다. 러브의 표현을 빌리자면, "뉴욕타임스의 엠바고embargo 조치를 해제해 달라고 뉴스 부서로부터 끊임없이 포위당했다."[27] 기자들은 일생일대의 초대형 소재를 마주하고 있었지만, 명예훼손 소송 때문에 이를 취재할 수 없었다. 변호사들은 "자유언론을 방해하고 있다"며 비난받았다.[28]

프리덤 라이더스 사건과 버밍햄 사건들의 기각 판결 이후, 하딩 밴크로프트는 러브에게 '철의 장막'을 걷어내는 것은 어떨지 물었다. 러브는 "프리덤 라이더들에 대한 몽고메리 폭동 사건의 심각성"을 다루는 한 안 된다고 답했다. 러브는 셀러스, 파크스, 패터슨이 뉴욕타임스 기자에게 직접 소송절차를 밟아 주법원에서 사건을 되살리려 할까 봐 두려워했다.[29]

러브는 앨라배마로 가겠다는 직원들의 요청을 계속 거부했다. 캐틀리지는 버밍햄에서 열린 편집인 회의에 참석하지 못했다. 해리 슈워츠Harry Schwartz라는 논설위원이 몽고메리 외곽의 공군기지에서 강연을 하려고 하자, 로드데이앤드로드는 "바람직하지 않다"고 조언했다. 러브는 밴크로프트에게 말했다. "그가 소송을 당할 가능성은 900 대 1입니다. … 그러나 제5순회항소법원에 대한 항소가 결정될 때까지 소송을 복잡하게 만들 수 있는 가능성을 굳이 감수하는 것이 현명한지 의문입니다. … 이 항소가 끝나면 철의 장막은 걷힐 겁니다."[30]

뉴욕타임스 변호사들은 남부를 비방하는 것으로 보일 수 있는 모든 것을 '검열'하는 명예훼손 심사를 위해 초과근무를 하고 있었다. 1962년 4월 뉴스 부서는 변호사들에게 「폭도 대 최남부의 대학」이라는 제목으로 일요일판 뉴욕타임스 매거진에 게재될 예정이었던 남부 대학의 인종 정책에 관한 특집 기사를 보여 주었다. 러브는 명예훼손이 될 수 있다고 결론내리고 이를 중단시켰다. 그는 잡지 편집자 앨런 스위처에게 사과 편지를 보냈다.

매거진이 게재하고자 하는 기사에 관해 부정적인 태도를 취하자니 또 한 번 면목 없지만, 이번 기사는 말 그대로 죽을 만큼 무섭습니다. 앨라배마주에서 뉴욕타임스를 상대로 12건의 명예훼손 소송이 계류 중임을 기억해 주십시오.

원고 측과 그 변호사들의 기본적인 태도는 … 뉴욕타임스가 남부에 대해 공정하지 못하고, 남부를 이해하지 못하며, 인종통합 문제에 있어 남부를 불리한 시선으로 그려 내고 있다는 것입니다. 앨라배마 제5순회항소법원에 중요한 항소심이 계류되어 있는 이때에, 뉴욕타임스가 5건의 소송에서 주제로 다루고 있는 앨라배마의 이야기를 반복하는 이런 기사를 매거진에 게재하여, 루이지애나주의 상황을 지나치게 강조하는 것은, 저의 소견으로는 어리석은 일입니다.

이쯤에서 제가 자유언론과, 남부의 고등교육기관에서 무슨 일이 벌어지고 있는지에 관한 이야기를 독자들에게 알릴 수 있는 뉴욕타임스의 권리를 방해하려 한다는 대답이 나올 것임을 저도 알고 있습니다. 하지만 이러한 상황에서 뉴욕타임스가 더 이상 남부의 반감을 부추길 필요는 없다는 것이 제 답변입니다. 새로운 명예훼손 소송을 불러들이기보다는, 이 명예훼손 소송들을 없앨 기회를 주십시오.[31]

1962년 4월의 한 회의에서 변호사와 보도국 직원 간의 긴장은 최고조에 달했다. 보도국 고위 간부인 클리프턴 대니얼Clifton Daniel이 캐틀리지를 대신해 참석했다. 대니얼은 기자들을 앨라배마로 보내야 한다고 강력하게 주장했다. 그는 변호사들이 반대하고 있다는 것을 알 수 있었다. 그는 캐틀리지에게 "앨라배마에 기자를 보내면 '심각한 위험'을 감수해야 할 것이라고 톰 데일리가 말했다."라고 보고했다. 데일리는 명예훼손 소송이 마무리되고 새 주지사가 취임할 때까지 기다릴 것을 제안했다. 데일리가 주지사를 언급한 이유는 패터슨 행정부가 뉴욕타임스를 상대로 한 소송에 자금을 지원하고 있다는 사실을 알고 있었기 때문이다.[32]

드라이푸스는 뉴욕타임스가 애틀랜타 컨스티튜션과 같은 다른 신문사 기자와 계약하여 앨라배마에 관한 뉴스를 구매하자고 제안했다. 대니얼은 "우리의 일반적인 관행에 어긋나는 일"이라며, 다른 사람의 뉴스를 가져오는 것에 항의했다. 하지만 어쩔 수 없었다. 그는 변호사들에게 "[그들의] 법적 조언에 따를 것이며, 그동안 우리는 앨라배마에 관한 뉴스를 가능한 최선의 방식으로 보도하기 위해 최선을 다할 것"이라고 말했다.[33]

1961년 말, 뉴욕타임스는 앨라배마주 최고법원인 앨라배마주 대법원에서 설리번 사건에 대한 주장을 펼쳤다. 모두가 아는 것처럼, 패소한 사건이었다. 백인우월주의로 악명 높은 이 법원은 인종분리를 실행하려는 주정부의 노력에 열성적으로 동참하고 있었다. 1956년 존스 판사는 심리도 열지 않은 채 NAACP에 임시 금지명령을 내렸고, 요청에 따라 회원 명단을 제출하지 않았다는 이유로 NAACP에 법정모욕죄를 선고했다. 미국 연방대법원이 법정모욕죄 명령을 파기하자, 앨라배마주 대법원은 판결의 집행을 거부했다.[34] 주심 판사인 토머스 세이 "버스터" 로슨Thomas Seay "Buster" Lawson

판사는 20년 경력의 베테랑으로, 1935년 앨라배마 법무부 장관으로 스코츠
보로 소년단 기소에 참여하면서 명성을 떨쳤다.[35]

항소가 무익함에도 불구하고, 뉴욕타임스는 18개의 개별 논거를 담은 긴
서면을 준비했다. 뉴욕타임스가 앨라배마에서 소송을 당할 수 없으며, 배심
원단의 편견으로 인해 새로운 재판 신청이 받아들여져야 한다고 주장했다.
뉴욕타임스는 주정부의 관할권 행사로 인해 뉴스 취재와 표현의 자유가 제
한되었다고 주장했다.[36]

뉴욕타임스는 나아가 평결이 너무 과도하여 언론의 자유를 침해한다고
주장했다. 문제의 광고는 "광범위한 공익성이 있는 중요한 질문"을 다루었
기 때문에 헌법상 자유의 범위 내에 있다는 수정헌법 제1조에 기초한 주장
을 했다.[37] 별도의 서면을 통해, 목사 측은 그들의 의뢰인들이 이름 사용에
동의했다는 증거가 없고, 재판이 수정헌법 제14조를 위반하여 인종분리된
법정에서 이루어졌다고 주장하면서, 법원에 소송을 기각해 줄 것을 요구
했다.

9개월 후인 1962년 8월 30일, 앨라배마주 대법원은 만장일치로 뉴욕타임
스와 목사들에 대한 판결을 확정했다. 앨라배마주 의회의원이자 법무부 장
관을 역임한 로버트 B. 하우드Robert B. Harwood 대법관이 판결을 선고했다.
그는 엠브리의 주장 목록을 검토했으나 별다른 논의 없이 각 주장을 배척
했다.

주대법원은 엠브리가 존스 판사의 법정에 '일반 출석'했을 때, 그가 뉴욕
타임스를 주법원의 관할에 등록한 것으로 본 존스 판사에 동의했다.[38] 주대
법원은 앨라배마주에서 뉴욕타임스의 활동이 관할권 발생에 필요한 최소
기준을 충족하기에 충분했다고 보았다. 나아가 "우리 판결에 의하면 비거

주자가 주의 경계를 넘어 명예훼손적 내용을 인쇄하고, 명예훼손적 내용을 앨라배마에서 배포 및 인쇄한 경우, 청구원인은 명예훼손적 내용을 출판하고 인쇄한 주뿐만 아니라 앨라배마에서도 발생한다는 것이 분명하다."라고 보았다.[39]

주대법원은 존스가 해당 진술들이 그 자체로 명예훼손이라고 결론을 내린 것이 옳았다고 보았다. 진술들이 설리번을 '특정'한다는 배심원단의 판단에 대해서는, "경찰, 소방관 및 기타 지자체 요원들이 시정부 기관의 통제와 지시를 받고 있으며, 특히 위원 한 사람의 지휘와 통제하에 있다는 것은 일반인이라면 누구나 아는 상식이라고 생각한다. 그러한 집단의 성과나 결함을 측정할 때, 일반적으로 칭찬이나 비판은 그 기관을 완전히 통제하는 공직자에게 귀속된다."라고 설명했다.[40] 이는 위험한 명제였다. 사실상 정부 기관에 대한 공격이 정부 구성원 개인에 대한 명예훼손이 될 수 있다고 법원이 선언한 것이었기 때문이다.

주대법원은 또한 손해배상액이 과도하지 않다는 결론을 내리며 이를 유지했다. 주대법원은 뉴욕타임스가 자사의 파일들에 적시된 사실들의 허위성을 증명할 수 있는 기사들을 가지고 있었다는 점, 뉴욕타임스가 패터슨 주지사에 대한 광고를 철회했지만 설리번의 철회 요구는 무시했다는 점, 그리고 "하급심에서 피고 중 누구도 광고에 나온 주장의 허구성에 의문을 제기하지 않았다"는 점이 결정적이라고 판단했다.[41] 특히 뉴욕타임스의 비서 하딩 밴크로프트가 "광고가 상당히 정확했다"고 한 재판상 증언을 강조했다. 이는 "뉴욕타임스의 불성실bad faith과 그로부터 유추할 수 있는 악의"를 보여 준다고 주대법원은 말했다.[42]

"미국 수정헌법 제1조는 명예훼손적 출판물을 보호하지 않는다"는 단호한 진술과 함께 수정헌법 제1조 논변은 기각되었다.[43] 주대법원은 수정헌법 제14조는 국가의 행위state action에만 적용되고 사인의 행위private action에는 적용되지 않기 때문에, 수정헌법 제14조를 발동할 수 없다고 단호하게 진술했다. 59페이지에 달하는 판결문의 마지막 문장은 이렇다. "하급심 판결이 확정되어야 한다는 것이 우리의 결론이며, 그와 같이 명령한다. 확정affirmed."[44] 목사들의 인종차별 주장은 단순한 시비 취급을 받으며 기각되었다.[45]

그날 저녁, 뉴욕타임스는 미국 연방대법원에 상고하겠다고 선언했지만, 신문사 경영진은 실제로 그 단계를 밟을 수 있을지 확신하지 못했다.[46] 그러나 그들은 '철의 장막'을 걷어냈다. 18개월간의 대피 끝에, 뉴욕타임스의 기자와 다른 관계자들은 앨라배마로 돌아갈 수 있었다.

"변호사들이 기자들을 앨라배마로 보내도 괜찮다고 조언한 겁니까? 내 말은, 기자들이 총에 맞지 않고 단지 체포되기만 할 거라 장담할 수 있느냐는 의미가 아닙니다." 설즈버거가 캐틀리지에게 물었다.[47] 캐틀리지가 답했다. "앨라배마에 기자들을 보내도 괜찮을 거라 조언한 것은 우리 변호사들이었습니다. 앨라배마주 대법원 판결보다 더 나쁜 일이 일어날 수는 없을 테니까요."[48]

제11장

어떤 법도 만들지 마라

설리번 사건에서 앨라배마주 대법원의 판결이 나온 지 얼마 지나지 않아, 이 명예훼손 사건은 우연처럼 수정헌법 제1조와 교차하게 되었다.

1962년 언론의 자유에 대한 '절대주의적' 입장으로 유명한 미국 연방대법관 휴고 블랙Hugo Black은 명예훼손이 수정헌법 제1조의 보호 대상에서 벗어난다는 오랜 금언을 거부하는 공개 연설을 했다. "나의 견해는, 어떠한 벗어남도 없이, 예외 없이, 어떠한 '만약ifs,' '그러나buts', 또는 '그럼에도 불구하고whereases'도 없이, 표현의 자유는 사람들이 가진 견해나 그들이 표현하는 견해, 혹은 그들이 하거나 쓰는 말들로 인해 그들에게 어떤 조치도 취해져서는 안 된다는 것이다."라고 그는 말했다.[1] "의회는 어떤 법도 만들 수 없다Congress shall make no law"는 수정헌법 제1조의 명령은 절대적인 것이며, 심지어 허위적이고 명예훼손적인 발언도 보호되어야 한다고 그는 주장했다. 블랙의 논쟁적인 발언은 명예훼손 사건에 관한 전국적인 관심을 불러일으켰고, 의도치 않게 뉴욕타임스의 연방대법원 상고 논거에 영감을 주었다.

휴고 블랙은 진보적인 분위기의 연방대법원 내에서도 가장 진보적인 법률가 중 한 명이었다. 1953년 아이젠하워 대통령에 의해 임명된, 전 캘리포니아 주지사였던 얼 워런Earl Warren 대법관의 이름을 따온 워런 법정The Warren Court은 이전의 그 어떤 연방대법원도 하지 않았던 방식으로 일반 미국인들의 삶을 변화시키는 헌법 개혁 프로그램을 진행했다.[2] 연방대법원은 전통적인 관할권을 확장하여 민권, 프라이버시, 재분배, 적법절차, 검열과 같은 중요한 사회적 이슈에 관한 결정을 내렸다. 역사상 처음으로 연방대법원은 사회 문제 해결을 위한 공론의 장이자 사회적 변화를 담대하게 구현하는 실천적이고 민주적인 기관으로 자리매김했다.[3]

워런 법정은 책과 영화에 대한 검열을 중단시켰다. 형법 집행의 절차와 작동 기제를 감독했다. 인종 문제에서 혁명적 변화를 선도했고, 법에 의한 평등한 보호 보장을 확장했으며, 불평등하게 조정된 선거구를 무효화하고, 형사피고인에 대한 헌법적 보호를 확대했으며, 헌법상 프라이버시의 기본권을 인정했다. 이러한 '사법적극주의judicial activism'는 적지 않은 비판을 불러일으켰다.[4] 1957년 남부 하원의원 연합은 특정 판결의 전부 또는 일부를 뒤집고, 일반 항소 관할권을 축소하고, 법관 자격을 변경함으로써 법원의 권한을 제한하는 법안을 발의했다. 1964년 의회위원회는 학교 내 기도에 관한 판결*의 무효를 주장하는 147개 이상의 제안을 검토했다. 13개 주가 선거구 재획정 결정**을 뒤집는 헌법 개정안을 승인했다. 우익 단체인 존버

---

* 워런 법정의 1962년 엥겔 대 비탈레 사건Engel v. Vitale 판결을 의미한다. 이 사건은 공립학교에서 정부가 작성한 기도문을 암송하면서 하루를 시작하도록 한 것이 수정헌법 제1조를 위반하여 위헌이라고 보았다. 다수의견을 작성한 휴고 블랙 연방대법관은 설령 기도문의 내용이 종파를 초월한다 하더라도, 정부가 공식적인 기도문을 작성하여 학생들에게 암송을 권장하는 것은 특정 종교를 국교로 정하지 못하도록 한 수정헌법 제1조에 위배된다고 지적했다.

** 1960년대 초 워런 법정은 오래된 선거구 제도로 인해 농촌과 도시 또는 카운티 간 인구수를 제

뉴욕타임스 죽이기

치소사이어티John Birch Society는 얼 워런을 몰아내기 위한 전국적인 캠페인을 시작했다.[5]

연방대법원의 판결 중에서도 인종에 관한 판결들이 가장 전면적이고 논쟁적이었다. 민권운동에 동정적인 실천주의, 평등과 민권에 대한 폭넓은 관점에 따라 연방대법원은 인종분리와 인종차별의 뿌리 깊은 패턴을 바꿔 나갔다. 1950년대에 선고된 일련의 판결을 통해 브라운 대 교육위원회Brown v. Board of Education 판결을 확장하여 공공 해변, 공원, 여가 시설, 주택 개발, 공공건물, 식사 시설, 병원에서의 인종분리를 종식시켰다.[6] 1955년에는 앨라배마 대학교 입시에서의 인종분리를 종식시켰다.[7] 브로더 대 게일Browder v. Gayle, 1956 판결은 몽고메리 버스에 대한 주내 인종분리를 위헌으로 선언했다.[8] 공원과 놀이터에서의 인종분리는 1958년에 무효화되었다.[9] 1960년 연방대법원은 고밀리언 대 라이트풋 사건Gomillion vs. Lightfoot에서 흑인 시민들의 투표권을 박탈하기 위해 앨라배마주 터스키기 선거구의 경계를 28면체로 구획한 것이 수정헌법 제15조 위반이라고 판결했다.[10] 1961년과 1962년 임기 동안 연방대법원은 평화적인 연좌시위대를 투옥함으로써 인종차별 철폐 운동을 좌절시키려 했던 남부 주들의 노력을 저지했다.[11] 당시 연방대법원은 남부의 인종분리 강행과 평등보호 판결 거부에 대응하는 판결들을 남겼다.

이 시기 표현의 자유에 관한 가장 중요한 판결 중 일부는 민권운동을 보호하려는 연방대법원의 열망에서 비롯되었다. 연방대법원은 활동가들의 언론의 자유와 결사의 자유를 제약하여 민권운동을 약화시키려는 남부의

대로 반영하지 못하는 선거구 획정에 대해 재조정을 명령하는 일련의 판결들을 내렸다. 이로써 '한 사람, 한 표one person, one vote' 원칙이 정립되었다.

노력과 관련된 일련의 사건에서 수정헌법 제1조의 보호 범위를 확대했다. NAACP 대 앨라배마 사건NAACP v. Alabama, 1958에서 연방대법원은 회원 명부를 공개하도록 강제하여 NAACP를 주에서 몰아내려던 주정부의 노력을 무산시켰다. 존 할런John Harlan 대법관은 판결을 통해 NAACP가 회원의 신원을 보호할 권리는 헌법상 결사의 자유에 의해 보호된다고 선언했다.[12] 셸턴 대 터커 사건Shelton v. Tucker, 1960에서 연방대법원은 수정헌법 제1조를 근거로 공립학교에서 NAACP 소속 직원을 퇴출하기 위한 아칸소주의 충성선서를 무효화했다.[13] NAACP 대 버튼 사건NAACP v. Button, 1963에서는 NAACP의 소송 활동을 위축시키기 위해 제정된 버지니아주의 법률 고객 모집을 금지하는 법률을 무효로 판결했다. 버튼 사건에서 브레넌Brennan 대법관은 민권 소송을 흑인 공동체를 위한 정치적 표현의 보호된 형태로 분류했다.[14] 연방대법원은 평등보호의 실현이 수정헌법 제1조의 강력한 집행에 달려 있음을 인정했다.

그러나 전반적으로 보았을 때, 뉴욕타임스 대 설리번 사건 이전의 워런 법정은 믿음직한 표현의 자유 수호자는 아니었다. 1930년대와 1940년대 연방대법원의 수정헌법 제1조 법리의 발전은, 홈스-브랜다이스Holmes-Brandeis의 '명백하고 현존하는 위험clear and present danger' 접근법의 채택을 포함하여, 1950년대의 적색공포 기간 동안 폐기되었다. 억압적 힘에 굴복한 연방대법원은 공산주의 전위 조직의 정부 등록, 충성 맹세, 전복 혐의자에 대한 입법 조사를 규정한 주법과 연방법을 승인했다. 연방대법원의 가장 불명예스러운 수정헌법 제1조 판결 중 하나로 꼽히는 데니스 대 미국 사건 Dennis v. US, 1951에서 6인 다수의견은, 폭력적으로 정부를 전복하는 것을 옹호하는 입장을 교육하는 조직의 구성원이라는 혐의로 기소된 미국공산당 지도자 11명에 대해 스미스 법the Smith Act[*]에 따라 유죄를 선고한 판결을 지지했다. 빈슨Vinson 대법원장의 의견은 '명백하고 현존하는 위험' 심사를 적용한다고 주장했지만, 실제로는 비교형량 심사balancing test를 했다. 빈슨은 정부의 자기보존권이 개인의 발언권보다 더 중요하다고 판단했다.[15]

1950년대에 연방대법원은 일부 측면에서는 표현의 자유를 진전시켰다. 연방대법원은 예이츠 대 미국 사건Yates v. United States, 1957과 스케일스 대 미국 사건Scales v. United States, 1961에서 스미스 법의 적용을 제한했다.[16] 로스 대 미국 사건Roth v. United States, 1957에서는 외설obscenity로부터 음란물pornography을 구별하여 표현의 보호 영역으로 선언하고, 음란물 유포에 혁명적 변화를 일으켰다.[17] 스피저 대 랜들 사건Speiser v. Randall, 1959에서 연방대법원은 브레넌 대법관의 의견으로, 주정부가 개인에게 복지 혜택을 제공함에 있어 불법적인 수단을 동원한 정부 전복을 옹호하지 않겠다고 맹세할 것을 조건으로 요구할 수 없다고 7 대 1로 결정했다.[18] 스미스 대 캘리포니아 사건Smith v. California, 1959에서 연방대법원은 책 내용을 알지 못한다 하더라도 형사책임을 질 수 있다는 법에 따라 펄프 소설을 판매한 혐의로 30일 징역형을 선고받은 로스앤젤레스 서점 주인의 사건에서 수정헌법 제1조가 보장하는 권리가 침해되었다고 판시했다.[19]

연방대법원은 표현의 자유에 기초한 청구를 판단하는 데 있어 체계적인 접근법을 갖추고 있지 않았다. 수정헌법 제1조의 법리는 모호하고, 단순하며, 불완전했다.[20] 수정헌법 제1조 관련 사건들에서 주로 이용되었던 방법

---

[*] 스미스 법은 1940년 6월 28일에 제정된 미국 연방법으로 미국 정부를 무력이나 폭력으로 전복하려는 행위에 대한 형사처벌을 규정하고 있으며, 14세 이상의 모든 외국인은 연방정부에 등록하도록 했다. 스미스 법에 의한 기소는 1957년 미국 연방대법원의 위헌 판결이 있기까지 계속되었다.

론은 '임시 비교형량ad hoc balancing'으로, 각각의 사건에서 양편의 이익들, 즉 대부분의 사건에서 개인 소송당사자의 권리와 이를 침해하는 정부의 자기보존권을 비교형량하는 것이었고, 자유로운 표현을 특별히 중요하게 판단하거나 표현에 대한 억압이 사회 전체에 가하는 피해를 고려하지는 않았다.[21]

수정헌법 제1조 연구자들은 '절대주의'를 포함해 표현의 자유에 대한 모델과 이론들을 제안해 왔다. 당대 가장 유명한 수정헌법 제1조 이론가였던 알렉산더 마이클존Alexander Meiklejohn은 1948년의 저서 『표현의 자유와 자치의 관계Free Speech and Its Relation to Self-Government』에서 특별한 종류의 절대주의를 발전시켰다. 그는 '공적 표현'에 있어서는 표현의 자유가 절대적이라고 믿었다. 마이클존은 공적 표현을 민주적 자치에 필수적인 표현으로 정의했다.[22] 그는 국민이 자기 자신의 통치자라고 헌법에 규정되어 있기 때문에, 국민이 자치를 위해 그들의 역량 내에서 하는 말은 무엇이든 처벌할 수 없다고 주장했다.[23] '사적 표현'에는 외설, 선동, 사인에 대한 명예훼손이 포함되는데, 이는 "통치라는 업무와는 아무런 관련이 없으므로" 수정헌법 제1조에 의해 보호될 수 없었다.[24] 반면에 휴고 블랙은 정부에 의한 모든 종류의 표현 규제는 금지된다는 보다 광범위한 절대주의 입장을 공개적으로 지지했다.

블랙 대법관은 하필 앨라배마주 출신이었다. 휴고 블랙은 1886년 클레이 카운티의 시골에서 남부연합군을 위해 세금을 징수하던 아버지에게서 태어났다. 남부는 블랙의 민권과 시민 자유권에 대한 진보적인 판결들로 인해 그를 경멸했지만, 그는 남부 지역과의 강한 정서적 유대감을 간직했다.

1970년 한 연설에서 그는 이렇게 말했다. "나는 앨라배마를 사랑한다. 나는 남부를 사랑한다. … 내가 아는 한 내 조상 중에 메이슨·딕슨선 북쪽에 정착한 사람은 한 명도 없다."[25]

블랙은 헌법에 대한 집착으로 유명했다. 그는 복음주의자들이 성경 사본을 가지고 다니는 방식을 따라 재킷 주머니에 헌법 사본을 넣고 다닐 정도로 '광신적'이었다.[26] 그는 헌법을 말 그대로 경전처럼 읽었다. 권리장전이 보장하는 권리들은 문자 그대로 보장되어야 하며, 그 조항들의 의미는 모호하지 않다고 그는 믿었다.[27] 그는 부드러운 남부 사투리로, "나는 헌법 문장을 읽는 것을 좋아한다."라고 말하곤 했다. "나는 문언주의자이다. 인정한다. 요즘에는 나쁜 말이다. 나도 안다. 그러나 그것이 나다."[28]

블랙에게 수정헌법 제1조는 자유의 초석이었으며, 표현의 자유는 수정헌법 제1조의 심장이었다. 블랙은 정부가 표현의 자유에 어떠한 제한도 가할 수 없다고 믿는 '절대주의자'였다. 때때로 소송당사자가 사건에 대한 자신의 입장에 동의하지 않을 때면, 그는 주머니에 넣어 둔 헌법을 꺼내 수정헌법 제1조를 크게 읽어 달라고 요청했다. 그가 "어떤 법도no law"라고 말하면 블랙은 "고맙습니다"라고 말해 절대주의적 해석이 요구된다는 것을 암시한 다음, 헌법을 다시 주머니에 넣곤 했다.[29]*

1960년 2월 블랙은 뉴욕 대학교에서 권리장전에 대한 연설을 통해 자신의 절대주의 철학을 소개했다. 그는 "수정헌법의 주요한 목적 중 하나는 특정 영역에서는 그 범위가 무엇이든 간에 정부가 행사할 수 있는 모든 권한을 배제하는 것이었다."라고 선언했다.[30] 2년 후 블랙을 기리는 연회에서

---

* 미국 수정헌법 제1조는 "의회는 어떤 법도 만들어서는 안 된다Congress shall make no law"는 문장으로 시작한다.

있었던 뉴욕 대학교 에드먼드 칸Edmond Cahn 교수와 사전 연습 없이 진행된 인터뷰에서 그는 자신의 입장을 더욱 상세히 설명했다. 블랙은 뉴욕타임스 사건들의 사건명을 거론하지는 않았지만, 명예훼손의 헌법적 차원과 명예훼손법상 언론에 대한 광범위한 보호의 필요성에 관해 논의할 때 그는 분명히 이 사건을 언급했다.

"'어떤 법도no law'라는 문언이 정말로 어떤 법도 안 된다는 뜻이라고 말하는 것이 다소 구식이고 약간 순진해 보이기도 한다는 것을 이해합니다. … 저도 솔직해질 필요가 있습니다. 저는 수정헌법은 쓰여진 바 그대로를 의미한다고 생각할 뿐만 아니라, 의회가 어떤 법도 만들어서는 안 된다고 생각한다는 사실에 약간 영향을 받았을 수 있다는 점도 고백합니다."라고 그는 말했다. 그는 나아가 명예훼손에 대한 법적 책임이 위헌이라는 데 "의심의 여지가 없다"고까지 말했다.[31] 칸 교수는 깜짝 놀랐다.[32]

칸: 명예훼손법에 관해 표현과 언론의 자유의 예외를 인정합니까? 다시 말해 사람들이 명예훼손과 중상libel and slander*을 당했을 때, 손해배상 소송을 제기할 수 있도록 허용할 의향이 있습니까?

블랙: 수정헌법 제1조에 있어, 미국 정부가 통치하는 미국에서는 명예훼손이나 비방에 관한 어떠한 법도 없어야 한다는 것이 헌법제정자들의 의도였습니다. 그냥 없어야 한다고요. …

공적 명예훼손 또는 선동적 명예훼손에 관한 한, 우리가 개인을 명예훼손으로 고소하는 관행이 있었기 때문에, 이 나라에서 정부가 선동적 명

---

* libel은 출판물에 의한 명예훼손을, slander는 구두 명예훼손을 의미한다. 여기서는 이 둘을 구분하여 libel을 명예훼손으로, slander를 중상으로 번역한다.

예훼손을 활용할 수 있다는 생각이 여전히 남아 있는 것을 보면서 저는 때로 매우 혼란스럽기도 했습니다. 선동적 명예훼손은 수 세기에 걸쳐 실행되어 왔지만, 그저 정치적으로 잘못된 편에 있는 사람들을 기소하는 것 외에는 아무것도 아닙니다. 그들이 무언가를 말했고, 그들의 집단이 패배했고, 그리고 그들은 기소되었던 것입니다.

블랙은 오래전에 사라진 선동적 명예훼손죄crime of seditious libel를 언급하고 있었다. 정부는 선동적 명예훼손죄 아래 자기보존을 이유로 비판자들을 처벌할 수 있었다. 블랙은 1952년 보아르네 대 일리노이주 사건Beauharnais v. Illinois 이후 선동적 명예훼손에 대해 고민해 왔다. 그는 이 사건에서 주정부의 집단 명예훼손 또는 혐오표현 처벌법을 선동과 국가검열의 한 형태에 비유하며, "국민에 의한 자치에 헌신하는 나라에서는 있을 수 없는 놀랍고 무서운 교리"라고 했다.[33]

블랙: 신문을 읽는 분들은 이런 일이 지금 전 세계에서, 매주 어딘가에서 일어나고 있다는 것을 알고 있을 것입니다. … 저는 제퍼슨과 마찬가지로, 정부가 사람들이 무언가를 말할 때가 아니라, 무언가를 할 때 규제에 나서야 한다고 생각하며, 수정헌법 제1조를 보호함에 있어 그 어떤 중간 지대도 존재하지 않는다고 믿습니다.[34]

명예훼손법 자체가 없어야 한다는 블랙의 논평에 관해 여론은 일반적으로 반대했지만, 그럼에도 불구하고 동시대 사건들은 명예훼손 소송이 언론과 공적 담론에 가하는 위협에 대한 블랙의 통찰을 확인해 주는 듯했다.[35]

1964년 앨라배마주의 뉴욕타임스 사건에서 영감을 받은 남부 3개 주의 공직자들은 북부 언론 매체를 상대로 주로 민권 보도와 관련한 17건의 명예훼손 소송을 제기했으며, 2억 8,800만 달러 이상의 손해배상을 청구했다.[36] 비록 서로 다른 당사자들이 서로 다른 출판물을 상대로 제기한 소송이었지만, 이러한 모방 소송들은 뉴욕타임스 사건에서 중요한 역할을 하게 된다. 인종분리주의적 당국은 소송에 열을 올리면서, 의도치 않게도 그들 스스로의 명분을 훼손하고 있었다.

1963년 극단적 인종분리주의자이자 은퇴한 육군 장군 에드윈 A. 워커Edwin A. Walker는 제임스 메러디스James Meredith*의 미시시피 대학교 입학에 항의하기 위해 기자와 연방 경찰을 폭행한 인종분리주의 폭도들을 이끌었고, 그가 폭동을 부추겼음을 사실대로 보도한 AP통신과 10개 언론사들을 상대로 3,300만 달러의 손해배상을 청구했다.[37] 이 사건을 처음 심리한 포트워스에서 배심원단은 그에게 80만 달러를 배상할 것을 선고했으며, 판사는 "배심원단은 허위적이고 일방적인 뉴스 보도에 대한 국가 전체의 태도를 반영했다."라고 진술했다.[38]

미시시피주 고속도로 순찰대 책임자인 T. B. 버드송T. B. Birdsong은, 올미스 폭동Ole Miss riots 당시 「미시시피에서는 앞으로 무슨 일이 벌어질까What's Next in Mississippi」라는 제목의 기사를 통해 연방보안관들이 폭도들을 제압하는 데 주경찰이 도움이 되지 못했고, 백인 자경단이 사진기자를 구

---

* 미국의 민권운동가이자 미시시피 대학교에 최초로 입학한 아프리카계 미국인. 인종분리주의자들은 메러디스의 미시시피 대학교 입학에 반대하며 폭동을 일으켰는데, 이 폭동을 진압하기 위해 케네디 정부는 반란법Insurrection Act of 1807을 적용하여 3만 명이 넘는 군인을 투입해야 했다. 메러디스의 미시시피 대학교 첫 등교일, 그는 미국 법무부 인권국 수석검사와 연방보안관, 연방군 1만여 명의 호위가 필요했다. 미시시피 대학교는 올미스Ole Miss라고도 불리기 때문에, 당시의 폭동을 올미스 폭동이라고도 부른다.

뉴욕타임스 죽이기

타하는 동안 순찰대원들이 방관했다고 주장하며 순찰대의 '직권남용official misconduct' 의혹을 제기한 새터데이이브닝포스트Saturday Evening Post를 대상으로 자신에게 100만 달러, 주 고속도로 순찰대원 275명에게 각각 100만 달러씩 총 2억 7,600만 달러의 손해배상을 청구했다.[39] 얼마 후 앨라배마주 에터와카운티의 보안관은 보안관과 그의 부보안관들이 인종 시위에서 잔혹한 행위를 했다고 고발한 기사에 대해 레이디스홈저널Ladies' Home Journal의 발행사 커티스퍼블리싱Curtis Publishing을 상대로 300만 달러의 손해배상 소송을 제기했다.[40] 버밍햄 시장 후보였던 톰 킹Tom King은 버밍햄을 인종 문제에 있어 미국에서 가장 "후진적인" 도시로 묘사한 새터데이이브닝포스트에 명예훼손 소송을 제기하겠다고 협박했다.[41]

컬럼비아저널리즘리뷰Columbia Journalism Review는 "현재 수많은 출판물들이 고액 소송이라는 잠재적 위험의 그늘 아래에 있다."라고 언급했다. "1960년대의 특징적인 소송들은 … 전국 언론의 보도나 논평에 대한 지역적 보복에서 비롯한 소송들로 보인다."라고 관찰했다. "거액의 배상액과 사회적 이목이 점점 더 많은 피해자들의 소송을 부추기고 있는 것 같다." 이는 상황을 누그러뜨려 표현한 것이었다.[42]

1962년 11월 제5순회항소법원이 나머지 몽고메리 사건들에 관해 앨라배마주에서 소송을 당할 수 있다고 판결하면서 목사들은 크게 좌절했다. 이후 같은 법원은 버밍햄 사건들에서, 해리슨 솔즈베리 기사들에 대해 뉴욕타임스가 주에서 소송을 당할 수 있다며 기존 판결을 뒤집었다. 법원은 "비거주자가 주의 경계를 넘어 명예훼손적 내용을 인쇄하고 그 명예훼손적 내용을 앨라배마에서 배포 및 출판한 경우, 청구원인은 명예훼손 기사를 인쇄 및 출판한 주뿐만 아니라 앨라배마주에서도 발생한다.”라는 앨라배마주 대법원의 설리번 사건 판결에 근거하여 판결을 내렸다. 이 판결로 모든 버밍햄 사건들이 부활하게 되었다.[43]

킹 목사와 클래런스 존스는 당황해서 테드 킬에게 전년도 말에 해체된 앨라배마 명예훼손 소송 변호사위원회the Lawyers' Committee on the Alabama Libel Suits를 부활시키도록 압력을 넣었다. 명예훼손 소송 변호를 맡은 또 다른 단체는 뉴욕의 부유하고 진보적인 변호사이자 킹 목사의 지지자인 해리 왁텔Harry Wachtel이 설립한 간디 인권협회the Gandhi Society for Human Rights였다.[44] 왁텔은 명예훼손 소송을 통해 SCLC와 노동운동 간의 연대를 구축하고 노동조합으로부터 기부를 요청하고자 했다. 그러나 간디 협회는 많은 기부금을 모으지 못했고, 명예훼손 사건들에 맞선 SCLC의 싸움에 크게 기여하지 못했다.[45]

다시 활기를 찾은 앨라배마 명예훼손 소송 변호사위원회는 명예훼손 소송이 민권, 언론의 자유, 민주적 절차에 갖는 함의를 설명하는 편지와 함께 「앨라배마 명예훼손 소송에 대한 사실 진술」이라는 제목의 2,500단어 분량의 리플릿을 배포했다. 이 자료는 로버트 케네디 법무부 장관, 주 및 지역 변호사협회들의 장, 로스쿨 학장들에게 발송되었다.[46] 편지는 앨라배마주의 명예훼손법이 “학교, 교통, 주거 등 우리 국민 모두의 삶의 국면에서 인종분리를 금지한 연방법원의 판결들 이후 남부에서 발생한 상황을 다루는 진실한 보도와 공개 토론을 억압하는 장치로 사용되고 있었다.”라고 언급했다. 이러한 절차의 남용은 “모든 미국인들에 대한 위험으로 가득 차” 있다.

앞서 언급한 방식으로 공정한 논평과 헌법상 권리들의 행사를 처벌하기 위해 사법절차를 지속적으로 오용하는 것은, 남부의 인종 관계와 긴장에 대해 감히 사실을 공개하거나 대중적이지 않은 의견을 표명한 사람들에 대한 처벌과 협박으로—지금까지 그래 왔던 것처럼—한정하더라도, 충분히 비극적인 일이다.

그러나 공인된 법 이론이 전혀 없는 상태에서 명예훼손 소송이 분노에 사로잡혀 있거나 편향된 배심원들로부터 천문학적인 배상 평결을 이끌어 낼 수 있다면, 극단주의자들은 민권을 비롯한 어떠한 사안이든 그들이 관용할 수 없는 사상을 억압할 강력한 새로운 무기를 갖게 될 것이 자명하다. 보복적 법률 행위를 할 수 있는 시간, 처분 능력, 그리고 자원을 가진 동료 시민들과 상반되는 신념을 표명할 경우, 그 누구도 법적·경제적 공격에서 자유로울 수 없을 것이다. 사회적 부정의에 대한 사실을 드러내는 것이 분노로 이어지는 곳에서, 어떤 신문사도 파산의 위험 없이 자유롭게 인쇄할 수 없을 것이다. …

사법절차의 남용을 직접적으로 염려하는 우리, 즉 변호사협회의 성원들은 우리의 동료 변호사와 일반 시민들에게 미국의 자유에 대한 최근의 도전에 대해 경고해야 할 때가 왔다고 믿는다. … 아메리카합중국의 법원은 법이 옹호하도록 설계된 바로 그 권리들을 파괴하는 도구가 되어서는 안 된다.[47]

지역 주민들은 앨라배마주가 전국적으로 또 한 번 망신을 당한 것에 격분했다. 앨라배마저널은 "뉴욕타임스를 상대로 한 소송이 아직 앨라배마에서 계류 중인 상황에서, 변호사들의 … 놀랍고 이례적인 … 폭거"라고 비난했다. "앨라배마는 '분노에 사로잡혀 있거나 편향된 배심원들'에 대한 외부 변호사들의 제안에 분개하지 않을 수 없다. 그들의 성명서 자체가 앨라배마에 대한 명예훼손적 폭거이다."[48]

버밍햄 위원들의 변호사인 제임스 심프슨은 앨라배마저널의 논조에 발맞추어 변호사위원회를 명예훼손으로 고소할 것을 제안했다. 나흐만은 이 성명서가 "변호사들의 행동에 대한 비양심적인 논평"이라는 데 동의했지만, 소송은 제기하지 말라고 조언했다. 그는 인종차별 문제를 언급하며, "우리는 변호사위원회가 사법 외적인 압력을 가하고 설리번 사건과 무관한 연방 차원의 문제를 기록에 남기기 위해 고안되었다고 확신합니다."라고 썼다. "따라서 현재 우리가 어떠한 조치를 취하든 뉴욕타임스가 원할 법한 종류의 소란과 분위기를 조성할 것이라고 생각합니다." 나흐만은 변호사위원회의 행동이 "뉴욕타임스가 거의 패닉 상태임을 의미한다"고 생각했다.[49]

제12장

허버트 웩슬러

뉴욕타임스에게는 그야말로 심판의 순간이었다. 신문사는 수백만 달러의 법적 책임과 파산 가능성에 직면했다. 연방대법원에 상고를 해야 할까? 아니면 옥스 정책을 포기하고 합의를 해야 할까?

고위 간부들은 앨라배마주 공직자들이 실제로 합의에 응할지 알 수 없지만, 합의만이 유일한 선택이라고 생각하기 시작했다. 연방대법원에 상고하려면 엄청난 비용이 들 것이고, 법은 그들의 편이 아니었다.

싸움에서 물러나는 법이 없는 강경했던 뉴욕타임스의 경영진은, 신문사 역사상 처음으로 명예훼손 소송에서 물러설 준비를 하고 있었다. 그들을 막은 사람은 루이스 러브였다. 항상 신중하고 보수적인 노선을 옹호해 왔던 러브였지만, 이번에는 뉴욕타임스가 굴복해서는 안 된다고 확신했다. 옥스 정책은 그럴 만한 이유가 있었기에 탄생했다. 뉴욕타임스가 굴복한다면, 또 다른 누군가가 수백만 달러에 달하는 소송을 제기하지 않겠는가? 다음에 있을 한두 건의 명예훼손 소송에서 인종분리주의자들이 뉴욕타임스를 상대로 소송을 제기하지 않을까? 러브는 경영진을 향해 신문사의 미래가 위태로우며, 모험을 감수해야 한다고 말했다.

확신은 없었지만, 경영진은 러브가 헌법 전문가에게 조언을 구할 수 있도록 했다. 러브는 미국에서 가장 저명한 학계 변호사 중 한 명인 컬럼비아 로스쿨의 허버트 웩슬러Herbert Wechsler에게 전화를 걸었다. 뉴욕타임스의 명성을 이용해 웩슬러를 고용하기로 한 결정은 뉴욕타임스 역사에서, 나아가 저널리즘 역사에서 가장 중요한 결정 중 하나였다.[1]

1962년 쉰두 살의 웩슬러는 헌법, 형법, 연방법원의 세 분야에서 정상에 올라 있었다. 웩슬러는 연방대법원 앞에서 12건의 사건을 변론했고, 법무부에서 근무했으며, 영향력 있는 법학 평론을 작성하고, 미국법률협회American Law Institute의 「모범형법전Model Penal Code」을 저술했는데, 「모범형법전」은 각 주의 입법자들이 형법전을 작성할 때 지침이 되었다. 설리번 사건 이후 얼마 지나지 않아, 웩슬러는 미국법률협회 이사로 오랜 임기를 시작했다.[2] 그는 '현대판 블랙스톤'*이라 불렸고, 이는 결코 과장이 아니었다.[3]

웩슬러는 키가 작고 건장한 체격에 짙은 눈썹과 단호한 눈빛을 지닌 사람이었다. 그의 목소리는 깊고 비음이 섞여 있었으며, 뉴욕식 억양이 강했다. 그의 날카로운 지성, 신랄한 발언, 강한 우월의식은 동료와 학생들 모두에게 위협적이었다. 수업 중 한 학생이 피상적인 질문이나 답변을 하면, 그는 "그 발언은 두뇌 작용을 조금도 거치지 않았군!"이라고 외치곤 했다.[4] 웩슬러의 능력에 대해 한 동료는 상대가 아직 상처의 깊이를 깨닫기도 전에 논

---

* 영국의 법률가 윌리엄 블랙스톤 경Sir William Blackstone을 지칭한다. 그의 저서 『영국법 주해Commentaries on the Laws of England』는 영국법 해석에서 매우 높은 권위를 갖는다.

 뉴욕타임스 죽이기

증의 심장을 도려내 버리는 격이라고 평했다.[5]

웩슬러는 정신적인 삶을 위해 단련된 사람이었다. 그는 1909년 브롱크스의, 문해력과 학업적 성취를 중시하는 중산층 유대인 가정에서 태어났다. 헝가리에서 온 이민자였던 할아버지는 랍비이자 언론인이었고, 아버지는 변호사였다. 남동생 제임스는 뉴욕포스트의 유명하고 논쟁적인 편집자가 되었다.[6]

웩슬러는 뉴욕의 공립 초등학교와 고등학교를 다녔고, 19세에 시티칼리지를 졸업했다. 신동에게는 이례적인 포부였지만, 프랑스어 교사가 되기로 결심한 그는 시티칼리지에 프랑스어를 가르치겠다고 지원했다. 하지만 그의 아버지는 아들이 프랑스어 교사가 아닌 변호사가 되어야 한다고 학과장을 설득했고, 원서는 받아들여지지 않았다. 말년에 한 인터뷰에서, 웩슬러는 자신이 프랑스어 강사가 되었다면 "엄청난 실패작"이 되었을 것이라며, 그러한 불행에서 구해 준 아버지에게 감사한다고 밝혔다.[7]

웩슬러는 대공황이 한창이던 1931년에 컬럼비아 로스쿨을 졸업했다. 그는 컬럼비아에서 잠시 조교직을 맡은 후, 워싱턴으로 가서 할런 피스크 스톤Harlan Fiske Stone 대법관의 재판연구원이 되었다. 스톤은 웩슬러의 롤모델이 되었는데, 웩슬러는 그의 사법적 검토 결과에 대한 적극적인 항변과 '살아 있는 헌법'을 수용하는 유연함을 높이 평가했다.[8]

웩슬러는 연방대법원 재판연구원 시절 미국 남부의 인종적 적대감이 얼마나 심각한지 처음 알게 되었다. 그가 워싱턴에 도착하고 불과 몇 주 후, 연방대법원은 공산주의 계열 기구인 국제노동방위International Labor Defense가 제기한 스코츠보로 사건의 항소를 심리했다. 웩슬러는 스코츠보로 소년단이 받은 부당한 유죄 판결에 크게 마음이 움직여, 반린치 입법을 포함해 남부에 대한 연방정부의 '재건reconstruction'을 촉구하는 글을 예일로저널 Yale Law Journal에 기고했다.[9] 웩슬러는 표현의 억압이 인종 탄압 강화에 어떻게 이용될 수 있는지 목격했다. 1935년 국제노동방위는 조지아주에서 내란 선동 혐의로 유죄 판결을 받은 흑인 공산당 조직원이 연루된 헌든 대 라우리 사건Herndon v. Lowry의 변호를 맡아 달라고 웩슬러에게 요청했다. 수정헌법 제1조와 연관된 획기적 사건인 헌든 사건에서, 법원은 명백하고 현존하는 위험 원칙을 활용하여 조지아주의 내란법을 무효화했다.[10]

30대 초반이 되었을 무렵, 웩슬러는 대부분의 사람들은 평생에 한 번도 해 보지 못할 업적을 쌓았다. 그는 컬럼비아 대학교의 교수가 되었고, 살인죄에 관한 역대 최장 논문을 공저했으며, 기념비적인 형법 판례집을 공동집필했다. 1941년 웩슬러는 안식년을 맞아 법무부 차관실에서 일하며 연방대법원에서 정부를 위해 변론하는 일을 했다. 1944년부터 1946년까지 웩슬러는 전쟁부를 담당하는 법무부 차관보로 근무했다. 그는 연방대법원에서 일본계 미국인의 억류를 옹호한 악명 높은 사건인 고레마쓰 대 미국 사건 Korematsu v. United States*을 변론했으며, 이로써 그의 명망에 흠이 난 이후에도 오랫동안 변호를 계속했다. 전쟁이 끝날 무렵 웩슬러는 뉘른베르크 사법재판소의 핵심 고문으로 활동했다.[11]

컬럼비아로 돌아온 웩슬러는 다시 학자로서의 그의 훌륭하고 생산적인

---

* 진주만 폭격 이후 미국이 태평양 연안 4개 주에 거주하던 12만여 명의 일본계 미국인을 수용소에 강제수용한 행정명령에 대해, 일본계 미국인인 프레드 고레마쓰가 혈통에 따른 차별로 위헌을 주장하며 제기한 소송. 강제수용된 일본인의 대다수는 미국에서 태어난 미국 시민이었으며, 독일계 미국인이나 이탈리아계 미국인에 대해서는 이러한 조치가 취해지지 않았다. 그러나 연방대법원은 당시 강제수용 조치가 전쟁으로 인해 긴급한 공적 필요가 있었으므로 합헌이라고 판결했다.

경력을 쌓기 시작했다. 그는 하버드 대학교의 헨리 M. 하트Henry M. Hart 교수와 함께 미국에서 가장 영향력 있는 법률 판례집 중 하나인 『연방법원과 연방 제도The Federal Courts and the Federal System』를 공동집필했다. 1950년에는 「모범형법전」 초안을 작성했다.[12] 웩슬러의 또 다른 업적은 1959년 하버드로리뷰Harvard Law Review에 발표한 논문 「헌법의 중립적 원칙에 대하여Toward Neutral Principle of Constitutional Law」로, 역사상 가장 많이 인용된 법률 리뷰 논문 중 하나이다.[13] 이 논문은 사법심사의 평가는 판결이 추구하는 이익이나 가치가 아니라, 판결의 방법에 초점을 맞추어야 한다고 믿는 법과정학파the legal process school of thought의 모범으로 언급되고 있다.[14]

웩슬러는 브라운 판결의 결과에는 동의했지만, 그 결정의 근거에 대해서는 이의를 제기했다. 브라운 판결과 워런 법정의 인종에 관한 다른 판결들이 부적절한 '원칙'에 입각했다는 것이 그의 생각이었다. 그는 브라운 대법관이 '결사의 자유와 결사하지 않을 자유 간 경쟁'이라는 쟁점을 제기했다고 썼다. "헌법이 결사의 자유를 위한 주장을 우선할 것을 요구한다고 판단할 중립적 원칙들의 근거"가 있었는가?[15] 그는 자신의 결론이 민권의 대의에 해를 끼치는 것이 아니라 오히려 도움이 된다고 믿었다. 중립적 원칙들에 의해 인도될 때, 정책적 고려에 의해 판단될 때보다 일관성 있는 헌법적 조정constitutional adjudication이 유지될 수 있고, 결과적으로 더 큰 존중을 받을 수 있을 것이라고 그는 믿었다. 웩슬러는 인종 간 평등의 열렬한 옹호자였지만, 이 논문은 웩슬러가 민권운동에 반대하는 듯한 인상을 주었고, 고레마쓰 사건과 더불어 자유주의자들 사이에서 그에 대한 평가가 분분해지는 데 영향을 미쳤다.

설리번 사건에 관한 뉴욕타임스의 상고를 도와달라는 러브의 제안에 웩슬러는 즉시 흥미를 느꼈다. 그는 이 사안에 관해 지적인 관심을 갖고 있었지만, 더 솔직하게는 돈도 필요했다. 당시 웩슬러는 병든 부모님과 전처를 부양하고 있었다. (뉴욕타임스는 이 사건의 수임료로 웩슬러에게 4만 달러를 지급할 예정이었는데, 명성이나 재정적 여력이 열악한 신문사였다면 이러한 능력을 갖춘 법률가를 결코 고용할 수 없었을 것이다.)[16] 웩슬러는 당시 추가 수입을 위해 컨설팅 법률 사무소를 시작하고 있었다. 그는 다양한 명예훼손 소송들과 관련해 로드데이앤드로드의 컨설턴트로 일했으며, CBS의 명예훼손 사건에 자문을 제공하기도 했다.[17]

언론 매체를 위한 작업들을 해 오면서, 웩슬러는 명예훼손이 수정헌법 제1조의 적용 범위 밖에 있다는 공리maxim에 대해 고민하게 되었다. 그는 그동안 보호 대상에서 제외되어 온 표현의 영역들이 수정헌법 제1조에 의해 보호받을 수 있도록 한 중요한 연방대법원 판결이 있었음을 알고 있었다. 브리지스 대 캘리포니아Bridges v. California, 1941 판결은 한때 모욕죄로 처벌할 수 있었던 법관에 대한 비판적 발언이 수정헌법 제1조에 의해 보호된다고 판시했다. 음란물pornography은 로스 대 미국 판결 전까지는 수정헌법 제1조에서 완전히 제외되어 있었다. 웩슬러는 명예훼손법이 이러한 발전에 동참할 때가 왔다고 믿었다. "연방대법원이 실무상으로 언론과 표현의 모든 영역에서 발생하는 수정헌법 제1조 적용 주장들에 대응할 수는 없으며, … 또한 명예훼손은 달리 취급되어야 하는 영역이라는 입장을 견지할 수도 없다."라고 그는 믿었다.[18]

이러한 생각과 함께 웩슬러는 설리번 사건을 논의하기 위해 러브를 만났다. 러브는 수정헌법 제1조를 근거로 상고하는 것에 대해 뉴욕타임스 본사에서 큰 저항이 있었다고 설명했다. 러브는 뉴욕타임스가 명예훼손 소송에서 유리한 결과를 얻어 왔고, 설령 패소하더라도 항소심에서 판결이 뒤집혀 승소해 왔기 때문에, 그들의 명성이 위태로워질까 주저하고 있다고 말했다.[19]

회의가 끝날 무렵, 러브는 상고에 대한 판단은 뉴욕타임스 경영진이 내릴 것이라며, 웩슬러에게 이 사안을 논의하기 위해 발행인 식당으로 와 달라고 요청했다. 웩슬러는 이 회의를 "내가 참석했던 가장 중요한 회의 중 하나"라고 회고했다.[20]

11층에 있는 발행인 식당은 뉴욕타임스의 지성소였다. 경영진은 그곳에서 금테를 두른 도자기 접시에 담겨 나오는 새우와 스테이크로 식사했다. 회장, 외국 지도자, 기업인, 그리고 다른 고위 인사들이 오찬에 참여했다. 벽은 뉴욕타임스의 상징인 독수리로 장식되어 있었다. 설즈버거는 그곳에서 특별 손님들을 모시고 지치지도 않고 농담을 했으며, 그들이 나눈 모든 대화는 장미 아래에서sub rosa 이루어진 비밀이었다.*(식당 천장은 장미로 장식되어 있었다.)[21]

1962년 11월 6일 화요일 정오, 식당에 들어선 웩슬러는 회사의 모든 고위 간부들, 즉 존 옥스, 사설란의 편집자, 오빌 드라이푸스, 클리프턴 대니얼, 해리슨 솔즈베리, 터너 캐틀리지, 하딩 밴크로프트, 일요판의 편집자 레스터 마켈, 그리고 아서 크록을 만날 수 있었다. 한켠에는 아서 헤이스 설즈버거가 휠체어를 타고 앉아 있었다. 웩슬러는 이를 '전시 내각'이라고 묘사했다.[22]

웩슬러는 앨라배마 사건들의 역사와 법적 쟁점에 관해 설명했다. 그는 연

---

* 'sub rosa'라는 표현은 '장미 아래에서'라는 뜻이지만, '극비', '비밀'이라는 숨은 의미도 있다.

방대법원이 이 사건의 사실관계에 대해 매우 '동정적'일 수 있다고 말했다. 그런 다음 웩슬러는 일종의 '로스쿨 강의'를 시작하여, 신문사 관계자들에게 "지난 30년 동안 수정헌법 제1조의 사법적 해석과 관련해 어떤 일이 일어났는지"를 설명하기 시작했다. 그는 연방대법원이 음란물이나 모욕과 같이 이전에는 보호받지 못했던 표현의 영역에 관해 어떻게 법적 심사를 하고 헌법적 기준을 적용했는지 설명했다. 이제 명예훼손에 수정헌법 제1조를 적용할 때가 무르익었다고 그는 주장했다. 웩슬러는 경영진에게 뉴욕타임스가 스스로와 신문업계를 위해 수정헌법 제1조에 관한 소송을 제기할 기회를 놓치지 말아야 할 의무가 있다고 말했다. 그는 물었다. "이 정말 중요한 사건에서 뉴욕타임스가 이 주장을 제기하지 않는다면 누가 제기할 수 있겠습니까?"[23]

몇몇 사람들이 웩슬러에게 공격적으로 질문했다. 법정 밖에서 합의로 해결하는 것이 더 낫지 않은가? 판결이 뒤집힐 가능성은 얼마나 되는가? 해리슨 솔즈베리를 비롯한 몇몇은 웩슬러의 주장에 수긍하는 듯했다. 점심 식사를 마친 후 웩슬러는 자리를 떠났다. 그는 자신이 그들 대부분을 설득하지 못했다는 것을 알 수 있었다. 하지만 그는 그 자리에서 가장 중요한 사람인 발행인 오빌 드라이푸스의 마음을 사로잡았다고 확신했다. 얼마 후 드라이푸스는 러브와 만났고, 러브는 웩슬러에게 전화를 걸어 연방대법원 심사를 요청하라고 말했다.[24]

뉴욕타임스는 이 사건의 수석변호사가 된 웩슬러에게 모든 것을 걸었다. 좋은 베팅이었다. 그러나 웩슬러 정도의 반열에 오른 학자이자 변호사에게도 앞으로 닥칠 일은 벅찬 일이었다. 웩슬러조차도 자신이 이길 수 있을지 확신하지 못했다. 그는 자신의 지적 능력과 법률 지식에는 자신 있었지만,

연방대법원이 명예훼손과 수정헌법 제1조에 대한 입장을 완전히 바꾸도록 설득할 수 있을지 확신하지 못했다. 연방대법원이 오랫동안 정립되어 온 명예훼손법의 원칙이 헌법에 보장된 표현의 자유를 침해한다고 결론을 내리는 것은 대단한 도약이었다.

연방대법원은 연방법에 관련한 문제들을 심리한다. 하급심 판결에 대해 상고를 할 때 당사자인 상고인은 중요한 연방법의 쟁점이 관련되어 있다는 것과, 하급법원이 그것들을 고려하지 않았거나 잘못 고려했다는 것을 증명해야 한다.

설리번 사건에서는 두 가지 연방법 문제가 제기될 수 있었다. 하나는 뉴욕타임스에 대한 앨라배마주의 관할권과 관련된 확대관할법의 헌법적 유효성 문제였다. 다른 하나는 앨라배마주의 명예훼손법이 수정헌법 제1조를 위반했는지 여부였다. 관할권 문제가 심사의 기초가 될 경우, 앨라배마 법령의 적용이 위헌이라는 주장이 제기될 것이므로, 항소가 이루어질 것이다. 심사는 의무 사항일 것이므로, 연방대법원은 해당 사건을 심리해야 한다. 그러나 앨라배마주 명예훼손법의 합헌성이 문제일 경우, 상고인은 법원이 사건을 심리하도록 하기 위해 상고허가신청서를 제출해야 한다. 이는 심사를 위해 연방대법원이 하급법원에 사건 기록의 이송을 명령해 줄 것에 대한 요청이다. 연방대법원은 매년 수천 건씩 이러한 신청서를 접수하고, 그중 일부만 승인한다.[25]

웩슬러는 옛 제자 중 한 명인 주니어 동료 마빈 프랭클Marvin Frankel에게 신청서 작성을 도와달라고 요청했다. 당시 마흔두 살이었던 프랭클은 컬럼비아 대학교 교수로 막 임용된 상태였다. 프랭클은 영리하고 결단력 있는

사람이었다. 퀸스칼리지 학부 시절에는 아이스크림 트럭을 운전하고 맨해
튼의 의류 지구에서 옷걸이를 밀며 학비를 벌기도 했다. 군복무 후 프랭클
은 로스쿨에 진학한 다음, 워싱턴의 법무부 장관실에서 근무하며 연방대법
원에서 소송 서류 작성과 변론을 도왔다. 뉴욕의 로펌 프로스카우어 로즈
Proskauer Rose에서 6년 동안 파트너 변호사로 일한 후 그는 컬럼비아에서
교편을 잡았다.[26] 프랭클은 웩슬러를 우러러보았다. 그는 연방대법원 상고
심에서 가장 중요한 아이디어를 제시했지만, 그 공로를 스승에게 돌렸다.

글을 쓰기 전에, 웩슬러와 프랭클은 중요한 문제를 결정해야 했다. 그들
은 수정헌법 제1조 논변에 집중할 것인지, 아니면 뉴욕타임스에 대한 앨라
배마주의 관할권 발생 여부에 집중할 것인지를 토론했다. 웩슬러는 관할권
논변은 승산이 없으며, 수정헌법 제1조 요점이 "더 섹스어필한다"고 결론지
었다. 그는 관할권 주장에 결함이 있다고 믿었는데, 존스 판사가 판단하기
를, 애초부터 에릭 엠브리가 일반 출석함으로써 뉴욕타임스에 대해 앨라배
마주가 인적 관할권을 갖지 않는다고 주장할 일체의 권리를 뉴욕타임스가
포기했다고 보았기 때문이다. 웩슬러는 뉴욕타임스에게 명예훼손 주장으
로 우선 시작하고 관할권 주장은 부차적인 것으로 하는 상고허가신청서*를
제출할 것을 권고했다.[27]

웩슬러는 러브에게 왜 그들이 수정헌법 제1조 요점을 강조해야 하는지

---

* 원문 표현 'petition for writ of certiorari'는 기록송부영장신청이라고 번역하는 것이 정확할 수
있으나, 여기서는 연방대법원의 상고 허가를 신청하자는 의미를 살려, 상고허가신청이라고 옮겼
다. 미국 연방대법원에 상고를 하는 경로로는 권리상고appeal, 상고청구certiorari, 법원의 상고제
청certification이 있다. 상고청구 방식은 상고인이 기록송부영장의 신청을 통해 상고청구를 하게
되며, 연방대법원은 평의를 통해 상고 허가 여부를 결정한다. 미국 연방대법원이 심리하는 대부
분의 사건이 상고청구 방식의 경로를 통해 유입된다. 다음의 기사를 참조. 이우영, 미국과 우리
나라 대법원 비교 고찰, 법조신문, 2010년 9월 13일자 기사.

설명했다. 공직자에 대한 직접적 언급 없이, 그의 명예에 아무런 손상도 없었다고 말할 수 있는 상황에서 공직자를 비판했다는 이유로 뉴욕타임스에 대해 대규모 명예훼손 판결을 내린 것은 언론과 표현의 자유의 침해에 해당한다는 것이었다. 그는 러브에게 "이 문제에 관한 상고허가신청에서 연방대법원의 관심을 끌지 못한다면, 민권 투쟁이 계속되는 한 모든 곳에서 명예훼손 소송을 당할 것이기 때문에, 남부에서 뉴욕타임스의 배포를 정말 그만두어야 할 것입니다."라고 말했다. 그러나 그는 이 요점을 법기술적으로 어떻게 풀어 나갈지 확신하지 못했다.[28]

웩슬러는 명예훼손에 명백하고 현존하는 위험 심사를 적용해야 한다고 주장할 수 있었다. 그러나 그는, 명예훼손의 위험은 거의 언제나 명백하고 현존하기 때문에, 이 공식이 어떻게 적용될지 알기 어렵다고 생각했다. 게다가 이 원칙은 데니스 대 미국 사건Dennis v. U.S.*에서 공산당 지도자들에 대한 탄압을 정당화하기 위해 사용된 이후 불신을 받고 있었다. 수정헌법 제1조의 또 다른 주요 심사 방법은 비교형량 심사였다. 그러나 비교형량은 이미 주법하의 명예훼손 사건들에서 사용되었고, 웩슬러는 언론의 자유와 명예 사이에서 이익을 다시 형량해야 한다고 연방대법원을 설득할 수 있을지 확신하지 못했다.[29]

명예훼손 보통법을 헌법적 사안으로 전환할 수 있는 기발한 방법을 생각

---

* 미국 연방대법원이 스미스 법Smith Act, 1940의 합헌성을 인정한 사건이다. 스미스 법은 정부의 폭력적 전복을 선동하거나, 그러한 선동을 목적으로 한 단체를 조직하거나, 그 구성원이 되는 행위를 형사 범죄로 규정했다. 1948년 미국공산당 사무총장 유진 데니스Eugene Dennis는 구체적인 폭력 행위를 부추겼다는 증거가 없었음에도 불구하고 스미스 법 위반 혐의로 유죄 판결을 받았다. 스미스 법의 위헌 여부를 심사한 연방대법원은, 정부가 "폭동이 실행 직전에 있고, 계획이 완전히 세워졌으며, 신호만을 기다리고 있는 상황이 될 때까지" 표현을 금지하지 않고 기다릴 필요는 없다고 판단했다.

해 낸 사람은 프랭클이었다. "선동법 전략으로 가면 어떨까요." 그는 웩슬러에게 말했다. 프랭클은 이 사건의 쟁점을 명예를 보호할 권리에서 정부를 비판할 권리로 바꾸고 싶었다. 그는 설리번 사건을 재구성하여, 공식 정책에 비판적인 발언들을 정부가 기소했던 에이브럼스 대 미국 사건Abrams v. United States, 휘트니 대 캘리포니아 사건Whitney v. California처럼 일반적인 명예훼손 소송이 아닌 다른 사건으로 보이게 만들 수 있다고 믿었다. 선동적 명예훼손seditious libel의 비유는 휴고 블랙의 수개월 전의 발언에서 영감을 받은 것으로 보인다. 프랭클은 웩슬러를 위해 어떻게 이 사건을 선동적 명예훼손의 관점에서 다룰 수 있는지에 관한 메모를 준비했다.[30]

웩슬러는 공직자의 공무수행을 비판하는 것에 대한 거액의 손해배상금을 선고하는 것이 오랫동안 위헌으로 간주되어 온 선동적 명예훼손죄와 유사하다고 주장할 수 있었다. 법기술적 관점에서 보면 민사 명예훼손 청구와 선동적 명예훼손죄는 다른데, 민사 명예훼손은 개인의 명예훼손 금전 배상의 문제인 반면, 선동적 명예훼손죄는 정부나 그 공직자 공격에 대해 형사처벌을 가하는 것이기 때문이다. 그럼에도 불구하고 웩슬러는 몽고메리 경찰에 대한 비판으로 인해 자신의 명예가 훼손되었다는 이유로 설리번이 배상받도록 허용하는 것은, 정부에 대한 비판을 이유로 한 법적 책임의 부과라고 주장할 것이었다. 웩슬러는 이 사건을 심리하고 공직자들에 대한 명예훼손적 진술을 보호하는 것이 기존의 헌법적 전통을 따르는 것이지, 전혀 혁명적인 일이 아니라고 연방대법원을 설득하려 했다.

웩슬러와 프랭클은 오늘날 연방대법원 서면에서는 일반적으로 발견되지만 당시로서는 전혀 전형적이지 않은 일을 했다. 그들은 설리번이 그의 공무

     뉴욕타임스 죽이기

수행에 관한 비판에 대해 손해배상을 구할 수 없다는 자신들의 입장을 '역사와 전통'이 뒷받침한다는 것을 보여 주기 위해 시간을 거슬러 올라갔다.

상고허가신청서는 1274년 중세 영국에서 선동적 비판을 금지한 칙령인 '드 스캔달리스 매그나툼De Scandalis Magnatum'과 함께 시작되었다. 이 법에 따르면, 정부나 공직자들에 대한 존경심을 떨어뜨리는 발언은 반역죄로서 사형에 처해질 수 있었다. 시간이 흘러 선동적 명예훼손은 경범죄가 되었으며, 벌금, 징역, 태형으로 처벌받을 수 있었다.[31] 이 법은 진실성 항변을 허용하지 않았는데, 정부에 대한 존중을 유지하는 데 진실한 비판은 허위보다 더 큰 위협으로 간주되었기 때문이었다. 발화자의 의도가 선동적인지 여부를 판단할 권한은 법관들이 가지고 있었고, 배심원은 발화자가 기소된 발언을 했는지 여부만 판단할 수 있었다.[32]

선동적 명예훼손은 아메리카 식민지로 이식되어 현지 왕실 대리인들을 비판한 자들에게 적용되었다. 드 스캔달리스 매그나툼은 큰 반감을 받았으며, 많은 사람들은 이 법이 정부에 대한 정당한 비판을 처벌하는 데 쓰이고 있다고 비판했다. 이 문제는 1735년 뉴욕에서 왕실 총독을 비판한 인쇄업자 존 피터 젱어John Peter Zenger 재판에서 주요 쟁점이 되었다. 젱어의 변호사는 출판물의 진실성 증명을 통해 젱어를 변호하는 것이 허용되어야 하며, 배심원단이 진술의 명예훼손 해당 여부를 결정해야 한다고 주장했다. 판사는 이러한 주장을 기각했지만, 배심원단은 젱어에게 무죄를 선고했다. 이후 아메리카 식민지에서 보통법에 근거한 기소는 거의 성공하지 못했다. 1791년 비준된 수정헌법 제1조가 선동적 명예훼손 범죄에 관해 어떤 효과를 의도했는지도 불분명했다.[33]

1800년 여당이었던 연방당Federalist party은 선거에서 패배할 것을 두려워했다. 연방주의자들은 공화당 언론 비평가들을 침묵시키는 것이 자신들의 우위를 확보할 수 있는 한 가지 방법이라고 믿었다. 그들은 하원이나 미국 대통령에 대한 '선동적인' 글을 범죄로 규정했다. 1798년의 선동법은 본질적으로 선동적 명예훼손죄를 성문화한 것이었지만, 그 조항은 보통법보다 덜 엄격했다. 이 법은 정치적 비판이 허위, 추문, 악의적인 경우에만, 그리고 작성자가 명예를 훼손할 의도가 있는 경우에만 처벌했다. 그러나 연방법원은 피고가 진실성에 대한 증명책임을 부담하도록 허위성 요건을 도입하여, 피고가 모든 면에서 진실성을 증명하지 못하는 한 비판적 진술을 거짓으로 추정했다. '나쁜 경향bad tendency'이 있는 단어를 출판했다면 명예훼손의 의도가 있는 것으로 추정되었다. 1798년과 1801년 사이에 연방당 소속 검찰들은 공화당원 14명을 기소했고, 그중 10명이 연방법원에서 재판을 받았다. 판사들은 배심원들에게 매우 편향된 법률적 지침을 주었고, 선동적이라고 주장된 논평들이 사소했음에도 불구하고 배심원 평결로 유죄 판결이 내려졌다.[34]

선동법에 관한 논쟁에서, 의회는 처음으로 수정헌법 제1조의 의미를 탐구하기 시작했다. 제임스 매디슨과 토머스 제퍼슨은 선동법이 위헌이라고 주장하며 주의회에서 반대 입장을 이끌어 내려고 노력했다. 매디슨은 표현과 언론의 자유가 공화주의 정치체제를 보호하는 데 필수적이라는 내용의 결의안 초안을 작성했고, 버지니아주 의회는 이를 승인했다. 버지니아 결의안the Virginia Resolution은 선동법이 "다른 모든 권리의 유일한 실질적인 수호자"인 "공적 인물들과 조치들public characters and measures을 자유롭게 검토할 수 있는" 권리에 위배되므로 수정헌법 제1조를 위반한다고 주장했다. 매디슨은 헌법이 "정부가 아닌 국민이 절대적인 주권을 소유하는" 통치 형

　　　　　　　　　　　　　　　　뉴욕타임스 죽이기

태를 만들었다고 적었다. 정부는 권력 집중에 대한 공중의 불신을 반영하여 권력을 분산했다. 이러한 정부 형태는 "왕실이 주권자이고 국민은 신민"이 었던 영국의 통치 형태와는 "완전히 다른" 것이었다. 그는 물었다. "상황이 이처럼 다르다면, 언론이 누릴 수 있는 자유의 정도 또한 달리 고려되는 것 이 자연스럽고 필연적이지 않은가?"[35] 대통령으로서, 제퍼슨은 선동법에 의해 유죄 판결을 받은 편집자들을 사면하고 벌금을 면제하면서 다음과 같 이 말했다. "나는 선동법이, 마치 의회가 우리에게 황금 신상을 엎드려 숭배 하라고 명령하는 것이 무효인 것과 같이, 절대적으로 그리고 명백히 무효라 고 생각해 왔고 지금도 그렇게 생각한다. 이에 선동법에 따라 처벌이나 기 소를 받고 있는 모든 사람을 사면한다." 1801년 대법원이 선동법 사건을 심 리하기도 전에 선동법은 자동 만료되었고, 선동적 명예훼손죄는 역사 속으 로 사라졌다.[36]

소수의 반대 의견이 선동적 명예훼손죄의 위헌성을 주장한 바 있었으나, 연방대법원이 수정헌법 제1조가 선동적 명예훼손을 금지한다고 판시한 적 은 없었다. 홈스Holmes 대법관은 1918년 선동법에 따라 제기된 에이브럼스 대 미국 사건에서 반대 의견을 개진하면서 언급했다. "수정헌법 제1조가 보 통법의 선동적 명예훼손seditious libel*을 유효하게 그대로 두었다는 정부의 주장에 전적으로 반대한다. 그러한 생각은 내가 보기에 역사와 맞지 않는 다. 나는 미국이 오랜 세월 동안 1798년 선동법이 부과한 벌금을 상환함으 로써 그 법에 대해 반성해 왔다고 생각한다."[37] 인종 혐오 발언을 범죄화한 집단 명예훼손법에 관한 보아르네 대 일리노이 사건의 반대 의견에서 로버

---

* 선동적 명예훼손은 정부를 비판하거나 조롱하는 등의 표현을 정치적 선동으로 보고 명예훼손죄 로 처벌하는 것을 일컫는다.

트 잭슨Robert Jackson 대법관은 "나는 오늘날 [선동법] 제정이 수정헌법 제1조 위반이라고 판단하는 것이 더 나은 의견이라고 생각하며, 확실히 홈스 대법관과 브랜다이스 대법관도 그렇게 생각했다."라고 언급했다.[38] 블랙 대법관은 보아르네 사건에서, "수정헌법 제1조는 이 나라에서 선동적 명예훼손을 거부했다."라고 보았다.[39] 1962년 블랙 대법관의 법정 밖 논평은 연방대법원 구성원들이 선동적 명예훼손과 수정헌법 제1조의 관계에 관해 다룬 마지막 논평이었다. 많은 사람들이 선동적 명예훼손의 원칙을 불쾌하게 여겼고, 연방대법원이 이를 공식적으로 비난하는 경향을 보일 것이라는 웩슬러의 생각은 틀리지 않았다.

웩슬러의 30페이지 분량의 상고허가신청서는 해당 사건의 사실관계, 제기된 법적 쟁점들, '상고허가영장 발령 사유'를 명시하는 것으로 시작되었다. 첫 번째 쟁점은 "언론의 자유 보장과 모순되지 않으면서, … 선출된 시위원이 관할하는 시정부 부처의 행동에 대해 비판적인 일부 부정확한 진술들에 관해, 특별한 손해의 증명이 없는데도, 그 자체로 명예훼손이며 소송 가능하다고 주정부가 결정할 수 있는지 여부"였다. 두 번째 쟁점은 "개인을 언급하지 않았"지만 경찰 당국에 대한 비판적인 진술들이 일반적으로 "설리번에 대해 명예훼손적이면서, 그 자체로 명예훼손죄로 처벌받을 수 있는지"에 관한 앨라배마주의 결정이 "언론의 자유 보장과의 일관성을 유지하면서" 정당화될 수 있는 충분한 증거가 있는지 여부였다. 또한 50만 달러의 배상금이 언론의 자유를 침해할 정도로 과도한지 여부에 대한 문제도 있었다. 마지막 쟁점은 앨라배마주가 뉴욕타임스에 대해 관할권이 있다는 가정이 언론의 자유를 침해했는지 여부였다.[40]

웩슬러는 연방대법원이 이 사건을 심리해야만 하는 이유를 설명했다.

앨라배마 대법원의 판결은 명예훼손법의 범위와 적용에 있어 공무수행에 저항하고 비판할 수 있는 권리를 과도하게 제한함으로써, 연방대법원의 판결들을 통해 정의되어 온 언론의 자유를 침해하고 있습니다. 이는 명예훼손 소송을 사인의 명예를 보호하는 수단에서, 정부를 비판으로부터 보호하는 장치로 전환하는 것입니다. 이 판결이 유지된다면, 언론뿐만 아니라 정부 권력기관에 맞서는 불만에 목소리를 부여할 수 있는 언론의 능력과 의지에 따라 자신들의 복지가 달려 있는 사람들에게도 중대한 영향을 미칠 것입니다.[41]

웩슬러는 공직자로 하여금 "문제의 진술이 전적으로 진실이라고 배심원이 설득되지 않는 한 … 정부 기관의 공적 행동에 대해 비판적인 출판물에 대한" 추정적 손해배상과 징벌적 손해배상을 통한 피해의 회복을 허용한 앨라배마주의 명예훼손법을 언급하면서 계속했다. "이러한 책임의 원리는 그 기능과 효과 면에서 선동적 명예훼손에 대한 처벌과 구별할 수 없는데, 이는 역사의 법정에서 이미 수정헌법 제1조와 배치되는 것으로 판단되었습니다." 그는 공직자가 자신의 공무수행에 대한 비판을 이유로 제기한 민사 명예훼손 소송이 선동적 명예훼손에 대한 형사 기소보다 어떤 측면에서는 더 억압적이라고 주장했다. "(역자 추가: 민사 명예훼손 소송은) 기소를 위한 요건이 충족되어야 하는 것도 아니고, 합리적인 의심을 넘어 증명되어야 할 필요도 없습니다. 선동법에서 요구하는 것처럼, 피고의 목적이 공직자를 '경멸 또는 불명예'에 빠뜨리는 것이었음을 입증할 필요도 없습니다. … 명예훼손으로 판단된 진술은 그 자체로 허위이고 악의적인 것으로 추정되며 … 공직자의 명예에 실제로 손상을 입혔다는 증거도 필요하지 않습니다."[42]

"우리는 그러한 책임의 규칙이 헌법이 보호하는 언론 자유의 범위에 관한 연방대법원의 판결들과 조화를 이룰 수 없다고 주장합니다. 이 판결들은 수정헌법 제1조의 주요 목적 중 하나가 '모든 공공기관'을 비판할 권리를 보호하는 것이라는 가정에서 출발합니다. 우리는 … 선출된 공직자에 대한 비판을 그의 명예를 훼손한다는 이유로 명예훼손으로 일관되게 처벌할 수 있다고 보지 않습니다.[43] 선동, 반란, 경멸, 불법행위 옹호, 평화 침해, 무질서 행위, 외설 또는 악행과 마찬가지로, 명예훼손은 헌법에 반하지 않는 기준에 의해 정의되고 판단되어야 합니다." 앨라배마주의 명예훼손법은 "선동적 명예훼손만큼이나 강력하게 공적 행위에 대한 비판을 억압하기 때문에 그 기준을 만족하지 못합니다."[44]

웩슬러는 설령 어떤 상황에서 공직에 대한 비판에 법적 책임을 묻는 것이 정당화된다고 하더라도, 설리번이 뉴욕타임스를 상대로 낸 소송은 명백히 위헌이라고 했다. 문제의 광고는 설리번의 이름을 언급하지 않았으며, "명백히 설리번이나 다른 개인에 대한 공격을 의도하지 않았다"는 것이다. 설리번의 명예에 실질적인 손상도 없었다. "진술들의 과장이나 부정확성이 피신청인의 명예를 훼손하는 경향이 있다고 합리적으로 간주할 수는 없습니다." 게다가 손해배상액도 과도했다. "범죄의 중대성과 부과된 벌금의 규모 사이에 합리적인 관계가 없습니다. … 이 정도 강도의 판결이, 이러한 사실관계들에 대해 반복적으로 선고되고 항소심에서도 반복적으로 유지된다면, 부정확한 주장을 방지하는 수준을 넘어서는 억압적 영향력을 가지게 될 수밖에 없습니다."[45]

연방대법원에 제출하는 신청서에서 현재 계류 중인 다른 사건을 언급하는 것은 관례에 어긋났지만, 웩슬러는 각주를 통해 다른 몽고메리 명예훼손 소송, 버밍햄의 명예훼손 소송, CBS를 상대로 한 사건들을 언급했다. 의문의 여지 없이 대법관들은 이 사건들을 이미 알고 있었겠지만, 웩슬러는 명예훼손이 정치적이고 정파적인 전투에서 무기로 활용되고 있다는 사실을 분명히 하고 싶었다. 신청서는 해당 사건이 민권운동과 연관되어 있음을 짧고 신중하게, 그러나 강력하게 암시했다. "지금은 언론이 국가의 인종적 긴장에 관한 보도를 줄이거나 긴장이 고조된 지역에서 출판물의 배포를 포기하도록 강요하는 것이 헌법에 명시된 가치와 부합하는 시기가 아닙니다. 여기에서도, 역시나, 명예훼손법은 헌법과 마주해야 하며, 헌법에 구속되어야 합니다. 그 직면의 기회가 눈앞으로 다가왔습니다."[46]

웩슬러는 1962년 12월 15일에 신청서를 제출했다. 얼마 지나지 않아 윌리엄 로저스가 이끄는 팀과 해리 왁텔이 이끄는 로펌의 구성원들을 대리인으로 선임한 목사들도 법원에 신청서를 제출했다. 클래런스 존스는 킹에게 신청서 제출 사실을 알리면서 "명예훼손 사건이 먼 길을 왔다"고 언급했고, 헌법적 쟁점들의 "중대성과 중요성"으로 인해 상고허가가 발령될 것이라고 확신했다.[47] 목사들의 신청서는 이 사건을 일으킨 인종적 적개심을 강하게 묘사했으며, 이 사건을 적법절차와 법의 평등보호 원칙을 위반한 것으로 규정했다. 그들은 "명백히, 이러한 모든 명예훼손 기소 제도는 신청인들 그리고 민권운동에 리더십, 종교적·영적 지도, 지원을 제공하는 다른 사람들을 위협하고 처벌하기 위해 설계되었으며, 이와 관련된 앨라배마 공직자들에 대한 뉴스 매체의 모든 비판을 위헌적으로 억압하고, 뉴욕타임스를 처벌하고 침묵시키기 위해 고안되었습니다."라고 썼다.[48]

명예훼손 소송은 "앨라배마주에서 있었던 대규모 인종분리와 차별의 패턴과 흑인 시민들이 우리 헌법 아래에서 완전한 민권을 획득하는 것을 막으려는 시도들을 증명하는 또 다른 증거입니다. 이미 언급한 것처럼, 앨라배마주는 공립학교 통합에 실패했으며, 인종차별적인 법령들, 인종분리를 유지하는 법률들이 존재하고, 흑인들을 투표로부터, 배심원단으로부터, 기타 연관된 공적 및 시민적 활동들로부터 체계적이고 의도적으로 배제해 왔습니다." "앨라배마주는 이제 보다 '세련되고 정교한' 억압 정책에 착수했습니다. 앨라배마주는 이제 우리 민주주의의 뿌리인 자유로운 표현과 언론의 권리를 공격하고 있습니다."

이 사건이 검토도, 취소도 되지 않는다면 남부 흑인들의 민권을 향한 투쟁은 지연될 것이며, 앨라배마주는 위법한 행위들에 대해 침묵의 장막 curtain of silence을 칠 수 있는 허가를 얻게 될 것입니다. 이 침묵의 장막은 곧 비슷한 방식으로 민권과 인종분리 철폐에 저항하려는 다른 남부 주들로 확산될 것입니다. 이들 주에서 명예훼손과 명예훼손 소송에 대한 두려움으로 인해 사람들은 억압에 대항하여 목소리를 내는 것을 두려워하게 될 것입니다. 목사들은 민권 투쟁 지원을 두려워할 것이며, 전국 신문들은 더 이상 남부에서의 활동들을 보도하지 않을 것입니다.

이 사건은 나라 전체에 영향을 미치며, 중요한 의미를 지닙니다. 이제 어떤 소수집단이 자신은 안전하다고 말할 수 있겠습니까? 누가 억압받는 소수를 위해 발언하겠습니까? 오늘은 남부 흑인이 박해를 받고 있습니다. 어제는 일본계 미국인이었습니다. 내일은 누구일까요?

인종차별주의자와 인종분리주의자들은 이제 억압을 위한 그들의 무기고를 채울 새로운 무기를 갖게 될 것입니다. 나치 독일의 최근 역사와 불길한 유사점을 지닌 인종 억압과 테러리즘은 명예훼손 기소라는 외양으로 새롭고 더욱 끔찍하게 모습을 드러낼 것입니다.[49]

뉴욕타임스와 목사들의 상고허가신청에 반대하는 나흐만의 서면은 그로버 홀의 몽고메리 애드버타이저 사설만큼이나 거창하고 의로웠다. 그는 호통쳤다. "이 소송은 뉴욕타임스가 5,000달러를 받고 신문 전면 광고를 통해 전국 65만 명 독자를 대상으로 앨라배마 몽고메리에서 만연하고 악랄하며 테러리즘적이고 범죄적인 경찰 행위가 있는 것처럼 묘사한 의도적이고, 고의의, 무모한 시도에서 비롯되었습니다. 목표는 모금이었습니다. 진실, 정확성, 오랫동안 받아들여진 저널리즘 기준들은 이 광고를 작성하거나 게재하는 데 적용되지 않았습니다." "아마도 전국에서 가장 영향력 있는 신문일 뉴욕타임스는 폭력적이고 선동적이며 파괴적인 언어로 피고의 명예를 훼손하는 유료 광고를 65만 명의 독자에게 배포하기 위해 달려들었습니다. 뉴욕타임스는 이 혐의들이 조사되지 않았으며, 극단적으로 무모하다는 사실을 알고 있었습니다."[50]

나흐만은 뉴욕타임스가 진실, 공정한 논평 또는 특권이라는 명예훼손에 대한 전통적인 항변들을 주장할 수 없다는 사실을 강조했다. "명예훼손적 발언은 연방헌법에 의해 보호된 적이 없었으므로", 법원이 결정해야 할 연방 차원의 질문은 없었다. "게다가 상업광고들은 헌법상 언론으로서 보호되지 않습니다." 이 주장은 1942년 밸런타인 대 크레스텐슨 사건Valentine v. Chrestensen에 근거했다. 이 사건에서는 상업 및 비즈니스 광고의 거리 배포를 금지하는 시 조례가 수정헌법 제1조를 위반하지 않으며, 한쪽 면에는 상업적 메시지를 담고 있지만 다른 면에는 공적 행위에 대한 항의를 담고 있는 광고지에 적용되는 경우에도 그렇다고 결정되었다.[51]

나흐만은 뉴욕타임스에게 배심원 평결에 이의를 제기할 헌법이나 연방대법원 선례에 따른 근거가 없으며, 법원은 연방주의 문제를 다룰 때에는 선례를 따를 수밖에 없다고 주장했다. 이 소송은 주 판사와 지역 배심원단에 의해 결정되었고, 주최고법원에서 확정되었다. 나흐만은 민권의 맥락이 이 사건에 영향을 미쳤다는 사실을 부인했다. "뉴욕타임스는 이 출판물이 인종 간 긴장에 관한 진술들을 포함하고 있기 때문에, 명예훼손법이 명예훼손을 할 수 있는 헌법상 특권에 '직면해야 하며, 그에 구속되어야 한다'고 법원에 암시하려는 것으로 보입니다. 하지만 이처럼 긴박한 현장에서, 거대하고 영향력 있는 신문사에 의한 진실한 진술은 필수적입니다."[52]

뉴욕타임스에게는 평결의 취소가 더욱 절실해졌다. 웩슬러가 신청서를 제출한 직후, 국제인쇄연합International Typographical Union이 대표하는 뉴욕타임스 인쇄 기사들은 저임금과 자동화에 항의하며 뉴욕시 7개 신문사에서 대규모 파업을 주도했다. 신문 역사에서 가장 오래 진행되었던 이 파업은 무려 114일 동안 지속되었다. 뉴욕타임스의 근무 인력은 5,000명에서 900명으로 줄었고, 신문 가격은 1946년 이래 처음으로 상승했다. 1963년 4월에는 1분기에만 400만 달러의 손실을 기록했다. 파업 이후 수입은 1,600만 달러나 감소했고, 일일 발행 부수는 8만 부가 감소한, 뉴욕시 역사상 가장 많은 비용이 소요된 파업이었다.[53]

명예훼손 소송뿐만 아니라 파업까지 겹치면서 오빌 드라이푸스는 재정위기에 대해 개인적 책임을 느꼈고, 극심한 스트레스를 겪었다. 1963년 5월, 그는 쉰 살의 나이에 심부전으로 사망했다.[54]

제13장

법정 앞

연방대법관들이 뉴욕타임스와 목사들의 신청서를 읽고 있을 때, 버밍햄의 어린이들은 경찰견의 공격을 받고 있었다. 1963년 4월 민권 의제를 전국 무대로 끌어올리기로 결심한 킹 목사와 SCLC는 셔틀스워스 목사의 앨라배마 기독교인권운동과 함께 남부에서 가장 폭력적이고 인종분리주의적인 도시로 남아 있던 버밍햄에서 일련의 보이콧과 연좌시위를 벌였다. '맞대응 프로젝트 C Project C for Confrontation'의 목표는 도심 사업장의 인종분리를 철폐하고 흑인 직원을 고용하겠다는 약속을 얻어 내는 것이었다. 이는 직접행동운동이 정점에 도달했음을 의미했다. 이 계획이 성공하면, 불 코너의 폭력적인 대응은 전국적인 보도로 이어져 케네디 대통령이 민권 법안을 발의하고 행동에 나서도록 할 것이었다.[1]

시정부가 법원으로부터 행진과 연좌시위 금지명령을 받자, 민권운동가들은 어린이들을 시위대에 참여시키기로 결정했다. 1,000명이 넘는 어린이들 중에는 다섯 살도 되지 않은 아이들도 있었다. 어린이들은 체포되어 마차에 실려 끌려갔다. 어린이들은 구호를 외치고, 웃고, 노래를 부르며 지역 구치소를 채웠다. 고압 소방 호스가 뿜어대는 물에 맞고, 경찰에게 곤봉으로 맞으며, 경찰견에게 공격당하는 어린이들의 모습은 텔레비전 화면을 통해 전국으로 중계되었다. 경찰견이 고등학생 월터 개즈든Walter Gadsden의 복부를 향해 돌진하는 모습을 담은 AP통신의 사진은 여러 신문에 실리며 곧바로 상징적인 이미지가 되었다. 킹 목사는 체포되어 독방에 수감되었고, 그곳에서 「버밍햄 감옥으로부터의 편지」를 썼다.[2]

버밍햄 사태는 전환점이 되었다. 버밍햄 사태 이후, SCLC는 더 공격적인 형태의 직접행동으로 노선을 바꾸었고, 이는 지속적인 보복과 반발을 불러일으켰다. 1963년 봄이 되자, 국민 대부분은 연방이 직면한 최우선 과제는 인종분리의 철폐라고 여겼다. 버밍햄에서 일어난 사태와 그에 대한 언론 보도는 1964년 민권법 통과에 영향을 주었고, 이 법안은 공공시설에서의 인종분리를 사실상 종식시켰다. 법안을 제출하던 날, 케네디 대통령은 킹 목사와 셔틀스워스를 만나 말했다. "버밍햄이 아니었다면, 우리는 오늘 이 자리에 없었을 것입니다."[3]

스탠리 레비슨은 버밍햄의 상황을 묘사하는 SCLC 모금 광고를 준비해 뉴욕타임스에 보냈다. 그의 말에 따르면, 그는 "뉴욕타임스 개자식들이 [광고를] 싣지 않겠다"는 통보를 받았다. 클래런스 존스는 뉴욕타임스 변호사들과 이야기를 나눈 후, "그들은 버밍햄에서의 잔인함과 인종분리, 인종차별에 대한 모든 강한 언급을 제외하기를 원했다."라고 했다. 해당 광고가 뉴욕타임스 뉴스 기사에 등장한 문언들을 포함하고 있었는데도 말이다. 레비슨은 뉴욕타임스가 킹 목사와 관련된 광고로 인해 또다시 소송을 당할까 봐 걱정하고 있다는 점을 이해했다. 그는 "미국의 양심"에 호소하고 버밍햄을

"서반구에서 가장 큰 인종분리 도시 중 하나"로 언급하는 절충안을 마련했다. 이 광고는 "그들의 높아지는 목소리를 들어라" 광고 이후 SCLC의 첫 번째 신문 모금 활동이었다.[4]

3개월 전, 연방대법원은 뉴욕타임스와 목사들이 제출한 상고허가신청서를 심사했다. 심사는 연방대법원 건물에서 가장 성스러운 공간인 법정 뒤편 1층 회의실에서 매주 개최되는 '연방대법관 회의'에서 이루어졌다. 참나무 패널 회의실은 당구대처럼 녹색으로 덮인 긴 직사각형 테이블이 있는 소박하고 실용적인 공간이었다. 연방대법관들은 상호 협력관계를 상징하는 악수를 나눈 후, 테이블에 앉아 연공서열순으로 신청서에 대한 의견을 발표했다. 적어도 4명의 대법관이 심사하는 것에 찬성투표를 하면 심사 신청은 채택되었다. 4명 이상이 찬성하지 않으면 하급법원의 결정은 그대로 유지되었다.[5]

얼 워런Earl Warren 대법원장이 테이블의 상석에 앉았다. 체격이 건장하고 굉장한 매력과 끊임없는 미소가 특징인 워런은 캘리포니아에서 인기 있는 진보적 공화당 주지사를 지낸 노련한 정치인이었다. 1953년 아이젠하워 대통령이 그를 연방대법관으로 임명했을 때, 그는 법조 경력이 전혀 없었다. 제2차 세계대전 당시 미국 서부 해안 지대에서 일본계 미국인들의 추방을 촉구했던 경력상 오점에도 불구하고 그는 법원 재직 기간 내내 민권과 시민 자유에 대해 깊은 경의를 표했다. 워런은 브라운 대 교육위원회 사건에서 법원의 만장일치 판결을 포함하여, 다수의견을 이끌어 내는 기이한 재능으로 유명했다.[6]

법원에서 가장 오랫동안 근무했고, 연방대법관 중 가장 임기가 오래된 휴고 블랙이 워런 대법원장의 반대편에 앉았다. 그다음으로 서열이 높은 대법관은 1939년 루스벨트에 의해 임명된 윌리엄 더글러스William Douglas였다. 더글러스는 워싱턴주의 가난한 시골에서 성장한 부산스럽고 괴짜 같은 인물로, 증권거래위원회 위원장과 예일 대학교 로스쿨 교수를 역임했다. 이후 더글러스는 블랙과 함께 연방대법원을 대표하는 시민자유주의자가 되었다. 더글러스는 헌법에 명시적으로 규정되지 않은 권리들도, 그가 생각하기에 개인의 자유에 본질적이라면, 헌법상 기본권으로 보고자 했다.[7]

더글러스의 오른쪽에는 텍사스 출신이자 전직 법무부 장관으로, 1949년 트루먼에 의해 임명된 톰 클라크Tom Clark 대법관이 있었다. 클라크는 조용한 태도와 트레이드마크인 나비넥타이로 유명한 보수주의자였다.[8] 그의 옆에는, '분리하되 평등the separate but equal' 원칙을 정립한 1896년 플레시 대 퍼거슨 사건Plessy v. Ferguson에서 예언에 가까운 반대 의견을 제시하며 '위대한 반대자great dissenter'로 알려진 존 할런 대법관의 손자 존 마셜 할런 2세John Marshall Harlan II가 있었다. 키가 크고 조용하며 꼼꼼했던 할런 대법관은 1954년 아이젠하워에 의해 임명되었는데, 선례에 대한 존중과 법원의 제한된 역할을 지지하는 온건파로 여겨졌다.[9]

뉴저지 대법원의 대법관이었던 윌리엄 J. 브레넌 주니어William J. Brennan Jr.가 연공서열로는 그다음이었다. 1956년 아이젠하워에 의해 임명된 온건파 민주당원 브레넌은 민권과 시민 자유를 위한 십자군으로 빠르게 두각을 나타내며 블랙, 더글러스, 워런과 함께 자유주의 블록의 일원이 되었다.[10] 많은 연방대법원 사학자들의 의견에 따르면, 브레넌은 뉴욕타임스 사건에서 결정적인 역할을 하는 등 워런 법정에 가장 중요한 지적 영향을 미친 사람 중 한 명이었을 뿐만 아니라, 20세기의 그 어느 정책결정자보다도 공공

정책에 큰 영향을 미친 역사상 가장 영향력 있는 판사 중 한 명이었다.[11]

방에는 오하이오의 전 연방항소법원 판사로서 역시 아이젠하워가 임명한 포터 스튜어트Potter Stewart도 있었다. 스튜어트는 '보수적'이면서 동시에 '진보적'이라고 묘사되었고, 동료들 중 누구와도 같은 의견을 취하지 않는, 마치 수은처럼 분리된 인물이었다. 바이런 레이먼드 "휘저" 화이트Byron Raymond "Whizzer" White는 NFL의 스타였고 로버트 케네디 밑에서 법무부 차관이었으며, 역시 이념적으로 고정시키는 것이 불가능한 스윙보터로 여겨졌다.[12] 가장 최근에 임명된 아서 J. 골드버그Arthur J. Goldberg는 전 노동부 장관으로, 워런, 블랙, 더글러스, 브레넌과 함께 워런 법정의 자유주의자들 중 한 명이었다.[13]

이 신청에 대한 연방대법원의 심의 기록은 남아 있지 않지만, 연방대법원 재판연구원law clerk들의 메모는 미국 의회도서관에 연방대법원 서류로 보존되어 있다. 더글러스 대법관의 재판연구원이었던 재러드 카터Jared Carter는 대법관에게 보낸 메모에서 해당 평결과 배상액이 터무니없으며, "새로운 규칙이 마련되어야 할 것"이라고 지적했다. "이와 같은 소송의 위협은 의심의 여지 없이 남부 지도자들에 의한 일체의 비판을 억제할 것이기 때문에, 이 판결은 어떻게든 뒤집혀야 합니다. … 수정헌법 제1조와 제14조로부터 도출된, 공직자에 의한 명예훼손 소송에 적용되는 법리의 범위는 매우 중요한 쟁점으로 보입니다." 할런 대법관의 재판연구원은 중대한 표현의 자유 이슈가 연관되어 있다는 점에 동의했다. 이 판결이 유지된다면, 신문사들은 정치 광고를 거부하고 보도를 억누르는 "엄청난 재정적 압박 아래" 놓이게 될 수 있었다.[14]

6명의 연방대법관—워런, 블랙, 더글러스, 클라크, 할런, 브레넌—은 뉴욕타임스와 목사들의 사건을 심리하는 것에 동의했다. 화이트, 스튜어트, 골드버그는, 이후 그들이 뉴욕타임스에 유리한 결정을 내렸다는 사실을 고려하면 수수께끼이기는 하나, 원심 판결을 유지해야 한다고 보고 사건 심리에 동의하지 않았다. 대법관들은 이와 관련한 서면 의견을 남기지 않았고, 회의록도 보존되지 않았기 때문에, 화이트, 스튜어트, 골드버그가 왜 그렇게 투표했는지는 영원히 알 수 없게 되었다.

왜 6명의 연방대법관이 뉴욕타임스와 목사들의 사건 심리에 동의했는지 알아내는 것은 어렵지 않다. "그들의 높아지는 목소리를 들어라" 광고는 설리번을 거의 언급하지 않았고, 광고상의 허위 진술은 비교적 사소했으며, 설리번의 명예에 대한 명백한 피해도 없었으나, 손해배상액은 과다했다. 게다가 이러한 결과는 법을 왜곡한 것이 아니라, 모든 주에 존재하는 명예훼손에 관해 이미 확립된 세 가지 규칙인 엄격책임strict liability, 추정적 손해presumed damages, 피고로 하여금 진실을 증명할 입증 부담을 지우는 허위성 추정presumption of falsity을 적용한 결과였다.

명예훼손 소송은 노골적인 인종차별이었다. 이 소송은 남부의 저항과 비타협적 태도를 보여 주는 또 다른 사례로, 개선이 필요했다. 앨라배마주 공직자들이 제기한 또 다른 명예훼손 소송은 민권운동의 진전을 위한 언론의 비판적 활동을 약화시킬 수 있는 위협이었다. 설리번이 뉴욕타임스를 상대로 받아 낸 손해배상액 지급 판정이 유지될 경우, 언론 매체들의 인종분리와 민권에 관한 보도는 영원히 제한되어 버릴 수 있었다.

민권운동에 대한 염려가 연방대법원이 이 사건을 심리하기로 결정한 주된 이유였지만, 대법관들은 표현의 자유 문제 그 자체에 대해서도 관심이 있었다. 명예훼손법과 표현의 자유 사이의 관계는 수십 년간 해결되지 않

　　　　　　　　　　　　뉴욕타임스 죽이기

는 문제였는데, 연방대법원은 수정헌법 제1조의 적용 영역과 범위를 확장해 오면서도 이 문제에 답하기를 회피해 왔었다. 게다가 웩슬러의 프레임대로라면, 이 판결은 정치적 표현의 범죄화로 보였고, 이는 수정헌법 제1조에 대한 위기 경보였다. 설리번의 명예에 어떠한 피해가 있었다는 증거도 없이 내려진 50만 달러의 손해배상액은 남부 공직자들이 비판을 억압하기 위해 부과한 형사 벌금과 결과적으로 다를 바 없었다. 앨라배마주 명예훼손 사건의 극적인 상황을 통해 연방대법원은 명예훼손법과 수정헌법 제1조의 관계에 관한 문제를 다루게 되었고, 이로써 연방대법원은 명예훼손법 분야에는 처음으로 역사적인 진입을 하게 되었다.

그다음 주 월요일 아침, 연방대법원 재판연구원이 승인된 신청서의 목록을 게시했다. 한 뉴욕타임스 기자가 이 목록을 러브에게 보고했다. 신청이 승인되고 사건의 일정이 잡히자, "모두가 안도의 한숨을 내쉬었다."라고 러브는 회상했다.[15] 연방대법원의 춘계 일정은 꽉 차 있었기 때문에 구두변론 기일은 10월로 정해졌다.[16] 결과적으로 구두변론은 이듬해 1월이 될 때까지 열리지 못했다.

킹, 존스, 레비슨 목사는 상고를 위한 공중의 관심과 재정적 지원을 모을 준비를 했다. 킹 목사는 이 사건의 주요한 재정 후원자가 된 레비슨을 통해 뉴욕으로 날아가 미국유대인의회에서 연설했는데, 레비슨은 이 단체의 회원이었다. 테드 킬은 변호사위원회의 구성원들에게 연방대법원의 결정을 알렸다. 그는 신문사 파업으로 인해 그들이 뉴스를 접하지 못할까 봐 걱정되어 한 명 한 명에게 편지를 보냈다. 한 위원이 답장을 보내왔다. "연방대법원이 설리번 사건을 다시 검토하기로 했다는 뉴스는 정말 좋은 소식입니다. 그 기간 동안 우리 위원회로서는 기도하는 것 외에는 해야 하는 일이 생각나지 않습니다."[17]

웩슬러의 다음 과제는 쟁점에 관한 서면, 즉 준비서면을 작성하는 것이었다. 연방대법원 준비서면의 목적은 일방을 위한 주요 논변을 제시하는 것이다. 웩슬러는 준비서면이 "연방대법관이 준비서면 제출자에게 유리한 판결문을 작성하고자 할 때 활용할 수 있는" 문서가 되어야 한다고 믿었다.[18] 웩슬러는 마침 해당 학기에 컬럼비아에서 안식년을 보내고 있었기에, 하루에 15시간 이상 풀타임으로 준비서면을 작성할 수 있었다.

웩슬러는 생각은 빨랐지만 글쓰기는 느렸다. 그는 주제에 관한 모든 것, 즉 모든 책, 논문, 기사, 판례를 읽은 후에야 연필을 들었다. 웩슬러는 당시 대부분의 변호사들이 그랬던 것처럼, 설리번 사건 준비서면 작성을 준비하면서 방대한 자료를 읽었으며, 노란색 리갈패드에 길게 수기로 낙서했다. 프랭클의 말에 따르면, 그는 "수정헌법 제1조에 관한 책들"뿐만 아니라, 존스 판사의 10년간의 앨라배마 로이어 기고문과 전화번호부보다 두꺼운 책 5권 분량에 이르는 주법원 재판의 해당 사건 출판물까지 연구했다. 그가 글을 쓸 준비가 되었다고 느끼기까지 두 달이 걸렸다. 프랭클은 계속해서 그를 도왔고, 웩슬러의 아내인 도리스 역시 준비서면 작업에 참여했다. 그해 여름, 프랭클의 말에 따르면 그는 "버려진 원고지에 초안을 작성하고", "싸우고, 분투하고, 고뇌하고, 학습했다."[19]

웩슬러와 프랭클의 준비서면 작업은, '길고 뜨거운 여름'이라고 불린 인종적 혼란과 폭력이 치열했던 기간 동안 이루어졌다. 6월에 패터슨의 후임으로 취임하고 "지금의 인종분리 … 영원한 인종분리"를 약속하는 캠페인 연설을 했던 조지 월리스George Wallace 주지사는 시위의 통로를 막고 서서 앨라배마 대학교의 인종통합을 저지하려 했다. 그날 저녁, 케네디 대통령은 전국에 새로운 민권법을 통과시킬 것을 의회에 요청하고, 국민들에게 민권을 "오늘날 우리 삶의" 도덕적 문제로 받아들일 것을 촉구하는 역사적인 연설을 했다.[20] 웩슬러와 프랭클은 워싱턴 대행진* 직후에 준비서면을 끝냈다. 8월 28일, 내셔널몰에 모인 25만 명의 행렬은 킹 목사의 연설 '나에게는 꿈이 있습니다 have a Dream'를 들었다.

"됐습니다. 이제 인용 확인만 하면 됩니다." 웩슬러는 그달의 마지막 날에 말했다. 프랭클은 "론 다이애나 Ron Diana를 부르시죠."라고 답했다. 론 다이애나는 그들의 준비서면 작업을 돕고 있던 로드데이앤드로드의 직원이었다. "나는 다른 누구에게도 그 일을 맡기지 않을 걸세." 웩슬러는 선언했다.[21] 이 위대한 법학자는 통상적으로는 로펌 1년차 변호사와 재판연구원들이나 수행할 작업인 인용을 샅샅이 확인하는 작업까지 직접 했다.

웩슬러는 명예훼손 소송을 맡아 그것을 위대한 수정헌법 제1조 이론화의 기회로 만들었다. 그가 사안을 예술적으로 프레이밍했기에, 이 사건은 개인의 피해에 대한 단순한 보상 문제가 아니라 민주적 절차의 핵심적인 작동에 관한 사건이 되었다.

웩슬러의 분석적이고 상세하며 이론적인 95페이지 분량의 준비서면은 그가 신청서에서 제기한 논점들을 정교히 했다. 준비서면은 표현의 자유에 대한 시민자유주의적 이론의 주요 저작들인 제임스 매디슨, 홈스, 브랜다이스의 단편들과 정치적 표현에 관한 광범위한 보호를 선언하는 1930년대와

---

* 1963년 8월 28일 흑인들의 민권과 경제권 보장을 주장한 행진으로, 이날 마틴 루서 킹 목사는 워싱턴D.C. 링컨기념관 앞에서 '나에게는 꿈이 있습니다' 연설을 했다.

1940년대의 연방대법원 판결들을 수정헌법 제1조와 관련된 '명문장 모음집'으로 엮어 냈다. 수정헌법 제1조가 심지어 공직자의 명예를 훼손하는 허위 진술들을 포함하는 비판까지도 포괄하여, 공직자와 공적 기관을 비판할 권리를 보호한다는 원칙을 뒷받침하기 위해서였다.

웩슬러는 뉴욕타임스 사건에서 승소할 뿐 아니라 명예훼손법에 혁명을 일으킬 근원적인 판결을 추구했다. 그는 매끄럽고도 사실에 충실한 방식으로 결론이 명백할 뿐만 아니라, 심지어 예정되어 있던 결론으로서 역사와 헌법적 전통과 일치하는 것처럼 보이도록 하는 일을 해냈다. 뉴욕타임스는 인종차별의 피해자가 아니었기에, 준비서면에는 인종보호나 평등보호에 대한 어떠한 논변도 없었다. 웩슬러는 그러한 논변이 뉴욕타임스의 승소를 보장할 수 없을 뿐만 아니라, 자신이 목표로 하는 수정헌법 제1조에 대한 포괄적인 해석으로부터 논점을 흐릴 것이라고 생각했다.[22]

몽고메리 사건과 "그들의 높아지는 목소리를 들어라" 광고, 그리고 존스 판사 법정의 재판에 대한 묘사 이후에, 웩슬러의 준비서면은 그 주요 논변을 전개했다.

아래에서 선언된 것과 같이, 명예훼손법하에서 공직자는 그의 일반적인 감독하에 있는 정부 기관의 공적 행위에 대해 비판적인 것으로 밝혀진 출판물에 관해, 해당 출판물이 "그의 명예"를 "해하거나injure" 그가 공직자로서 "공중의 경멸을 겪도록 하는bring him into public comtempt", "경향이 있다"고 배심원들이 생각한다면, '추정적' 손해배상과 징벌적 손해배상을 통해 손해를 회복할 권리를 부여받습니다. 그뿐만 아니라 정부 위계는 그가 담당하는 기관에 관한 진술로 인해 그의 명예가 위태로워졌

     뉴욕타임스 죽이기

다는 것을 뒷받침하기에 충분한 증거가 됩니다. 발행인들은 해당 출판물이 모든 사실적이고 중요한 세부 사항에서 완전히 사실이라는 것을 배심원들에게 설득하지 못한다면 항변할 수 없습니다. 언론의 자유가 귀원의 결정들에 의해 정의되어 왔기에, 우리는 이러한 법적 책임의 법리가 언론의 자유에 대한 침해로 기능한다고 주장하는 바입니다.[23]

웩슬러는 연방대법원이 오랫동안 명예훼손적 진술이 수정헌법 제1조의 보호 대상에서 벗어난다고 선언해 왔다는 사실을 인정했다. 그러나 그는 이전 판결들에서는 공직자에 대한 비판을 포함하지 않았기 때문이라고 말했다. "수년 동안 연방대법원은 수정헌법 제1조의 기준에 의해 표현의 억압에 대한 모든 공식을 판단해 왔습니다. 그 과정에서 판결은 주법의 모호함이나 '단순 라벨링'에 의한 것이 아니라 … 헌법의 의미와 목적에 따라 인도되었습니다. 따라서 선동, 반란, 경멸, 불법행위 옹호, 평화 침해, 무질서 행위, 외설 또는 악행과 마찬가지로" 명예훼손은 "수정헌법 제1조를 충족하는 용어로 정의되고 판단되어야 합니다."라고 그는 썼다. "명예훼손법은 그것(역자 추가: 수정헌법 제1조)의 우월적 명령으로부터 다른 법보다 더 많이 면책되지 않습니다."[24]

준비서면의 핵심은 '선동적 명예훼손과 헌법Seditious Libel and the Constitution'이라는 제목의 선동법 논변이었다.

명예훼손이 수정헌법 제1조와 제14조의 제한으로부터 부적과도 같은 보호를 누리지 않는다면, 아래에 적용되는 책임원칙은 "가장 일반적이고 규정되지 않은 성격의 보통법 개념"에 의존하고 있으며, 그것의 가장 원형적이고 고전적인 형태로 헌법상의 기본권을 침해합니다. …

다른 어떤 목적이 언론의 자유에 의해 달성되는지를 불문하고, 연방대법원이 말했듯이, 이 보호 장치는 "국민이 열망하는 정치적·사회적 변화를 가져오기 위한 자유로운 사상의 교환을 보장하기 위해 만들어졌"습니다. …

그것의 목적은 "공적 인물과 공공 정책을 자유롭게 검토할 권리" 및 "이에 관한 국민 간의 자유로운 소통"을 보호하는 데 있으며, 이는 버지니아 결의안의 표현대로 "항상 다른 모든 권리를 효과적으로 지키는 유일한 보호 장치로 정당하게 여겨져" 왔습니다.

"비록 항상 완벽히 품위 있지는 않을지라도, 미국인이 자신의 생각을 말할 수 있는 소중한 특권"은 적어도 "모든 공공기관에 대한" 발언에 대해 적용된다. "이러한 국가적 헌신은 연방대법원의 결정을 통해 반복해서 확인되어 왔으며, 수정헌법은 '자유를 사랑하는 사회의 맥락에서 명시적인 언어가 허용할 수 있는 최대한의 범위로 해석되어야 한다'는 점과, 그 자유가 '살아남기 위해서는 숨 쉴 공간이 필요하다'는 점이 인정되어 왔습니다." 여기서 "숨 쉴 공간"이라는 표현은 NAACP 대 버튼 사건NAACP v. Button, 1963에서 브레넌 대법관의 의견을 따온 것이다.[25]

웩슬러는 공적 사안과 관련해서는 허위 진술들조차도 보호된다고 주장했다. 그는 다시 한 번 NAACP 대 버튼 사건과 스피저 대 랜들 사건Speiser v. Randall에서 브레넌 대법관의 의견을 인용하며 이렇게 썼다. "기본법에 의해 보호받는 정치적 표현은 배심원, 법원, 행정 공무원이 적용하는 어떠한 진실성 심사에 의해서도 제한되지 않으며, 저자가 진실성을 입증해야 한다는 기준 또한 그러합니다. 표현이나 출판의 영역에서 헌법의 보호는 '제시된 사상이나 신념의 진실성, 대중적 인기, 또는 사회적 유용성'에 따라 결정되지 않습니다."[26]

웩슬러는 정부 관료들이 명예훼손의 대상이 될 수 없다고 주장하면서, 연방대법원이 발화자들에 대한 주의 처벌 권한을 제한했던 판례들을 언급했다. "법원의 존엄성과 명예를 고려한 나머지 판사와 그의 판결에 대한 비판을 처벌하지는 않는다는 것이 확립된 법입니다. … 비록 그 발언이 '절반의 진실half-truths'과 '잘못된 정보misinformation'를 포함하고 있더라도 그러합니다. 이러한 억압은, 만약 정당화될 수 있다면, 사법절차에 대한 방해 위험에 의해 정당화되어야 하며, 그러한 위험은 명백하고 현존하는 것이어야 합니다. 이와 유사하게, 선출된 정치인 공직자가 받는 비판을 단순히 그의 명예를 훼손한다는 이유로 일관되게 명예훼손으로 처벌할 수 있다는 것은 이해하기 어렵습니다."[27] 물론 모든 주의 명예훼손법하에서 정치인 공직자들은 명예훼손에 대한 손해배상을 받아 온 것이 현실이었다.

"공무수행에 대한 비판이 그것이 허위라는 이유나 공직자의 명예를 훼손하는 경향이 있다는 이유만으로 억압될 수는 없는 것이라면, 이러한 개별 이유들이 결합된다고 해서 그 불충분함이 극복되는 것은 아닙니다." 웩슬러에 따르면, "이것이 잠깐 시행되었던 1798년 선동법에 관한 거센 저항이 남긴 기본적인 교훈"이며, "이는 수정헌법 제1조의 핵심 의미에 대한 국가적 인식을 처음으로 구체화한 사건"이었다.[28]

웩슬러는 법원이 선동법을 위헌으로 선언해야 한다고 주장했다. "역사의 판결은 선동법이 수정헌법 제1조와 양립할 수 없다는 견해를 분명히 뒷받침합니다."[29] 또한 그는 앨라배마의 명예훼손법이 선동법보다도 더욱 억압적이라는 점을 지적했다. 기소가 요건이 아니었으며, 명예훼손 사건은 합리적 의심이 없는 정도의 증명이 요구되지 않았다.* 원고는 선동법과 달리, 피고의 목적이 공직자를 "경멸이나 불명예의 대상으로 만들기 위한 것"이었음을 증명할 필요가 없었다. 명예훼손으로 간주된 진술은 그 자체로 "허위이고 악의적인" 것으로 추정되었다. 형사절차에서 요구되는 것처럼, 하나의 모욕적인 발언에 대해 하나의 처벌만이 부과된다는 제한도 없었다. 명예훼손 사건에서 배상액은 "어떠한 법적 기준에도" 제한받지 않았다. 웩슬러는 "이러한 민사적 제재는 선동법이 범죄로 정의한 것에 대한 형벌보다 더욱 억압적인 조치"라고 평가했다.[30]

웩슬러는 수정헌법 제1조가 공직자들에 대한 비판을 절대적으로 보호하며, 언론의 자유와 공직자의 명예 보호가 균형을 잡을 필요가 없다고 주장했다. 그는 공직자들이 직무수행 중 한 진술은 명예훼손 소송에서 면책되는 특권을 근거로 이 요점을 강조했다. 바 대 마테오 사건Barr v. Matteo, 1959에서 연방대법원은 "연방 공무원의 발언이 공식적 의무의 '외곽 범위 내'에서 이루어진 경우 절대적 특권이 부여된다."라고 판결했다. 공직자 면책특권은 손해배상 소송의 위협이 "정부 정책의 대담하고 활기차며 효과적인 집행을 저해할 것"이라는 점에 근거했다. 웩슬러는 민사 명예훼손 소송의 위협이 "공적 사안에 대해 발언하고자 하는 사적 개인에게도 공직자와 다름

---

* 앨라배마주의 명예훼손법은 형사법이 아니기 때문에 명예훼손 책임이 인정되기 위해 검사의 기소가 요건이 아니었으므로 검찰과 같은 수사기관에 의한 통제 단계가 없었던 것이고, 형사법에서처럼 법관에 의한 유죄의 인정을 위해 합리적인 의심이 없는 정도의 높은 난이도의 엄격한 증명이 요구되지도 않았으므로, 피고의 책임이 쉽게 인정될 수 있었다는 이야기이다. 이 점에서 명예훼손법이 형사처벌을 하는 법이었던 선동법보다도 훨씬 더 '억압적'이라는 주장이다.

없이 위축 효과를 미칩니다."라고 설명했다. 그는 "'공적 토론'이라는 '정치적 의무'를 수행하는 시민이 그의 공적 의무 수행에 필수적인, 공직자의 면책특권과 대등한 보호를 받지 못한다면, 자유 사회에 필수적인 가치척도가 뒤집히는 것"이라고 주장했다.[31]

웩슬러는 정부 공직자를 비판할 수 있는 절대적 자유를 주장하는 것이 연방대법원의 다수의견을 얻기 어렵다는 것을 알고 있었다. 블랙과 더글러스만이 이를 지지할 가능성이 높았다. 그는 이 논점만 고집할 경우 패소할 수 있다고 여겼다. 따라서 그는 표현의 자유를 폭넓게 보호하면서도 명예를 일부 보호하는 보다 좁은 근거를 제시하면서, 이를 '조정안accomodations'이라 칭했다.

하나의 조정안은 공직자들이 명예훼손으로 인해 발생한 구체적인 경제적 손실을 증명해야 한다는 것이었다. 또 다른 조정안은 공직자들이 비판자의 악의를 입증해야 한다는 것이었는데, 이는 자신이 제기하는 혐의가 근거 없다는 사실을 비판자가 알고 있었다는 것으로부터 추론될 수 있는 명예훼손의 의도를 의미했다. 이것이 웩슬러가 1963년까지 절반 이하의 주에서만 채택된 선의의 특권 또는 정직한 실수의 특권, 특권의 '소수자' 규칙의 요건을 설명하는 방식이었다. 프랭클이 준비서면에 삽입한 각주에는 이 특권과 관련된 주 판례 11개가 열거되었으며, 대표적인 판례로 1908년 캔자스주 대법원의 콜먼 대 매클레넌 사건Coleman v. MacLennan이 원용되었다. 주목할 점은 웩슬러가 연방대법원이 최종적으로 채택한 현실적 악의actual malice의 정의, 즉 허위 사실임을 알고 있었거나 진위에 대한 "무모한 무시reckless disregard"가 있었음을 요구하는 기준을 제안하지 않았다는 것이다. 설리번 사건에서 최종적으로 확립된 이 규칙은 뉴욕타임스 측 서면에서 단 한 번도

언급되지 않았다.[32]

준비서면의 세 번째 부분은 수정헌법 제1조에 대한 또 다른 해석을 제시한다. 설령 앨라배마의 명예훼손법이 합헌이라 하더라도, 이 사건에서 해당 법이 위헌적으로 적용되었다는 것이다. 웩슬러는 주법원이 헌법적 가치를 위협하는 방식으로 사실을 인정한 경우, 연방대법원이 그 사실을 다시 평가할 수 있다고 주장했다. 이는 연방주의의 원칙the principles of federalism에 따라 주법원의 사실인정에 대한 존중이 요구된다는 점에서 도발적인 주장이었다. 그러나 웩슬러가 특히 강조한 1927년 피스크 대 캔자스 사건Fiske v. Kansas 사례에서 볼 수 있듯이, 연방대법원의 과거 결정들은 연방대법원이 연방적 권리주장a claimed federal right과 얽혀 있음을 알게 된 경우에는 사실관계를 검토할 수 있다는 점을 분명히 해 왔다. 웩슬러에 따르면, 기록 어디에도 설리번의 명예가 훼손되었다거나 해당 광고가 그를 언급했다는 증거가 없었다. 그는 "이 광고는 특정 개인을 공격한 것이 아니라, 인격과 전혀 무관하게 환경, 집단 및 기관을 비판한 것이었습니다."라고 주장했다. 그는 이렇게 덧붙였다. "요약하자면 여기에 언급된 여러 진술들은, 비록 일부 부정확한 표현이 있었지만, 피신청인과 관련되거나 그의 공직자로서의 명예에 피해를 가할 가능성이 있는 허위 진술로 볼 수 없다는 것이 저희의 견해입니다. … 이러한 진술이 피신청인이 공직자로 알려진 곳에서 그의 명예를 위태롭게 할 수 있었다고 보는 것은 전적으로 환상에 불과하고, 어떠한 실질적인 근거도 없는 판단이라고 보아야 합니다."[33]

준비서면의 또 다른 부분인 평결의 '중대성The Magnitude of the Verdict'에서는 배상금 판결이 "충격적일 만큼 과도하여 헌법을 위반한다"는 이유로 무효화되어야 한다고 주장했다. "이 정도의 사실관계에 근거하여 이 정도의 판결이 유지될 수 있다면, 그 억압적인 영향력은 여기에서 확인된 부정확한 주장만을 억제하는 데 그치지 않을 것입니다." 민권운동의 맥락을 언급하면서, 그는 "지금 그리고 어떠한 때에도 언론으로 하여금 국가가 직면한 가장 긴박한 사안으로부터 관심을 돌리도록 하거나, 긴장이 극심한 지역에서의 출판물 배포를 포기하도록 강요하는 것은 헌법에 담긴 가치들을 위한 것이 아닙니다."라고 주장했다.[34]

결론적으로 준비서면은 연방대법원에 앨라배마주 대법원의 판결을 파기 자판할 것을 요청했다. 또 하나의 대담한 행보였다. 일반적으로 연방대법원이 주법원의 판결을 뒤집을 경우, 판결문은 사건을 환송하며 "본 의견과 일치하지 않는 절차를 진행하지 않도록 한다proceedings not inconsistent with this opinion"라는 문구로 끝난다. 그러나 웩슬러는 앨라배마주 법원이 뉴욕타임스에 극도로 적대적이었다는 점을 감안하여, 연방대법원이 추가적인 절차 없이 사건을 종결해야 한다고 제안했다. 주법원이 적절한 규칙에 따라 사건을 다시 심리할 기회를 차단하는 것은 주에게 보장된 권한을 심각하게 침해하는 것이었다.

목사들의 변호인단은 법의 평등보호 보장이 침해되었다는 주장으로 상소를 제기했다. 그들은 이 재판이 "인종 재판"이었으며, 목사들이 "피부색 때문에 명백히 열등한 위치에 놓였다"고 주장했다. 준비서면은 다음과 같이 적었다.

분명히 4명의 흑인 목사가 마틴 루서 킹 박사에 대한 지지를 호소하는 광고로 인해 백인 시위원으로부터 소송을 당하고, 남북전쟁 100주년 기념 기간 동안 앨라배마주 몽고메리의 인종분리된 법정에서, 전원 백인 배심원단 앞에서 재판을 받으며, 흑인들이 투표에서 배제된 선거를 통해 선출된 재판관이 재판을 주재하고, 그 재판관이 자신의 법정에서는 "백인의 정의"가 적용된다고 말하며, 피고 측 변호사가 배심원 앞에서 … '니그라Nigra'라고 … 말하는 것이 허용되었을 때, 수정헌법 제14조는 버림받은 자가 되어 버렸습니다.

그들은 이 소송이 "앨라배마의 악명 높은 강제된 인종분리주의 정책을 비판하고 변화시키려는 모든 사람들을 처벌하고, 위협하고, 침묵시키기 위한 계획적이고 조직적인 계획의 일환"이라고 주장했다.[35]

나흐만의 준비서면은 뉴욕타임스가 해당 광고를 헌법적 보호를 받는 표현으로 '포장'했다고 비판했다.

뉴욕타임스와 그 지지자들은, 본래 사회적으로 무익한 명예훼손이라는 헌법적 보호 영역 밖에 속하는 파괴적인 진술들을, 헌법적 보호를 받는 표현의 영역으로 억지로 끌어오기 위해 여러 완곡한 표현을 사용하며 광고를 묘사하고 있습니다. '정치적 표현' 또는 '공직자에 대한 정치적 비판', '정치에 대한 일상적 대화'라거나 … '우리 시대의 핵심 문제를 정면으로 다루는, 부당한 행위에 대한 불만과 항의의 서술'이라고도 합니다. 그러나 이 광고를 접한 평범하고 단순한 독자는 이러한 충격적인 상황이 몽고메리 경찰청을 관리하는 사람들, 즉 피신청인과 2명의 시위원들의 책임이라는 단순한 의미로 받아들이지 않을 수 없습니다. 다른 결론은 있을 수 없습니다. … 이러한 묘사는 품위 있고 합법적인 정부라는 개념들에 정면으로 배치되며, 필연적으로 몽고메리에서 경찰 업무를 담

당하는 사람에 대한 경멸, 분노, 조롱을 초래합니다.[36]

나흐만은 계속해서 말했다.

뉴욕타임스와 그 강력한 신문 기업 친구들은, 역사와 선례가 원심 판결을 지지하며, 이 명예훼손적인 광고가 헌법적으로 보호되지 않는다는 사실을 명백히 알고 있습니다. 그러므로 그들은 자신들과 대중매체 사업을 운영하는 다른 이들을 위해, 심지어 유료 광고에서 모든 공직자를 명예훼손할 절대적 특권을 주장합니다. 심지어 명예훼손이 사실의 진실성, 공정한 논평, 특권이라는 전통적 항변을 무력화할 때조차도, 심지어 선의를 보여 주는 철회조차 없을 때에도 그렇다는 것입니다. 그들은 연방대법원이 이러한 허황된 면책특권을 헌법에 명문화할 것을 요구하고 있습니다.[37]

나흐만이 언급한 "강력한 신문 기업 친구들"은 뉴욕타임스를 위해 법정조언자 의견서를 제출한 시카고트리뷴과 워싱턴포스트를 말하는 것이었다. 워싱턴포스트가 관여한 것은 워싱턴포스트의 변호사 윌리엄 로저스Wil-liam Rogers가 목사들을 대리하고 있었기 때문이다. 워싱턴포스트의 의견서는 이 사건의 핵심 쟁점을 극적으로 표현했다. "이 사건은 앨라배마주가 인종 평등이라는 대의를 지지하는 표현을 억압하고 처벌하기 위해 명예훼손법을 그와 같이 적용하는 것이 합헌적인지, 그리고 그렇게 함으로써 이러한 대의를 위해 능동적으로 참여하려는 이들의 대중 커뮤니케이션 매체에 대한 접근을 부정할 수 있는지 근본적인 의문을 제기합니다."[38] 이제 사건은 논란의 여지 없이 헌법적 사안이었기 때문에 미국시민자유연맹ACLU 역시 법정조언자 의견서를 제출했다.[39]

거의 3년이 지나 뉴욕타임스와 SCLC가 소송에 수만 달러를 지출하고, 변호사들이 수천 시간을 투자한 끝에, 이 사건은 마침내 연방대법원에서 심리를 받을 수 있게 되었다. 이 사건은 여러 측면에서 주목할 만한 사건이었다. 연방대법원이 명예훼손과 수정헌법 제1조의 관계를 고려한 최초의 사건이었을 뿐만 아니라, 대법원까지 간 대부분의 언론의 자유 사건과 달리 이 사건의 상고인이 미국 사회의 고립되고 주변적인 구성원이 아니라 오히려 제도권의 기둥 중 하나인, 진중하며 명망 있는 뉴욕타임스였다는 점에서 이례적이었다.

1964년 새해 첫날이 지나자마자 나흐만은 워싱턴행 비행기에 몸을 실었다. 설리번 사건의 구두변론은 1월 6일로 예정되어 있었다. 나흐만이 몽고메리를 떠나기 전, 설리번은 연방대법원이 그의 배심원 평결을 취소할 수도 있는지 물었다. "L. B., 그런 일이 일어나려면 200년 동안 확립된 법을 뒤집어야 합니다." 나흐만은 그를 안심시켰다.[40]

나흐만은 철통 같은 승리를 거둘 것이라고 확신하며 설리번에게 말했다. "내가 이 사건에서 이기는 것이 아니라면, 연방대법관들이 이 땅의 법을 바꾸어야 합니다."[41] 연방대법원은 명예훼손이 수정헌법 제1조의 영역 밖에 있다고 여러 차례 선언해 왔다. 그러니 그가 어떻게 패배할 수 있겠는가?

제14장

변론

미국 연방대법원의 역사에서 중대한, 뉴욕타임스의 앤서니 루이스Anthony Lewis의 말을 빌리자면 "법원과 국가에 이례적으로 중요한" 회기였다.[1] 1963년 10월 회기(1963년 10월부터 1964년 10월까지 지속되었다)는 헌법적 원칙을 근본적으로 쇄신한 결정들로 인해 '제2차 미국헌법제정회의'라고 알려져 있다. 워런 법정은 권력의 정점에 있었다. 탈인종분리, 의석 재배분, 학교에서의 기도, 외설, 5건의 연좌시위와 같은 사건들이 뉴욕타임스 대 설리번 사건과 동시에 변론 중에 있었다.[2]

하루에 4시간, 일주일에 4일, 4주간의 회기 중 2주 동안, 연방대법관들은 법정에 앉아 구두변론을 들었다. 구두변론은 사건이 무엇에 관한 것인지 알아낼 수 있는, 보다 인간적으로 말하자면, 서면 기록이 보여 주지 않는 것들을 발견할 기회를 제공했다.[3] 설리번 사건의 변론을 듣고자 저명한 인물들이 법정 방청객으로 참석했다. 방청객 중에는 3명의 전직 법무부 장관인 프랜시스 비들Francis Biddle, 로드데이앤드로드의 허버트 브라우넬Herbert

Brownell, 목사들을 위해 변론했던 윌리엄 로저스도 있었다. 이 사건에 관심을 가질 수밖에 없었던 CBS의 변호사들과 워싱턴포스트의 변호사들도 참석했다. 킹 목사는 정오가 조금 지나 법정에 입장했고, 마련된 좌석에 앉았다. 그의 존재는 이 소송의 중요성을 부각시켰고, 법정에 있던 이들 모두가 그를 주목했다.[4] 셔틀스워스와 애버내시도 법정에 있었다. 해리 왁텔은 애버내시와 킹 목사에게 방청객으로 참석할 것을 제안했다. "사건의 중요성을 제쳐 놓더라도, 설리번의 변호사가 억압적일 뿐만 아니라 위법이라고 생각되는 명예훼손 판결을 지지하려 하는 광경을 당신이 즐거워할 것이라고 확신합니다."라고 그는 썼다.[5] 재판석에서 아서 골드버그는 재판의 불편부당성에 대한 모든 환상을 뒤로한 채, 킹 목사에게 서명을 요청하는 쪽지와 함께 『자유를 향한 대행진』책을 내려보냈다.[6]

미국 연방대법원의 엄숙하고 질서 정연한 분위기는 폭력이 난무하는 버밍햄의 거리와 깃발이 펄럭이는 몽고메리의 남부연합광장과는 거리가 멀었다. 9명의 대법관이 붉은 벨벳 커튼을 지나 화려하게 장식된 대리석 벽과 이오니아식 기둥의 법정에 입장해, 마호가니 벤치 뒤에 있는 등받이가 높은 검은색 가죽 회전의자에 앉았을 때, 이 사건을 초래한 분파적 갈등과 인종적 적개심은 전혀 찾아볼 수 없었다. 설리번을 위해 나흐만과 그의 로펌 구성원들이, 뉴욕타임스를 위해 웩슬러, 데일리, 러브가 출석했다.

러브는 양말을 신고 있지 않았다. 그럴 만한 이유가 있었다. 러브와 그의 아내는 휴가 기간 동안 카리브해에 있었다. 알비노albino인 러브는 태양에 극도로 민감했고, 발에 3도 화상을 입었다. "양말을 신지 않고 미국 연방대법원 법정에 출석한 최초의 변호사였다는 점에서 저는 남다릅니다."라고

274　　　　　　　　　　　　　　　　　　　　　　

러브는 회상했다. 그는 쫓겨날까 봐 두려웠다. "연방대법원이 얼마나 꼼꼼한지, 그리고 사람들의 옷차림이 어떤지 당신이 안다면 말입니다." 그의 옆에 앉아 있던 에릭 엠브리가 코트 단추를 풀고 있자, 집행관이 다가와 코트 단추를 채울 것을 요청했다. "에릭 엠브리가 '저 사람은요?'라고 말할 거라고 계속 생각했습니다. 저는 양말도 신지 않고 있었단 말입니다."[7]

상고인의 변호인으로서 웩슬러가 먼저 변론했다. 연방대법관들은 해당 사건의 모든 준비서면과 하급심 법원의 기록을 모두 읽은 상태였다. 워런 연방대법원장이 그를 지목하자, 웩슬러는 연단에 올라가 구두변론을 시작했다.[8]

웩슬러: 대법원장님, 변론을 시작하겠습니다May it please the Court. 이 사건은 1년 전 앨라배마주 대법원에서 허가한 제40호 기록송부영장No. 40 on writ of certioriari과 함께 여기에 있습니다. 이것은 앨라배마주 대법원의 판결에 대한 심사를 소환합니다. 해당 판결은, 저희 판단으로는 건국 이래 한 번도 마주한 적 없었던 차원의 언론의 자유에 대한 위협을 야기할 것입니다.

각 대법관들은 그들 앞의 재판석 위에 웩슬러의 서면 한 부씩을 놓아두고 있었다. 웩슬러는 극적인 효과를 위해 "그들의 높아지는 목소리를 들어라" 광고를 판결문에 첨부했다. 웩슬러는 대법관들에게 광고의 본문을 읽어 보도록 권유했다. "이 사건은 광고 게재로 시작될 뿐만 아니라 광고로 끝나"기 때문이었다. 그는 말했다. "이 광고는 저항의 진술이자, 사건에 대한 암송으로 짜인 연설문입니다. 그러나 이 광고는 킹 박사의 이름 이외에는 어떤 이름도 언급하지 않으며, 명백히 그 어떤 개인에 대해서도 인신공격을 하지 않습니다."

웩슬러는 앨라배마 주립전문대학 식당 문에 자물쇠가 채워지지는 않았다는 사실을 포함해 광고에 오류가 있었다는 점은 인정했다. 그러나 이러한 실수 중 어느 것도 설리번에게 영향을 미치지 않는다고 그는 주장했다. "이러한 불만 사항은 피상고인과는 무관합니다. 만약 누군가가 이 광고에 대해 불만이 있다면, 그것은 그 광고에서 언급되고 있는 주당국이지, 몽고메리 시위원이나 다른 기관이 아닙니다."

몇몇 대법관들은, 특히 브레넌 대법관과 골드버그 대법관은 사실관계에 큰 관심을 보였다. 그들은 몽고메리에서 발생한 사건과 광고 게재를 둘러싼 상황에 관해 많은 질문을 던졌고, 웩슬러가 그의 주장 전체를 다 변론하기도 전에 시간이 부족해졌다.

30분 정도 사실관계에 관해 논의한 후, 웩슬러는 그의 법적 주장으로 넘어갔다. 그는 "우리의 첫 번째 주장은 앨라배마에서 이 소송이 … 수정헌법 제1조에 위배될 뿐만 아니라, 수정헌법 제1조에 정면으로 반하는 법리에 의해 판결되었다는 것입니다."라고 설명했다. 비록 그가 '절대적'이라는 표현을 피하고, '선동적 명예훼손'이라는 표현을 대신 사용했지만, 웩슬러는 왜 그가 수정헌법 제1조가, 결과적으로는 공직자를 비판할 절대적 특권을 보장한다고 믿는지에 대해 설명했다. "우리는 바로 이러한 법의 지배와 관련하여, 제임스 매디슨이 했던 주장, 그리고 토머스 제퍼슨이 1798년 선동법에 관해 제기했던 주장과 동일한 주장을 하는 것입니다."

브레넌: 이 주장은 어디까지 (역자 추가: 적용되는) 것인가요, 웩슬러 씨?

공적 행위에 대한 비판이기만 하다면(역자 추가: 전부 적용되는 것인가요)? 수정헌법 제1조의 보호 밖에 있게 되는 그 어떠한 제한이라도 있습니까?

웩슬러: 제임스 매디슨의 지침을 따른다면, 매디슨이 했던 그 어떤 언급에서도 제한이나 예외는 없었다고 저는 말해야 할 것입니다.

브레넌: 그렇다면 수정헌법 제1조는 … 결과적으로 비판에 대해 절대적으로 신중해야 한다는 것인가요?

웩슬러: 수정헌법 제1조는 선동적 명예훼손죄가 정부에 대한 비판과 공직자에 대한 비판을 처벌하는 것을 배제하기 위해 고안되었습니다. …

골드버그: 신문에만 적용되는 특별한 규칙이 있다고 주장하는 것은 아니죠?

웩슬러: 물론 아닙니다. 우리는 수정헌법 제1조의 전체 범위에 대해 이야기하고 있습니다. 저는 지금 이 시점에 이 논쟁이 갖는 무게를 잘 알고 있습니다. 선동법은 지속되지 못했습니다. 하지만 우리 사건은, 연방대법원이 법정모욕죄에 관한 권한의 범위를 한 번도 판단한 적이 없었던 1940년대의 법정모욕죄 사안들과 같은 상황에 처해 있습니다. 외설에 관한 사안 역시 연방대법원에 제기되었을 때 한 번도 판단되지 않은 문제였습니다. 요컨대 이것은 35년 동안 이어져 온 헌법 해석의 영역입니다. 이것이 현실입니다. 그리고 연방대법원에 이러한 주장을 제출할 기회가 이번에 처음 주어진 것입니다. 만약 제임스 매디슨이 오늘날 살아 있다면, 제가 하고 있는 이 주장이야말로 그가 했을 주장이라고 저는 믿습니다.

골드버그: 웩슬러 씨, 당신의 기본적인 입장은 … 수정헌법 제1조와 제14

조하에서 어떤 공직자도 헌법적으로 명예훼손 소송을 제기할 수 없으며, 자신의 공무수행과 관련된 모든 유형의 허위 또는 악의적 진술에 대해 배상 판결을 받을 수 없다는 것인가요?

웩슬러: 그것이 제가 주장하는 가장 폭넓은 입장입니다. 그러나 남은 시간 동안 보다 제한적인 주장들이 무엇인지 말씀드리고 싶습니다. 이 사건에서는 반드시 파기되어야 할 부분들이 많다고 생각하기 때문입니다.

골드버그: 그 논리를 따른다면, 한 시민이 시장이나 주지사가 공적 행위에 대해 100만 달러의 뇌물을 받았다고 허위로, 고의적으로, 악의적으로 주장할 권리가 있다는 것이 논리적인 결론일 텐데요. 그러한 경우에도 … 해당 시장은 명예훼손 소송을 제기할 수 없다는 뜻인가요?

웩슬러: 그렇습니다. 그가 할 수 있는 일은, 시장으로서의 공적 특권을 이용해 연설을 하며 그러한 주장에 대응하는 것입니다. 실제로 대부분의 시장들이 그렇게 해 왔으며, 그것이 바로 이 나라의 정치사가 보여 준 모습입니다.

웩슬러는 나아가 명예의 이익과 표현의 자유 사이에서 균형을 이룰 수 있는 "보다 제한적인 주장들", 즉 "조정안들"을 요약했다.

웩슬러: 제 추가적인 요점들은 이것입니다. 첫째, 설령 제가 틀렸다고 하더라도, 법은 반드시 상충하는 이익들, 즉 공직자의 명예 보호와 논의의 자유라는 이익을 조정하려는 시도를 해야 합니다. 그러나 그러한 조정이 전혀 이루어지지 않았습니다. 제한적 면책 규칙은 … 조정을 이루는 한 가지 길이 될 수 있습니다. … 그리고 셋째로, 우리는 이 사건 기록에

서 해당 광고에 포함된 특정 진술들이 피신청인의 명예를 실질적으로 훼손했다는 것을 입증할 만한 충분한 증거가 없었다고 주장합니다. 그리고 이는 헌법적으로 보호되는 자유를 억압하는 것을 정당화하는 판단이므로, 우리는 이 사건의 사실관계에 대해 연방대법원이 정상적인 범위에서 심사를 해야 한다고 주장합니다. [여기서 웩슬러는 피스크 대 캔자스 사건을 언급했다.*]

할런: 우리가 이 증거들을 검토할 권한이 있습니까?

웩슬러: 네, 저는 그렇다고 확신합니다, 대법관님.

나흐만은 언제나처럼 유능하고 조리 있었다. 그러나 이번에는 그의 의뢰인은 동정을 받기 어려웠고, 웩슬러의 대담하면서도 박식한 극적인 존재감으로 인해 그는 확실히 수세에 몰려 있었다. 격식을 갖춘 남부식 태도와 "변론을 시작하겠습니다", "예, 재판관님" 같은 표현이 자주 섞인 나흐만의 변론은, 웩슬러의 직설적이고 힘있는 스타일과 극명한 대조를 이루었다.

나흐만은 서면상 주장을 반복하며, 이 사건을 언론을 침묵시키려는 거대한 음모가 아니라, 확립된 명예훼손 법규에 따라 심리된 평범한 개인의 손해배상 사건으로 제시했다. 배심원단의 평결은 주최고법원의 심사를 거쳤으며, 수정헌법 제7조에 의해 보호받아야 한다고 주장했다.9

---

* 26세의 노동운동가 해럴드 B. 피스크Harold B. Fiske는 세계산업노동자연맹IWW의 선언문을 배포했다. 캔자스주는 해당 선언문의 서문에 임금 제도가 철폐될 때까지 혁명적 투쟁을 계속할 것이라는 내용이 포함되어 있다는 이유로 그를 체포했고, 주법원은 그에게 유죄 판결을 내렸다. 이후 피스크 대 캔자스 사건에서 연방대법원은 캔자스주 형사 생디칼리슴법Kansas Criminal Syndicalism Act에 따라 선고된 유죄 판결을 뒤집었는데, 주정부가 "경찰권을 자의적이고 불합리하게 행사"하는 등 수정헌법 제14조의 적법절차 조항을 위반했다고 판단했기 때문이다.

나흐만: 변론을 시작하겠습니다. 저는 웩슬러 씨의 사실관계 분석과 제가 보는 사실관계 사이의 짧은 차이에 관해 말씀드리고자 합니다. … 이 사건은 명백히 배심원 평결 이후에, 새로운 재판의 신청에 관한 하급법원의 심리를 거쳐, 주최고법원에서 심리된 이후, 여기에 이르렀습니다. 저희는 단순히 기록상 내용에만 근거하여 판결을 지지하는 것이 아닙니다. 저희는 배심원 평결을 뒷받침할 만한 충분하고 압도적인 증거가 존재했다고 주장합니다.

브레넌: 우리가 (사실관계를) 다시 검토할 수 있습니까?

나흐만: 저희는, 아니라고 말씀드립니다, 재판관님. … 저희는 연방대법원이 합리적인 근거가 없다고 판단하지 않는 한 수정헌법 제7조가 배심원 평결을 보호한다고 주장합니다. … 물론 합리적인 근거가 없다는 것을 지지할 수 있는 증거는 전혀 없습니다. …

화이트: 당신의 주장은, 명예훼손이 수정헌법 제1조의 보호 범위를 벗어난다는 것이며, 그렇다면 결국 누군가는 어떤 명예훼손이 수정헌법 제1조의 보호 범위에서 벗어나는지를 최종 결정해야 한다는 것으로 보이는데요. …

브레넌: 그에 대해 배심원이 최종적인 답을 내리는 것은 아니라고 보는데요.

나흐만: 지금까지의 판례를 보면, "법원은 특정 출판물의 명예훼손 해당 여부에 대한 판단을 각 주에 맡겨 왔습니다." 만약 어떤 사람이 누군가가 금발이라는 발언을 하고 주법원이 이를 명예훼손이라고 판단한다면, 연방대법원이 이를 검토해야 할 수도 있을 것입니다. 그러나 블랙 대법관님의 질문에서 언급된 점을 고려할 때, 이러한 종류의 행위가 문제될 경

우, 이는 일반적이고 통상적인 명예훼손의 범주와 틀 안에 포함된다고 저희는 주장합니다. … 이는 그들에게 형사 범죄 혐의를 부과하는 것으로, 분명히 그들을 경멸, 조롱, 비난의 대상으로 만들며 … 저희는 이것이 명예훼손의 전형적인 정의에 완전히 부합한다고 생각합니다. … 허위성을 인정한 배심원단의 평결을 지지하는 충분한 증거들이 있는지 여부에 대한 질문과 관련하여, 웩슬러 씨는 배심원들과 이 재판부 앞에서 패소해야 한다고 저희는 주장합니다. 피고가 승소하기 위해서는 신문사에게 그것이 출판하는 모든 것으로부터 절대적인 면책특권이 있다는 점을 증명해야 한다고 저희는 생각합니다. … 그러나 이것은 우리 법 체계에서 완전히 새로운 주장이라고 저희는 생각합니다. …

그는 뉴욕타임스가 제안한 절대적 규칙이 "이 나라에 파괴적인 영향을 미칠 것"이라고 경고했다.

변론은 예정된 휴정 시간인 오후 2시 30분보다 3분이 지난 오후 2시 33분에 마무리되었다. 목사들의 사건, 즉 소위 '흑인 측' 사건은 다음 날 아침까지 연기되어 추가 변론이 진행되었다.[10]

그날 저녁, 킹 목사는 변호사들과 워싱턴에 있는 윌리엄 로저스의 사무실에서 만났다. 변호팀은 그날의 진행 상황을 복기하고 다음 날의 전략을 정했다. 해리 왁텔은 웩슬러의 변론을 비판하며, 그의 '조정안들'이 지나치게 소극적이었다고 지적했다. 반면에 로저스는 이에 반대하며, 오히려 웩슬러의 절대주의적 논변이 너무 과감했다고 반박했다. 킹 목사는 자리에서 일어났다. "동의합니다." 그는 이렇게 말하며, 그가 극단적인 입장을 지지할 것이라 생각한 변호사들을 놀라게 했다. "단지 제가 공적 영역에 있다는 이유만으로, 사람들이 저에 대해 무엇이든 마음대로 말하고 출판하고 보호받아야 한다고 생각하지 않습니다."[11] 그러나 킹 목사의 참모들은 웩슬러의 인종 중립적 접근법은 긍정적으로 평가했다. 인종 중립적 접근은 남부 배심원들에 의해 피해를 입을 가능성이 있다고 여기는 노동조합, 종교 단체들과의 연대를 촉진할 것이었고, 이는 민권운동을 위해 필요했다.[12]

킹 목사는 회의를 마친 후 그날 밤을 고급 월러드 호텔에서 보냈다. 그는 자신의 호텔 스위트룸에서 파티를 열었다. FBI가 그의 방을 도청했다. FBI는 킹 목사의 도덕적 결함을 폭로하고자 자행하고 있었던 감시를 정당화하기 위해 그들이 공산주의자의 동조자라고 믿었던 스탠리 레빈슨과 킹 목사 간의 관계를 이용했다. FBI는 SCLC 관계자들과 필라델피아에서 온 두 여성이 함께한 거칠고 만취한 '난교'의 증거를 만들어 냈다. FBI 국장 J. 에드거 후버는 이 테이프를 이용해 킹 목사를 협박하려 했으나 성공하지 못했다.[13]

이러한 사실들은 전혀 알지 못한 채, 킹 목사는 다음 날 아침 법정으로 돌아와 목사들을 변호하는 로저스, 그리고 테드 킬 로펌의 젊은 파트너 새뮤얼 R. 피어스Samuel R. Pierce의 변론을 들었다. "상고인들이 도대체 무슨 잘못을 했기에 이런 벌을 받아야 합니까?" 로저스는 물었다. "증거를 정확히 검토해 보면, 상고인들의 헌법적 권리가 명백히 침해되었음을 알 수 있습니다. … 이 사건에서 상고인들은 실제로 자신들이 한 일이나 하지 못한 일에 관해 처벌받는 것이 아닙니다. … 이 사건의 핵심 사실은, 그들이 앨라배마에 거주하는 흑인들이었으며, 인종이나 피부색과 관계없이 헌법이 모든 시민에게 보장하는 권리를 위해 용기 있게 목소리를 냈기 때문에 벌을 받고 있다는 것입니다."[14]

나흐만은 목사들을 상대로 한 사건에서는 주장할 근거가 거의 없었으며, 대법관들은 그가 이를 알고 있음을 확실히 했다. 나흐만은 목사들이 해당 광고와 관련이 있다는 증거가 있다고 주장했다. 대법관들은 그 증거가 무엇인지 명확히 밝히라고 압박했다. 그는 광고에 목사들의 이름이 실려 있었으며, 철회를 요구한 그들의 편지에 답하지 않았다는 사실을 근거로 제시했고, 앨라배마 주법에 따르면 이는 책임의 인정이라고 밝혔다.[15]

골드버그는 반박했다. "만약 당신이 전혀 모르는 사람에게서 자신이 하지도 않은 일을 저질렀다고 비난을 담은 편지를 받는다면, 편지에 답하지 않았다는 사실이 유죄를 입증하는 것은 아니지 않습니까? 저 역시 매일 답장하지 않는 편지들을 받습니다." 그러자 워런도 맞장구치며, 자신도 수천 통의 황당한 편지를 받는다고 언급했다. "연방대법원의 구성원 중 적어도 한 명 이상은 그가 특정 집단을 비방하는 발언을 했다고 비난하며 철회를 요구하는 편지를 전국 각지로부터 수없이 받아 왔습니다. 그가 그런 편지에 답장해야 하나요? 답하지 않으려면 50만 달러의 배상 판결을 받을 위험을 감수해야 합니까?" 나흐만은 자신은 그런 편지들에 대해서는 아는 바가 없다고 답했다. "장담하건대 연방대법관들이 받는 편지들이 훨씬 더 악질입니다." 워런이 말했다.

정오에 변론이 끝난 직후, 킹 목사와 그의 변호사들은 워싱턴 호텔에서 열린 환영행사에서 축하를 나누었다. 킹 목사는 로저스에게 감사의 뜻을 전하며, 전직 법무부 장관이 자신을 연방대법원에서 변호해 주는 날이 올 줄은 상상도 못했다고 말했다.[16] 변호사들은 환호하며 축배를 들었고, 그중 한 명은 버스에서 자리를 양보하지 않은 용기 있는 행동으로 민권운동의 불씨를 지핀 로사 파크스를 기리며 건배를 제안하기도 했다.[17]

그 주 금요일 오후, 연방대법관들은 다시 초록색 펠트 천으로 덮인 테이블이 놓인 회의실에 모였다. 한 시간의 논의 끝에, 그들은 만장일치로 목사들에 대한 판결을 뒤집기로 합의했으며, 뉴욕타임스 사건에서도 판결을 뒤집는 데 일반적으로 동의했다.

뉴욕타임스 사건에서는, 수정헌법 제1조의 적용 범위를 두고 대법관들 사이에 상당한 의견 차이가 있었다. 블랙 대법관은 예상대로 웩슬러가 제시한 가장 넓은 논변을 따라야 한다고 주장했다. 즉 공직자에 대한 비판에 법적 책임을 묻는 것은 수정헌법 제1조와 결코 양립할 수 없다는 입장이었다.

블랙: 수정헌법 제1조의 목적은 공적 사안을 공개적으로 논의할 수 있도록 보장하는 것이지, 혹여 허위 사실이 포함되어 있다 하더라도 공적 논의를 금지하는 것이 아닙니다. … 내게 분명한 것이 하나 있다면, 그것은 공적 사안에 있어 자유롭고 개방적인 논의를 위축하는 그 어떤 법적 절차도 허용되지 않는다는 점입니다. 적어도 공적 사안의 영역에서는, 어떠한 주도 개인의 발언을 막을 수 없습니다.

더글러스와 골드버그도 같은 견해였다. 그러나 다른 대법관들은 그 정도로 멀리 나아갈 준비가 되어 있지 않았다. 그들 역시 판결이 뒤집혀야 한다고 생각했지만, 절대주의적인 방향으로 나아가기를 원하지는 않았다. 브레넌, 클라크, 스튜어트, 할런, 워런, 그리고 화이트는 기존의 명예훼손법 규칙을 사인에 대해서는 유지하되, 공직자의 공무수행과 관련된 명예훼손 사건에서는 더 엄격한 증명 기준을 부과하는 방안을 제안했다.

브레넌: 나는 파기 의견입니다. 수정헌법 제1조가 모든 명예훼손법을 무효화하는 것은 아닙니다. … 그러나 언론은 공직자들을 비판할 때 광범위한 자유를 보장받아야 합니다. 나는 존 (할런) 대법관과 크게 다르지 않은 입장에서, 연방적 기준과 현실적 악의가 있어야 한다고 생각합니다. 나는 우리가 이전에 국적박탈 사건에서 적용했던 '명확하고, 설득력 있으며, 의심의 여지가 없는clear, convincing, and unequivocal' 증거 기준을 받아들이고자 합니다. 이는 사건의 각 요소에 적용됩니다.[18]

다수의 결론은 설리번의 이름이 광고에 언급되지 않았고, 공직자가 그의 공무수행에 대한 비판자를 상대로 소송을 제기할 때에는 수정헌법 제1조가 모든 요소의 명확한 증명, 즉 '명확하고 설득력 있는 증거'를 요구한다는 제한적 근거에 따라 판결이 뒤집혀야 한다는 것이었다. 이것은 기존 명예훼손의 전통적인 요소들에 변화 없이, 원고가 증명해야 할 사항에 대해 더 강력한 증거를 요구하는 것이었다. 이는 최종적으로 이 사건의 주요 규칙으로 자리 잡은 원칙보다 훨씬 덜 급진적이었다.

목사들의 사건인 애버내시 대 설리번 사건에 관한 논의에서, 모든 대법관들은 만장일치로 판결 취소에 동의했다. 그러나 그 논거는, 명예훼손 사건의 기소와 재판절차가 인종적 편향으로 오염되어 수정헌법 제14조를 위반했다는 것이 아니라, 목사들에 불리한 증거가 전혀 없었으며, 따라서 이들에 대한 판결은 수정헌법 제14조의 적법절차 조항을 위반했다는 점에 근거했다. 목사들에 대한 이 판결 근거는 최종 판결문에서는 결국 나타나지 않았다.

전통적으로 연방대법원장은 그가 다수의견에 속할 경우, 같은 다수의견의 다른 연방대법관에게 판결문 작성을 맡긴다. 회의가 끝난 다음 날, 워런 대법원장은 브레넌에게 메모를 보내 판결문을 작성해 줄 것을 요청했다. 이 제 뉴욕타임스와 목사들의 운명은 브레넌 대법관의 손에 달려 있었다.

룩 매거진이 최근 묘사한 바에 따르면, 쉰여섯 살의 윌리엄 브레넌은 "건 장하고 활기차며 격식을 차리지 않는 법관 ⋯ 적당히 욕설을 쓰고, 단정하 게 옷을 입으며, 버튼다운 셔츠를 즐겨 입고, 파이프와 필터 달린 담배를 함 께 피우는 인물"이었다.[19] 브레넌은 연방대법원 내에서 가장 존경받는 법관 중 한 명이었고, 동시에 워런 대법원장의 오른팔이자 비공식 전략가이고 조 언자로도 알려져 있었다. 워런은 연방대법관들이 결론 자체에는 만장일치 로 동의하지만, 그 결론에 도달하는 방법에 대해서는 이견이 있을 때 중요 한 사건의 판결문 초안을 브레넌에게 맡기곤 했다.

워런이 이 중요한 과업을 브레넌에게 맡긴 이유는, 브레넌이 자신과 마찬 가지로 시민의 자유와 민권, 그리고 '살아 있는 헌법'에 대한 신념을 공유하 고 있다는 것을 알고 있었기 때문이었다. 또한 브레넌이 뛰어난 지적 능력 과 기술적 역량을 갖추고 있어, 원칙을 명확히 주장하면서도 세부 사항을 꼼꼼히 다듬어 공중의 눈에 비친 연방대법원의 이미지를 더욱 강화할 수 있 는 능력이 있다는 것도 알고 있었다. 브레넌은 연방대법원 내에서 뛰어난 통합자였으며, 과반수에 필요한 5표를 확보할 수 있는 판결문 초안을 작성 하는 능력이 있었다. 그의 의견은 대개 진보적인 결론에 도달했지만, 절대 적인 것을 거부하고 경쟁하는 이익들의 조정을 선호하는 경향이 있었다. 이 처럼 신중하고 실용적인 접근을 통해, 그는 블랙과 더글러스처럼 보다 교조 적인 좌파 성향의 동료 법관들이 이루지 못한 다수의견을 형성하는 데 성공할 수 있었다.

브레넌의 사교적인 성격은 이러한 노력에 도움이 되었다. 노동변호사로서의 경험 덕분인지 그는 상대방을 존중하며 대하고, 오늘의 적이 내일의 전투에서는 동지가 될 수 있음을 결코 잊지 않는 뛰어난 협상가였다. 브레넌은 장난기 어린 아일랜드식 미소를 지었고, 걸음걸이는 가볍고 탄력이 있어 배우 지미 캐그니Jimmy Cagney를 연상하게 했다.[20] 연방대법관 회의에서 그는 '한 표 이상을 가진 사람'으로 알려졌는데, 이는 동료 대법관들의 팔꿈치를 붙잡거나 어깨에 팔을 두르며 친근하게 접근한 뒤, "이봐, 친구"라는 말로 설득을 시작하는 그의 스타일 때문이었다.[21]

민권과 자유에 대한 브레넌의 시각은 소외된 사람들과 약자에 대한 그의 타고난 공감을 반영했다. 그는 1906년 뉴어크에서 아일랜드 이민노동자 가정의 여덟째로 태어났다. 1931년 하버드 로스쿨을 졸업하고 10년 넘게 뉴어크의 한 로펌에서 근무하다가, 주상급법원 판사직을 수락했고, 1952년에는 뉴저지주 대법원 판사로 임명되었다. 공화당원이었던 아이젠하워는 1956년 연방대법원의 공석을 메우기 위해 브레넌을 지명했다. 가톨릭 신자이자 민주당원이었던 브레넌을 임명함으로써, 동북부의 무소속 및 민주당 유권자들에게 어필하려는 전략적 결정이었다.

브레넌은 임명 당시 중도 성향의 법관으로 여겨졌지만, 대법원에 재직한 지 오래 지나지 않아 법관으로서 그가 남긴 유산을 특징짓는 자유주의적 세계관을 받아들이게 되었다. 그의 판결들은 개인의 권리와 자유를 강하게 지지하는 경향을 보였고, 공정성과 평등에 대한 헌법적 약속을 발전시키려는 확고한 신념을 담고 있었다. 그는 법이 도덕적 힘이 되어야 한다고 믿었으며, 헌법으로부터 새로운 권리를 찾아내고 기존의 권리를 확대했다.[22]

민권의 발전에 있어 브레넌은 워런 법정의 가장 중요한 대법관이었다. 그는 1958년 브라운 대 교육위원회 사건 판결의 집행을 결정한 쿠퍼 대 에런 사건Cooper v. Aaron 판결문을 작성했고, 1963년 NAACP 대 버튼 사건에서는 버지니아주에서 NAACP가 법적 소송을 진행할 권리를 보호하는 판결을 내렸다. 비록 브레넌은 수정헌법 제1조에 관해 블랙 대법관보다 상당히 보수적인 입장을 취했지만, 표현의 자유와 관련하여 연방대법원에서 가장 영향력 있는 대법관 중 한 명이었다. 1963년까지 그는 표현의 자유와 관련된 사건에서 다수의견을 일곱 차례 작성했으며, 특히 외설과 관련된 기념비적 사건으로, 음란 잡지의 배포에 관련된 사건인 1957년 로스 대 미국 사건 판결에서도 다수의견을 작성했다. 그러나 훗날 그는 당시의 의견을 후회하게 된다.

브레넌이 로스 사건에서 취한 접근법은 당시에 지배적이었던 표현의 자유 법리에 따른 것으로, 매우 형식주의적이었다. 그는 외설이 명확히 정의된 '낮은 가치의' 표현 영역 중 하나이므로 규제될 수 있다고 결론내렸다. 그러나 이후의 표현의 자유 사건들에서, 브레넌은 새로운 분석 방법을 개발하고 표현의 자유에 관한 보다 넓은 관점을 확립해 나갔다. 이는 부분적으로는 매카시즘 시대에 정부가 반대 의견을 억압하는 방식을 관찰한 경험에서 비롯된 것이었다.[23]

브레넌은 스피저 대 랜들 사건 판결에서 수정헌법 제1조에 관한 보다 전략적인 접근법을 제시했다. 이 사건은 캘리포니아 주법에 관한 것이었는데, 해당 법은 참전용사들에게 특별한 재산세 면제 혜택을 제공하면서도, 불법적인 방법으로 정부 전복을 주장하지 않겠다는 선서를 하지 않으면 면제를 허용하지 않는 조항을 포함하고 있었다. 브레넌은 이러한 자격 박탈이 단순히 '특권'을 거둬들이는 것에 불과하므로 합법적이라는 주정부의 주장을 기각했다. 그는 판결문에서 다음과 같이 밝혔다. "특정한 형태의 발언을 하는 청구인들에게 면제를 거부하는 것은 실질적으로 그들의 발언을 처벌하는 것과 다름없다." 왜냐하면 "이러한 억제 효과deterrent effect는 국가가 그들의 발언에 대해 벌금을 부과하는 것과 동일하기 때문이다." 이 아이디어는 '위헌적 조건'이라 불리게 되었다. 브레넌은 또한 해당 법이 신청인에게 자신이 정부 전복을 주장하지 않았음을 증명하도록 한다는 점에서 수정헌법 제1조를 위반한다고 보았다. 그는 이러한 증명책임의 전가는 '위축 효과'를 초래하여 자유로운 표현을 억압할 수 있다고 지적했다. "자신의 행위가 합법적이라는 것을 증명해야 하고 타인을 설득해야 한다는 것을 아는 사람은, 국가가 이러한 증명부담을 져야 하는 경우보다 훨씬 더 광범위하게 위법의 영역을 피하려 할 수밖에 없다."[24] 위축 효과 원칙에 따르면, 수정헌법 제1조는 직접적인 제재뿐만 아니라, 간접적이거나 부수적인 조치라고 하더라도 헌법적으로 보호되는 표현을 억제할 수 있는 광범위한 조치들에 의해서도 침해될 수 있다.[25]

스미스 대 캘리포니아 사건에서, 브레넌은 '위축 효과'의 개념을 더욱 발전시켰다. 스미스 사건에서 연방대법원은 로스앤젤레스의 한 서점 주인이 외설적인 책을 판매했다는 이유로 30일 징역형을 선고받은 것이 수정헌법 제1조의 권리를 침해한 것이라고 판결했다. 징역형의 근거가 된 법은 서점 주인이 책의 내용에 관한 지식이 없었더라도 외설적인 책을 판매할 경우 형사적으로 책임을 질 수 있도록 규정하고 있었다. 브레넌은 해당 법이 서점 주인들에게 자신이 직접 검토한 책들만 판매하도록 강요하는 효과를 낳을 것이며, 그 결과 주정부가 외설적인 문학뿐만 아니라 헌법적으로 보호받는 문학의 유통까지도 제한하게 만든다고 결론지었다.[26] 스미스 사건과 스피저 사건은 일종의 '자기검열'을 초래함으로써 표현의 자유를 제약하는 경향이 있는 법률들을 부당한 규제의 신유형으로 제시했다. 브레넌은 1963년 NAACP 대 버튼 사건의 의견에서, 정부가 금지할 권리가 있는 행위뿐만 아니라 보호되는 표현까지 처벌하는 방식으로 지나치게 광범위하게 작성된 법률은 부당하다고 판단했다. 그는 판결문에서 다음과 같이 썼다. "수정헌법 제1조의 자유가 살아남기 위해서는 숨 쉴 공간이 필요하다. 정부는 이 영역을 아주 좁게 한정적으로만 규제할 수 있다."[27]

자유로운 표현의 작동에 대한 그의 전략적이고 기술적인 통찰을 바탕으로, 브레넌은 '위축 효과' 개념과 '숨 쉴 공간' 개념을 정립했다. 브레넌은 앨라배마주 명예훼손 사건들에서 제기된 사안을 다루기에 가장 적합했다. 연방대법원에서 브레넌보다 이 과업에 적합한 사람은 없었다.

뉴욕타임스 죽이기

제15장

현실적 악의

1964년 1월부터 3월까지, 브레넌은 연방대법원 건물 안의 정말 작은 사무 공간이었던 그의 판사실에서 설리번 사건의 판결문을 묵묵히 작성했다. 브레넌과 그의 재판연구원에게는 바쁜 시간이었다.[1] 뉴욕타임스 대 설리번 판결문은 해당 회기에 브레넌이 작성한 거의 24개의 판결문 중 하나였다.[2] 상당한 시간적 압박 속에서 브레넌과 그의 연구원들은 설리번 사건 판결문을 작성했다. 이는 브레넌이 시간과 정신을 쏟아야 하는 다른 사건들이 있었기 때문이기도 했지만, 뉴욕타임스의 자원 고갈, 언론 보도가 필요한 민권운동 사건들, 법정을 통해 올라오고 있는 다른 앨라배마주 사건들을 생각할 때, 앨라배마 명예훼손 소송에 신속한 해법이 필요하다는 것을 알고 있었기 때문이기도 했다.

브레넌의 협상과 타협의 재능은 판결문 작성 과정에서 드러났다.[3] 브레넌은 그의 동료들이 제안하는 수정 내용을 포용했고, 자비와 요령으로 의견 불일치를 다루었다. 그에게는 자신의 선호를 반영하는 최종 결과보다도 합의에 도달하는 것이 더 중요했다. 그는 만장일치 결론을 도출하고 의견 불일치를 최소화하여, 법원의 메시지가 갖는 영향력을 강화하기 위해 신중히 단어를 골랐다.[4]

2개월의 기간 동안, 브레넌과 그의 연구원들은 설리번 사건 판결문의 초안을 여덟 번이나 썼다. 아마 그 어떤 대법관도 이런 시도를 하지는 않았을 것이다.[5] 브레넌은 재판연구원들이 판결문을 작성하는 평소의 관행 대신, 첫 번째 초안을 직접 작성했다. 그렇게 브레넌은 설리번 사건의 주요 규칙들이 될 다수의견을 만들어 냈다. 공직자 명예훼손 소송의 피고가 문제의 진술이 허위임을 알고 있었거나, 또는 그것이 허위인지 아닌지 여부를 무모하게 무시하면서 행동했음을 공직자인 원고가 보여 줄 것을 요구하는 현실적 악의 규칙actual malice rule, 공직자가 개입되는 명예훼손 사건에서 사실관계는 '명백하고 확실한clear and convincing' 증거로 증명되어야 한다는 조건, 공직자 명예훼손 사건에서 상급법원에 의한 사실관계의 독립적 심사 등이 그것이었다. 웩슬러에 의해 언급되기는 했지만, 변론 후 대법관회의에서 대법관들 사이에서는 논의되지 않았던 이들 규칙은 대부분 브레넌 대법관에 의해 발전되었다.

웩슬러의 의도대로, 그의 준비서면은 연방대법원 판결문에 일종의 템플릿을 제공했다. 브레넌은 웩슬러 준비서면의 구조, 언어, 아이디어로부터 많은 것을 빌렸다. 현실적 악의 규칙을 제외하고도, 판결문의 거의 전부가 웩슬러의 준비서면으로부터 비롯되었다.[6] 웩슬러의 명성과 그의 정교한 학술적 준비서면, 그리고 브레넌이 판결문을 작성하면서 직면하고 있던 시간적 압박으로 인해, 브레넌은 웩슬러의 수사와 아이디어들을 판결문에 전유

 뉴욕타임스 죽이기

하게 되었다고 볼 수 있을 것이다.

판결문의 첫 번째 초안은 11페이지 분량이었다. 웩슬러를 따라, 브레넌은 왜 공직자에 대한 명예훼손이 수정헌법 제1조의 보호로부터 절대적으로 categorically* 배제되면 안 되는지 복잡한 여러 단계의 논증을 나열했다.

브레넌은 세 부분으로 구성된 판결문의 첫 부분에서, 수정헌법 제14조는 사인의 행위가 아니라 국가의 행위에 관한 것이므로 명예훼손 사건에는 적용될 수 없다는 설리번 측 변호사의 주장을 배척했다. 그는 이렇게 썼다. "국가권력이 적용되는 형태가 아니라, 그 형태가 무엇이든 간에 그러한 국가권력이 실제로 행사되었는지 여부가 기준이다."[7] 만약 보다 일반적인 명예훼손 사건이 연방대법원에 올라왔더라도, 법원이 국가 행위state action에 관한 복잡한 문제를 이렇게 간단히 넘겼을지는 확실하지 않다. 그러나 '사인 간' 명예훼손 소송처럼 보이는 이번 사건은, 실질적으로는 공적이며 국가적인 조치임이 분명했다.

판결문 서두의 각주에서 브레넌은 목사들이 제기한 수정헌법 제14조 위반 주장을 간단히 배척하면서, 이 판결은 수정헌법 제1조에 기초하며, 거기서 더 나아갈 필요는 없다고 했다.[8] 동일한 각주에서 판결문은 뉴욕타임스의 관할권 관련 주장도 배척했다. "뉴욕타임스가 일반 출석을 했다는 앨라배마주 법원의 결정에 따라, 이 쟁점은 연방대법원의 심사에서는 배제되었고, 따라서 관할 이의의 항변은 기각했다."[9]

판결문의 핵심인 제2부에서, 브레넌은 공직자에 대한 명예훼손적 허위

---

* "categorically excluded"되면 안된다는 의미는 수정헌법 제1조의 보호 대상의 '범주category'에서 배제되어서는 안 된다는 의미이므로 '범주적'이라는 표현을 고려했으나, '절대적인'이라는 뜻으로 의역했다.

진술에 관해 헌법적 보호를 확대하는 자신의 주장의 개요를 제시했다. 표현의 자유에 대한 국가적 헌신은 '명예훼손'과 같은 단순한 라벨에 의해 압도될 수 없다고 그는 적었다.

반란, 모독, 불법행위 옹호, 평화 침해, 외설, 법률 서비스의 권유, 그리고 표현의 억압을 시도한 다양한 기타 공식들이 이 법원에서 도전받았던 것과 마찬가지로, 명예훼손 역시 헌법적 한계로부터 부적과도 같은 면책을 주장할 수 없다. 명예훼손은 수정헌법 제1조를 충족하는가라는 기준에 비추어 검토되어야 한다.[10]

웩슬러의 준비서면으로부터 빌려 온 홈스, 브랜다이스, 그리고 다른 이들의 경구를 인용하면서, 브레넌은 "공적 문제들에 대한 표현의 자유"는 수정헌법 제1조가 보호하는 핵심이라고 설명했다. 이러한 주장은 역시 웩슬러에게서 빌려 온, 1798년 선동법 논의로 이어진다. 브레넌은 앨라배마 명예훼손 소송을 선동에 대한 처벌에 빗댄 웩슬러의 비유에 설득되었다. 브레넌의 판결문은 선동법이 "수정헌법 제1조와 모순"된다는 사실이 역사적으로 증명되었으며, 따라서 위헌이라고 선언한다.[11]

선동법에 관한 논의가 이루어지는 동안, 브레넌은 정부를 비판할 권리를 절대적 권리로 보는 웩슬러의 입장을 따르는 듯 보인다. 그러나 연방대법원의 판결은 공직자들을 비판할 절대적 면책특권을 부여하는 것으로 나아가지는 않았다. 그리고 나서 브레넌은 설리번 판결의 주요 규칙을 선언했고, 공직자인 명예훼손의 원고는 명예훼손적 허위 진술이 "현실적 악의", 즉 진술이 허위라고 알고 있었거나, 허위 여부를 무모하게 무시하면서 이루어졌

뉴욕타임스 죽이기

다는 것을 입증할 수 있을 때에만 배상을 받을 수 있도록 허용했다.[12]

브레넌은 현실적 악의 규칙이 공적 행위에 대한 비판자들을 보호하기 위해 수정헌법 제1조와 제14조가 명령하는 바라고 진술했다. 그는 말했다. "현실적 악의 규칙은 실제로는 오류이나 진실이라고 정직하게 믿을 수 있는 표현과, 사실에 근거하지 않은 것으로 알려진 또는 진실 여부에 대해 부주의한 채 공직자를 해하려는 현실적 악의에 의해 진술된 표현 사이에 적절한 선을 긋는 보호 장치이다."[13]

현실적 악의 규칙은 웩슬러의 세 가지 '조정안들' 중 하나에서 가져온 것으로 보인다. 그러나 웩슬러는 이 규칙을 준비서면의 각주에서 지나가는 말로만 언급했을 뿐이다. 웩슬러는 비난의 근거가 없음을 비판자가 알고 있었음으로부터 추론할 수 있는 비판자의 명예훼손 의도를 공직자가 증명하도록 하는 규칙을 제안했다. 이는 콜먼 대 매크레넌 사건에서 정의된 '소수자 규칙' 특권, 즉 선의 특권good faith privilege 또는 정직한 실수 특권honest mistake privilege을 웩슬러가 설명한 방식이었다. 브레넌은 '소수자 규칙'이 그의 현실적 악의 기준과 "유사한 규칙"이라고 설명했다. 그러나 사실 '현실적 악의'는 이들 규칙들과 달랐다. 브레넌은 새로운 기준을 만들고 있었으나, 마치 그 기준이 이미 여러 주에서 받아들여지고 있는 것처럼 보이도록 하기 위해 노력했다.[14]

유능한 협상가였던 브레넌은 공직자를 비판하는 발화자에게 수정헌법 제1조의 보호를 제공하는 동시에, 명예를 보호할 수 있는 방법으로 '현실적 악의'를 선택했다. 이 타협은 수정헌법 제1조에 대한 절대주의자 대법관과 비교형량 접근법을 선호하는 중도파 대법관 모두를 만족시키기 위한 것이었다. 대부분의 개인 상해 사건의 판단 기준은 과실이고, 이는 원고가 피고의 부주의만을 증명하도록 한다는 점을 고려했을 때, 귀책사유의 판단 기준으로서 현실적 악의는 여러 면에서 상당히 급진적이다. (명예훼손은 엄격책임주의strict liability에 따라 피고가 사실에 대해 상당한 주의due care를 기울여 명예훼손적 진술을 공표했더라도, 그 진술을 공표한 것만으로도 책임을 질 수 있도록 했다는 점에서 불법행위법 중에서도 예외적이었다는 점을 상기할 필요가 있다.) 당연히, 현실적 악의는 웩슬러의 절대주의적 접근 방법에 비하면 훨씬 더 온건한 입장이었다.

현실적 악의 기준이 제시된 데에는 이 사건의 사실관계와 관련된 현실적인 이유도 있었다. 브레넌은 뉴욕타임스가 광고를 조사하는 데 실패했기에, 부주의로서의 과실 기준으로는 뉴욕타임스를 보호할 수 없다는 것을 알고 있었다. 보다 일반적으로, 브레넌은 명예훼손 소송에서 과실 기준이 너무 증명되기 쉽고, 특히 유명한 현지인 원고와 유명하지 않은 피고가 대립하는 재판은 더욱 그렇다고 느꼈을 수 있다. 과실 기준은 웩슬러의 서면에서는 언급된 적이 없으며, 연방대법원에서도 고려된 적이 없었다.

연방대법원 판결문은 '명백하고 설득력 있는 증거'라고 하는 새로이 채택된 기준에 따라, 설리번이 현실적 악의를 증명하지 못했다고 결론을 내렸다. 첫 번째 초안은 추가 절차를 위해 사건을 앨라배마로 환송한다는 어떠한 언급도 없이, '파기'라는 한 단어로 결론을 내렸다.[15]

판결문의 첫 번째 초안은 원심 판결을 뒤집는 또 다른 근거를 제시했다. 배심원 평결은 수정헌법 제1조의 기준을 충족하지 못했는데, 광고의 진술들이 설리번을 특정하는 진술들이라는 사실을 '명확하고 설득력 있는 증거'로 입증하는 데 실패했기 때문이다. 이는 변론 후 대법관회의에 참석한 몇몇 대법관들에 의해 제안되었다. 그러나 2월 6일 대법관들에게 회람된 두

번째 초안에서는 그러한 결정의 근거가 사라졌다.[16]

워런과 화이트는 이 두 번째 초안에 서명했다. 그러나 브레넌의 또 다른 자유주의 동맹인 블랙, 더글러스, 골드버그는 자신들이 절대주의 노선을 고수하고 있음을 분명히 했다. 골드버그는 다수의견에 동의하면서도, 공직자의 공무수행에 대한 비판을 근거로 한 명예훼손 판결은 현실적 악의가 증명되더라도 정당화될 수 없다는 별개의견을 회람했다. 다음 날 블랙은 골드버그와 같은 이유로 다수의견에 동의하는 별개의견을 회람했다. 블랙은 앨라배마 배심원단이 원하기만 했다면 뉴욕타임스가 현실적 악의를 가지고 행동했다는 사실을 쉽게 알아낼 수 있었을 것이기 때문에, 현실적 악의가 설리번의 피해 회복을 막지 못했을 것이라고 주장했다. 더글러스도 블랙의 의견에 동조했다.[17]

브레넌은 일반적으로 연방대법원은 하급심 법원이 사건의 사실관계들에 새로운 법리를 적용하는 것을 허용한다는 것을 알고 있었다. 그러나 남부 판사들은 연방대법관들의 신뢰를 잃은 상태였다. 브레넌은 새로운 재판이 열리는 것을 막고 싶었다. 사건이 앨라배마로 다시 보내지면, 배심원단이 또다시 설리번의 손을 들어 줄 가능성이 높다는 것을 알고 있었기 때문이다. 2월 17일에 회람된 그의 세 번째 초안에서 브레넌은, 이 사건의 증거들을 검토한 결과 연방대법원에 의해 정의된 현실적 악의가 발견된다고 보기에는 증거가 불충분하며, 따라서 설리번은 새로운 재판을 받아서는 안 된다고 했다.[18]

브레넌은 할런이 보일 반응을 걱정했다. 할런은 연방주의의 신봉자로, 주와 연방정부 간 권력분립에 대한 깊은 믿음이 있었다. 할런은 브레넌에게 판결문의 제1부와 제2부에 동의한다는 편지를 보냈고, 놀랍게도 설리번이 새로운 재판을 할 수 있어서는 안 된다는 의견에도 동의했다. "설리번이 추가적이고 충분한 증거를 제출할 수 있는 기회를 부여받을 수 있다는 이유로" 새로운 재판이 보장되지는 않는다고 그는 말했다. 그는 설리번이 추가로 제출할 증거가 없다고 믿었다. 그러나 그는 브레넌에게 보낸 메모에서, 그가 제3부를 "정교하게" 부연하기를 원한다고 말했다. 할런은 이어서 판결문 제3부는 연방항소법원이 "상황에 따라 적절한 판결 또는 명령 일체를 내리도록 지시"할 수 있는 권한을 부여한 사법법the judicial code 미국법전 제28편 제2106조에 의존하는 것을 제안했다. 브레넌은 할런과 그의 동료들의 지지가 필요했기 때문에, 할런의 견해를 판결문의 새로운 버전에 반영했다.[19]

그러나 미국법전 제28편 제2106조가 주법원의 사건에 적용된 적이 없었고, 그 적용이 법원의 항소 관할권을 넘어설 수 있는지에 관한 의문이 제기되었기 때문에, 할런의 제안은 논란의 여지가 있었다. 블랙은 브레넌에게 메모를 보냈다. "나는 존이 그 입장을 성숙하게 재고해 본다면 지금의 입장을 계속 고수할 수 있으리라 생각하지 않습니다. 그의 '연방주의' 개념과 이보다 더 격렬히 충돌하는 것이 몇이나 있을지 의문입니다. … 주가 주법을 무효화하고 새로운 재판에 부칠 권한을 연방대법원에 부여했다고 보는 것은 의문의 여지 없이 헌법적 문제를 초래할 것이며, 내가 기억하기로 이 문제는 그 유명한 코헨스 대 버지니아 사건Cohens v. Virginia에서 논의된 바입니다."[20] 브레넌과의 논의 끝에 할런은 새로운 재판을 금지하자는 자신의 제안을 철회하고, 갑작스럽게도 정반대의 입장을 주장했다. 즉 새로운 재판을 원칙적으로 금지할 수는 없으며, 앨라배마주 법원이 현실적 악의 규칙을 적용하지 않았으므로 판결의 파기가 요구되고, 연방대법원이 증거를 고려할 이유는 없다는 것이었다. 할런은 이제 판결문의 제3부를 삭제하자고 제

                                                    뉴욕타임스 죽이기

안했다. 즉 판결문에는 현실적 악의 규칙을 명시하고, 그 규칙이 적용되지 않았음을 이유로 판결을 파기하며, 그 원칙이 개별 증거에 구체적으로 어떻게 적용되어야 하는지에 대해서는 언급하지 말자는 것이었다.[21]

브레넌은 다음 날 미국법전 제28편 제2106조에 대한 언급을 삭제하고, 증거를 검토한 결과 현실적 악의를 뒷받침하기에 충분하지 않다고 판단하기 이전으로 돌아가되, 새로운 재판의 가능성에 대한 언급을 생략한 다섯 번째 연방대법원 판결문 초안을 회람했다. "앨라배마주 대법원의 판결을 파기하고, 이 의견과 모순되지 않는 후속 절차를 위해 사건을 환송한다."라는 것이 결론이었다. 브레넌은 초안과 함께 할런의 접근 방식을 거부한다는 내용의 메모를 회람했다.

나는 … 우리가 제시하는 헌법적 규칙을 따랐을 때 (역자 추가: 현실적 악의를 입증할) 증거가 충분하지 않음을 보이는 증거 분석이 판결문에 반드시 포함되어야 한다고 확신한다. 설리번이 징벌적 손해배상의 전제 조건으로 현실적 악의를 증명하려고 시도한 이상, 우리는 헌법적 심사인 현실적 악의 규칙에 따라 그의 증거가 불충분하다는 점을 반드시 증명해야 한다. 게다가 앨라배마주에서 설리번 사건에 대해 새로운 재판을 한다면, 당사자들은 기록에 있는 증거만으로는 판결이 뒷받침되지 않으며, 채워야 할 큰 공백이 존재함을 알아야 한다. 이번에 우리가 침묵한다면, 현재 기록된 증거에 유효한 규칙을 적용하는 것이 법적으로 받아들여진다는 함의를 내비치기 때문에, 우리가 아무 말도 하지 않고 있다가 나중에 동일한 기록에 근거하여 이루어진 판결을 그제야 뒤집는다면, 우리가 마음을 바꾸었다고 비난받을 수 있다.

브레넌은 그의 동료들에게 남부에서 제기된 다른 명예훼손 소송들을 상기시켰다. "몽고메리와 버밍햄에 계류 중인 다른 명예훼손 소송들이 다수 있으며, 관련된 사람들은 연방대법원의 사법적 감독이 어떻게 이루어질지에 대해 알아야 합니다."[22]

할런은 브레넌에게 편지를 보내, 증거에 관한 논의에 반대할 것이라고 말했다. 그 후 그는 브레넌의 의견 제1부와 제2부에 동의하는 의견을 회람하면서 이렇게 말했다. "이 단계에서 연방대법원이 증거의 충분성을 검토하는 것은 적절하지 않다고 본다. 왜냐하면 해당 쟁점이 어떻든지 간에 다른 헌법적 요건들만으로도 이 판결은 파기되어야 하기 때문이다."[23]

할런의 의견에 동의할 사람이 있을지는 확실하지 않았다. 스튜어트는 동의하지 않았다. 워런도 마찬가지였다. 클라크와 화이트가 할런의 견해에 끌렸다는 소문이 있었다. 브레넌은 자신이 다수의견을 대변하지 않을 수 있으며, 그로 인해 연방대법원이 앨라배마주에 그들이 새롭게 정립한 명예훼손에 대한 헌법적 법리를 집행하겠다는 의지를 전할 수 없게 될까 우려했다.[24]

브레넌은 다른 대법관 중 한 명이 무슨 생각을 하는지 알고 싶을 때마다 그 대법관의 재판연구원들로부터 정보를 수집하기 위해 자신의 재판연구원들을 보냈다. 브레넌의 전기작가는 이렇게 관찰했다. "브레넌의 재판연구원들은 클로버 밭의 꿀벌들 같았다. 그들은 척후병을 보냈고, 아이디어를 가지고 돌아왔다. 여러 면에서 그들은 브레넌의 트레이드마크였다."[25] 브레넌이 보낸 재판연구원들은 클라크 대법관의 재판연구원들과 이야기를 나누었고, 실망스러운 뉴스를 가지고 돌아왔다. 클라크는 원래 브레넌의 의

견에 동조하려 했지만, 평소 의견을 함께해 온 할런과의 관계를 위해 입장을 바꾸었던 것이다.[26]

브레넌은 사안을 논의하기 위해 클라크의 사무실로 찾아갔다. 브레넌이 말을 꺼내기도 전에, 클라크는 할런의 감정이 실려 있는, 의견 제안서 사본을 건네주었다. 브레넌은 더 이상 판결문의 제3부에 대해 과반수를 확보하지 못했고, 절망에 빠져 워런에게 편지를 보냈다.

존[할런]은 어떤 경우에든 명예훼손법 자체의 위헌성을 이유로 판결이 파기되어야 하기 때문에, 증거를 기각하는 것은 부적절하다는 별개의견을 회람했습니다. 톰[클라크]은 제게 제3부를 생략하라고 압박하는 존의 편에 서 있는 것 같습니다. 저는 그렇게 하지 않을 것입니다. 그렇게 하면 우리가 하고자 하는 일에 치명적일 테니까요. 우리가 4명뿐이라고 해도, 제 생각에는 제3부의 내용을 그대로 두고, 대신 우리의 세 형제들(휴고, 빌, 아서)은 쟁점에 대해 판단하지 않았다고만 덧붙이면 된다고 생각합니다. 왜냐하면 그들은 현실적 악의에 대한 증거 자체가 헌법적으로 받아들여질 수 없고, 단순히 그 충분성을 따질 수 있는 문제가 아니라고 보기 때문입니다. 이 계획에 관해 어떻게 생각하십니까?[27]

워런은 이 아이디어에 동의했고, 브레넌이 블랙, 더글러스, 골드버그로부터 제3부에 대한 다섯 번째 표결을 얻어 낼 수 있도록 했다. 브레넌은 더글러스에게 연방대법원의 판결문에 9명의 대법관 모두가 제1부와 제2부에서 현실적 악의가 증명된다면 책임이 존재할 수 있다는 진술 전까지 동의하며, 블랙, 더글러스, 골드버그를 제외한 모든 대법관들이 이 진술까지 동의하고, 할런과 클라크를 제외한 모든 대법관들이 제3부에서의 증거 분석에 동의한다는 내용의 주석을 포함할 것을 제안했다. 더글러스와 골드버그는 여기에 동의했으나, 블랙은 동의하지 않았다. 블랙은 설리번의 증거는 악의를 증명하기에 충분하다는 입장을 취했다.[28]

그때 화이트 대법관이 증거 검토가 필요하다는 다른 근거를 제시했다. 그는 앨라배마 법원이 일반 손해배상 판결에 현실적 악의가 요구된다고 판단하지 않았다고 해서 그것만으로 판결을 파기할 필요는 없다고 생각했는데, 그 이유는 평결이 앨라배마 법에 따라 악의를 요구하는 징벌적 손해배상만으로 구성되었을 수 있기 때문이다. 그러므로 화이트는 앨라배마 법원이 적용한 법리가 악의의 발견을 요구하지 않은 것이 반드시 잘못된 것이라 볼 수 없으며, 악의가 인정될 수 있는지 판단하기 위해 증거를 검토해야 한다고 주장했다. 화이트를 만족시키고 할런을 포섭하기 위해, 이 내용은 3월 4일에 배포된 브레넌 의견의 여섯 번째 버전에 반영되었다. 그러나 할런은 별개의견을 고수했다. 논쟁은 더글러스-골드버그가 결론에 타협하면서 종결되었다.[29]

다음 날 아침, 클라크는 브레넌에게 돌연 자신의 의견을 철회하고, 문구를 수정하면 브레넌의 의견에 동참하겠다고 알렸다. 클라크는 제3부의 단락을 다음과 같이 변경해 달라고 요청했다. "피고가 새로운 재판을 요청할 수 있으므로, 효과적인 사법행정effective judicial administration을 고려하여 피고에 대한 판결을 헌법적으로 지지할 수 있는지 기록된 증거를 검토할 필요가 있다." 브레넌의 재판연구원 중 한 명에 따르면, "효과적인 사법행정"이라는 문구는 "서로 다른 여러 가지 상황에서 일종의 '사법의 묘약'처럼 사용되면서" 그 회기 동안 큰 의미를 갖게 되었다. 브레넌은 그 변화의 중요성을

그림 9. 워런 법정은 이전 법정에서는 하지 못했던 평범한 미국인들의 삶을 변화시키는 헌법 개혁 프로그램에 착수했다. 사진: 워런 레플러Warren Leffler, 1962. 의회도서관.

이해하지 못했지만 타협안을 받아들였고, 최종 판결문은 그 내용을 반영했다.[30]

3월 6일 금요일에 열린 대법관회의에서 투표가 진행되었고, 브레넌은 과반수를 차지했다. 이 의견은 다음 날인 월요일, 법원이 통상적으로 판결문을 낭독하는 월요일 오전에 발표되도록 승인되었다. 1964년 민권법이 하원에서 통과되어 상원으로 보내지고 나서 불과 몇 주 후의 일이었다. 민권법은 3개월 후 통과되었다.

일요일 저녁 8시 무렵, 브레넌의 집에 전화벨이 울렸다. 할런이었다. 할런은 브레넌에게 그가 판결문에 들인 수고를 존중하며, 다수의견에 따르기로 결정했다고 말했다.[31] 할런은 다음 날 편지를 작성해 법원에 회람했다. "친애하는 형제들이여, 저는 브레넌 형제에게 이미 알렸고, 다른 형제들도 알았으면 합니다. 저는 이 사건에서 제 별도 의견서를 철회하고, 다수의견에 전적으로 동참할 것임을 알려 드립니다. JMH."[32]

3월 9일 월요일, 브레넌은 뉴욕타임스 대 설리번 사건에서 만장일치 의견을 발표했다. "우리는 판결을 파기한다."라고 그는 선고했다. "우리는, 공직자가 자신의 공무수행의 비판자를 상대로 제기한 명예훼손 소송에서 수정헌법 제1조와 제14조가 요구하는 표현과 언론의 자유에 대한 보호를 제공하는 데 실패했기에, 앨라배마 법원에 의해 적용된 법리는 헌법적으로 결함이 있다고 판단한다. 나아가 이 사건에서 제출된 증거는 피고에 대한 판단을 뒷받침하기에 헌법적으로 불충분하다고 판단한다."[33]

브레넌은 명예훼손이 "헌법적 제한으로부터의 부적과도 같은 면책을 주장할 수 없다."라고 선언했다.[34] 이 판결이 "공적 문제들에 대한 표현의 자유”를 손상하는 한, 이는 수정헌법 제1조의 “핵심 의미”가 제한됨을 의미한다.[35] 여기에서, 브레넌은 의견서에서 가장 주목할 만한 구절 중 하나를 발표했다. 브레넌의 재판연구원 스티븐 바넷Stephen Barnett이 작성한 이 문구는 웩슬러의 서면에서 발췌하지 않은 문구들 중 하나였다.

따라서 우리는 공적 사안들에 관한 토론이 제약받지 않으며, 강건하고, 개방되어야 하고, 정부와 공직자에 대한 격렬하고 신랄하며 때로는 불쾌할 정도로 날카로운 공격이 포함될 수 있어야 한다는 원칙에 관한 국가적 약속이라는 배경에 비추어 이 사건을 고찰한다. … 제시된 광고는 우리 시대의 주요한 공적 사안들 중 하나에 관한 불만과 항의의 표현으로서, 헌법의 보호를 받을 자격이 분명한 것으로 보인다. 문제는, 그것의 사실적 진술들 중 일부의 허위성과 피고에 대한 명예훼손 적시 혐의로 인해 보호를 상실하는지 여부이다.[36]

다음으로 판결문은 뉴욕타임스에 대한 판결을 취소한 근거를 자세히 설명했다. 판결문은 진실성이 수정헌법 제1조의 보호의 요건이 될 수 없다고 보았다. “자유로운 토론에서 오류가 있는 진술은 불가피하며, … 표현의 자유가 ‘살아남기 위해서는’ ‘숨 쉴 공간’을 가질 수 있도록 보호받아야만 한다.”[37] 브레넌은 나아가 “수정헌법 제1조의 보장에 관한 유권해석은 그것이 판사든, 배심원이든 또는 행정 공무원이든 진실성에 대한 어떠한 형태의 검증도 예외로 인정하지 않는 입장을 일관되게 유지해 왔으며, 특히 발화자에게 진실성을 입증해야 하는 부담을 지우는 방식은 더욱 인정하지 않았다.”라고 했다.[38] 심지어 거짓 진술조차도 공적 담론에 기여할 수 있다. “[이것은) 공적 담론에 귀한 기여를 하는데, 오류와의 충돌을 통해 진실에 대한 더욱 분명한 인식과 생생한 이해가 생겨나기 때문이다."[39]

브레넌은 명예의 손상이 공직자에 대한 비판을 억압하기에 충분한 근거라는 관념을 거부했다. "공무수행에 대한 비판은 단지 그것이 효과적인 비판이어서 공직자의 명예를 떨어뜨린다는 이유만으로 헌법의 보호를 잃지 않는다."[40] "오류나 명예훼손적 내용을 포함한다는 사실만으로는 공직자의 공무수행에 대한 비판을 헌법적 보호 대상에서 제외하기에 불충분하다"는 것이 "1798년 선동법에 관한 큰 논란"에서 도출할 수 있는 교훈이었다.[41] 브레넌은 선동법 논란이 "수정헌법 제1조의 핵심 의미에 대한 국가적 인식을 굳혔다."라고 선언했다.[42] 매디슨이 버지니아주 의회에 제출한, 헌법은 "정부가 아니라 국민이 절대적 주권을 가진다"는 보고서를 인용하면서, 브레넌은 선동법이 어떻게 "제퍼슨과 매디슨이 가세한 공격에서 위헌으로 비난받았는지" 묘사했다.[43]

다음으로 '위축 효과' 개념이 앨라배마주의 엄격책임 규칙과 허위성 추정 규칙에 적용되었다. 브레넌은 NAACP 대 버튼 사건에서 자신의 의견을 원용하면서, "자유로운 토론에서 오류가 있는 진술은 불가피하며, … 표현의 자유가 '살아남기 위해서는' '숨 쉴 공간'을 가질 수 있도록 보호받아야만 한다."라고 썼다.[44] 이후 그는 스피저 대 랜들 사건에서 자신의 의견을 원용하면서, "공무수행의 비판자에게 그의 모든 사실적 주장의 진실성을 보장하도록 요구하는 규칙, 그리고 사실상 무제한의 명예훼손 판결의 고통을 감수하면서까지 그렇게 하도록 하는 규칙은 '자기검열'에 비견할 만한 것으로 이어진다. 피고에게 진실성에 대한 입증 부담을 지우는 전제에서 진실성 항변을 허용하는 것은 허위 진술만의 억제를 의미하지 않는다. … 이러한 규

칙 아래에서, 공직자의 공무수행에 대한 비판을 고려하는 사람들은 진실이
라고 믿어지는 사실이거나 심지어 실제로 진실한 사실인데도 불구하고, 법
정에서 입증될 수 있을지에 대한 의심과 입증해야 할 때의 비용 부담에 대
한 두려움 때문에, 비판의 목소리를 내는 것을 주저하게 될 것이다. 이들은
'불법의 영역에서 한참 벗어난' 진술만을 하려는 경향을 보인다."라고 썼다.
"따라서 이 규칙은 공적 담론의 활기를 꺾고 다양성을 제한한다. 이는 수정
헌법 제1조와 제14조에 배치된다."[45]

그리고 이 사건의 주요 규칙이 제시되었다.

오늘 우리는 헌법이 공직자가 자신의 공무수행에 대한 비판자들을 상대
로 제기한 명예훼손 소송에서 손해배상을 선고할 수 있는 주의 권한을
제한하고 있다고 판단한다. 이러한 소송에서는, 현실적 악의의 증명을 요
구하는 규칙이 적용된다. 앨라배마 주법은 징벌적 손해배상을 위해서는
현실적 악의에 대한 증명을 명백하게 요구하지만, 일반적 손해배상의 경
우에는 악의를 '추정'한다. … 재판 판사가 배심원단에게 일반적 손해배
상과 징벌적 손해배상을 구분하도록 지시하지 않았으므로, 이 평결은 전
적으로 둘 중 하나에 대한 배상일 수 있다. 그러나 포괄적인 손해배상 평
결이 내려진 상황에서는 둘 중 무엇에 해당하는지 알 수 없다. 이러한 불
확실성 때문에, 이 판결은 파기되어야 하고 사건은 환송되어야 한다.[46]

판결문의 다음 부분에서는 증거와 재판상 새로운 이슈를 다루었다. "우리
는 효과적인 사법행정을 고려할 때, 현재 기록의 증거를 검토하여 그것이
피고에 대한 판결을 헌법적으로 뒷받침할 수 있는지 여부를 결정해야 한다

고 판단한다." "이러한 기준을 적용하면, 현실적 악의를 증명하기 위해 제시된 증거는 헌법적 기준이 요구하는 수준의 확신을 주는 명확성이 부족하다고 판단된다."[47]

증거는 "헌법적으로 결함이 있었다." 이 증거로는 "명예훼손적 진술이 피상고인을 특정하여 이루어졌다는 배심원의 판단을 뒷받침할 수 없다."[48] 광고에서 설리번의 이름이나 공식 직책에 대한 언급은 전혀 없었다. 식당 자물쇠를 채우고 킹 목사를 체포했다는 명예훼손적 진술 중 일부는 경찰과 관련이 없었으며, 설리번이 공격에 연루되었다고 암시하는 것으로 보이지 않는다. 정부에 대한 비판이 "액면으로는 아무리 비개인적으로 보일지라도" 정부 공직자들에 대한 "개인적인 비판이 될 수 있고, 따라서 명예훼손이 될 수도 있다"는 앨라배마주 대법원의 명제는 "정부 행위를 비판하는 표현에 대한 불안한 함의를 내포"하는 것이었다. "이 나라의 어떤 최고법원도 정부에 대한 명예훼손을 이유로 기소하는 것이 미국의 법 체계 안에서 정당한 위치를 가진다고 판단하거나, 그럴 수 있다고 암시한 적조차 없다."라고 브레넌은 썼다.[49]

피청구인 스스로 이 광고에 대해 말하는 것처럼, "나뿐만 아니라 다른 위원들과 지역사회 전체를 반영하는" 출판물에 대해, 달리 부인될 수도 있었던 청구원인을 주정부가 창조할 수 있는 법적 연금술은 없다. 정부에 대한 선의의 비판자가 그의 비판으로 인해 불이익을 받을 가능성을 제기하는, 앨라배마주 법원이 의존하는 명제는 헌법이 보호하는 표현의 자유 영역의 핵심을 침해하는 것이다. 우리는 정부 운영에 대한 비개인적 비판을, 그러한 운영에 책임이 있는 공직자에 대한 명예훼손으로 성

그림 10. 민권과 시민 자유의 옹호자인 윌리엄 브레넌 판사는 뉴욕 타임스 대 설리번 사건의 판결문을 썼다. 의회도서관.

립시키는 데에 이러한 명제가 헌법적으로 이용될 수 없다고 판단한다. 배타적으로 이 주장에만 의존했고, 해당 진술들과 피청구인을 연관 지을 다른 증거는 없으므로, 그 진술들이 피청구인을 지칭한다고 뒷받침하기에는 헌법적으로 불충분하다.[50]

판결문은 현실적 악의 규칙에 따라 목사들의 사건을 간결하게 처리했다. "그들이 광고에 자신의 이름을 사용하는 것을 승인했다고 가정한다고 하더라도, 그들이 오류가 있는 진술에 관해 알고 있었거나, 어떤 식으로든 그와 관련하여 부주의했다는 증거는 없다. 따라서 이들에 대한 판결은 헌법적 지지를 받지 못한다."[51]

결론적으로 브레넌은 "앨라배마주 대법원의 판결을 파기하고, 이 의견과 모순되지 않는 추가 심리를 위해 사건을 해당 법원에 환송한다."라고 썼다.[52]

골드버그 대법관이 더글러스와 함께 제출한 별개의견은 웩슬러와 뉴욕타임스의 입장을 열정적으로 설명했다.

"수정헌법 제1조와 제14조는 과잉과 남용으로부터 비롯할 수 있는 해악에도 불구하고, 시민과 언론에 공직자의 공무수행에 대해 비판할 수 있는 절대적·무조건적 특권을 부여하고 있다."라고 그는 썼다. "정부를 통제하는 사람들에 대해 언급 또는 기록된 내용들이 지혜롭지 않거나, 불공정하거나, 허위이거나, 악의적이라고 생각한다는 이유만으로 발언과 출판을 금지할 수 없으며, 모든 시민이 자신의 생각을 말할 수 있고, 모든 신문이 공공의 관심사에 대한 그들의 견해를 표현할 수 있다는 것이 우리 헌법의 이론이다."**53** 골드버그는 공직자가 명예훼손 일반 규칙의 보호를 받을 수 있는 사생활 영역은 보장되어야 한다고 보았으나, 블랙 대법관은 그렇지 않았다.

블랙은 그의 별개의견에서 더글러스와 함께, "수정헌법 제1조와 제14조가 '공직자의 공무수행에 대한 비판자'에게 손해배상을 선고할 수 있는 주정부의 권력을 단순히 '제한'하는 것이 아니라, 주정부가 그러한 권력을 행사하는 것을 완전히 금지한다는 믿음에 따라 원판결 파기에 표결했다."라고 밝혔다. 하지만 그 지역 출신으로서, 앨라배마의 배심원들이 어떻게 일하는지, 인종분리주의자들이 원하기만 한다면 어떻게 '현실적 악의' 규칙을 손쉽게 회피할 수 있는지 잘 알고 있었던 그는 법원이 제시한 새로운 기준을 비웃었다.**54**

'악의'는 연방대법원이 정의한 바와 같이, 입증도, 반증도 어려운 규정하기 어렵고 추상적인 개념이다. 악의가 입증되어야 한다는 요건은 공적 사안에 관해 비판적으로 논의할 수 있는 권리를 기껏해야 희미하게 보호하는 것에 불과하며, 수정헌법 제1조에 담긴 견고한 보호 장치에 이르지 못한다. 그러므로 이 법원과 달리, 나는 뉴욕타임스와 개별 피고들이 몽고메리시의 기관과 공직자들에 대한 비판을 뉴욕타임스의 광고에 게재할 절대적·무조건적인 헌법상 권리를 가지고 있다는 근거에서 파기환송에 찬성한다.**55**

50만 달러의 평결은 주정부의 명예훼손법이 공적 사안에 관해 인기 없는 견해를 발표하고 공직자의 행위를 비판할 만큼 대담한 미국 언론의 존재 자체를 위협한다는, 극적인 증거를 제공한다. 이 사건의 배경이 되는 사실관계는 그러한 위협의 임박성과 막대함을 부각한다. 이 나라에서 심각하고 고도로 감정적인 이슈 중 하나가, 수정헌법 제14조에 의해 금지되어 있음을 확인하는 우리의 수차례에 걸친 판단에도 불구하고, 많은 사람들이, 심지어 일부 공직자를 포함하여, 공립학교와 기타 공공장소에서 주정부가 명령한 인종분리를 유지하려는 노력에서 비롯되었다. 몽고메리시는 인종분리 철폐에 대해 광범위한 적대감을 드러내는 지역 중 하나이다. 이러한 적대감은 때때로 인종분리 철폐를 찬성하는 사람들, 특히 뉴욕에서 발행되는 뉴욕타임스 같은 신문들을 겨냥하여 고안된 용어인 소위 '외부 선동가들'에게까지 확대되었다.

설리번 위원이 실제로 어떠한 현실적 손해를 입었다는 증언이 없었다는 사실은, 이러한 적대감이 50만 달러 평결에 적어도 손해액 산정만큼이나 큰 영향을 미쳤음을 시사한다. 현실적으로 본다면, 이러한 기록은 설리번 위원의 정치적·사회적·재정적 명성이 뉴욕타임스의 보도로 인해 손상되었다기보다는 오히려 고양되었을 가능성이 높다는 추론을 뒷받침하는 근거가 된다. 게다가 동일한 광고를 근거로 뉴욕타임스에 대한 두 번째 50만 달러 명예훼손 평결이 이미 다른 위원에게 내려진 바 있다. 해당 배심원단은 청구된 금액 전액을 배상하라고 평결했다. 뉴욕타임스나, 공직자들을 감히 비판하려고 하는 다른 신문 및 방송사에게 이와 같은 거액의 평결이 또다시 선고되지 않을 것이라고 믿을 이유가 없다.

실제로 현재 앨라배마주의 지역 및 주 공직자들이 뉴욕타임스를 상대로 560만 달러를 요구하는 명예훼손 소송 11건과 CBS를 상대로 170만 달러를 요구하는 소송 5건을 진행 중이라는 것을, 서면으로 확인할 수 있다. 게다가 자유언론을 괴롭히고 처벌하는 이 기술은 이제 그 가능성이 확인되었으므로, 인종적 색채가 강한 사건에만 국한되지 않고, 대중

뉴욕타임스 죽이기

의 감정이 작동하는 다른 영역에서, 지역신문뿐만 아니라 다른 주의 신문까지도 명예훼손 판결을 노리는 이들의 쉬운 먹잇감으로 만드는 데 활용될 수 있다.

내 생각에 연방헌법은 언론에 대한 이 치명적인 위험을 자유언론이 파괴되도록 방치하지 않을 수 있는 유일한 방법으로 처리했다. 공직자들이 그들의 공적 의무를 수행하는 방법에 대한 비판에 있어 언론에 절대적 면책을 부여하는 것이다. …

연방대법원이 받아들인 임시방편의 조치는 나의 판단으로는 충분하지 않다. 이 사건 기록은 이 법원이 배심원단에게 "악의", "진실", "선한 동기", "정당한 목적" 또는 언론을 보호하는 다른 어떠한 법적 개념에 관한 지침을 내렸더라도, 배심원단의 평결에 어떠한 차이가 있었으리라는 것을 보여 주지 않는다. 또한 이 사건 기록은 이러한 법률적 용어들 중 어느 것도 하급법원이 50만 달러의 배상 평결을 취소하거나 감액하도록 만드는 데 영향을 미칠 것이라고 시사하지 않는다. … 나의 생각으로는, 수정헌법 제1조가 국민과 언론으로 하여금 자유롭게 공직자를 비판하고 공적 사안에 관해 면책특권을 가지고 논의할 수 있도록 두었다고 판단하는 것이, 수정헌법 제1조에 대한 보다 충실한 해석이다.

나는 이 나라가 공적 사안과 공직자들에 대한 공적 담론에 기초하여 명예훼손 소송 없이 평화롭게 살 수 있다고 생각한다. 그러나 정부, 정부의 행위 또는 공직자들을 비판했다는 이유로 국민이 물리적 또는 재정적 고통을 당하게 하는 나라가 자유 속에서 살 수 있을지 의문이다. … 공적 사안에 관해 자신이 원하는 대로 말할 수 있는 무조건적인 권리는 내가 생각하는 수정헌법 제1조의 최소한의 보장이다.[56]

브레넌은 블랙이 원하는 만큼 나아가지는 않았지만, 그럼에도 불구하고 블랙은 브레넌이 한 일에 만족했다. 그는 브레넌에게 자필 메모를 통해 이렇게 전했다. "제 입장이나 제가 쓴 글과 무관하게, 제가 당신이 뉴욕타임스 사건에서 훌륭한 일을 해내고 있다고 생각한다는 것, 그리고 결과가 어떻게 나오든 간에 뉴욕타임스 판결은 생각을 소통할 권리the right to communicate ideas를 지키는 큰 진전이 될 것임을 당신은 잘 알고 있을 것입니다."[57]

제16장

자유롭고, 강건하며, 개방된
Free, Robust, and Wide Open

롤런드 나흐만은 이 뉴스를 1964년 3월 9일 미국 연방대법원의 재판연구원으로부터 전보로 전달받았다. "판결: 뉴욕타임스와 애버내시 대 설리번 사건들 오늘 파기. 사건 환송. 동료들에게 알리시오."[1] 나흐만은 망연자실했다. 그는 회상했다. "[웩슬러의] 주장이 성공하리라고는 생각하지 못했다. 사건이 그렇게 되리라고는 전혀 상상하지 못했다."[2]

나흐만은 이 판결이 '외부적 상황들'의 산물이라고 믿었다. "우리를 뒤따라 유사한 소송을 제기한 원고들이 매우 많았다. 온건하게 말하면, 그것은 우리가 가진 문제 중 하나였다."라고 그는 나중에 말했다. "변호사들이 이 사건에서 그에 대해 통제할 수 없었던 외부적 상황들, 예를 들어 평결 금액, 불운한 정치적·사회적 분위기, 그리고 다른 이들이 제기한 소송들의 확산 등은 이 사건을 원고들에게 매우 불리하게 만들었다."[3] 수년이 지나, 그는 자신의 패소를 낙관했다. 그는 자신이 했던 일의 중요성을 이해했지만, "패소한 사건보다는 승소한 사건으로 유명해지고 싶다"고 자주 말하곤 했다.[4]

나흐만은 몽고메리 애드버타이저를 언급하며 말했다. "나의 클라이언트는, 내가 한 가장 위대한 일이 설리번 사건에서 패소한 것이라고 여겼다."[5]

판결이 선고되었을 때 웩슬러는 컬럼비아 대학교에서 수업을 진행하고 있었다. 그의 비서가 강의실에 들어와 그에게 쪽지를 건네주었다. "파기판결, 만장일치" 웩슬러는 쪽지를 큰 소리로 읽었고, 학생들은 환호했다.[6]

나흐만과 마찬가지로, 웩슬러도 브레넌 대법관이 '현실적 악의 규칙'을 사용한 것에 놀랐다. 그는 "나는 [브레넌 대법관이] 악의라는 단어를 사용하지 않기를 바랐지만, 그는 그렇게 했고, 그렇게 남아 있다."라고 덧붙였다.[7] 나흐만과 웩슬러는 나중에 연방대법원 건물에서 마주쳤고, 둘은 브레넌 대법관이 "판결을 내리고 도망쳤다"는 데 동의했다.[8] 심지어 웩슬러는 연방대법원이 다른 재판의 가능성을 배제하려고까지 했다는 사실에 놀라워했다. "그들은 두 번째 단계까지 나아갈 필요가 없었다." 그는 말했다. "연방대법원은 상황을 있는 그대로 현실적으로 바라보고 이를 막으려는 태도를 보여주었다."[9]

킹 목사는 공개 성명을 발표했다. "연방대법원은 완전한 자유를 위한 투쟁에 헌신하는 사람들에게 매우 중요한 언론과 표현의 자유를 옹호했습니다. … 이 판결은 악의 세력이 자유를 말하는 목소리들을 더 이상 침묵시킬 수 없다는 사실을 역사적으로 확인하는 것입니다."[10] 판결은 애버내시 목사의 생일에 발표되었다. 그는 "제가 받은 생일 선물 중 최고의 선물입니다."라고 기뻐했다. "내년에는 자유를 선물로 받았으면 좋겠습니다."[11] SCLC는 "명예훼손 소송이 '표현의 억압'을 위한 방식이 될 수 없다"는 연방대법원의 결정을 축하했다. "이제 4명의 목사들의 사건에서처럼, 잘못된 진술, 강한 표현, 심지어 오류로 인해 거액의 판결을 받고 자신의 저축, 재산, 소유물이

     뉴욕타임스 죽이기

위태로워지는 것을 두려워할 필요가 없기 때문에, 공적 사안들에 대한 '강건한', '제약받지 않는' 토론이 보장됩니다."라고 발표했다. "역사적 관점에서 볼 때 이 결정은 킹 박사가 '더 이상 존속할 수 없는 봉건주의 플랜테이션 시스템 아래에서 생겨난 인간 가치 시스템'이라고 부른 것을 존속시키기 위해 '기상천외한', '회피 계략'을 세우는 남부 사람들에 대한 거부를 상징하는 것입니다."[12]

언론은 앨라배마주 소송들에 관여하는 것을 피해 왔지만, 연방대법원의 판결을 치하하고 심지어 그 결과를 자신들의 공으로 돌리는 데 시간을 아끼지 않았다. 설리번 판결이 언론만 보호하는 것은 아니었지만, 연방대법원의 판결은 언론을 염두에 두고 작성되었고, 뉴스 헤드라인은 설리번 사건을 1931년 연방대법원의 니어 대 미네소타Near v. Minnesota 판결 이래 가장 위대한 언론의 법적 승리로 선언했다. 로스앤젤레스타임스Los Angeles Times는 설리번 사건을 "언론 자유의 진정한 헌장"이라고 부르며 "재앙적인 명예훼손 판결의 위협에 시달려 온 미국 전역의 많은 편집자들과 발행인들에 대한 억압이 사라질 것"이라고 내다보았다.[13] 애틀랜타 컨스티튜션은 "협박의 종식"이라고 표현했다.[14] 뉴욕타임스와 워싱턴포스트는 연방대법원 판결문 전문을 게재했다. 여러 신문들이 사설을 실었다.[15] 버크셔이글Berkshire Eagle은 설리번 사건 판결을 "현대판 마그나카르타"라고 평했다.[16] 미국신문발행인협회의 법률고문인 아서 B. 핸슨Arthur B. Hanson은 "현대 법학 그 어느 분야에서건 이 판례보다 더 큰 영향을 미친 판례는 없다."라고 말했다.[17] 신문들은 연방대법원이 민권 분야에 국한되지 않은 판결문을 작성한 것을 칭찬했다. 보스턴글로브Boston Globe는 연방대법원이 "비단 남부에서뿐만 아니라 … 공직자의 행위에 대한 비판을 제한"하려는 시도를 막은 것에 찬사를 보냈다.[18] 그 어떤 언론도 목사들을 언급하지 않았다. 워싱턴포스트의 사설은 광고 내용을 전혀 언급하지 않았고, 다른 피고들을 "4명의 앨라배마 시민들"로 묘사했다.[19]

설즈버거는 판결을 환영하는 성명을 발표했다. "연방대법원의 판결은 언론의 자유를 그 어느 때보다 더 안전하게 만들었다."라고 그는 발표했다.[20] 뉴욕타임스는 자축 사설에서, "이 신문과 관련된 사건에 대한 연방대법원의 만장일치 판결"을 극찬했다. "자유언론의 권리를 위한 길고 끝없는 투쟁에서 가장 중요한 승리이다. 그뿐만이 아니다. 이것은 자유로운 국민이 방해받지 않고 뉴스를 접하고 그 뉴스에 대해 공정하게 논평할 권리의 승리이기도 하다. … 미국 연방대법원은 어제의 기념비적 판결을 통해 언론의 자유뿐만 아니라 자유 국민의 대권을 위해 강력한 일격을 가했다."[21]

설즈버거는 판결이 선고된 후 러브에게 전화를 걸었다. 하지만 통화 중이어서 연락이 닿지 않았다. 다음 날 그는 러브에게 편지를 보냈다. "연방대법원에서의 멋진 활약을 축하하기 위해 어제 저녁 당신과 관계자들 모두에게 전화를 걸려고 했지만 연락이 닿지 않았습니다. 교환원은 당신의 전화가 고장난 게 아니며, 통화하느라 바쁘다고 말했습니다 (대체 어떤 여성과 그렇게 오래 통화한 겁니까?) 우리는 대여섯 번 정도 전화를 걸었습니다. 그때도 당신을 축하하고 싶었고, 지금도 축하하며, 당신이 이 축하를 다른 사람들과 함께 나누기 바랍니다!"[22]

설즈버거는 목사들의 재산 압류에 관해 여전히 고민하고 있었으며, "우리와 함께 앨라배마 문제에 연관되어 있던 4명의 흑인 목사들이 더 이상 재정적으로 곤란을 겪지 않도록 단계를" 밟고자 했다.[23] 러브는 이를 권고할 만하지 않다고 생각했고, 원고들 중 누구라도 재판을 계속 진행할 수 있다고 지적했다. 뉴욕타임스가 목사들을 돕고 있다는 사실이 알려지면, "설리번이 파기환송심을 요청하거나, 연방대법원 판결에도 불구하고 다른 사건이 재판으로 진행될 경우에, 앨라배마에서 악영향이 있을 것"이라고 러브는 말했다.[24] 몽고메리시 공직자들은 결국에는 목사들에게 그들의 재산을 매각한 대금으로 받은 돈을 돌려줄 것이었다.[25] 목사들은 프레드 그레이에게 그 자금을 SCLC에 전달하라고 지시했다. 압류된 자동차와 법률 비용이 SCLC가 받은 기부금을 통해 지불되었기 때문이었다.[26]

연방대법원의 판결 이후, 사건은 몽고메리카운티의 순회법원으로 파기환송되었다. 설리번은 판결에 근거하여 새로운 재판을 청구할 권리가 있었고, 제임스 시장도 마찬가지였다. 러브는 설리번이 파기환송심을 원한다면, 뉴욕타임스는 사건을 연방법원으로 이송할 것이라고 말했다. 목사들이 더 이상 사건에 참여하지 않았기 때문에 가능한 일이었다.[27] 결국 설리번의 변호사들은 새로운 재판을 요청하지 않았다.

연방대법원은 통상 패소하는 측에 인지 비용과 적당한 요금, 이 경우 약 1만 3,000달러의 비용을 부과한다. 나흐만은 영리하게도 연방대법원에 설리번과 뉴욕타임스가 비용을 분담하도록 결정해 줄 것을 구하는 신청을 했다. 그는 이 사건의 기록 절반이 뉴욕타임스가 앨라배마주의 관할에 속하는지 여부와 관련이 있었으며, 법원은 이 점에 대해서는 뉴욕타임스의 손을 들어주지 않았다고 주장했다. 법원은 아무 논평 없이 위 신청을 기각했다.[28]

나흐만은 결국 추가적인 소송 비용을 피하기 위해 패소를 인정했다. 그는 설리번 사건의 비용과 로펌이 자기 돈으로 지출한 비용 약 4,700달러 정도를 뉴욕타임스가 자발적으로 지불하면 사건을 중단하겠다는 내용의 합의를 원했다. 캘빈 화이트셀은 버밍햄으로 가서 엠브리와 이 문제를 논의했다. 그 후 엠브리는 러브에게 전화를 걸어 뉴욕타임스가 이 타협안을 마련할 것을 권유했다. 러브는 그에게 옥스의 '합의 금지' 정책을 상기시키면서도, 뉴욕타임스 경영진과 이 문제를 논의하겠다고 말했다.[29]

며칠 후 러브는 엠브리에게 전화를 걸어, "해로운 가치를 위해 소송을 제기하는 사람들을 독려하는 셈이므로 명예훼손 소송 합의금으로는 돈을 지불하지 않겠다는 이 회사 소유주들의 오랜 정책 때문에, 어떤 명목으로든 명예훼손 소송 합의금으로 돈을 지급하도록 허용할 수 없다."라고 재차 강조했다. 그러나 그는 경영진이 "채무를 면제 또는 탕감"하는 관점에서 단순한 금전 지급이 아닌 비용 탕감 문제에 대해서는 입장을 달리할 수도 있다고 말했다.[30]

뉴욕타임스는 이에 동의했고, 설리번 사건은 종결되었다. 합의는 1964년 9월에 마무리되었다.[31] 나흐만은 화이트셀에게 이렇게 편지했다. "우리는 우리의 운명에 대해 충분히 슬퍼했습니다. 언젠가 더 수익성 있는 사업에서 함께 일할 수 있기를 바랍니다."[32] 나흐만은 설리번에게 1,486.85달러 상당의 수표를 보냈다. 형편이 넉넉하지 않았던 설리번은 그동안 자비로 비용을 부담하고 있었는데, 그 금액을 돌려받게 되어 기뻤다. 나흐만은 그에게 말했다. "이 사건이 불행한 결말로 끝나 아쉬운 마음은 다시 말할 필요도 없지만, 우리가 전액을 돌려받을 수 있어 다행입니다."[33]

당시 모두가 인정했듯이, 설리번 판결은 명예훼손법에 혁명을 일으켰다. 이 판결은 "놀랍고", "획기적이며", "기존에 이해되어 오던 법에서 급진적으로 벗어난 것"으로 묘사되었다.[34] 법학자 윌리엄 프로서William Prosser는 이

　　　　　　　　　　　　　　뉴욕타임스 죽이기

판결을 "의심할 여지 없이", "현대 불법행위법 역사에서 피고 측이 거둔 가장 큰 승리"라고 평가했다.[35] 주에 맡겨졌던 법의 영역이 이제 전국화되었고, 헌법적 기반이 마련되었다. 더 이상 앨라배마주에서 이루어졌던 것처럼 지방정부가 명예훼손 소송을 통해 전국지 언론을 검열할 수 있는 권한이 없어졌다. 설리번 판결은 공직자들이 자신의 명예훼손에 대해 손해배상을 받을 수 있는 가능성을 줄임으로써, 시민들이 정부와 공직자들을 더 쉽게 비판할 수 있도록 했다. 명예훼손으로 소송을 제기하는 공직자들은 이제 진술의 허위성을 입증해야 했고, 그 진술이 현실적 악의와 함께 만들어졌다는 사실을 입증해야 했다. 일순간에 연방대법원은 수 세기 동안 이어져 온 표현의 자유 보호와 명예의 보호 사이의 균형을 근본적으로 바꾸어 놓았다.

설리번 판결은 수정헌법 제1조에 대한 연방대법원의 변화된 생각을 반영했다. 설리번 판결은 정부 친화적인 '임시 비교형량'과 불만족스러웠던 '명백하고 현존하는 위험' 원칙이 적용된 지 수년이 지나, 수정헌법 제1조의 법리에 새로운 패러다임을 제공하는 것으로 보였다. 설리번 판결 아래에서, 수정헌법 제1조는 선동적 명예훼손 금지와 그들의 지도자를 비난할 수 있는 시민의 권리라는 '핵심 의미'를 갖는다. 당대의 주요한 수정헌법 제1조 연구자 중 한 명인 시카고 대학교 법학교수 해리 칼벤 주니어Harry Kalven Jr.는 설리번 판결을 "표현의 자유 원칙의 행복한 혁명"이라고 묘사했다.[36] 정치이론가 알렉산더 마이클존Alexander Meikeljohn은 설리번 판결을 "거리에 나가 춤을 출" 사건이라고 불렀다.[37] 표현의 자유는 국민주권에 기초한 정치체제에 근본적이며, 국가는 공적 사안에 대한 "제약받지 않으며, 강건하고, 개방된" 논의에 헌신한다는 설리번 판결의 선언은 연방대법원 역사상 민주주의에서 표현의 자유가 갖는 역할에 대해 가장 강력하고 포괄적인

입장을 대표했다.[38]

연방대법원은 미국을 대표하는 신문을 파멸 위기에서 지켜 냈다. 설리번 판결은 기존 판결을 뒤집었을 뿐 아니라, 남부의 '명예훼손 공격' 전체를 저지했다. 설리번 판결은 언론이 민권운동을 충분히 자유롭게 보도할 수 있도록 했고, 명예훼손 소송의 다음 물결이 법원으로 밀려 들어왔다면 위태로웠을 보도들을 보호했다.[39] 인종분리주의자들의 '명예훼손 공격'에 대한 뉴스룸의 두려움은 줄어들었고, 설리번 판결 이후 민권운동에 관한 언론의 보도는 정말로 "강건하고 개방되었다". 1965년 앨라배마주 셀마에서의 민권운동 시위와 그 시위들에 대한 인종분리주의자들의 반동에 관한 언론 보도는 민권에 대한 전국적 합의를 촉진하는 데 기여했고, 이는 1965년 투표권법 Voting Rights Act of 1965의 통과로 이어졌다. 민권운동의 성공을 직접행동 시위들과 그에 관한 언론 보도에 돌릴 수 있다면, 설리번 판결은 민권운동의 진일보에 가장 결정적인 연방대법원 결정 중 하나였을 것이다.[40]

연방대법원이 현실적 악의 규칙을 채택한 것은, 의심의 여지 없이 앨라배마 명예훼손 소송의 극단적이고 특이한 성격의 결과였다. 복수심에 사로잡힌 보복적 명예훼손 소송은 과거에도 분명히 있었다. 그러나 대부분의 명예훼손 소송에서는 비판을 억누르고, 맘에 들지 않는 신문을 말 그대로 파괴하려는 적대적 공동체가 개입하지는 않았다. 현장에서 대면한 첫 사건이 이처럼 드라마틱한 사실들로부터 비롯된 것이 아니었다면, 연방대법원은 명예훼손에 대한 전면적인 접근을 추구하지 않았을 수도 있다. 만약 사건이 훨씬 일반적이었다면, 연방대법원은 인신 상해 사건에서 전통적으로 적용되어 온 과실 기준인 주의태만 기준을 적용했을 수도 있다. 그러나 브레넌은 주의태만 기준으로는 뉴욕타임스를 보호할 수 없다는 것을 알고 있었다. 뉴욕타임스는 사실을 확인하지 않고 광고를 게재했다는 점에서 명백히 부주의했다.

설리번 판결의 이례적인 절차적 규칙은 이 사건의 극단적인 상황의 결과이기도 했다. 전형적인 절차 진행과 같이 연방대법원이 단순히 판결을 파기하고 사건을 앨라배마로 환송했다면, 뉴욕타임스와 목사들은 지속적인 괴롭힘을 당했을 것이며, 앨라배마주 법원은 설리번의 손을 다시 들어 주었을 가능성이 높았고, 추가적인 항소와 막대한 비용이 발생했을 것이다. 이러한 결과를 방지하기 위해, 연방대법원은 항소법원 판사들이 독립적으로 증거를 검토하여 그것이 현실적 악의 판단을 지지할 수 있는지를 결정해야 한다고 과감하게 판시했다. 또한 연방대법원은 설리번 사건에서 현실적 악의가 입증될 수 없다는 결론을 내리기 위해, 기존의 입증 기준이 아닌, '명확하고 설득력 있는' 증거가 필요하다는 원칙을 새롭게 도입했다. 연방대법원은 이 사건에서 그러한 판단을 충족할 증거가 충분하지 않다고 결론내렸다.

설리번 판결은 많은 측면에서 애매모호했다. 구체적으로 설리번 판결은 '현실적 악의'가 무엇을 의미하고 어떻게 입증될 수 있는지, 특히 "[진술이] 허위인지 아닌지 여부를 무모하게 무시"하는 것이 무엇인지 불분명했다. 이어지는 사건들에서 분명해진 것처럼, '무모한 무시'는 피고가 "사실 그의 출판의 진실성에 대해 심각한 의심을 품었거나" 진술이 "허위라는 개연성"에 대한 "높은 정도의 인식"이 있었음을 입증함으로써만 입증할 수 있다. 이 것이 의미하는 바는, 만약 기자들이 진술의 진위를 알지 못했다면, 즉 그들이 진술 자체를 전혀 조사하지 않았다면 그들은 진술의 진위를 무모하게 무시하지 않은 것이 된다는 것이다. (연방대법원은 1968년 성 아만트 대 톰프슨 사건St. Amant v. Thompson 판결에서 위와 같은 해석을 확인했다.)[41] 현실적 악의 규칙은 진술의 정확성을 탐사하지 않도록 조장했다. 저널리스트들이 탐사할수록, 그들은 진술이 허위라는 개연성을 인식하게 될 것이었고, 그들이 현실적 악의를 가지고 행동했다는 책임을 지게 될 가능성은 높아졌다.[42]

연방대법원이 설리번 사건을 처리하기 위해 '현실적 악의'를 도입해야만 했던 것은 아니었다. 입증된 경제적 손실의 회복을 제한하는 것과 같은 보다 덜 야심찬 방법으로도 가능했다. 50만 달러의 배상 평결은 설리번이 입은 침해 또는 그의 삶에 대한 해악을 입증하지 않고 내려졌다. 아마도 '특정성' 쟁점에서 문제의 광고가 설리번을 전혀 언급하고 있지 않다고 판단하는 것이 가장 명백했을 것이다. 그러나 '명예훼손 공격'에서 많은 기사들이, 불코너에 대한 해리슨 솔즈베리의 기사들처럼 상대방을 실명으로 언급하고 있었다. '특정성' 쟁점에 대한 판결로는 인종분리주의자들의 명예훼손 캠페인을 저지할 수 없었을 것이다.

브레넌은 현실적 악의 기준을 도입하기 위한 근거로, 뉴욕타임스와 목사들을 보호하는 것을 넘어 수정헌법 제1조에 주목했다. 주의태만 기준이나 부주의 기준 아래에서도, 피고에 적대적인 배심원들이 원하기만 한다면 태만한 행위는 쉽게 찾아낼 수 있을 것이므로, 발화자는 잠재적으로 자기검열을 할 수 있었다. 연방대법원은 진실한 진술의 표현이 '위축'되는 것을 막기 위해 부주의하게 이루어진 허위의 사실 진술도 기꺼이 면책했다. 표현의 자유가 살아남기 위해서는 "숨 쉴 공간"을 필요로 한다고 브레넌은 적었다. 뉴욕타임스 대 설리번 판결은 "진실을 보호하기 위해 허위를 보호했다."[43] 이것이 연방대법원 판결 의견의 가장 논쟁적인 측면이었다. 이는 "악마와의 거래"와 다름 없는 것으로 묘사되어 왔다.[44]

뉴욕타임스 대 설리번 판결은 법적 원칙, 역사, 그리고 대중의 기억 속에서 주로 표현의 자유에 관한 사건으로 살아남아 있다. 민권운동의 맥락은 설리번 판결에 관한 대부분의 후속 설명들에서 간과되었다. 이것은 부분적으로는 언론이 설리번 판결을 기억하는 방식의 반영이자, 소송 과정에서 사건의 인종적 측면을 누르려 했던 뉴욕타임스와 웩슬러의 전략이 반영된 결과였다. 브레넌 대법관의 판결문을 읽는다면, 해당 사건이 비롯된 민권투쟁보다도 1798년의 선동법에 관해 더 많이 배우게 될 것이다.

그러나 1964년의 헤드라인을 읽은 사람 중 그 누구도 민권운동과 설리번 판결의 관계를 무시할 수 없었다. 설리번 판결은 버밍햄주 거리 행진의 결과였다. 그것은 얻어맞고 피로 얼룩진 프리덤 라이더들과 불 코너의 공격의 결과였다. 그것은 남부에서 쏟아져 나온 수많은 명예훼손 사건들과 그것이 언론에 가한 위협의 결과였다. 그것은 인종 평등을 향해 자라나는 대중적 합의의 승리였으며, 연방대법원의 판결은 이를 반영하고 강화하는 것이었다. 설리번 판결은 표현의 자유 사건이었지만, 민권 사건이기도 하며, 그와 같이 이해되고 기억되어야 한다. 해리 칼벤 주니어는 설리번 판결이 "흑인 저항 운동에 의해 만들어진 당대의 압력"으로서 "사회학적 현실"을 반영한 것이라고 묘사했다.[45] 연방대법원은 "이 사건의 정치적 현실 때문에 뉴욕타임스에 유리한 판결을 내려야 했으나, 동시에 그 결과를 정당화하는 도덕적 고지를 찾을 것을 요구받았다."라고 그는 적었다.[46]

여러 측면에서 설리번 판결은 공산주의자들과 관련된 수정헌법 제1조 판결들보다는, NAACP를 방해하려는 남부의 시도를 기각한 연방대법원의 판결들에 더 부합했다. 수정헌법 제1조에 기초한 연방대법원의 민권 판결들은 적색공포의 시대 동안 연방정부에 급진 단체들을 파괴할 수 있는 자유를 부여했던 기존 판례를 뒤집는 과정을 시작하도록 했다. 민권운동과 관계된 수정헌법 제1조 사건들을 통해, 연방대법원은 반대자들이 정부의 위협을 거부하고 저항할 수 있는 권리를 강하게 보호하는 수정헌법 제1조의 일반적인 체계를 형성하기 시작했다.[47] 설리번 판결, NAACP 대 앨라배마주 판결과 같은 사건들을 통해 수정헌법 제1조를 확장한 주요한 힘은 민권운동이었다.[48]

설리번 판결은 그 자체로는 쉬운 사건이었다. L. B. 설리번의 명예는 훼손된 적이 없고, 광고의 공익성은 매우 뚜렷했으며, 명예훼손 소송은 명백히 보복을 위해 제기되었다. 그러나 덜 극적인 상황에서 제기되는 통상적인 명예훼손 소송에 설리번 판결의 현실적 악의 규칙을 적용하는 것이 과연 현명한 일인지 의문을 제기할 수 있다.[49] 신문이 부주의한 허위 사실로 공직자에게 심각한 상처를 입힌 사건에서 수정헌법 제1조와 명예를 어떻게 비교형량해야 할까? 설리번 판결의 일반적이지 않은 사실관계로 인해 연방대법원은 중요한 질문에 답하지 않을 수 있었다.

뉴욕타임스 대 설리번 사건은 명예훼손법에 대한 연방대법원의 개입의 시작이었다. 설리번 판결의 '후손'으로 알려진, 1964년부터 1974년까지의 일련의 판결들에서 연방대법원은 설리번 판결의 보호 범위를 확대하고, 거의 모든 주의 명예훼손법을 사실상 헌법화했다.

첫 번째 주요한 확장은 루이지애나주 검사의 형사상 명예훼손죄 유죄 판결을 뒤집고, 형사상 명예훼손죄에 대해 현실적 악의 규칙을 적용한 개리슨 대 루이지애나 사건Garrison v. Louisiana, 1964 판결이었다.[50] 이어지는 판결들은 설리번 판결의 공직자 범주에 공직자 후보자를 포함하고, 아무리 낮은 지위에 있더라도 "정부의 업무수행에 통제권"이 있는 것으로 보이는 공직자들도 포함하는 것으로 규정했다.[51]

설리번 판결은 선동적 명예훼손에 대한 전통적인 반감에 기초했다. 그러나 연방대법원은 곧 설리번 판결의 규칙을 정부나 정치와는 무관한 사안들에도 적용했다. 1967년 각각 풋볼 코치와 퇴역 육군 장성이 연루된 사건인 커티스퍼블리싱 대 버트 사건Curtis Publishing Co. v. Butt과 AP 대 워커 사건 AP v. Walker에서(후자는 올미스 폭동으로 인한 에드윈 워커 사건이었다), 설리번 판결의 현실적 악의 규칙은 공인을 원고로 하는 명예훼손 사건에도 적용되었다. 널리 알려진 유명인(셀러브리티, 정치인, 또는 법원이 "일반적 목적의 공인"이라고 간주하는 기타 "가문의 이름")이거나, 중요한 공적 논쟁에 자신을 자발적으로 내던진 사람 또는 그러한 논쟁에 끌려 들어간 사람("제한적 목적의 공인")은 "공인"으로 규정될 수 있었다.[52]

설리번 판결의 확장을 정당화하기 위해, 연방대법원은 셀러브리티를 포함해 공인들은 공익에 관계된 정책 결정에서 종종 중요한 역할을 하고, 따라서 공중은 그들의 활동에 관해 알아야 할 유인이 있다고 설명했다. AP 사건 다수의견에서 워런 대법관은 오늘날 "정부 영역과 사적 영역의 구분은 모호해졌다."라고 적었다.[53] 나아가 공직자와 마찬가지로, 공인은(적어도 공적 사안에 자발적으로 진입한 이들은) 비판과 명예에 대한 해악의 위험을 감수했고, 수정헌법 제1조의 보호에 관해 더 적은 권리를 갖는다고 이야기할 수 있다. 그뿐만 아니라 공인은 비판에 대응할 공적 플랫폼이 있고, 명예훼손적 비판에 대항표현하는 등 자력구제할 능력이 있다.[54]

거츠 대 로버트 웰치Gertz v. Robert Welch, 1974 판결은 '사인'과 관련된 명예훼손 사건의 기준을 세웠는데, '사인'은 공인이 아닌 이들로 광범위하게 정의되었다. 거츠 판결에 의하면, 사인은 공인보다 그들의 명예에 대해 더 많은 보호를 받는다. 주정부들은 사인이 연관된 명예훼손 사건에서 주의태만 기준이나 부주의 기준에 따라 책임을 부과할 수 있으며, 징벌적 손해배상을 받으려면 원고가 현실적 악의를 증명해야 한다. 사인의 명예를 더 넓게 보호하는 연방대법원의 논거는, 개인이 자신을 자발적으로 공중에 노출하지 않았고 명예훼손을 당할 위험을 감수하지 않았다는 것이었다. 나아가 사인들은 상해에 더욱 취약한데, 그들은 명예훼손적 의혹에 대응할 플랫폼이 (소셜 미디어 시대 이전에는) 없기 때문이다.[55]

후손 판결들 아래에서, 거츠 판결의 표현을 사용하자면 공적 논쟁의 "소용돌이에 휘말린" 사인인 시민은 명예훼손적 허위 사실로 인한 피해로부터 회복할 수 있는 능력이 거의 없다.[56] 이러한 확장적 판결들은 설리번 판결을 통해 확립된 수정헌법 제1조의 '핵심 의미', 즉 선동적 명예훼손 금지로부터 벗어났다.[57] 브레넌 대법관의 재판연구원 스티브 바넷은 현실적 악의 규칙이 "적정선의 의미 경계를 부수고 자기 자신의 생명을 가진 채 수정헌법의 샛길을 배회하는 이상한 생물"이 되었다고 말한 바 있다.[58]

뉴욕타임스 대 설리번 사건은 언론이 과거보다 더 대담하게 공익의 수호자로서 '제4의 권력' 역할을 수행할 수 있도록 했다. 설리번 판결의 보호는 1970년대부터 시작된 탐사보도 급증에 일부 기여했으며, 정부의 부패와 권력 남용에 대한 중요한 견제 장치가 되었다.[59] 베트남전쟁, 워터게이트 사건 그리고 연관 스캔들에 대한 폭로는 설리번 판결이라는 방패가 없었다면 은폐된 채로 남았을 가능성이 높다.[60] 설리번 판결과 그 후속 판결례 덕분에 명예훼손법을 무기화하려는 시도는 줄어들었고, 설령 시도한다 하더라

도 상당한 금액의 손해배상으로 이어지지는 않았다.[61]

판결이 선고되었을 때, 기자들은 설리번 판결을 "거리에서 춤출" 정도의 사건으로 기념했다. 그러나 언론계 안에서도, 설리번 판결이 부주의한 보도를 조장할 수 있다는 우려가 제기되었다.[62] 언론계에서는 언론 자유에 대한 '사회적 책임' 논의가 시작되었다. 기자들은 자유를 '남용'하려는 유혹에 저항하기 위해 자제하고 전문 윤리 강령을 철저히 준수해야 한다는 주장이 제기되었다.[63]

비판자들은 설리번 판결이 이러한 상황을 초래했다고 주장한다. 일부는 설리번 판결이 "조악한 저널리즘을 위한 면허로서, 저널리즘을 거짓을 위한 법적 변명만 찾는 업으로 바꿔 버렸다."라고 비판한다.[64] 비판자들은 설리번 판결이 저널리즘의 오만과 무책임을 조장하는 '탈옥의 자유'를 제공했다고 주장한다. 일부는 황색 저널리즘과 토크 라디오의 발흥을 포함한 최악의 저널리즘 과잉 현상과 설리번 판결 이후 언론의 대담성을 연관 짓기도 하지만, 직접적 연관성을 입증하는 증거는 없다. 21세기의 기술은 진실과 명예에 대한 설리번 판결의 위협을 더욱 증폭하는 것처럼 보인다. 연방대법관 닐 고서치Neil Gorsuch는 저명 언론조차 클릭수 경쟁을 벌이며, 설리번 판결의 보호를 확신한 채 팩트체크 없이 트윗이나 게시물을 게재한다고 적은 바 있다. 닐 고서치는 2021년 설리번 판결과 이를 확장한 판례들이 "출간된 거짓에 보조금"을 제공함으로써 온라인에서 허위 정보 확산을 조장하고, 시민들이 올바른 정치적 결정을 내리는 데 필요한 팩트에 접근하지 못하게 하여, 민주주의를 훼손하고 있다고 지적했다.[65]

공인이 대항표현을 통해 스스로를 방어할 수 있다는 설리번 판결과 그 후속 판결들의 전제는, 클릭 한 번으로 명예훼손적인 사실이 전 세계에 전파

되는 시대에서는 더 이상 사실이 아니라고 고서치 등은 주장한다.[66] 바이럴을 탄 거짓은 반박될 수 없는 경우가 많으며, 대부분의 사례에서 어떤 말을 하더라도 피해를 되돌릴 수는 없다. 소셜 미디어에서 댓글을 다는 것만으로도 누구나 명예훼손의 '공인'이 될 수 있다는 점을 고려할 때, 설리번 판결과 이를 확장한 판결들은 상당한 피해를 구제하지 않은 채로 내버려두고, 사람들이 공적 사안에 관여하는 것을 꺼리게 만들 수 있다.[67]

명예는 개인의 존엄과 웰빙에 필수적인 중요한 개인적 이익이다. 명예의 보호는 의미 있는 공적 논의와 사회적 목표를 이루기 위한 집단적 협력에 필수적인 가치인 인간 존중과 예의를 보호한다는 점에서 사회적 가치도 지닌다. 어떤 비평가들에 의하면, 뉴욕타임스 대 설리번 사건은 그것이 증진하려고 했던 대의를 훼손했다.[68]

수정헌법 제1조에 대한 설리번 판결의 헌사는 '현실적 악의' 규칙보다 훨씬 덜 논쟁적이었다. 선동적 명예훼손은 결국 수정헌법 제1조 법리의 패러다임 안에서 자리잡지 못했으며, 뉴욕타임스 대 설리번은 표현의 자유가 민주주의 사회에서 탁월한 가치임을 선언함으로써, 미국적 가치체계에서 표현의 자유가 갖는 위상을 높였다. 설리번 판결은 명예훼손을 넘어선 광범위한 표현의 자유 법리의 토대를 마련했다. 타임사 대 힐 사건Time, Inc. v. Hill, 1967에서 법원은 주거 침입 경험을 픽션화한 설명에 대해 사생활 침해 청구 소송을 제기한 가족이 현실적 악의를 입증해야 배상받을 수 있다고 판결했다.[69] 허스틀러 대 팰웰 사건Hustler v Falwell, 1988에서는 패러디물의 출판이 고의적으로 정서적 고통을 초래했다는 주장에 대해 헌법상 명예훼손 기준이 적용된다고 판시했다.[70] 설리번 판결은 정부에 대한 언론 보도를 보호하겠다는 수정헌법 제1조의 헌신을 간직했으며, 이는 형사재판에 참여할 언론과 공중의 헌법상 권리를 선언한 뉴욕타임스 대 미국 사건New York Times v. United States, 1971, 펜타곤 페이퍼 사건, 리치먼드 신문 대 버지니아 사건 Richmond Newspapers v. Virginia, 1980 등의 역사적인 판결문들에서 확인할 수 있다.[71]

'숨 쉴 공간'이라는 개념은 수정헌법 제1조 원칙의 핵심이 되었으며, '제약받지 않으며, 강건하고, 개방된 토론'이라는 문구는 그 자체로 법적 의미를 갖게 되었다. 이 문구는 공직자의 연설, 노동자의 피케팅, 후보자로서 투표용지에 게재될 수 있는 권리, 유권자 호별 방문조사, 혐오 단체의 시위 활동 등 다양한 분야에서 표현에 대한 보호를 정당화하는 근거로 60개 이상의 연방대법원 판결문에 인용되었다.[72] 이러한 자유로운 표현에 대한 '국가적 헌신'이라는 언어와 관념은 법적 원칙뿐만 아니라 우리의 '표현의 자유 전통'에도 중요한 의미를 갖게 되었다.[73] 뉴욕타임스 대 설리번 판결은 수정헌법 제1조가 "표현을 억압하기보다는 보호하는 데 유리하게 판단한다"는 명제를 대변하게 되었다.[74] 이것이 이 사건에서 가장 오래 지속될 유산일 것이다. 뉴욕타임스 대 설리번 판결만큼 수정헌법 제1조의 권리에 큰 영향을 미친 연방대법원 판결은 없었다.

"그들의 높아지는 목소리를 들어라" 광고에 대한 명예훼손 소송들은 결국 자비롭게 종결되었다. 나머지 소송들은 설리번 판결에 따라 사실상 무효화되었다. 다만 해리슨 솔즈베리의 '공포와 증오' 기사들에 대한 명예훼손 소송은 4년 이상 지속되고 있었다.

1964년 7월 14일 버밍햄의 전직 경찰 부서장 조 린지Joe Lindsey는 설리번 판결을 근거로 뉴욕타임스를 상대로 제기한 소송을 취하했다.[75] 다른 버밍햄의 원고들은 소송을 취하하지 않았다. 남은 사건들은 연방법원의 그룸스 Grooms 판사에 의해 확정되었다. 그룸스 판사는 다른 원고들에게 뉴욕타임스가 현실적 악의를 드러냈다고 주장하도록 그들의 소장을 수정할 기회를 주었다. 9월, 그룸스 판사는 버밍햄 시장 얼 모건과 제임스 왜거너 위원이 제기한 소송을 기각했다. 불 코너 사건은 솔즈베리의 기사에서 코너의 이름이 실명으로 언급되었기 때문에 그대로 유지되었다.[76]

코너 사건은 1964년 가을에 재판에 회부되었다. 뉴욕타임스 변호사들은 법원과 협의를 통해, 솔즈베리가 증언하는 동안 체포되지 않도록 면책특권을 부여받는 조건을 마련했다. 베서머에 남아 있던 42건의 형사 명예훼손 기소로 인해 그가 체포되는 것을 방지하기 위한 조치였다. 베도와 엠브리는 만일의 사태에 대비해 보석 보증인을 준비해 두었다.[77]

솔즈베리, 러브, 데일리는 버밍햄의 터트윌러 호텔로 날아갔다. 그들은 솔즈베리의 방을 가운데 두고 3개의 방을 잡았다. 그들은 매일 아침 그를 데리러 와서 함께 아침을 먹고 함께 법정으로 걸어갔다. 그들은 함께 저녁 식사를 하고 같은 시간에 잠자리에 들었다. 이런 일이 3~4일 동안 계속되었고, 변호사들은 솔즈베리에게서 눈을 떼지 않았다. 솔즈베리가 증언하는 동안 베서머의 부보안관들이 그를 체포하러 온다는 소식이 그룸스 판사에게 전해졌다.[78]

그룸스 판사는 연방보안관들에게 법정을 에워싸도록 명령하고, 베서머 지방검사에게 그를 모욕죄로 기소하겠다고 통보했다. 부보안관들은 마지못해 돌아섰다. 러브와 데일리는 증인석에 있는 솔즈베리를 자극할까 두려워 그에게 아무 말도 하지 않았다. 솔즈베리가 뉴욕행 비행기에 무사히 탑

승한 후에야, 러브와 데일리는 왜 그렇게 조심스럽게 그를 경호했는지 알려 주었다.[79]

전직 시 공직자들의 변호사 제임스 심프슨은 모두진술에서 뉴욕타임스가 "악의적으로" 기사를 게재했으며, 이는 전직 시 지도자들의 훌륭한 인격과 진정성을 해치는 것이라고 주장했다. 코너와 왜거너는 버밍햄이 시위원회 정부 형태를 폐지하면서 공직을 잃었다. 코너는 솔즈베리의 기사가 위원회 정부를 종식시키는 데 기여했기 때문에 그가 공공업무위원으로서 받을 수 있었던 보수를 잃게 되었다고 주장했다. 코너의 변호사는 배심원단에게 "솔즈베리는 문제를 일으키고 불 코너를 제거하기 위해 이곳에 내려왔다." 라고 말했다.[80] 8시간 반에 걸친 숙의 끝에, 코너는 뉴욕타임스를 상대로 4만 달러의 배심원 평결을 이끌어 냈다.[81]

뉴욕타임스는 제5순회항소법원에 항소했다. 이 사건은 설리번 판결에 따라 1966년 8월 4일에 최종적으로 종결되었다. 법원은 "진실에 대한 무모한 무시"가 없었다고 결론지었다. 뉴욕타임스는 "높은 수준의 보도 관행을 보여 주었다."[82]

러브는 1966년 10월 14일 설즈버거에게 편지를 보냈다. "오늘 미국 지방법원 서기로부터 3220.55달러의 수표를 받았습니다. 불 코너가 그의 명예훼손 소송과 관련하여 청구된 비용을 지불한 대금입니다."라고 그는 썼다. "이것이 6년 반 동안 계속되어 온 일련의 사건들에 대한 마지막 법률 행위입니다."

애를 쓰지 않아도, 제 인생에서 가장 깊은 안도의 한숨 소리를 들으실 수 있을 겁니다.

대의를 위해 싸울 의지가 있는 의뢰인을 대리하는 것은 정말 멋진 일입
니다.

진심을 담아, 루이스.[83]

감사의 글

이 책의 집필을 지원해 준 국립인문학기금National Endowment for the Humanities for a Public Scholar Award과 연구를 지원해 준 버팔로 대학교의 Blady Center for Law and Social Policy에 감사를 표한다. 뉴욕타임스에 대한 명예훼손 소송이 미친 영향에 관한 통찰을 나누어 준 전 뉴욕타임스 법률고문 제임스 구데일James Goodale, 롤런드 나흐만에 대한 기억과 함께 그의 사진을 제공해 준 에이미 나흐만Amy Nachman, 연구 지원을 해 준 미리엄 트로야노비치Miriam Trojanovic, 격려와 피드백을 준 존 슐레겔John Schlegel, 프레드 크네프스키Fred Knefsky, 밥 슬레이턴Bob Slayton, 캐롤라인 펑크Caroline Funk에게 감사의 말을 전한다.

주

들어가며

1. New York Times Co. v. Sullivan, 376 U.S. 254, 267 (1964); Beauharnais v. Illinois, 343 U.S. 250, 266 (1952).

2. Harrison E. Salisbury, Without Fear or Favor: The New York Times and Its Times (New York: Times Books, 1980), 382; Louis Loeb, Memorandum to Harding F. Bancroft, Esq., December 2, 1960, New York Times Company Records, General Files, Manuscript and Archives Division, New York Public Library; John Herbers, "Libel Actions Ask Millions in South: 17 Suits by Public Officials Are Pending in Courts," New York Times, April 4, 1964, 12.

3. Sullivan, 376 U.S. at 270.

4. Henry Paul Monaghan, "A Legal Giant Is Dead," Columbia Law Review 100, no. 6 (2000): 1375. 이외에 다음을 참고하라. Lillian R. BeVier, "Intersection and Divergence: Some Reflections on the Warren Court, Civil Rights, and the First Amendment," Washington and Lee Law Review 59, no. 4 (2002): 1075; Floyd Abrams, "In Memoriam: William J. Brennan, Jr.," Harvard Law Review 111, no. 1 (1997): 18, 21; Frank B. Cross and James F. Spriggs II, "The Most Important (and Best) Supreme Court Opinions and Justices," Emory Law Journal 60, no. 2 (2010): 407, 432; Morton Horwitz, The Warren Court and the Pursuit of Justice (New York: Hill and Wang, 1998), 36; Jack M. Balkin and Sanford Levinson, "The Canons of Constitutional Law," Harvard Law Review 111, no. 963 (1998): 978; Geoffrey R. Stone, "Justice Brennan and the Freedom of Speech: A First Amendment Odyssey," University of Pennsylvania Law Review 139 (1991): 1343.

5. "The Uninhibited Press, Fifty Years Later," New York Times, March 8, 2014.

6. Sullivan, 376 U.S. at 273.

7. Associated Press v. Walker, 388 U.S. 130 (1967); Curtis Publishing Co. v. Butts, 388 U.S. 130 (1967); Gertz v. Robert Welch, Inc., 418 U.S. 323 (1974).

8. David Logan, "Rescuing Our Democracy by Rethinking New York Times Co. v. Sullivan," Ohio State Law Journal 81, no. 5 (2020): 776; Berisha v. Lawson, 141 S. Ct. 2424,

 뉴욕타임스 죽이기

2426 (2021) (Gorsuch, J., dissenting) 등 참고.

9. "Trump Renews Pledge to 'Take a Strong Look' at Libel Laws," New York Times, March 21, 2018.

10. Tah v. Global Witness Publishing, Inc., 991 F.3d 231, 251 (D.C. Cir. 2021) (Silberman, J., dissenting); McKee v. Cosby, 139 S. Ct. 675, 676 (2019) (Thomas, J., concurring).

11. Berisha v. Lawson, 141 S. Ct. at 2424-25, 2425-30 (Thomas, J., dissenting) (Gorsuch, J., dissenting).

12. 두 권의 책을 포함하여 설리번에 관한 기존의 저술은 민권운동의 맥락 내에서 설리번을 다루었지만, 이 사건이 민권운동에 미친 영향, 명예훼손 사건에서 남부기독교지도자회의가 사용한 방어 전략, 뉴욕타임스의 법적 전략, 명예훼손 소송이 민권운동에 대한 언론 보도에 미친 영향 등을 심층적으로 탐구하지는 않았다.

설리번의 역사에 관한 주요 저서로는 전 뉴욕타임스 대법원 기자 Anthoney Lewis의 Make No Law: The Sullivan Case and the First Amendment (New York: Vintage, 1991)와 역사가 Kermit L. Hall and Melvin I. Urofsky의 New York Times v. Sullivan: Civil Rights, Libel Law, and the Free Press (Lawrence: University of Kansas Press, 2011)가 있다. Lewis의 책은 수정헌법 제1조의 역사와 이 사건에 대한 대법원의 심의에 초점을 맞추고 있다. Hall과 Urofsky의 책은 설리번 사건을 앨라배마 정치와 민권운동의 맥락에서 다루고 있지만, 명예훼손 소송에 대한 SCLC의 변호를 조사하거나, SCLC와 뉴욕타임스의 기록 아카이브를 활용하지는 않았다. 두 작품 모두 앨라배마주 버밍햄 공직자들의 뉴욕타임스 상대 소송을 조사하지 않는데, 이 사건은 몽고메리 사건만큼은 아니더라도 뉴욕타임스를 크게 위협했으며, 설리번 사건의 결과에 영향을 미쳤던 소송이었다. 설리번과 민권운동의 관계를 다룬 다른 주목할 만한 책으로, 설리번 전후로 민권 개혁을 방해하기 위해 명예훼손법을 사용하려는 인종분리주의자들의 노력을 설명한 Aimee Edmondson의 In Sullivan's Shadow: The Use and Abuse of Libel Law during the Long Civil Rights Struggle (Amherst: University of Massachusetts Press, 2019), 기자와 편집자의 관점에서 민권운동에 관한 언론 보도의 역사를 다룬 Hank Klibanoff와 Gene Roberts의 The Race Beat: The Press, the Civil Rights Struggle, and the Awakening of a Nation (New York: Knopf, 2006), 마틴 루서 킹 주니어와 민권운동에 관한 Taylor Branch의 저서 Parting the Waters: America in the King Years, 1954-63 (New York: Simon & Schuster, 1989), 그리고 Pillar of Fire: America in the King Years, 1963-65 (New York: Simon & Schuster, 1999)가 있다.

13. Richard A. Epstein, "Was New York Times v. Sullivan Wrong?" University of Chicago Law Review 53 (1986): 787; Frederick Schauer, "Do Cases Make Bad Law?" University of Chicago Law Review 73 (2006): 883, 902 등을 참고하라.

제1장

1. The Times first used the title to describe itself in 1927, to entice libraries into archiving their paper. Colleen Mihal, "The New York Times," in Encyclopedia of Journalism, ed. Christopher H. Sterling (Thousand Oaks, CA: Sage, 2009), 1020.

2. Edwin Diamond, Behind the Times: Inside the New New York Times (Chicago: University of Chicago Press, 1995), 51.

3. "The Press: Without Fear or Favor," Time, May 9, 1950, 68.

4. Gay Talese, The Kingdom and the Power: Behind the Scenes at the New York Times (New York: World, 1969), 7.

5. "The Press: Without Fear or Favor," 74.

6. Andrew Porwancher, "Objectivity's Prophet: Adolph Ochs and the New York Times," Journalism History 36, no. 4 (2011): 186.

7. "Newspapers: A Family Enterprise," Time, June 28, 1963, 58.

8. "The Press: Without Fear or Favor," 74.

9. "The Press: Without Fear or Favor," 72.

10. Robert D. MacFadden, "150 Years and Counting," New York Times, November 14, 2001, H4.

11. Harrison E. Salisbury, Without Fear or Favor: The New York Times and Its Times (New York: Times Books, 1980), 28.

12. "Sulzberger Stressed News Coverage, Financial Strength, and Technical Progress," New York Times, December 12, 1968, 40.

13. Brooks Atkinson, "Arthur Hays Sulzberger," New York Times, December 15, 1968, E13.

14. "Sulzberger Stressed News Coverage," 40.

15. Atkinson, "Arthur Hays Sulzberger."

16. "Sulzberger Stressed News Coverage," 40.

17. "Sulzberger Stressed News Coverage."

18. Turner Catledge, "My Life and the Times," New York Magazine, January 11, 1971, 26.

19. "The Press: Without Fear or Favor," 68.

20. "The Press: Without Fear or Favor," 77.

21. David W. Dunlap, "Copy," New York Times, June 10, 2007.

22. "The Press: Without Fear or Favor," 68.

23. "The Press: Without Fear or Favor," 68.

24. "Changing Times," Time, June 28, 1948, 40.

25. Talese, The Kingdom and the Power, 33.

26. Salisbury, Without Fear or Favor, 5.

27. Dunlap, "Copy."

28. Salisbury, Without Fear or Favor, 6-7.

29. "Alfred A. Cook, 76, Law Expert, Dies," New York Times, January 3, 1950; Louis Loeb Oral History, New York Times Company Records, Oral History Files, Manuscripts and Archives Division, New York Public Library, 65.

30. Loeb Oral History, 224.

31. "Witty Pillar of the Bar," New York Times, July 13, 1967, 20; "Loeb Named Head of City Bar Group," New York Times, May 9, 1956, 34.

32. "Louis M. Loeb, 80; Was Times Counsel," New York Times, March 17, 1979, 24.

33. Paul Hoffman, Lions in the Street: The Inside Story of the Great Wall Street Law Firms (New York: Saturday Review Press, 1973), 98-99.

34. Salisbury, Without Fear or Favor, 125.

35. "Loeb Named Head of City Bar Group."

36. Loeb Oral History, 221, 224.

37. Jan Hoffman, "Oldest Law Firm Is Courtly, Loyal, and Defunct," New York Times, October 2, 1994, 33.

38. Clyde Haberman, "Publisher Who Transformed Times for a New Era," New York Times, September 30, 2012, 1.

39. Loeb Oral History, 222.

40. Loeb Oral History, 365.

41. Kimmerle v. New York Evening Journal, 186 N.E. 217, 218 (N.Y. 1933).

42. William Blake Odgers, A Digest of the Law of Libel and Slander with the Evidence, Procedure, Practice, and Precedents of Pleadings, Both in Civil and Criminal Cases, 3rd ed. (London: Stevens and Sons, 1896), 21.

43. Restatement of the Law, Second, Torts 2d. (St. Paul, MN: American Law Institute, 1965): § 559.

44. William Arthur and Ralph Crosman, The Law of Newspapers (New York: McGraw Hill, 1940), 72.

45. John Kelly, "Criminal Libel and Free Speech," Kansas Law Review 6, no. 3 (1958): 296.

46. Alfred Kelly, "Constitutional Liberty and the Law of Libel," American Historical Review 74, no. 2 (1968): 433.

47. Richard Donnelly, "The Right of Reply: An Alternative to an Action for Libel," Virginia Law Review 34, no. 8 (1948): 870.

48. Sullivan, 376 U.S. at 267.

49. Cooper v. Greeley & McElrath, 1 Denio 347, 365 (N.Y. Sup. 1845).

50. Van Vechten Veeder, "The History and Theory of the Law of Defamation, II," Columbia Law Review 4, no. 1 (1904): 33.

51. Quoted in Karen Haltunnen, Confidence Men and Painted Women: A Study of Middle-Class Culture in America, 1830-1870 (New Haven, CT: Yale University Press, 1986), 47.

52. "The Right to a Good Name," Outlook, December 26, 1908, 891.

53. George Norris, "Forty Years with the New York Times: Libel and Other Miscellaneous Cases," 6, Box 196, Folder 17, Arthur Hays Sulzberger Papers, Manuscripts and Archives Division, New York Public Library.

54. To Ralph Beaver Strassburger, November 26, 1935, Box 196, Folder 17, Arthur Hays Sulzberger Papers.

55. "Ochs Policy on Libel," Times Talk, August 1951, published in Nieman Reports, October 1951, 29.

56. "Ochs Policy on Libel," 29.

57. Ochs to Alfred Cook, May 9, 1922, Box 86, Folder 6, Adolph S. Ochs Papers, Manuscripts and Archives Division, New York Public Library.

58. "George Norris, Lawyer, 81, Dies," New York Times, May 4, 1966, 47.

59. Norris, "Forty Years," 6.

60. "Ochs Policy on Libel," 30.

61. See Norris, "Forty Years."

62. Norris, "Forty Years," 1.

63. Norris, "Forty Years," 10.

제2장

1. Samuel Merrill, Newspaper Libel: A Handbook for the Press (Ticknor, 1888)를 보라.

2. Edward W. Scripps, I Protest: Selected Disquisitions of E.W. Scripps, ed. Oliver Knight (Madison: University of Wisconsin Press, 1966), 88.

3. Samantha Barbas, "The Press and Libel before New York Times v. Sullivan," Columbia Journal of Law & the Arts 44, no. 4 (2021): 523.

4. Frederic Hudson, Journalism in the United States (New York: Harper, 1873), 74.

5. "These Jurors Set a Good Example," The Fourth Estate: A Weekly Newspaper for Publishers, Advertisers, Advertising Agents and Allied Interests, March 2, 1901, 11.

6. Smith v. Times Pub. Co., 178 Pa. 481, 486 (Pa. 1897).

7. Proceedings of the Michigan Press Association at the 22nd Annual Meeting (Bellevue, MI: Gazette Print, 1889), 75.

8. See Timothy W. Gleason, The Watchdog Concept: The Press and the Courts in Nineteenth-Century America (Iowa City: Iowa State Press, 1990).

9. Coleman v. MacLennan, 98 P. 281, 282, 291 (Kan. 1908).

10. Henry Schofield, Essays on Constitutional Law and Equity, and Other Subjects (Boston: Chipman Law, 1921), 570.

11. Van Vechten Veeder, "Freedom of Public Discussion," Harvard Law Review 23, no. 6 (1910): 419.

12. Burt v. Advertiser Newspaper Co., 154 Mass. 238, 243 (1891).

13. W.G. Nye, "The Libel Epidemic," Printer's Ink, February 17, 1909, 28.

14. David L. Lewis, The Public Image of Henry Ford: An American Folk Hero and His Company (Detroit: Wayne State University Press, 1987), 106.

15. "Roosevelt, Winning Libel Suit, Is Awarded 6 Cents," San Francisco Call, June 1, 1913, 1; "Henry Ford Files $1,000,000 Libel Suit; Resents Chicago Tribune's Charge of Anarchy in Connection with Enlistment of His Employees," New York Times, September 8, 1916.

16. Stephen Banning, "The Professionalization of Journalism: A Nineteenth-Century Beginning," Journalism History 24, no. 4 (1999): 157-64; Michael Schudson, Discovering the News: A Social History of American Newspapers (New York: Basic Books, 1978), 7-9, 152-59 등을 보라.

17. H. L. Mencken, Newspaper Days: 1899-1906 (New York: Alfred A. Knopf, 1940), 41.

18. 1930년대까지 주요 뉴욕 신문의 절반가량은 변호사를 '검열관(censor)'으로 썼다. M. Marvin Berger, "Detecting Libel before It Appears," Editor and Publisher, May 29, 1937, 7.

19. Joseph Ruffner, "Libel," The Washington Newspaper, January 1922, 101.

20. Frank Thayer, "The Changing Libel Scene," Wisconsin Law Review 1943 (1943): 333.

21. Kathy Roberts Forde, Masson v. New Yorker and the First Amendment (Amherst: University of Massachusetts Press, 2008), 59.

22. Paul L. Murphy, The Meaning of Freedom of Speech: First Amendment Freedoms from Wilson to FDR (Westport, CT: Greenwood, 1972), 276.

23. David Riesman, "Democracy and Defamation: Fair Game and Fair Comment I," Columbia Law Review 42, no. 7 (1942): 1086.

24. Zechariah Chafee, Government and Mass Communications: A Report from the Commission on Freedom of the Press (Chicago: University of Chicago Press, 1947), 103.

25. Thomas Emerson, "Toward a General Theory of the First Amendment," Yale Law Jour-

nal 72 (1963): 909.

26. Sedition Act of 1918 (Pub.L. 65-150, 40 Stat. 553, enacted May 16, 1918).

27. Abrams v. United States, 250 U.S. 616, 630 (1919).

28. Whitney v. California, 274 U.S. 357, 375 (1927).

29. Gitlow v. New York, 268 U.S. 652, 666 (1925).

30. Stromberg v. California, 283 U.S. 359, 369 (1931).

31. Palko v. Connecticut 302 U.S. 319, 327 (1937).

32. Near v. Minnesota, 283 U.S. 697, 720 (1931).

33. Grosjean v. American Press Co., 297 U.S. 233, 250 (1936).

34. Herndon v. Lowry, 301 U.S. 242 (1937); Cantwell v. Connecticut, 310 U.S. 296 (1940); Bridges v. California, 314 U.S. 252 (1941) 참조.

35. Harry Kalven Jr., "The Metaphysics of the Law of Obscenity," 1960 Supreme Court Review 1 (1960): 10 참조

36. Chaplinsky v. New Hampshire, 315 U.S. 568, 572 (1942).

37. Beauharnais v. Illinois, 343 U.S. 250, 266 (1952).

38. Brief for Respondent in Opposition at 45-47, Sullivan, 376 U.S. 254 (1964).

39. Harry Kalven Jr., "The Law of Defamation and the First Amendment," in Conference on the Arts, Publishing, and the Law (University of Chicago Law School Conference Series No. 10, 1952), 3.

제3장

1. Salisbury, Without Fear or Favor, 125.

2. Catledge, "My Life and The Times," 218-19.

3. Gay Talese, Kingdom and the Power, 147; "Catledge, Turner," in The Scribner Encyclopedia of American Lives, vol. 1, 1981-1985, ed Kenneth T. Jackson, et al. (New York: Charles Scribner's Sons, 1998), 137-39.

4. See Michael J. Klarman, From Jim Crow to Civil Rights: The Supreme Court and the Struggle for Racial Equality (New York: Oxford University Press, 2004), 123.

5. Salisbury, Without Fear or Favor, 352.

6. "Race in the News," New York Times, August 11, 1946, 80.

7. David R. Davies, "An Industry in Transition: Major Trends in American Daily Newspapers, 1945-1965" (PhD diss., University of Alabama, 1997), chap. 6.

8. "John Popham, 89, Dies; Journalist Was Noted for Perceptive Coverage of South," New York Times, December 14, 1999, 13.

9. "All God's Chillun," New York Times, May 18, 1954, 28.

10. Don Rodney Vaughan, "The New York Times and the Civil Rights Movement, 1954-1964" (PhD diss., University of Southern Mississippi, 2006) 참조.

11. John Popham, "Mississippi Jury Acquits 2," New York Times, September 24, 1955, 1.

12. Wayne Phillips, "Montgomery Is Stage for a Tense Drama," New York Times, March 4, 1956, E6.

13. Catledge, "My Life and The Times," 219.

14. "Report on the South: A Summary of the New York Times Survey: Extent to Which Integration Has Been Achieved," New York Times, March 18, 1956, 189.

15. Lucas A. Powe Jr., The Warren Court and American Politics (Cambridge, MA: Belknap Press, 2002), 61.

16. Powe, The Warren Court and American Politics, 68; on the Citizens' Councils, see Numan V. Bartley, The Rise of Massive Resistance: Race and Politics in the South During the 1950's (Baton Rouge: Louisiana State University Press, 1999), chap. 6.

17. Salisbury, Without Fear or Favor, 360.

18. Salisbury, Without Fear or Favor, 360.

19. Dennis Hevesi, "Claude Sitton, 89, Acclaimed Civil Rights Reporter, Dies," New York Times, March 11, 2015, A22.

20. Salisbury, Without Fear or Favor, 360.

21. Roberts and Klibanoff, The Race Beat, 191.

22. David E. Sumner, The Magazine Century: American Magazines since 1900 (New York: Peter Lang, 2010), 117.

23. William H. Young, The 1950s: American Popular Culture through History (Westport, CT: Greenwood Press, 2004), 153.

24. Klarman, From Jim Crow to Civil Rights, 429.

25. Klarman, From Jim Crow to Civil Rights, 429.

26. Libel Defense Resource Center, Heed Their Rising Voices: A Tribute to Justice Brennan (1993), 46.

27. Julian Bond, "The Media and the Movement: Looking Back from the Southern Front," in Media, Culture, and the Modern African American Freedom Struggle, ed. Brian Ward (Gainesville: University Press of Florida, 2001), 17.

28. Quoted in Angie Maxwell, The Indicted South: Public Criticism, Southern Inferiority, and the Politics of Whiteness (Chapel Hill: University of North Carolina, 2014), 3.

29. See Thomas C. Leonard, "Antislavery, Civil Rights, and Incendiary Material," in Media and Revolution, ed. Jeremy D. Popkin, (Lexington: University Press of Kentucky, 2014), 123.

30. David Wallace, Massive Resistance and Media Suppression: The Segregationist Response to Dissent during the Civil Rights Movement (El Paso: LFB Scholarly, 2013), 37.

31. David Wallace, "Piercing the Paper Curtain: The Southern Editorial Response to National Civil Rights Coverage," American Journalism 33, no. 4 (2016): 410.

32. Harold Lord Varney "Why Pick on Dixie?" American Mercury, July 1957, 1, 13.

33. William D. Workman, The Case for the South (New York: Devin-Adair, 1960), 63. 이런 주장이 아주 터무니없는 것은 아니었다. 북부 신문 일부는 인종 갈등을 부추길 것을 우려해 북부에서의 인종 갈등을 보도하지 않았다. Joseph Crespino, "Mississippi as Metaphor: Civil Rights, the South, and the Nation in Historical Imagination," in Myth of Southern Exceptionalism, ed. Matthew D. Lassiter and Joseph Crespino (New York: Oxford University Press, 2009), 109 참조.

34. Tom Waring, "Paper Curtain over the South," Charleston News and Courier, October 10, 1955.

35. "The Paper Curtain," Times and Democrat (Orangeburg), December 28, 1959, 4.

36. "Trouble in the Mixiecrats' Citadel," Talladega Daily Home News, February 18, 1957, 2.

37. Wallace, "Piercing the Paper Curtain," 421.

38. "The Abolitionist Hellmouths," Montgomery Advertiser, April 17, 1960, 14.

39. "Alarming Picture from NY Times," Madisonville Messenger, September 30, 1959, 6.

40. "Dishonest Journalism," Talladega Daily Home News, February 19, 1957, 2.

41. "Lifelong Damage Claimed by Caldwell in Libel Suit," Miami News, March 24, 1946, 1.

42. Jack E. Davis, "'Whitewash' in Florida: The Lynching of Jesse James Payne and Its Aftermath," Florida Historical Quarterly 68, no. 3 (1990): 293; Edmondson, In Sullivan's Shadow, 36-39.

43. "Public Opinion," Tallahassee Democrat, March 5, 1946, 4.

44. Tameka Bradley Hobbs, Democracy Abroad, Lynching at Home: Racial Violence in Florida (Gainesville: University Press of Florida, 2015), 186; "Caldwell Given $237,500 Verdict Against Collier's," Tallahassee Democrat, March 11, 1948, 1.

45. Snickered the Tallahassee Democrat, "Our neighbors earnestly hope that we will become more tolerant and less prejudiced. We return their good wishes with the kindly hope that they learn their own lesson." 탤러해시 민주당 의원은 웃으며 말했다. "우리 이웃들은 우리가 더 관대해지고 편견이 줄어들기를 간절히 바라고 있습니다. 우리는 그들이 스스로 깨우치기를 바라는 희망으로 그들의 선의에 답합니다." "Settlement of the Caldwell-Collier's Suit," Tallahassee Democrat, August 26, 1949, 6 참조.

46. "Folsom, Aides File $6 Mill Libel Suit," Troy Messenger, October 30, 1950, 1.

47. "Author of Sin Story Identified as Minister," Alabama Journal, July 19, 1957, 1.

48. "City Witnesses Deny Magazine's Veracity," Alabama Journal, November 28, 1957, 2.

49. "Ending City Officials' Suit," Montgomery Advertiser, January 26, 1958, 1.

50. Harold Cross, "Current Libel Trends," Nieman Reports, January 1951, 2.

제4장

1. Claude Sitton, "Negro Sitdowns Stir Fear of Wider Unrest in South," New York Times, February 15, 1960, 1.

2. "Greensboro Lunch Counter Sit-In," Library of Congress, https://www.loc .gov/exhibits/ odyssey/educate/lunch.html

3. Daniel H. Pollitt, "Dime Store Demonstrations: Events and Legal Problems of First Sixty Days," Duke Law Journal 1960, no. 3 (1960): 318.

4. Robert Heinrich, "Montgomery: The Civil Rights Movement and Its Legacies" (PhD diss., Brandeis University, 2008), 1, 21.

5. James Baldwin, "The Dangerous Road before Martin Luther King," Harper's Magazine, February 1961, 35.

6. Wesley Phillips Newton, Montgomery in the Good War: Portrait of a Southern City, 1939-1946 (Tuscaloosa: University of Alabama Press, 2000), 4.

7. "Montgomery: Testing Ground," New York Times, December 16, 1956, 5.

8. "Montgomery: The Civil Rights Movement and Its Legacies," 29.

9. King, Stride Toward Freedom: The Montgomery Story (New York: Harper & Row, 1986), 185.

10. J. Mills Thornton, III, Dividing Lines: Municipal Politics and the Struggle for Civil Rights in Montgomery, Birmingham, and Selma (Tuscaloosa: University of Alabama Press, 2002), 112.

11. Philip Lee, "The Case of Dixon v. Alabama: From Civil Rights to Students' Rights and Back Again," Teachers College Record 116 (2014): 2.

12. "City Leaders Issue Words of Warning," Montgomery Advertiser, February 26, 1960, 1; Bernard Lee affidavit, February 1961, 2, Abernathy v. Patterson, Box 787, Folder 7, American Civil Liberties Union Papers.

13. D. Hines and Bob Ingram, "Expel Negro Sitdowners, College Told: Alabama State President Given Mandate in Governor's Office," Montgomery Advertiser, February 26, 1960, 1, 2.

14. Bernard Lee affidavit, 2-3.

15. Bernard Lee affidavit, 3-4; "Press Stirs Sullivan Ire on Coverage," Montgomery Advertiser, March 1, 1960, 1.

16. "Negroes 'Visit' State Capitol," Alabama Journal, March 1, 1960, 1.

17. "Alabama Expels 9 Negro Students: Governor Calls Action Needed to Prevent Bloodshed—Nashville Arrests 50," New York Times, March 3, 1960, 15.

18. Bernard Lee affidavit, 6.

19. "Sullivan Statement on Capitol Meeting," Montgomery Advertiser, March 6, 1960, 1.

20. Nat Hentoff, "Our Far-Flung Correspondents: A Conversation in Alabama," New Yorker, July 16, 1960, 48.

21. Claude Sitton, "Negroes Dispersed in Alabama March," New York Times, March 7, 1960, 1.

22. Hentoff, "Our Far-Flung Correspondents," 48.

23. "Police Thwart Negro Services at Capitol," Montgomery Advertiser, March 7, 1960, 1; Claude Sitton, "Negroes Dispersed in Alabama March," New York Times, March 7, 1960, 1, 14.

24. "Capital Police Head Asks Negro College Closing," Selma Times-Journal, March 10, 1960, 1.

25. "King Sends Appeal to Ike," Alabama Journal, March 10, 1960, 1.

26. "King Sends Appeal to Ike," 1; "Alabama Protest Sends 37 to Jail: Police Halt a Demonstration on Montgomery Campus—Flogging Investigated," New York Times, March 9, 1960, 19.

27. "Everywhere: Tension," U.S. News and World Report, March 21, 1960, 74.

28. "Capital Profile," Montgomery Advertiser, October 4, 1959, 5; "Sullivan Stayed in Headlines Despite Quiet Nature," Montgomery Advertiser, June 13, 1977, 11.

29. "Sullivan Stayed in Headlines despite Quiet Nature," 11.

30. Brief for Petitioner at 10, Sullivan, 376 U.S. 254 (1964).

31. Thornton, Dividing Lines, 109.

32. Advertisement, Alabama Journal, February 27, 1959, 14.

33. Advertisement, Alabama Journal, February 20, 1959, 23.

34. Thornton, Dividing Lines, 110.

35. William MacDonald interview, Kermit Hall Papers.

36. "Battle against Tradition: Martin Luther King Jr.," New York Times, March 21, 1956, 28.

37. Branch, Parting the Waters, 203.

38. Brief for Petitioner at 9-10, Sullivan, 376 U.S. 254 (1964); "King Arrested for Loitering

  뉴욕타임스 죽이기

in Montgomery," King Institute, Stanford University, https://king institute.stanford.edu/encyclopedia/king-arrested-loitering-montgomery

39. Aldon Morris, The Origins of the Civil Rights Movement: Black Communities Organizing for Change (New York: Free Press, 1984), 87-99.

40. Claude Sitton, "Dr. King, Symbol of the Segregation Struggle," New York Times Magazine, January 22, 1961, SM10.

41. Adam Fairclough, "The Preachers and the People," Journal of Southern History 52, no. 3 (1986): 433. On the history of the SCLC, see Adam Fairclough, To Redeem the Soul of America: The Southern Christian Leadership Conference and Martin Luther King, Jr. (Athens: University of Georgia Press, 2001); Eugene Walker, A History of the Southern Christian Leadership Conference, 1955-1965 (Durham, NC: Duke University Press, 1978).

42. Fairclough, "The Preachers and the People," 435.

43. Branch, Parting the Waters, 282.

44. Leonard Rubinowitz, "Martin Luther King's Perjury Trial," Indiana Journal of Law and Social Equality 5, no. 2 (April 2017): 240.

45. Branch, Parting the Waters, 277.

46. Emilie Raymond, Stars for Freedom: Hollywood, Black Celebrities, and the Civil Rights Movement (Seattle: University of Washington Press, 2015), 77-82.

47. King to Jackie Robinson, June 19, 1960, in The Papers of Martin Luther King, Jr., vol. 5, Threshold of a New Decade, January 1959-December 1960 (Berkeley: University of California Press, 2005), 476.

48. "Quaker Believes Jails Will Advance Cause of Negroes," Decatur Daily, April 11, 1960, 3.

49. Branch, Parting the Waters, 168-73; on Rustin, see John D'Emilio, Lost Prophet: The Life and Times of Bayard Rustin (New York: Free Press, 2010).

50. "Fund to Defend King Established," Atlanta Daily World, March 6, 1960.

51. "Raise $20,000 for Southwide Fund," New York Amsterdam News, March 19, 1960, 4.

52. "M.L. King Fund Grows," New York Amsterdam News, March 5, 1960, 30.

53. See Morris, Origins of the Civil Rights Movement, 227, on newspaper ads as a major source of contributions to the SCLC from liberal Northern whites.

54. Advertisement, "Heed Their Rising Voices," New York Times, March 29, 1960, 25.

55. Advertisement, "Heed Their Rising Voices."

56. "Amendment XV," New York Times, March 19, 1960, 20. The Civil Rights Act provided for federal inspection of local voter registration rolls and penalties for voter obstruction.

57. Lewis, Make No Law, 5.

58. Brief for Petitioner at 16-17, Sullivan, 376 U.S. 254 (1964).

59. Brief for Petitioner at 15, Sullivan.

60. Monroe Green, "Censorship of Advertising in Newspapers," Advertising Agency and Advertising & Selling, July 1952, 66.

61. "New York Times Advertising Acceptability Standards," April 1, 1960, Alabama Department of History and Archives.

62. "New York Times Jubilee Supplement," New York Times, September 18, 1901; Meyer Berger, The Story of the New York Times (New York: Simon and Schuster, 1951), 271; Andrew Porchwancher, "Objectivity's Prophet: Adolph S. Ochs and The New York Times, 1896-1935," Journalism History 36, no. 4 (2011): 190.

63. "New York Times Advertising Acceptability Standards."

64. Brief for Petitioner at 16-17, Sullivan.

65. Notes contained in Box 1, M. Roland Nachman Jr. Records from Times v. Sullivan and Related Cases, Alabama Department of Archives and History.

66. Handwritten notes contained in Box 1, Roland Nachman Records; Advertisement, "Heed Their Rising Voices."

67. Jack Newfield, Somebody's Gotta Tell It: The Upbeat Memoir of a Working-Class Journalist (New York: St. Martin's Press, 2002), 53.

제5장

1. Sullivan, 376 U.S. at 305n3.

2. "How Richard Nixon's Downfall Started in Our Newsroom," Montgomery Advertiser, April 22, 1979, 5.

3. "How Richard Nixon's Downfall Started in Our Newsroom," 5.

4. Katherine Q. Seelye, "Ray Jenkins, Newspaperman Who Covered Civil Rights Era, Dies at 89," New York Times, March 23, 2020; Charlotte Grimes, "Civil Rights and the Press," Journalism Studies 6, no. 1 (2007): 130.

5. "Liberals Appeal for Funds to Defend M.L. King," Alabama Journal, April 5, 1960, 9.

6. Roberts and Klibanoff, The Race Beat, 229.

7. "Tell It Not in Gath," Time, April 23, 1956, 62.

8. Branch, Parting the Waters, 152; Roberts and Klibanoff, The Race Beat, 122.

9. On Hall, see Daniel Webster Hollis III, An Alabama Newspaper Tradition: Grover Hall and the Hall Family (Tuscaloosa: University of Alabama Press, 1983).

10. King, Stride Toward Freedom, 176.

11. Branch, Parting the Waters, 152, 183.

12. "Tell It Not in Gath," Time, April 23, 1956, 62.

13. "Published in Askelon," Montgomery Advertiser, May 11, 1956, 4.

14. This was a reference from the Bible to David's order not to let the Philistines know of King Saul's death, lest the enemy gloat.

15. "Tell It Not in Gath," Time, April 23, 1956, 62.

16. "House Commends Advertiser Drive," Alabama Journal, April 3, 1956, 1.

17. "Militant Editor Honored," Clarke County Democrat, April 25, 1957, 4.

18. Roberts and Klibanoff, The Race Beat, 211.

19. "Hypocrisy of North Incenses Southerner," U.S. News & World Report, February 24, 1956, 47-48.

20. "The Sidewalks of New York," Montgomery Advertiser, February 2, 1958, 8.

21. "Will They Purge Themselves?" Montgomery Advertiser, April 7, 1960, 4.

22. "Will They Purge Themselves?"

23. Susan Lindley Smith, "Casual Conversation or Constitutional Conspiracy: Controverting the Origins of New York Times v. Sullivan," Free Speech Yearbook 42, no. 1 (2012): 10.

24. Justice Hugo Black would assert that the record of the case "lends support to an inference that instead of being damaged, Sullivan's political, social, and financial prestige has been enhanced by the Times' publication." Sullivan, 376 U.S. at 294.

25. Smith, "Casual Conversation," 10.

26. Smith, "Casual Conversation," 10.

27. On Jews in Montgomery in the 1950s, see Clive Webb, "Closing Ranks: Montgomery, Jews and Civil Rights, 1954-1960," Journal of American Studies 32, no. 3 (1998): 463-81.

28. "Nachman Won before He Lost," Montgomery Advertiser, December 9, 2015, A8; Bruce Weber, "M. Roland Nachman, Lawyer in Times v. Sullivan Libel Case, Dies at 91," New York Times, December 5, 2015; "An Oral History of M. Roland Nachman," https://www.youtube.com/watch?v=ZlPEXFGIx-M.

29. Author's interview with Amy Nachman, August 2020.

30. Author's interview with Amy Nachman, August 2020.

31. "An Oral History of M. Roland Nachman," https://www.youtube.com/ watch?v=ZlPE XFGIx-M.

32. "Jury Awards Davis $67,500 Verdict from Jet Magazine," Alabama Journal, May 9,

1959, 9.

33. Kermit Hall, "'Lies, Lies, Lies': The Origins of New York Times Co. v. Sullivan," Communication Law and Policy 9, no. 4 (2004): 415.

34. Sullivan, 376 U.S. at 267.

35. Nachman interview, September 1990, Box II, Anthony Lewis Papers, Library of Congress.

36. Loeb to Parks, April 15, 1960, New York Times Company Records, General Files.

37. Ala. Code, tit. 7, § 913 (1940) (Recomp. 1958).

38. L. B. Sullivan to Fred Shuttlesworth, March 8, 1960, contained in Box 1, Roland Nachman Records.

39. "Administration Charges 'Lies,'" Huntsville Times, April 8, 1960, 3.

40. "Gallion Plans to Take Action on Times Ad," Alabama Journal, April 3, 1960, 19.

41. "Patterson Advised to Sue N.Y. Times," Birmingham News, April 21, 1960, 4.

42. "Retraction by Times Asked on Dr. King Ad," New York Times, April 9, 1960, 12.

43. "Unworthy Newspaper Policy," Alabama Journal, April 18, 1960, 4.

44. Garst to Mr. Neuhut, April 15, 1960, New York Times Company Records, General Files.

45. McKee to Garst, April 14, 1960, New York Times Company Records, General Files.

46. Brief for Petitioner at 18-19, Sullivan, 376 U.S. 254 (1964).

47. Brief for Petitioner at 3, Sullivan.

48. Brief for Petitioner at 3, Sullivan.

49. Undated, Box 1, Roland Nachman Records.

50. Ala. Code tit. 7 § 199(1) (1940) (Recomp. 1958).

51. "The Alabama Actions against the Times," Bulletin of the American Society of Newspaper Editors, contained in Turner Catledge Papers, Box 2.

52. 법률사학자 Christopher Schmidt에 따르면, 이러한 "인종 중립적 법률의 인종적 사용"은 인종분리주의자들이 사용하는 새로운 전략이었다. Schmidt가 관찰한 것처럼, 1960년 무렵 인종분리주의자들은 무질서 행위, 무단 침입, 치안 방해, 심지어 세법까지 규제하는 등 인종에 대해 언급하고 있지 않은 법률을 동원해 민권운동에 반대하는 움직임을 점점 더 많이 벌이고 있었다. "남부 지도자들은 인종분리를 위한 직접적인 법률 수단이 비효율적이고 비용이 많이 든다고 생각하게 되었다. 이러한 형태의 노골적인 차별은 남부를 부정적으로 비추었고, 남부가 아닌 대부분의 미국인에게 공적 국가 정책으로서 인종차별은 더 이상 용납할 수 없는 일이었다. 민권운동의 영향을 차단, 제한하기 위해 전념하고 있는 사람들에게는 새로운 접근이 필요했다." Christopher W. Schmidt, "New York Times v. Sullivan and the Legal Attack on the Civil Rights Movement," Alabama Law Re-

view 66, no. 2 (2014): 295 참조.

53. William Workman, "Montgomery Press Strikes Back at Northern Press Propaganda," Greenville (South Carolina) News, April 24, 1960, 42.

54. Lucille Woodham, "Jus Ramblin," Florala News, April 21, 1960, 6.

55. Loeb Oral History, 322.

56. Loeb Oral History, 322.

57. "Former Supreme Court Justice Dies," Montgomery Advertiser, January 14, 1992, 4.

58. Eric Embry interview, June 4, 1990, Anthony Lewis Papers.

제6장

1. Gay Talese, The Kingdom and the Power, 113-14.

2. "Harrison Evans Salisbury," in The Scribner Encyclopedia of American Lives, vol. 3, 1991-1993, ed. Kenneth T. Jackson et al. (New York: Charles Scribner's Sons, 2001): 472; "Harrison E. Salisbury, 84, Author and Reporter, Dies," New York Times, July 7, 1993, D19.

3. "Harrison Evans Salisbury," 472.

4. Harrison Salisbury, Disturber of the Peace: Memoirs of a Foreign Correspondent (London: Unwin Hyman, 1989), 204.

5. Salisbury, "Fear and Hatred Grip Birmingham," New York Times, April 12, 1960, 28.

6. Salisbury, A Time of Change, 50.

7. Salisbury, A Time of Change, 42, 49.

8. Salisbury, A Time of Change, 49-50.

9. Salisbury, A Time of Change, 51.

10. "Birmingham: Integration's Hottest Crucible," Time, December 15, 1958.

11. J. Mills Thornton, Dividing Lines, Municipal Politics and the Struggle for Civil Rights in Montgomery, Birmingham, and Selma (University of Alabama Press, 2002), 231-32.

12. Salisbury, A Time of Change, 51.

13. Salisbury, "Fear and Hatred Grip Birmingham," 28.

14. Salisbury, A Time of Change, 53.

15. Salisbury, "Fear and Hatred Grip Birmingham," 28.

16. "Fear and Hatred Grip Birmingham," 28.

17. "Fear and Hatred Grip Birmingham," 28.

18. "Race Issues Shakes Alabama Structure," New York Times, April 13, 1960, 1, 33.

19. Salisbury, Without Fear or Favor, 381.

20. Diane McWhorter, Carry Me Home: Birmingham, Alabama: The Climactic Battle of the Civil Rights Revolution (New York: Simon and Schuster, 2001), 158.

21. Scribner Christopher MacGregor, Renewing Birmingham, Federal Funding and the Promise of Change (Athens: University of Georgia Press, 2002), 94-95.

22. McWhorter, Carry Me Home, 158.

23. "A City Gripped by Fear, Hatred," Birmingham News, April 13, 1960, 10.

24. Jonathan Foster, Stigma Cities: The Reputation and History of Birmingham, San Francisco, and Las Vegas (Norman: University of Oklahoma Press, 2018), 40.

25. "A Grave Disservice," Birmingham News, April 15, 1960, 14.

26. "Times' Attack on Alabama Stirs Statewide Indignation," Birmingham News, April 25, 1960, 12.

27. Letters contained in Box 16, Turner Catledge Papers.

28. "Suit Planned by Commission against Times," Birmingham News, April 16, 1960, 1.

29. "Paper Will Check Salisbury Story," Selma Times, April 27, 1960, 1.

30. "The Times Target of New Libel Suits," Birmingham News, May 31, 1960, 25.

31. "Commission Seeks Times Retraction in Bessemer Area," Birmingham News, April 26, 1960, 22.

32. "City Detective Sues Times for $100,000," Birmingham News, July 19, 1960, 1.

33. "The Libel Suits," Andalusia Star-News, April 28, 1960, 4.

34. Alex Jones and Susan Tifft, The Trust: The Private and Powerful Family behind the New York Times (Boston: Little, Brown, 1999), 320.

35. Thomas Daly to Harding F. Bancroft, December 2, 1960, New York Times Company Records, General Files.

36. On the possibility of the Times being bankrupted because of the libel suits, see James Goodale, former general counsel of the Times, "Is the Public Getting Even with the Press in Libel Cases?" New York Law Journal, August 11, 1982.

37. Loeb Oral History, 318.

38. Claude Sitton interview, https://newseumed.org/tools/video-page/ silencing-press 39. Sitton interview.

40. Loeb to Dryfoos, January 26, 1961, New York Times Company Records, General Files.

41. This was especially true after Harrison Salisbury was indicted on charges of criminal libel; see chapter 7.

제7장

1. Epigraph: "Some Is Unfit," Alabama Journal, September 5, 1960, 4.

"Alabama Governor Sues for $1,000,000," New York Times, May 31, 1960, 20.

2. "Folsom, Aides File $6 Mill Libel Suit," Troy Messenger, October 30, 1950, 1.

3. Harvey H. Jackson, Inside Alabama: A Personal History of My State (Tuscaloosa: University of Alabama Press, 2004), 244-45.

4. "The South: Crisis in Civil Rights," Time, June 2, 1961.

5. "Governor Patterson to Sue NY Times for Publishing Ad," Centreville Press, May 5, 1960, 9.

6. "Patterson Sues New York Times," Chattanooga Times, May 31, 1960, 17.

7. Brief for Respondent in Opposition at 9-10, Sullivan, 376 U.S. 254 (1964).

8. "Times Retracts Statement in Ads," New York Times, May 16, 1960, 22.

9. Letter to the editor, New York Times, May 18, 1960, contained in New York Times Company Records, General Files.

10. Nat Hentoff, "The Soft Decay of the New York Times," Village Voice, June 1, 1960.

11. Loeb to Hentoff, June 13, 1960, New York Times Company Records, General Files.

12. "The Times Retracts," Greenville News, May 20, 1960, 4.

13. "The Times Acknowledges Error," Montgomery Advertiser, May 17, 1960, 4.

14. "Fall Out from an Error," Montgomery Advertiser, May 22, 1960, 10.

15. Branch, Parting the Waters, 312.

16. Fred D. Gray, Bus Ride to Justice, rev. ed. (Montgomery: NewSouth Books, 2012), 162.

17. "Gray, Fred David Sr," Stanford University: The Martin Luther King, Jr. Research and Education Institute, https://kinginstitute.stanford.edu/ encyclopedia/gray-fred-david-sr.

18. Jonathan L. Entin, "Symposium: In Honor of Fred Gray: Making Civil Rights Law from Rosa Parks to the Twenty-First Century," Case Western Reserve Law Review 67, no. 4 (2017): 1026.

19. Leonard S. Rubinowitz, "The Courage of Civil Rights Lawyers: Fred Gray and His Colleagues," Case Western Reserve Law Review 67, no. 4 (2017): 1227-75.

20. Richard Severo, "Ralph David Abernathy, Civil Rights Pioneer, Is Dead at 64," New York Times, April 18, 1990, B7.

21. "Solomon Seay Sr.," Encyclopedia of Alabama, http://encyclopediaofala bama.org/article/h-3825

22. King, Stride Toward Freedom, 73.

23. "Rev. Joseph E. Lowery, Civil Rights Leader and King Aide, Dies at 98," New York Times, March 28, 2020.

24. "Insistent Integrationist," New York Times, May 11, 1963, 8.

25. On Shuttlesworth, see Andrew M. Manis, A Fire You Can't Put Out: The Civil Rights Life of Birmingham's Reverend Fred Shuttlesworth (Tuscaloosa: University of Alabama Press, 1999).

26. Paul Hemphill, Leaving Birmingham: Notes of a Native Son (Tuscaloosa: University of Alabama Press, 2000), 142-43.

27. "Rev. Fred L. Shuttlesworth, an Elder Statesman for Civil Rights, Dies at 89," New York Times, October 6, 2011, A33.

28. Branch, Parting the Waters, 289.

29. Gray, Bus Ride to Justice, 166.

30. Gray, Bus Ride to Justice, 166.

31. Martin Luther King, Jr. to Fred Gray, December 14, 1960, Box 79, Folder 6, Martin Luther King, Jr. Papers, Howard Gotlieb Archival Research Center, Boston University.

32. Fred Gray to Martin Luther King, Jr., January 12, 1961, Box 79, Folder 6, Martin Luther King, Jr. Paper, Howard Gotlieb Archival Research Center, Boston University.

33. International Shoe Co. v. Washington, 326 U.S. 310 (1945).

34. Scripto, Inc. v. Carson, 362 U.S. 207 (1960).

35. See Brief for Tribune Company as Amicus Curiae Supporting Petitioner, Sullivan, 376 U.S. 254 (1964).

36. "Developments in the Law: Defamation," 69 Harvard Law Review (1956): 875.

37. Motion to Quash Service of Process, Box 1, Roland Nachman Records.

38. Quoted in Essential Liberty: First Amendment Battles for a Free Press (Columbia University Graduate School of Journalism, 1992), 46-47.

39. "Suit against Times Argued in Alabama," New York Times, July 27, 1960, 18; Transcript of Record, 242.

40. Anthony Lewis, Make No Law, 26; The Reminisces of Herbert Wechsler, 307.

41. "Times Loses Point in Alabama Suits," New York Times, August 6, 1960, 8.

42. Ray Jenkins, "New York Times Can Be Sued by Alabama," Alabama Journal, August 6, 1960, 1.

43. 관련 규정인 앨라배마주법 199조 1항은 다음과 같이 명시하고 있다. "any nonresident person, firm, or any corporation ... shall, by the doing of such business or the performing of such work, or services, be deemed to have appointed the secretary of state ... agent of such nonresident, upon whom process may be served in any action accrued or accruing from the doing of such business, or the performing of such work, or service, or as an incident thereto by any such nonresident or his agent, servant, or employee." Ala. Code tit. 7 § 199(1) (1940) (Recomp. 1958).

44. 서로 상황이 달랐기 때문에 몽고메리의 존스와 버밍햄의 그룹스는 다른 이유를 근거로 판결을 내렸다. 앨라배마에서의 사업 문제는 그룸스 판사의 판결과 관련이 없었다. 그룸스 판사의 판결은 솔즈베리의 보도가 그가 수행한 '업무 또는 서비스'에서 비롯되었다는 주장을 근거로 했다.

45. "Howzzat?," Birmingham News, May 28, 1960, 6.

46. James Clayton, "Case of Birmingham v. New York Times," Washington Post, September 10, 1960.

47. Clayton, "Case of Birmingham v. New York Times."

48. John Kelly, "Criminal Libel and Free Speech," 6 Kansas Law Review (1957): 301.

49. Kelly, "Criminal Libel and Free Speech," 301-18.

50. Garrison v. Louisiana, 379 U.S. 64, 69 (1964).

51. Zechariah Chafee, Government and Mass Communications (Chicago: University of Chicago Press, 1947), 115.

52. Kelly, "Criminal Libel and Free Speech," 320.

53. Alabama Code, Tit. 14, § 350 (1940).

54. Salisbury, Without Fear or Favor, 383.

55. Howard Sullinger to Harrison Salisbury, August 24, 1960, Harrison Salisbury Papers, 1927-1999, Rare Book & Manuscript Library, Columbia University Libraries, New York.

56. Orvil E. Dryfoos to Sulzberger, August 29, 1960, New York Times Company Records, General Files.

57. Salisbury, A Time of Change, 56.

58. Salisbury, Without Fear or Favor, 383.

59. Salisbury, Without Fear or Favor, 383.

60. "State Finds Formidable Club to Swing at Out of State Press," Montgomery Advertiser, September 25, 1960, 7.

61. James Clayton, "Case of Birmingham vs. New York Times," Washington Post, September 10, 1960, E1.

62. 애틀랜타 컨스티튜션(Atlanta Consitution)의 변호사들은 버밍햄에 기자를 보내지 말라고 편집자들에게 조언했다고 한다. Schmidt, "New York Times v. Sullivan and the Legal Attack," 329 참조.

제8장

1. John Bodnar, Remaking America: Public Memory, Commemoration, and Patriotism in the Twentieth Century (Princeton, NJ: Princeton University Press, 1993), 220.

2. "Montgomery Salutes Civil War Centennial," Birmingham News, November 1, 1960, 7.

3. "Walter Burgwyn Jones," Clarke County Democrat, August 8, 1963, 4.

4. William MacDonald interview, Kermit Hall Papers, M.E. Grenander Department of Special Collections and Archives, University of Albany.

5. "Judge Walter B. Jones Is Dead at Age 74," Alabama Journal, August 1, 1963, 1.

6. Marvin E. Frankel, "The Alabama Lawyer: Has the Official Organ Atrophied," Columbia Law Review 64, no. 7 (1964): 1247; Walter B. Jones, "We Must Save the Constitution," Alabama Lawyer (1958), 36.

7. "The Jones Law," New Republic, August 6, 1956, 4; Powe, The Warren Court and American Politics, 100.

8. "Justice and Judge Jones," New Republic, June 4, 1956, 134.

9. "Off the Bench," Montgomery Advertiser, March 4, 1957, 4.

10. "Off the Bench," Montgomery Advertiser, September 1, 1958, 4.

11. "Off the Bench," Montgomery Advertiser, May 16, 1957, 12.

12. Salisbury, Without Fear or Favor, 385; William MacDonald interview, Kermit Hall Papers.

13. "Another Symbol of Progress in Montgomery," Montgomery Advertiser, July 25, 1958, 31.

14. Walter B. Jones, "Dignity in Our Court Rooms," Alabama Lawyer 193 (1960), 193.

15. "Judge Walter B. Jones Is Dead at Age 74," Alabama Journal, August 1, 1963, 1.

16. "Jurors Selected for Times Suit," Montgomery Advertiser, November 1, 1960.

17. "Times Asks New Trial in Alabama," Asheville Citizen-Times, March 4, 1961, 2.

18. Loeb Oral History, 325; Essential Liberty, 52.

19. Branch, Parting the Waters, 370.

20. Transcript of Record, New York Times v. Sullivan (TR), 597.

21. Salisbury, Without Fear or Favor, 385.

22. Nachman's notes are contained in Box 1, Roland Nachman Records.

23. TR, 605.

24. Sullivan, 376 U.S. at 291.

25. Sullivan, 376 U.S. at 291.

26. TR, 627-69.

27. TR, 703.

28. TR, 706.

29. TR, 706.

30. TR, 721-22.

31. TR, 725

32. TR, 725.

33. TR, 742.

34. TR, 765.

35. TR, 754.

36. Brief for Respondent in Opposition at 55, Sullivan, 376 U.S. 254 (1964).

37. Brief for Respondent in Opposition at 55.

38. Gray, Bus Ride to Justice, 167; "Opposing Sides Give Final Arguments in Times Libel Suit," Alabama Journal, November 3, 1960, 1.

39. "$500,000 Damages Awarded Sullivan by Times Suit Jury," Montgomery Advertiser, November 4, 1960, 1.

40. "Times, 4 Clerics Lose Libel Case," New York Times, November 4, 1960, 67.

41. "Blackjacking the Press," Nation, November 26, 1960, 407.

42. "Opposing Sides Give Final Arguments in Times Libel Suit," Alabama Journal, November 3, 1960, 1.

43. "$500,000 Damages Awarded Sullivan by Times Suit Jury," Montgomery Advertiser, November 4, 1960, 1.

44. TR, 819.

45. TR, 824.

46. "$500,000 Damages Awarded Sullivan by Times Suit Jury," Montgomery Advertiser, November 4, 1960, 1.

47. "4 Ala. Leaders, Times, Lose $500,000 Libel Suit," Jet, November 17, 1960.

48. "Alabama Et Al. vs. the New York Times," Times Talk, March 1961.

49. "$500,000 Damages Awarded Sullivan by Times Suit Jury," Montgomery Advertiser, November 4, 1960, 1.

50. Brief for Tribune Company as Amicus Curiae Supporting Petitioner at 12, Sullivan, 376 U.S. 254 (1964).

51. "Must Stick to the Truth," Alabama Journal, November 4, 1960, 4.

52. "Times, 4 Clerics Lose Libel Case," New York Times, November 4, 1960, 67.

53. Memorandum to Harding F. Bancroft, December 2, 1960, New York Times Company Records, General Files.

54. Loeb to Dryfoos, January 26, 1961, New York Times Company Records, General Files.

55. Klibanoff and Roberts, The Race Beat, 240.

56. On the history of the ASNE, see Paul Alfred Pratted, Gods within the Machine: A History of the American Society of Newspaper Editors, 1923-1993 (Westport, CT: Greenwood, 1995).

57. Klibanoff and Roberts, The Race Beat, 241.

58. Klibanoff and Roberts, The Race Beat, 241.

59. Memo for Dryfoos, Bradford, Catledge from Bancroft, November 30, 1960, New York Times Company Records, General Files.

60. Catledge to Lee Hills, December 30, 1960, Box 2, Turner Catledge Papers.

61. Catledge to Felix McKnight, December 30, 1960, Box 2, Turner Catledge Papers.

62. "Libel Brief Filed by 3 Newspapers," New York Times, April 13, 1961, 26.

63. Alan Reitman to Spencer Coxe, April 4, 1961, American Civil Liberties Union Papers.

64. "Times and Clerics Lose in Libel Suit; Montgomery Mayor Granted $500,000 Damages on Ad—Appeal Is Planned," New York Times, February 2, 1961, 17.

65. "Libel in Alabama Denied by Times," New York Times, January 31, 1961, 14.

66. "Charles Conley," NYU Alumni Magazine, https://blogs.law.nyu.edu/ magazine/2011/ charles-conley-1921-2010/

67. Motion to Declare Void the Jury, contained in Box 1, Roland Nachman Records.

68. "Negroes Integrate Circuit Courtroom," Alabama Journal, January 31, 1961, 1.

69. "Alabama Mayor Testifies in Suit," New York Times, February 1, 1961, 33; "Negroes Mix Circuit Court At Libel Trial," Montgomery Advertiser, February 1, 1961, 1.

70. Fred Shuttlesworth, "A Southerner Speaks," New Pittsburgh Courier, February 18, 1961, 8.

71. "Judge Seats Races Apart in Libel Suit," Birmingham News, February 1, 1961, 26.

72. Walter B. Jones, "Judge Jones on Courtroom Segregation," Alabama Lawyer 22, no. 2 (1961): 190-92.

73. "Mayor Gains Libel Verdict of $500,000," Montgomery Advertiser, February 2, 1961, 1.

제9장

1. "Leaders Come to the Defense of the New York Times," Atlanta Daily World, May 14, 1960, 8.

2. "Leaders Come to the Defense of the New York Times"; resolution adopted by the Board of Directors of the SCEF, Atlanta, April 29, 1961, Box 115, Folder 2, Martin Luther King, Jr. Papers.

3. Adam Fairclough, "The Preachers and the People: The Origins and Early Years of the Southern Christian Leadership Conference," Journal of Southern History 53, no. 3 (Au-

gust 1986): 440.

4. Wyatt Tee Walker oral history interview, by David P. Cline in Richmond, Virginia, July 9, 2014, Library of Congress, https://www.loc.gov/ item/2016655400/.

5. Fairclough, Southern Christian Leadership Conference, 96.

6. Clayborne Carson and Dr. Clarence B. Jones, "Session VII: Concluding Keynote: A Conversation with Dr. Clarence B. Jones," Northwestern Journal of Law & Social Policy 10, no. 3 (2016): 698.

7. Clarence B. Jones, What Would Martin Say? (New York: HarperCollins, 2008), 21. https://www.college.columbia.edu/cct_archive/jan_feb08/cover.html

8. Jones to King, November 27, 1962, Reel 16, Southern Christian Leadership Conference Papers.

9. Clayborne Carson and Dr. Clarence B. Jones, "Session VII: Concluding Keynote: A Conversation with Dr. Clarence B. Jones," Northwestern Journal of Law & Social Policy 10, no. 3 (2016): 698.

10. "Southern Christian Leadership Conference Treasurers' Report, Fiscal Year September 1, 1960-August 31, 1961," SCLC Newsletter 1, no. 4 (February 1962): 3-4.

11. Gray, Bus Ride to Justice, 162.

12. "Clerics Lose Plea for 2d Libel Trial," New York Times, January 19, 1961, 22.

13. Gray, Bus Ride to Justice, 169.

14. "Abernathy Car Sold for $400 to Pay on Judgment," Alabama Tribune, March 3, 1961.

15. "Car Impounded as Libel Payment," New York Times, February 4, 1961, 42.

16. "Pastor's Land Sold in Libel Judgment," New York Times, March 22, 1961, 34.

17. See SCLC Records, Reel 20; "Rev. Abernathy Gets Aid from West Coast Baptists," Atlanta Daily World, March 29, 1961, 2.

18. "Abernathy of Montgomery," SCLC Newsletter 1, no. 2 (August 1961): 3.

19. Martin Luther King, Jr., introduction to The Papers of Martin Luther King, Jr., vol. 7, To Save the Soul of America, ed. Clayborne Carson and Tenisha Hart Armstrong (Oakland: University of California Press, 2014), 7.

20. Andrew M. Manis, A Fire You Can't Put Out: The Civil Rights Life of Birmingham's Reverend Fred Shuttlesworth (Tuscaloosa: University of Alabama Press, 1999), 238.

21. McWhorter, Carry Me Home, 181; "Braveheart: Fred Shuttlesworth," The Best of Emerge Magazine, 1998, 505.

22. Branch, Parting the Waters, 393.

23. Joseph Echols Lowery oral history interview, by Joseph Mosnier in Atlanta, Georgia, June 6, 2011, Library of Congress https://www.loc.gov/item/ 2015669122/.

24. Branch, Parting the Waters, 393.

25. "Report of the Director: Semi-Annual Report, November 1-April 30, 1960," 3, 7.

26. "Four Ministers Sue Alabama Officials," New York Times, February 23, 1961, 28.

27. 고소장 Abernathy v. Patterson, ACLU Papers, November 2, 1961 참조.

28. MLK to Eugene Cotton and Richard Watt, November 2, 1961, Box 115, Folder 2, Martin Luther King, Jr. Papers.

29. Jack Bass, Taming the Storm: The Life and Times of Judge Frank M. Johnson, Jr., and the South's Fight over Civil Rights (Athens: University of Georgia Press, 2003), 161.

30. "4 Ministers Lose Libel Case Round," New York Times, November 2, 1961, 34.

31. "High Court Rejects Plea in Libel Case," New York Times, February 20, 1962, 13.

32. Susan E. Tifft and Alex S. Jones, The Trust: The Private and Powerful Family behind the New York Times (New York: Back Bay Books, 2000), 255.

33. Sulzberger to Loeb, March 22, 1961, New York Times Company Records, General Files.

34. Loeb to Sulzberger, March 23, 1961, New York Times Company Records, General Files.

35. Joseph Echols Lowery, oral history interview, 2011, Library of Congress.

36. 회의록 Joint Committee of SCLC's Administrative Committee and New York Administrative Staff, n.d., Box 109, Folder 3, Martin Luther King, Jr. Papers.

37. Branch, Parting the Waters, 580.

38. Leonard S. Rubinowitz, Michelle Shaw, and Michal Crowder, "A 'Notorious Litigant' and 'Frequenter of Jails': Martin Luther King, Jr., His Lawyers, and the Legal System," Northwestern Journal of Law & Social Policy 10, no. 3 (2016): 494 참조.

39. "Lawyers Will Aid in Alabama Suits," New York Times, May 9, 1961, 23.

40. Press release, Lawyers Advisory Committee on the Alabama Libel Suits, April 28, 1961, William Hammatt Davis Papers, Wisconsin Historical Society.

41. Statement by Dr. Martin Luther King at Lawyers' Advisory Committee Meeting, May 8, 1961, William Hammatt Davis Papers.

42. Kheel Remarks, May 8, 1961, William Hammatt Davis Papers; "18 Attorneys to Aid Defense in Libel Suits," Chicago Tribune, May 9, 1961.

43. William Rogers interview, Kermit Hall Papers.

44. "SCLC to Carry Libel Suit to Supreme Court," Alabama Tribune, May 19, 1961, 1.

45. "Grossly Unjust, Says Times; Asks New Trial," Montgomery Advertiser, December 12, 1960, 1.

46. "Times Claims Jurors Pressured into Verdict," Alabama Journal, March 3, 1961, 15.

47. "Times Claims Jurors Pressured into Verdict."

48. "Times Attorneys Call Jury Biased," New York Times, March 4, 1961, 9.

49. "Judge Denies Bid for Retrial," Alabama Journal, March 3, 1961, 15.

50. "Sellers Suing the N.Y. Times," Alabama Journal, March 18, 1961, 1.

51. "Three Times Suits Are Taken to Federal Court," Birmingham News, April 14, 1961, 34.

52. Bass, Taming the Storm, 161.

53. Parks v. New York Times Co., 195 F. Supp. 919 (1961).

54. Parks v. New York Times Co., 308 F. 2d 474 (1962).

55. "Times Revenues at a Record High," New York Times, April 5, 1961, 51.

56. Lord Day & Lord to Haskins & Sells, February 1961, New York Times Company Records, General Files.

57. "N.Y. Times Earnings Off in Banner Year," Boston Globe, April 6, 1961, 14.

58. "Times Rattled," Alabama Journal, April 27, 1961, 4.

59. "Times Rattled."

제10장

1. George Lewis, Massive Resistance: The White Response to the Civil Rights Movement (London: Bloomsbury Academic, 2006), 139.

2. Raymond Arsenault, Freedom Riders: 1961 and the Struggle for Racial Justice (New York: Oxford University Press, 2007), 218.

3. Bernard Schwartz, Inside the Warren Court, 1953-69 (New York: Doubleday, 1983), 203.

4. Manis, A Fire You Can't Put Out, 276.

5. "Montgomery Tension High after Threats of Bombing," New York Times, May 23, 1961, 1.

6. Klarman, From Jim Crow to Civil Rights, 428.

7. Arsenault, Freedom Riders, 219.

8. Sitton interview, https://newseumed.org/tools/video-page/silencing-press.

9. Sitton interview; "Montgomery Tension High after Threats of Bombing."

10. Salisbury, Without Fear or Favor, 384.

11. Bancroft to Dryfoos, December 6, 1960, New York Times Company Records, General Files.

12. Salisbury, Without Fear or Favor, 386.

13. Bancroft to Dryfoos, December 6, 1960, New York Times Company Records, General Files.

14. Roberts and Klibanoff, The Race Beat, 251.

15. "Tele-Follow Up Comment," Variety, May 24, 1961, 29.

16. W. Edward Harris, Miracle in Birmingham: A Civil Rights Memoir, 1954- 1965 (Indianapolis: Stonework Press, 2004), 75.

17. "CBS Reports Turns Camera on Birmingham," New York Times, May 19, 1961, 63.

18. "On 'Who Speaks for Birmingham,'" Birmingham News, May 19, 1961, 8.

19. Roberts and Klibanoff, The Race Beat, 251.

20. "3 in Birmingham Sue CBS for $1,500,000," New York Times, December 9, 1961, 54.

21. Edmondson, In Sullivan's Shadow, 124.

22. "Federal Court Finds for Times, Ending an Alabama Case," New York Times, June 15, 1961, 22.

23. "Victory for the Times," St. Louis Post-Dispatch, June 16, 1961; "Reporting Alabama," Washington Post, June 17, 1961.

24. Catledge to Hills, June 29, 1961, Box 2, Turner Catledge Papers.

25. Catledge to McGill, March 20, 1962, Box 2, Turner Catledge Papers.

26. Catledge to McGill, March 20, 1962, Box 2, Turner Catledge Papers.

27. Louis Loeb Oral History.

28. Sitton interview, https://newseumed.org/tools/video-page/silencing -press

29. Harding F. Bancroft to Orvil E. Dryfoos, June 21, 1961, Box 4, Orvil Dryfoos Papers. 뉴욕타임스는 버밍햄과 몽고메리의 뉴스를 계속해서 통신사로부터 확보했다. Salisbury to Arthur Frisch, May 10, 1962, Harrison E. Salisbury Papers 참조.

30. Harding F. Bancroft to Orvil E. Dryfoos, October 11, 1961, Box 4, Orvil Dryfoos Papers.

31. Loeb to Sweetzer, April 23, 1962, New York Times Company Records, General Files.

32. Daniel to Catledge, April 17, 1962, Box 2, Turner Catledge Papers.

33. Daniel to Catledge, April 17, 1962, Box 2, Turner Catledge Papers.

34. Michal R. Belknap, The Supreme Court under Earl Warren, 1953-1969 (Columbia: University of South Carolina Press, 2005), 152.

35. "Justice Thomas Seay Lawson," Alabama Lawyer 64, no. 6 (2003): 292.

36. Brief, New York Times v. Sullivan, 273 Ala. 656, 672 (1962), contained in Roland Nachman Records.

37. Brief, New York Times v. Sullivan, 112, contained in Roland Nachman Records.

38. New York Times v. Sullivan, 273 Ala. 656, 672 (1962).

39. Sullivan, 273 Ala. at 670.

40. Sullivan, 273 Ala. at 674-75.

41. Sullivan, 273 Ala. at 686.

42. Sullivan, 273 Ala. at 686.

43. Sullivan, 273 Ala. at 676.

44. Sullivan, 273 Ala. at 687.

45. Sullivan, 273 Ala. at 681.

46. "Times Libel Ruling Upheld in Alabama," New York Times, August 31, 1962, 22.

47. Sulzberger to Catledge, October 1, 1962, Box 2, Turner Catledge Papers.

48. Catledge to Sulzberger, October 1, 1962, Box 2, Turner Catledge Papers.

제11장

1. "Minority Opinion," Time, June 22, 1962, 55.

2. Robert G. McCloskey, "Reflections on the Warren Court," Virginia Law Review 51, no. 7 (1965): 1236.

3. McCloskey, "Reflections on the Warren Court," 1230. On the Warren Court, see Powe, The Warren Court and American Politics; Belknap, The Supreme Court under Earl Warren.

4. McCloskey, "Reflections on the Warren Court," 1230.

5. Samantha Barbas, Newsworthy: The Supreme Court Battle over Privacy and Press Freedom (Stanford: Stanford University Press, 2017), 155.

6. Burt Neuborne, "The Gravitational Pull of Race on the Warren Court," Supreme Court Review 2010, no. 1 (June 2011): 65.

7. Lucy v. Adams, 350 U.S. 1 (1955).

8. 352 U.S. 903 (1956).

9. New Orleans City Park Improvement v. Detiege, 358 U.S. 54 (1958).

10. 364 U.S. 339, 340 (1960).

11. Michael Klarman, "An Interpretive History of Modern Equal Protection," Michigan Law Review 90, no. 2 (1991): 272-73.

12. NAACP v. Alabama, 357 U.S. 449, 455 (1958).

13. 364 U.S. 479, 489 (1960).

14. NAACP v. Button, 371 U.S. 415, 417 (1963).

15. Dennis v. United States, 341 U.S. 494, 508-9 (1951).

16. See Yates v. United States, 354 U.S. 298, 299 (1957); Scales v. United States, 367 U.S. 203 (1961) reh'g denied 366 U.S. 978 (1961).

17. 354 U.S. 476, 493 (1957).

18. 357 U.S. 513, 529 (1958).

19. 361 U.S. 147, 153-54 (1959).

20. Geoffrey R. Stone, "Justice Brennan and the Freedom of Speech: A First Amendment Odyssey," University of Pennsylvania Law Review 139, no. 5 (1991): 1333.

21. Laurent B. Frantz, "The First Amendment in the Balance," Yale Law Journal 71, no. 8 (1962): 1435.

22. Alexander Meiklejohn, Free Speech and Its Relation to Self-Government (New York: Harper Brothers, 1948), 100.

23. Alexander Meiklejohn, "The First Amendment Is an Absolute," Supreme Court Review 1961 (1961): 255.

24. Meiklejohn, "Absolute," 259.

25. Steve Suitts, Hugo Black of Alabama: How His Roots and Early Career Shaped the Great Champion of the Constitution (Montgomery: NewSouth Books, 2017), 18.

26. Horwitz, The Warren Court, 5.

27. Sylvia Snowiss, "The Legacy of Justice Black," Supreme Court Review (1973), 196.

28. "Justice Black Dies at 85; Served on Court 34 Years," New York Times, September 25, 1971, 1.

29. Tracy S. Uebelhor, Presidential Profiles: The Truman Years (New York: Facts on File, 2006), 42.

30. Hugo Black, "The Bill of Rights," New York University Law Review 35 (1960): 874-75; Charles Black, "Mr. Justice Black, the Supreme Court, and the Bill of Rights," Harper's, February 1961, 63.

31. Hugo Black and Edmond Cahn, "Mr. Justice Black and First Amendment Absolutes: A Public Interview," New York University Law Review 37 (1962): 553, 557; Anthony Lewis, "Black Doubts Suits for Libel Are Legal," New York Times, June 11, 1962, 1.

32. "Minority Opinion," Time, June 22, 1962, 55.

33. Beauharnais v. Illinois, 343 U.S. 250, 270 (1952) (Black, J., dissenting).

34. "Mr. Justice Black and First Amendment Absolutes: A Public Interview," 553, 557.

35. 타임지는 "지난주 거짓말쟁이, 비방가, 중상모략가에 대한 보호가 확대되고 있는 흐름 속에서, 블랙 대법관은 사실상 혼자이다. 그의 의견이 공개된 후 예상된 논란에서 그를 옹호하는 목소리는 거의 나오지 않았다."라고 썼다. "Minority Opinion," 55.

36. John Herbers, "Libel Actions Ask Millions in South: 17 Suits by Public Officials are Pending in Courts," New York Times, April 4, 1964, 12.

37. Herbers, "Libel Actions Ask Millions in South."

38. Klibanoff and Roberts, The Race Beat, 358.

39. Edmondson, In Sullivan's Shadow, 148-53.

40. Edmondson, In Sullivan's Shadow, 174-79.

41. Kermit L. Hall and Melvin I. Urofsky, New York Times v. Sullivan: Civil Rights, Libel Law, and the Free Press (Lawrence: University Press of Kansas, 2011), 85.

42. "Libel or Revenge," Columbia Journalism Review," Fall 1963, 2.

43. "U.S. Court Shifts Times Libel Rule," New York Times, November 17, 1962, 10.

44. Branch, Parting the Waters, 581.

45. King, The Papers of Martin Luther King, Volume VII, 37; Branch, Parting the Waters, 583, 590.

46. Leonard E. Ryan, "Suits in Alabama Stir New Protest; Concern over Libel Actions Voice by More Lawyers Letter Sent to Lawyers Cites Officials' Suits 'Powerful New Weapon,'" New York Times, October 14, 1962, 74.

47. "The Montgomery, Alabama Libel Suits: A Summary" in Box 787, Folder 7, American Civil Liberties Union Papers; "Suits in Alabama Stir New Protest."

48. "Lawyers Act Improperly," Alabama Journal, October 19, 1962, 4.

49. Nachman to Simpson, October 23, 1962, Box 4, Roland Nachman Records.

제12장

1. Loeb Oral History, 329-31.

2. "Herbert Wechsler, Legal Giant, Is Dead at 90," New York Times, April 28, 2000, C21.

3. David A. Anderson, "Wechsler's Triumph" Alabama Law Review 66 (2014): 231.

4. Philip A. Lacovara, "Herbert Wechsler," Columbia Law Review 78, no. 5 (1978): 966.

5. Henry Paul Monaghan, "A Legal Giant Is Dead," Columbia Law Review 100 (2000): 1376.

6. The Reminiscences of Herbert Wechsler, Columbia Center for Oral History, Columbia University.

7. Louis Henkin, "Herbert Wechsler, 4 December 1909-26 April 2000," Proceedings of the American Philosophical Society 146, no. 3 (2002): 315.

8. The Reminiscences of Herbert Wechsler.

9. Anders Walker, "American Oresteia: Herbert Wechsler, the Model Penal Code, and the Uses of Revenge," Wisconsin Law Review (2009): 1022.

10. Anders Walker, "Neutral Principles: Rethinking the Legal History of Civil Rights, 1934-1964," Loyola University Chicago Law Journal 40, no. 3 (2009): 387.

11. David L. Shapiro, "Herbert Wechsler—A Remembrance," Columbia Law Review 100, no. 6 (2000): 1377.

12. "Herbert Wechsler, Legal Giant, Is Dead at 90."

13. Herbert Wechsler, "Toward Neutral Principles of Constitutional Law," Harvard Law Review 73, no. 1 (1959): 1-35.

14. David Kennedy and William Fisher, eds., The Canon of American Legal Thought (Princeton, NJ: Princeton University Press, 2006), 313.

15. Wechsler, "Toward Neutral Principles of Constitutional Law," 34.

16. Lewis interview with Wechsler, 1990, Anthony Lewis Papers.

17. The Reminiscences of Herbert Wechsler, 298.

18. The Reminiscences of Herbert Wechsler, 301.

19. The Reminiscences of Herbert Wechsler, 304.

20. The Reminiscences of Herbert Wechsler, 304.

21. "The Press: Without Fear or Favor," Time Magazine, May 8, 1950, 68.

22. Robert Friedman, "Freedom of the Press: How Far Can They Go," American Heritage 33, no. 6 (October/November 1982).

23. Wechsler interview, 1984, Anthony Lewis Papers.

24. The Reminiscences of Herbert Wechsler, 305.

25. The Reminiscences of Herbert Wechsler, 304.

26. "Marvin Frankel, Federal Judge and Pioneer of Sentencing Guidelines, Dies at 81," New York Times, March 5, 2002, C15.

27. The Reminiscences of Herbert Wechsler, 306.

28. The Reminiscences of Herbert Wechsler, 308.

29. Wechsler interview, Anthony Lewis Papers.

30. Wechsler interview, Anthony Lewis Papers.

31. Zechariah Chafee, "A History of the Law of Sedition," in Free Speech in the United States (Cambridge, MA: Harvard University Press, 1941): 497-98.

32. David A. Anderson, "Seditious Libel," in Encyclopedia of the American Constitution, 2nd ed., ed. Leonard W. Levy and Kenneth L. Karst (New York: Macmillan Reference USA, 2000) 5: 2352; Harold L. Nelson, "Seditious Libel in Colonial America," American Journal of Legal History 3, no. 2 (1959): 160- 72; Alfred H. Kelly, "Constitutional Liberty and the Law of Libel: A Historian's View," American Historical Review 74, no. 2 (December 1968): 429-34.

33. Anderson, "Seditious Libel."

34. Gordon T. Bell, "The Sedition Act of 1798: A Brief History of Arrests, Indictments, Mistreatment & Abuse," Freedom Forum Institute, 2011.

35. Sullivan, 376 U.S. at 275.

36. Sullivan, 376 U.S. at 276. See David Jenkins, "The Sedition Act of 1798 and the Incorporation of Seditious Libel into First Amendment Jurisprudence," American Journal of Legal History 45, no. 2 (2001): 154-213.

37. Abrams v. United States, 250 U.S. 616, 630 (1919).

38. Beauharnais v. Illinois, 343 U.S. 250, 289 (1952) (Jackson, J., dissenting).

39. Beauharnais v. Illinois, 343 U.S. at 272 (Black, J., dissenting).

40. Brief for Petitioner on Writ of Certiorari at 2, Sullivan, 376 U.S. 254 (1964).

41. Petition for certiorari at 12.

42. Petition for certiorari at 13.

43. Petition for certiorari at 13.

44. Petition for certiorari at 15.

45. Petition for certiorari at 17, 20.

46. Petition for certiorari at 19, 20.

47. Jones to King, November 27, 1962, Reel 20, SCLC Records.

48. Petition for certiorari at 9, Abernathy v. Sullivan, 371 U.S. 946 (1963).

49. Petition for certiorari at 18, Abernathy v. Sullivan.

50. Brief for Respondent in Opposition at 6, 18, Sullivan, 376 U.S. 254 (1964).

51. Brief for Respondent in Opposition, 6, 19; Valentine v. Chrestensen, 316 U.S. 52 (1942).

52. Brief for Respondent in Opposition, 33.

53. "114 Day Newspaper Strike Ends," New York Times, April 1, 1963, 1.

54. "Orvil E. Dryfoos Dies at 50," New York Times, May 26, 1963, 1.

제13장

1. Powe, The Warren Court and American Politics, 223; Aldon D. Morris, Origins of the Civil Rights Movement: Black Communities Organizing for Change (New York: Free Press, 1984), 258-59.

2. Powe, The Warren Court and American Politics, 224-25.

3. Andrew Manis, "Fred Lee Shuttlesworth," in Encyclopedia of Alabama, http://encyclopediaofalabama.org/article/h-1093.

4. Branch, Parting the Waters, 771-72.

5. Richard Kluger, Simple Justice: The History of Brown v. Board of Education and Black America's Struggle for Equality, rev. ed. (New York: Vintage Books, 2004), 550; Anthony Lewis, "The Justices' Supreme Job," New York Times, June 11, 1961, 4.

6. Powe, The Warren Court and American Politics, 303.

7. "Justice Black Dies at 85; Served on Court 34 Years," New York Times, September 25, 1971, 1; Alden Whitman, "William O. Douglas Is Dead at 81; Served 36 Years on Supreme Court," New York Times, January 20, 1980, 1.

8. "Tom C. Clark, Former Justice, Dies; On the Supreme Court for 18 Years," New York Times, June 14, 1977, 72.

9. Lesley Oelsner, "Harlan Dies at 72; On Court 16 Years," New York Times, December 30, 1971, 1.

10. Daniel M. Berman, "Mr. Justice Brennan: A Preliminary Appraisal," Catholic University Law Review 7 (1958): 11, 14-15.

11. Nat Hentoff, "The Constitutionalist," New Yorker, March 12, 1990, 60.

12. John C. P. Goldberg, "Judging Reputation: Realism and Common Law in Justice White's Defamation Jurisprudence," University of Colorado Law Review 74, no. 4 (2003): 1471.

13. Eric Pace, "Arthur J. Goldberg Dies at 81; Ex-Justice and Envoy to U.N.," New York Times, January 20, 1990, A1.

14. The clerks' memoranda are contained in the William O. Douglas Papers, Library of Congress, and John Marshall Harlan Papers, Mudd Manuscript Library, Princeton University.

15. Loeb Oral History, 332.

16. Lewis, Make No Law, 113.

17. William H. Davis to Kheel, January 14, 1963, William Hammatt Davis Papers, Wisconsin Historical Society.

18. Wechsler interview, Anthony Lewis Papers.

19. Marvin E. Frankel, "Herbert Wechsler: A Junior's Appreciation," Columbia Law Review 78, no. 5 (1978): 962.

20. Mary Ann Watson, The Expanding Vista: American Television in the Kennedy Years (Durham, NC: Duke University Press, 1994), 105.

21. Lewis, Make No Law, 115.

22. 마찬가지로 웩슬러도 인종에 근거한 주장은 자신이 주창한 '중립 원칙'의 기준을 충족하지 못한다고 생각했을 것이다.

23. Brief for Petitioners at 39, Sullivan, 376 U.S. 254 (1964).

24. Brief for Petitioners, 40.

25. Brief for Petitioners, 41.

26. Brief for Petitioners, 43.

27. Brief for Petitioners, 44.

28. Brief for Petitioners, 44.

29. Brief for Petitioners, 47.

30. Brief for Petitioners, 49.

31. Brief for Petitioners, 55.

32. David A. Anderson, "Wechsler's Triumph" Alabama Law Review 66, (2014): 241-42; Brief for Petitioners, 52-53.

33. Brief for Petitioners, 62, 64-65.

34. Brief for Petitioners, 66, 68.

35. Brief for Petitioners, Abernathy v. Sullivan, 52, 29.

36. Brief for Respondent, 8-9, Sullivan, 376 U.S. 254 (1964).

37. Brief for Respondent, 33, Sullivan.

38. Motion of Washington Post Company for Leave to File a Brief as Amicus Curiae, 3.

39. Brief of American Civil Liberties Union and New York Civil Liberties Union as Amicus Curiae 참조.

40. Bruce Weber, "M.R. Nachman, Lawyer in Libel Case, Dies at 91," New York Times, December 7, 2015, A20.

41. Nachman to Douglas Stripp, November 13, 1963, Box 4, Roland Nachman Records.

제14장

1. Anthony Lewis, "Judicial Powers Extended in Supreme Court's Term," New York Times, June 29, 1964, 1.

2. Walter F. Murphy, "Deeds under a Doctrine: Civil Liberties in the 1963 Term," American Political Science Review 59, no. 1 (March 1965): 64-79.

3. Anthony Lewis, "The Justices' Supreme Job," New York Times, June 11, 1961, SM31.

4. William Rogers interview, Kermit Hall Papers.

5. Wachtel to Abernathy, September 13, 1963, Reel 16, SCLC Records.

6. Branch, Pillar of Fire, 204.

7. Loeb Oral History, 334-35.

8. The oral argument can be accessed on Oyez.org.

9. Nachman's notes for the oral argument are contained in Box 2, Roland Nachman Papers.

10. Branch, Pillar of Fire, 204.

11. Branch, Pillar of Fire, 204.

12. Branch, Pillar of Fire, 44.

13. Branch, Pillar of Fire, 207.

14. Oral argument, Abernathy v. Sullivan, Oyez.org.

15. "High Court Hears Libel Arguments," New York Times, January 8, 1964, 19.

16. William Rogers interview, Kermit Hall Papers.

17. Joseph B. Russell, Letter to the Editor, Columbia College Today, March/ April 2008.

18. Del Dickson, ed., The Supreme Court in Conference: The Private Discussions behind Nearly 300 Supreme Court Decisions (New York: Oxford University Press, 2001), 380.

19. Seth Stern and Stephen Wermiel, Justice Brennan: Liberal Champion (Boston: Houghton Mifflin Harcourt, 2010), 203.

20. Nina Totenberg et al., "A Tribute to Justice William J. Brennan, Jr.," Harvard Law Review 104, no. 1 (1990): 34.

21. Owen Fiss, "A Life Lived Twice," Yale Law Journal 100, no. 5 (1991): 1128.

22. On Brennan's philosophies, see Daniel M. Berman, "Mr. Justice Brennan after Five Years," Catholic Law Review 11, no. 1 (1962): 2; Robert O'Neil, "Clerking for Justice Brennan," Journal of Supreme Court History 3 (1991): 11-13; Hentoff, "The Constitutionalist"; "Justice Brennan's Vision," New York Times, July 25, 1997.

23. Geoffrey R. Stone, "Justice Brennan and the Freedom of Speech: A First Amendment Odyssey," University of Pennsylvania Law Review 139 (1991): 1344.

24. Speiser v. Randall, 357 U.S. 513, 526 (1958).

25. 한 학자는 '위축 효과'를 "수정헌법 제1조에 의해 보호되는 활동에 참여하려는 개인이 특별히 해당 활동을 겨냥하지 않은 정부 규제로 인해 그 활동을 하지 못하게 될 때 발생하는 효과(when individuals seeking to engage in activity protected by the First Amendment are deterred from so doing by governmental regulation not specifically directed at that protected activity.)"로 정의했다. Frederick Schauer, "Fear, Risk and the First Amendment: Unraveling the 'Chilling Effect,'" Boston University Law Review 58 (1978): 693.

26. Smith v. California, 361 U.S. 147 (1959).

27. NAACP v. Button, 371 U.S. 415, 433 (1963).

제15장

1. Stephen Barnett interview, Anthony Lewis Papers.

2. Anthony Lewis, "The Justices' Supreme Job," New York Times, June 11, 1961, 1.

3. 설리번 사건 논의의 무대 뒤 논의에 대해서는 Anthony Lewis Papers에 실린 Brennan's 법률 비서들에 의해 쓰인 미출판 회고록 "October Term 1963,"; Lee Levine and Stephen Wermiel, The Progeny: Justice William J. Brennan's Fight to Preserve the Legacy of

New York Times v. Sullivan (Chicago: American Bar Association, 2014); Lee Levine and Stephen Wermiel, "Behind the U.S. Reports: Justice Brennan's Unpublished Opinions and Memoranda in New York Times v. Sullivan and Its Progeny," Communication Law and Policy 19, no. 2 (2014): 227; W. Wat Hopkins, "Justice Brennan, Justice Harlan and New York Times Co. v. Sullivan: A Case Study in Supreme Court Decision Making," Communication Law and Policy 1, no. 4 (1996): 469 참조.

4. Totenberg, "Tribute to Justice William J. Brennan, Jr.," 33.

5. 설리번 사건에 대한 초안과 서신은 William J. Brennan, William O. Douglas, Hugo Lafayette Black, Arthur Goldberg, and Byron White papers, all housed at the Library of Congress 참조. 또한 John Marshall Harlan Papers, Mudd Manuscript Library, Princeton University, and Tom C. Clark Papers, Tarleton Law Library, University of Texas 참조.

6. David A. Anderson, "Wechsler's Triumph," Alabama Law Review 66 (2014): 251.

7. Sullivan, 376 U.S. at 265.

8. Sullivan, 264n4.

9. Sullivan, 264n4.

10. Sullivan, 269. 브레넌 판사는 웩슬러 판사에 이어 상업 광고가 수정헌법 제1조에 의해 보호받지 못한다는 주장을 일축했다. "그들의 드높은 목소리를 들어라" 광고는 공적 문제에 대한 정보와 의견을 전달함으로써 언론의 자유 보장에 대한 논의를 촉발했다. Sullivan, 267.

11. Sullivan, 276.

12. Sullivan, 280.

13. Hopkins, "Justice Brennan, Justice Harlan," 480.

14. Anderson, "Wechsler's Triumph," 242.

15. Unpublished memorandum, October Term 1963, 2.

16. Unpublished memorandum, October Term 1963, 2.

17. Unpublished memorandum, October Term 1963, 3.

18. Unpublished memorandum, October Term 1963, 2-3.

19. Unpublished memorandum, October Term 1963, 4.

20. Black to Brennan, undated, Hugo Lafayette Black Papers; unpublished memorandum, October Term 1963, 5.

21. Unpublished memorandum, October Term 1963, 6; Harlan to Brennan, March 3, 1964.

22. Memorandum to the Conference, March 3, 1964, William J. Brennan Papers.

23. Unpublished memorandum, October Term 1963, 8.

24. Unpublished memorandum, October Term 1963, 8.

25. Kim Isaac Eisler, The Last Liberal: William J. Brennan, Jr. and the Decisions That Transformed America (Washington, DC: Beard Books, 2005), 189.

26. Eisler, The Last Liberal, 189.

27. Hopkins, "Justice Brennan, Justice Harlan," 489.

28. Unpublished memorandum, October Term 1963, 8.

29. Unpublished memorandum, October Term 1963, 11.

30. Unpublished memorandum, October Term 1963, 11.

31. Lewis, Make No Law, 223.

32. Harlan, Memorandum to the Conference, March 9, 1964, William J. Brennan Papers.

33. Sullivan, 376 U.S. at 264-65.

34. Sullivan, 269.

35. Sullivan, 269, 273.

36. Sullivan, 270-71.

37. Sullivan, 271-72.

38. Sullivan, 271.

39. Sullivan, 279n19.

40. Sullivan, 273.

41. Sullivan, 273.

42. Sullivan, 273.

43. Sullivan, 274.

44. Sullivan, 272.

45. Sullivan, 279.

46. Sullivan, 283-84.

47. Sullivan, 284-86.

48. Sullivan, 288.

49. Sullivan, 291.

50. Sullivan, 292.

51. Sullivan, 292.

52. Sullivan, 292.

53. Sullivan, 298.

54. Sullivan, 293.

55. Sullivan, 293.

56. Sullivan, 294-96.

57. Black to Brennan, undated, Hugo Lafayette Black Papers.

제16장

1. John Davis, Clerk of the U.S. Supreme Court, to Nachman, March 9, 1964, Roland Nachman Records.

2. Lewis, Make No Law, 161.

3. Lewis, Make No Law, 161.

4. Bruce Weber, "M.R. Nachman, Lawyer in Libel Case, Dies at 91," New York Times, December 7, 2015.

5. Richard Friedman, "Freedom of the Press: How Far Can They Go," American Heritage (October-November 1982).

6. Wechsler interview, Anthony Lewis Papers.

7. Wechsler interview, Anthony Lewis Papers.

8. The Reminiscenses of Herbert Wechsler.

9. Friedman, "Freedom of the Press, How Far Can It Go."

10. "SCLC Board Members, New York Times Win Reversal in $500,000 Libel Suit Brought by Alabama Police Official," SCLC Newsletter, March 1964, 2.

11. "Overrule Libel Suit Against Clerics, N.Y. Times," Jet, March 26, 1964, 45.

12. Harry Wachtel, "Attorney in Times Libel Verdict Points Up Significance and Dangers of Decree," SCLC Newsletter, June 1964, 8.

13. "A True Charter of Press Liberty," Los Angeles Times, March 12, 1964.

14. "An End to Intimidation," Atlanta Constitution, March 11, 1964.

15. 설리번 사건에 관한 언론 보도에 대해서는 Jeffrey B. Hedrick, "A Content Analysis of Editorial Regionalism in the 1960s: Midsize Newspaper Coverage of New York Times v. Sullivan (1960-1964)" (PhD diss., Bowling Green State University, 2006) 참조.

16. "Keeping Opinions Free," Berkshire Eagle, March 10, 1964.

17. Friedman, "Freedom of the Press, How Far Can It Go."

18. "The Right to Criticize," Boston Globe, March 11, 1964, quoted in Schmidt, "New York Times v. Sullivan and the Legal Attack on the Civil Rights Movement," 324.

19. Editorial, "Criticizing Public Servants," Washington Post, March 10, 1964, A16.

20. "Decision Welcomed by Times Publisher," New York Times, March 10, 1964.

21. Editorial, "Free Press and a Free People," New York Times, March 10, 1964, 36.

22. Sulzberger to Loeb, March 10, 1964, New York Times Company Records, General Files.

23. A.H. Sulzberger to A.O. Sulzberger, March 10, 1964, New York Times Company Records, General Files.

24. Bancroft to Sulzberger, March 10, 1964, New York Times Company Records, General

Files.

25. Fred Gray, Bus Ride to Justice, 170.

26. Abernathy to Gray, October 15, 1964, Reel 20, SCLC Records.

27. H. Bancroft to file, March 10, 1964, New York Times Company Records, General
Files.

28. "Sullivan to Pay Costs of Libel Suit Case," New York Times, April 7, 1964, 23.

29. Embry to Whitesell, April 29, 1964, Roland Nachman Records.

30. Embry to Whitesell, April 29, 1964, Roland Nachman Records.

31. Nachman to Whitesell, September 11, 1964, Roland Nachman Records.

32. Nachman to Whitesell, September 11, 1964, Roland Nachman Records.

33. Nachman to Sullivan, September 11, 1964, Roland Nachman Records.

34. Kermit Hall, "New York Times v. Sullivan, The Case and Its Times," Drake Law Re-
view 1, no. 21 (1990): 23.

35. William L. Prosser, Handbook of the Law of Torts, 4th ed. (Eagan, MN: West, 1971),
§ 118, at 819.

36. Harry Kalven Jr., "The New York Times Case: A Note on 'The Central Meaning of the
First Amendment,'" Supreme Court Review 191 (1964): 205.

37. 설리번 판결에서 나타난 수정헌법 1조에 대한 비전은 마이클존(Meikeljohn)이 지지한
것과 다르지 않았다. 그는 수정헌법 1조가 '정치적 발언', 즉 자치와 관련된 발언을 절대적
으로 보호한다고 믿었다. "The New York Times Case," 221n125; William Brennan,
"The Supreme Court and the Meiklejohn Interpretation of the First Amendment,"
Harvard Law Review 79 (1965): 17 참조.

38. Sullivan, 376 U.S. at 270.

39. Roberts and Klibanoff, The Race Beat, 364.

40. Walker, "Rethinking Neutral Principles," 433; David J. Garrow, Protest at Selma:
Martin Luther King, Jr., and the Voting Rights Act of 1965 (New Haven, CT: Yale Uni-
versity Press, 2015).

41. St. Amant v. Thompson, 390 U.S. 727, 733 (1968).

42. William P. Marshall and Susan Gilles, "The Supreme Court, The First Amendment,
and Bad Journalism," Supreme Court Review 1994 (1994): 184-86; Berisha v. Lawson,
594 U.S. 2424, 2428.

43. Powe, The Fourth Estate, 104.

44. Kalven, "The New York Times Case," 192.

45. Kalven, "The New York Times Case," 192.

46. Kalven, "The New York Times Case," 193-94.

47. Nadine Strossen, "Freedom of Speech in the Warren Court," in The Warren Court: A Retrospective, ed. Bernard Schwartz (New York: Oxford University Press, 1996), 77-78.

48. "[T]he Negro," Harry Kalven observed, was "winning back … the freedoms the Communists seemed to have lost for us." Kalven, The Negro and the First Amendment (Columbus: Ohio State University Press, 1965), 6.

49. See, e.g., Richard A. Epstein, "Was New York Times v. Sullivan Wrong?," University of Chicago Law Review 53 (1986): 787; Frederick Schauer, "Do Cases Make Bad Law?" University of Chicago Law Review 73 (2006): 883, 902.

50. Garrison v. Louisiana, 379 U.S. 64 (1964).

51. Monitor Patriot Co. v. Roy, 401 U.S. 265, 277 (1971).

52. Curtis Pub. Co. v. Butts, 388 U.S. 130 (1967); Associated Press v. Walker, 388 U.S. 130 (1967).

53. Associated Press v. Walker, 388 U.S. at 163 (Warren, J., concurring).

54. Associated Press v. Walker, 388 U.S. at 163.

55. Gertz v. Robert Welch, Inc., 418 U.S. 323 (1974).

56. Gertz v. Robert Welch, Inc., 418 U.S. at 352.

57. Anthony Lewis, Freedom for the Thought That We Hate: A Biography of the First Amendment (New York: Basic Books, 2010), 57. See also Anthony Lewis, "New York Times v. Sullivan Reconsidered: Time to Return to The Central Meaning of the First Amendment," Columbia Law Review 83 (1983): 603.

58. "Heed Their Rising Voices, A Tribute to Justice Brennan," 36-37.

59. 탐사보도가 부상하게 된 다른 이유로는 1960년대 대중들의 권위에 대한 환멸, 베트남 전쟁의 대중적 반감, 미디어 산업의 힘이 커지고 위상이 높아진 것 등이 있었다. Mark Feldstein, "A Muckraking Model: Investigative Reporting Cycles in American History," Harvard International Journal of Press/Politics 11, no. 2 (2006): 110-11.

60. Archibald Cox, The Role of the Supreme Court in American Government (New York: Oxford University Press, 1976), 40.

61. See David Logan, "Rescuing Our Democracy by Rethinking New York Times Co. v. Sullivan," Ohio State Law Journal 81, no. 5 (2020): 759-814. 그러나 장기적으로 볼 때 설리번 사건은 명예훼손 소송 방어 비용을 줄이는 데 도움이 되지 않았기 때문에, 언론을 명예훼손 소송의 부담으로부터 완전히 보호하지는 못했다. '현실적 악의'는 피고의 보도 전 행동에 대한 사실적 판단에 달려 있기 때문에 소송에 많은 비용이 드는 것으로 판명되었다. Lucas A. Powe, The Fourth Estate and the Constitution: Freedom of the Press in America (Berkeley: University of California Press, 1991), 121; David A. Anderson, "Libel and Press Self-Censorship," Texas Law Review 53 (1975): 422-81 등 참조.

62. 뉴욕타임스 편집자 레스터 마켈(Lester Markel)과 존 옥스(John Oakes)는 웩슬러에게 편지를 보내 이번 결정이 "저널리즘이 완전히 무책임해지는 길을 여는 것일 수 있다."라고 우려를 표했다. Markel and Oakes to Wechsler, September 18, 1964, New York Times Company Records, General Files.

63. Richard D. Yoakam and Ronald T. Farrar, "The Times Libel Case and Communication Law," Journalism Quarterly 42, no. 4 (December 1965): 661-64.

64. Anthony Lewis, "The Sullivan Decision," Tennessee Journal of Law and Policy 1, no. 1 (2004): 146.

65. Berisha v. Lawson, 141 S. Ct. 2424, 2424-25, 2425-30 (2021) (Thomas, J., dissenting) (Gorsuch, J., dissenting).

66. 고서치(Gorsuch) 대법관만이 설리번 판결에 대한 불만을 표명한 것은 아니다. 바이런 화이트(Byron White) 대법관은 이후 '현실적 악의' 규정에 대해 유감을 표명하면서, 법원이 "공직자와 공적 업무에 대해 완전한 정보를 얻고자 하는 대중의 이익"과 명예라는 상충하는 두 이익 사이에서 "경솔한 균형"을 이루어 버렸다고 확신했다.

67. Berisha v. Lawson, 141 S. Ct. at 2424-25, 2425-30.

68. See, for example, Kagan, "A Libel Story," 197; Logan, "Rethinking New York Times v. Sullivan," 761; F. Trowbridge vom Baur, "License to Defame Government Officials: New York Times v. Sullivan Should Be Overruled," Federal Bar News & Journal 30, no. 12 (1983): 501-6; Ronald A. Cass, "Weighing Constitutional Anchors: New York Times Co. v. Sullivan and the Misdirection of First Amendment Doctrine," First Amendment Law Review 12 (2014): 399; Natasha Cooper, "Reevaluating New York Times v. Sullivan in the Wake of Modern Day Journalism," ABA Journal, February 27, 2019; Benjamin Barron, "A Proposal to Rescue New York Times v. Sullivan," American University Law Review 57, no. 1 (October 2007): 73-127; Bollinger, Images of a Free Press, 36 (noting the "effects on public discussion of uninhibited defamatory statements" and the "risks to democracy of a completely free press").

69. Time, Inc. v. Hill, 385 U.S. 374 (1967).

70. Hustler Magazine, Inc. v. Falwell, 485 U.S. 46 (1988).

71. New York Times Co. v. United States, 403 U.S. 942 (1971); Richmond Newspapers, Inc. v. Virginia, 448 U.S. 555 (1980).

72. Anderson, "The Promises of New York Times v. Sullivan," 8-9.

73. Strossen, "Freedom of Speech in the Warren Court," 72.

74. Fed. Election Com'n v. Wisconsin Right To Life, Inc., 551 U.S. 449, 451 (2007) (citing New York Times Co. v Sullivan, 376 U.S. 254, 269-70 (1964)).

75. "Suit against Times Ended in Alabama," New York Times, July 14, 1964, 17.

76. "Times Is Cleared in Two Libel Suits," New York Times, September 18, 1964, 22.

77. Salisbury, Without Fear or Favor, 389; A Time of Change, 59.

78. Salisbury, Without Fear or Favor, 389.

79. Salisbury, Without Fear or Favor, 389.

80. "Times Libel Case Is Given to Jury," New York Times, September 23, 1964, 41.

81. "Libel Jury Finds against the Times," New York Times, September 25, 1964, 26.

82. "Court Voids Bull Connor Libel Award," Atlanta Constitution, August 5, 1966. 그럼에도 불구하고 솔즈베리는 1960년대 후반까지 앨라배마에 돌아갈 수 없었다. 뉴욕타임스는 솔즈베리에 대한 기소가 기각되도록 만들지 못했는데, 앨라배마 변호사들로부터 베서머의 지방검사가 여전히 앙심을 품고 있어서 기소를 취하하지 않을 것이라고 조언했기 때문이었다. 결국 검사는 교체되었고, 앨라배마 변호사들은 기소를 취소할 수 있었다. 반세기 이상 지난 후에야 솔즈베리는 앨라배마주에 자유롭게 발을 디딜 수 있게 되었다. Loeb Oral History, 346.

83. Loeb to Sulzberger, October 14, 1966, New York Times Company Records, General Files.

American Civil Liberties Union Papers, accessed through New York Public Library

Hugo Lafayette Black Papers, Library of Congress

William J. Brennan Papers, Library of Congress

Turner Catledge Papers, Mississippi State University Libraries

Tom C. Clark Papers, Tarleton Law Library, University of Texas

William Hammatt Davis Papers, Wisconsin Historical Society

William O. Douglas Papers, Library of Congress

Orvil Dryfoos Papers, Manuscripts and Archives Division, New York Public Library

Arthur Goldberg Papers, Library of Congress

Kermit Hall Papers, M.E. Grenander Department of Special Collections and Archives, University of Albany

John Marshall Harlan Papers, Mudd Manuscript Library, Princeton University

Martin Luther King Jr. Papers, Howard Gotlieb Archival Research Center, Boston University

Anthony Lewis Papers, Library of Congress

M. Roland Nachman Jr. Records from Times v. Sullivan and Related Cases, Alabama Department of Archives and History

New York Times Company Records, General Files, Manuscripts and Archives Division, New York Public Library

Adolph S. Ochs Papers, Manuscripts and Archives Division, New York Public Library

Harrison Salisbury Papers, Rare Book & Manuscript Library, Columbia University Libraries

Southern Christian Leadership Conference (SCLC) Records

Arthur Hays Sulzberger Papers, Manuscripts and Archives Division, New York Public Library

Herbert Wechsler Papers, Rare Book & Manuscript Library, Columbia University

Byron White Papers, Library of Congress

뉴욕타임스 죽이기

초판 1쇄 발행 2026년 1월 19일

지은이 서맨사 바바스
옮긴이 김수지, 김상유
펴낸이 김선기
펴낸곳 (주)푸른길
출판등록 1996년 4월 12일 제16-1292호
주소 (08377) 서울시 구로구 디지털로 33길 48 대륭포스트타워 7차 1008호
전화 02-523-2907, 6942-9570-2
팩스 02-523-2951
이메일 purungilbook@naver.com
홈페이지 www.purungil.com

ISBN 979-11-7267-075-7 03300